Vorwort zu den Aquarientieren

Die hier zusammengetragenen 255 Steckbriefe bieten einen ziemlich lückenlosen Überblick über die beliebtesten Aquarienfische und Wirbellose und decken mehr als das Standardsortiment jeder Zoohandlung ab. Findet sich einmal nicht exakt dieselbe Art, ist es durchaus erlaubt, aus anderen Arten der Gattung Rückschlüsse zu ziehen, um einen Eindruck von den Ansprüchen der Fische zu gewinnen. Außerdem gibt es einen kleinen Überblick über die einzelnen Fischfamilien und -gruppen vor dem eigentlichen Lexikonteil.

Da kein Aquarianer so tun sollte, als würde er sich mit allen Fischen auskennen, auch wenn er Bücher schreibt, hat eine ganze Reihe ausgewiesener Fachleute mitgeholfen und die jeweiligen Steckbriefe aus ihrem Spezialgebiet verfasst. In alphabetischer Reihenfolge sind das: Heinz H. Büscher (Tanganjikasee-Buntbarsche), Fabian Herder (asiatische Barben und Bärblinge, Schmerlen, Labyrinther, Regenbogenfische und Grundeln), Martin und Peter Hoffmann (amerikanische Salmler), Wolfgang Ilg (Wirbellose), Michael Kempkes (Lebendgebärende), Frank Schäfer (Kugel- und Messerfische, Stachelaale, Knochenzüngler, Süßwassernadeln und Rochen), Erik Schiller (Panzer- und Schwielenwelse), Ingo Seidel (alle anderen Welse), Rainer Sonnenberg (Killifische, afrikanische Barben und Salmler, westafrikanische Buntbarsche) und Andreas Spreinat (Malawisee-Cichliden). Um die amerikanischen Buntbarsche und ein paar Grundeln habe ich mich selbst gekümmert.

Bei allen Mitautoren bedanke ich mich ganz herzlich für die ausgezeichnete Zusammenarbeit. Das gilt natürlich ebenso für die Fotografen, die bereitwillig aus ihren Archiven zur Verügung stellten, was immer auch gebraucht wurde.

Claus Schaefer

Erklärung der Symbole und Piktogramme zu den Aquarientieren

♂ = Männchen; ♀ = Weibchen
Länge des ausgewachsenen Fisches in cm.

Empfohlene Anzahl der Fische für ein Aquarium (1 = Einzelhaltung, 1/1 = Paar, 1/1–3 = 1 ♂ mit 1 bis 3 ♀♀, 5 = Gruppe von 5 Tieren)

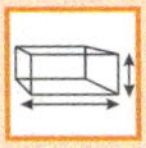

Empfohlene Aquariengröße (Literzahl für Artaquarium (A) und bei Vergesellschaftung (G)).

Empfehlungen für Wasserwerte + Temperatur (K für Klarwasser = weich und leicht sauer, S für Schwarzwasser = weich und sauer, L für leicht alkalisches Leitungswasser, L 1 = weich (bis 10 °dGH), L 2 mittelhart (10 – 20 °dGH) und L 2 = hart (über 20 °dGH), Temperaturbereich in °C, B = Brackwasser)

Futter (c für carnivor = Fleisch fressend, o für omnivor = alles fressend, h für herbivor = pflanzenfressend, T für Trockenfutter, F für Frostfutter, L für Lebendfutter).

Der Fisch an sich

Ein Fisch hat Schuppen, atmet durch Kiemen und bewegt sich mit Flossen fort. Das wollen wir uns etwas näher betrachten.

Fische haben **Schuppen**. Davon gibt es wiederum verschiedene Formen, Kamm- und Rundschuppen sind die häufigsten. Schuppen bilden den äußeren Schutz des Körpers. Darüber liegt noch eine **Schleimhaut**, die den Wasserwiderstand verringert und ein Eindringen von Krankheitserregern verhindert. An den Schuppen lassen sich die Wachstumszonen wie Jahresringe bei Bäumen als Altersangabe lesen. Und auch die winzigen **Gehörsteine** (Otholiten) wachsen mit dem Fisch mit und geben Auskunft über das Alter.

Die **Flossen** geben dem Fisch Stabilität im Wasser, dienen der Fortbewegung und dem Manövrieren. Meistens direkt hinter den Kiemen und unter dem Bauch sitzen die **paarigen Flossen** Brust- (Pectorale) und Bauchflossen (Ventrale); **unpaare Flossen** sind Rücken- (Dorsale), After- (Anale) und Schwanzflosse (Caudale). Rücken- und Afterflosse sind bei vielen Arten in einen hart- und einen weichstrahligen Teil gegliedert. Die harten einspitzigen Strahlen ähneln oft Stacheln und dienen auch als Verteidigungswaffe, während die weichen Strahlen sich zum Ende hin in einzelne Zweige auffächern und so der Flossenhaut Halt geben. Eine Ausnahme bildet die **Fettflosse** (Adipose) bei vielen Salmlern und Welsen, die fast immer ohne Stützapparat ist. Die Anzahl und Anordnung der Flossen kann bei den verschiedenen Fischfamilien allerdings variieren.

Ober- und **Unterkiefer** sind meist mit Zähnen besetzt und werden von **Lippen** geschützt, die in verschiedenen Ausbildungen auch andere Funktionen übernehmen können, etwa das Festsaugen an festen Untergründen. Einige Familien besitzen weitere Zähne auf den **Schlundknochen**, mit denen die Nahrung beim Schlucken zerkleinert wird. Am Maul

Fischschuppen zeigen mit ihren konzentrischen Ringen das Alter des Fisches an.

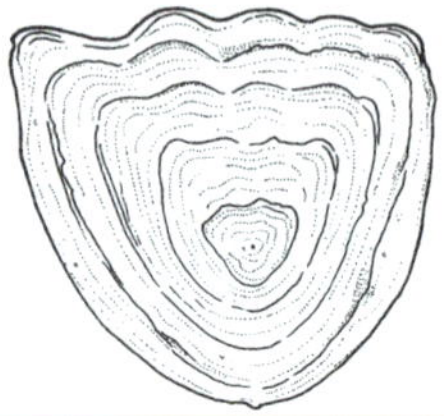

Ein angeschnittener Gehörstein, der ebenfalls mit seinen Ringen Auskunft über das Alter gibt.

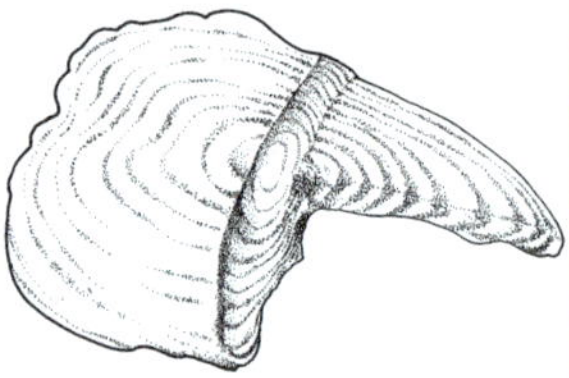

sitzen bei Karpfenfischen und Welsen **Barteln**, die als Geschmacks- und Tastorgane arbeiten.

Die **Kiemen** bestehen aus Kiemenbögen. Das sind Fächer, die sich aus vielen stark durchbluteten Kiemenblättchen zusammensetzen. An ihrer Oberfläche findet der Gasaustausch statt. Sauerstoff wird vom Blut aufgenommen und Kohlendioxid ans Wasser abgegeben. Das Atemwasser wird durch das Maul aufgenommen und durch die Kiemen wieder herausgedrückt. Die Kiemen werden durch bewegliche knöcherne Schalen, die **Kiemendeckel**, geschützt. Viele Fische (Labyrinther, Welse) besitzen zusätzliche Atmungsorgane, mit denen sie auch Luft nutzen können.

Die **Seitenlinie** ist eine Reihe von Kanälen entlang etwa der Mittellinie des Körpers, die direkt mit den Nerven verbunden sind und feinste Druckschwankungen, die etwa von den Bewegungen anderer Fische ausgehen, wahrnehmen können.

Bei den inneren Organen ist besonders die **Schwimmblase** interessant. Sie ist mit Gas gefüllt und kann so beeinflusst werden, dass der Fisch schwebt, steigt oder sinkt.

1 Auge, 2 Nasenöffnung, 3 Oberlippe, 4 Unterlippe, 5 Bartel, 6 Vorkiemendeckel (Praeoperculum), 7 Kiemendeckel (Operculum), 8 Brustflosse (Pectorale), 9 Bauchflosse (Ventrale), 10 After, 11 Afterflosse (Anale), 12 Seitenlinie, 13 Schwanzflosse (Caudale), 14 Fettflosse (Adipose), 15 Rückenflosse (Dorsale), weichstrahliger Teil, 16 Rückenflosse (Dorsale), hartstrahliger Teil.

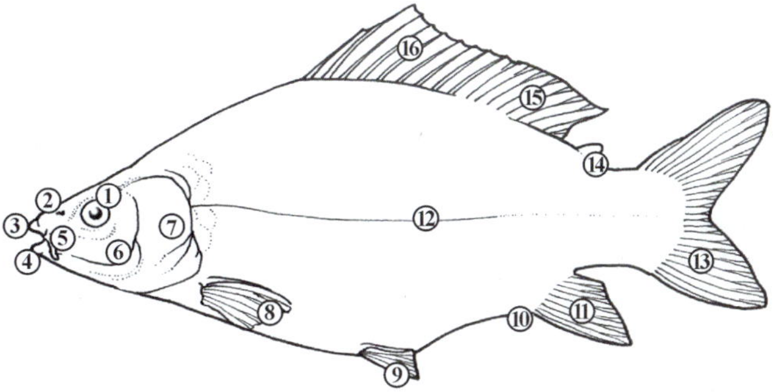

Innere Organe: 1 Kiemenbogen, 2 Arterie, 3 Speiseröhre, 4 Venen und Arterien, 5 Herz, 6 Leber, 7a und 7b vordere und hintere Schimmblasenkammer, 8 Darm, 9 Hoden, 10 Niere, 11 Harnblase, 12 After.

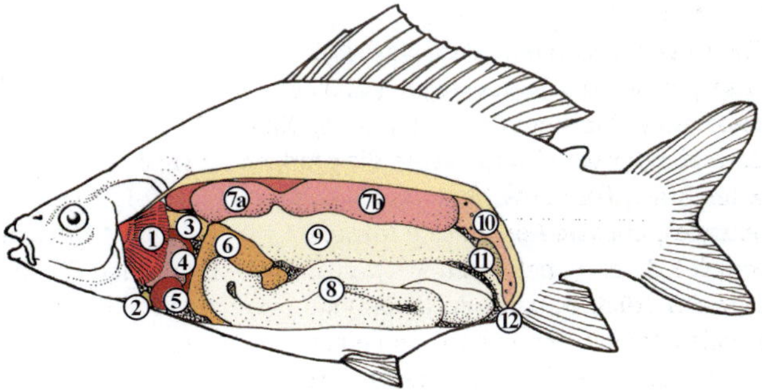

Das Skelett: 1 Oberkieferknochen, 2 Unterkieferknochen, 3 Stirnbein, 4 Augenhöhle, 5 Vorkiemendeckel (Praeoperculum), 6 Kiemendeckel (Operculum), 7 Rippen, 8 Wurzelknochen der Bauchflossen, 9 Flossenstrahlenträger, 10 Wirbel mit oberen und unteren Dornfortsätzen, 11 Schwanzfächer, 12 Rückenflosse (Dorsale), weichstrahliger Teil, 13 Rückenflosse (Dorsale), hartstrahliger Teil.

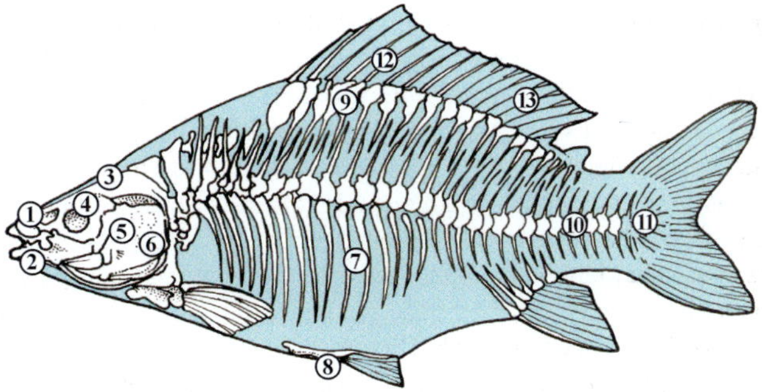

Die Namen der Fische

Tiere und Pflanzen tragen seit der Mitte des 18. Jahrhunderts allgemein anerkannte wissenschaftliche Namen, die aus zwei Teilen bestehen. Vorne steht der Gattungsname, dahinter der Artname. In einer Gattung werden nah verwandte Arten – manchmal sind das sehr viele – zusammengefasst. Oft handelt es sich um lateinische Vokabeln, seltener altgriechische. Oft werden auch einheimische oder geografische Bezeichnungen oder Eigennamen von bestimmten Personen, die mit der Benennung geehrt werden sollen, verwendet.

Populäre oder in unserem Falle deutsche Namen sind oft mehrdeutig, und es gibt sie auch gar nicht für alle Fischarten, die in Aquarien gepflegt werden. Deshalb hat sich die wissenschaftliche Bezeichnungsweise bisher immer als das eindeutige und weniger missverständliche System behaupten können. Nur wird in der Wissenschaft gearbeitet,was bedeutet, dass neue Kenntnisse oftmals Umbenennungen erforderlich machen. Der alte Name, der gar nicht mehr gültig ist, wird als **Synonym** bezeichnet. So schnell sind die Aquarianer aber nicht, weshalb hier eine kleine Liste zum Vergleichen angefügt ist. Die Aufzählung funktioniert in beiden Richtungen. Wenn Sie einen Namen nicht im Buch finden, verbirgt sich die Gattung möglicherweise hinter dem anderen, der daneben steht. Finden Sie den Fisch im Zooladen nicht, sollten Sie auf den anderen hier angegebenen Namen achten.

- *Aequidens – Cichlasoma – Cleithracara – Laetacara – Cryptoheros – Mesonauta – Thorichthys – Vieja*
- *Aphyosemion – Chromaphyosemion, Fundulopanchax*
- *Barbus – Puntius*

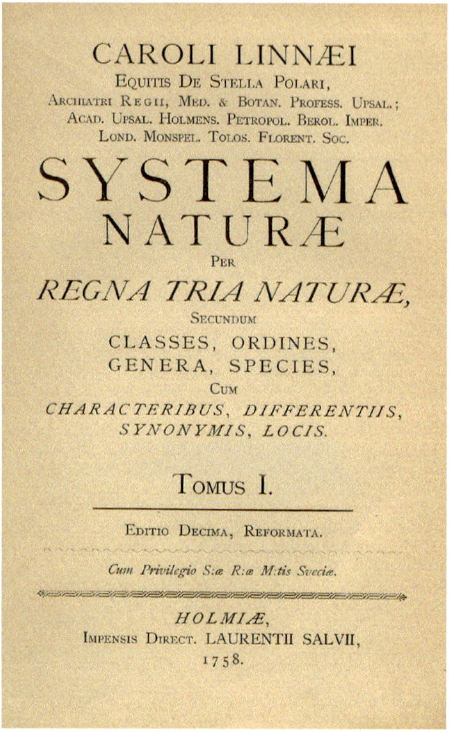
CAROLI LINNÆI
EQUITIS DE STELLA POLARI,
ARCHIATRI REGII, MED. & BOTAN. PROFESS. UPSAL.;
ACAD. UPSAL. HOLMENS. PETROPOL. BEROL. IMPER.
LOND. MONSPEL. TOLOS. FLORENT. SOC.

SYSTEMA
NATURÆ
PER
REGNA TRIA NATURÆ,
SECUNDUM
CLASSES, ORDINES,
GENERA, SPECIES,
CUM
CHARACTERIBUS, DIFFERENTIIS,
SYNONYMIS, LOCIS.

TOMUS I.

EDITIO DECIMA, REFORMATA.

Cum Privilegio S:æ R:æ M:tis Sveciæ.

HOLMIÆ,
IMPENSIS DIRECT. LAURENTII SALVII,
1758.

Das Buch, mit dem sich die zweigliedrige wissenschaftliche Benennung durchsetzte: Carl von Linnés „Systema Naturae“.

- *Brachydanio – Danio*
- *Dicrossus – Crenicara*
- *Hemiloricaria – Rineloricaria*
- *Hoplosternum – Megalechis*
- *Lamprologus – Neolamprologus*
- *Papiliochromis – Mikrogeophagus*
- *Rasbora – Trigonostigma*
- *Satanoperca – Geophagus*
- *Telmatherina – Marosatherina*
- *Yasuhikotakia – Botia.*

Fischfamilien und -gruppen

Ein kleiner Überlick über die einzelnen, weniger nach wissenschaftlichen, vielmehr nach aquarienpraktischen Gesichtspunkten geordneten Fischgruppen soll ein bisschen bei der Orientierung und Vorauswahl helfen. Nicht jedes Detail wird berücksichtigt, aber einen ersten Eindruck sollte man gewinnen können. Am Anfang der jeweiligen Abschnitte werden die Gattungen genannt, aus denen Arten im Lexikonteil vorgestellt werden.

Salmler

Aphyocharax, Arnoldichthys, Carnegiella, Characidium, Copella, Crenuchus, Gymnocorymbus, Hasemania, Hemigrammus, Hyphessobrycon, Inpaichthys, Moenkhausia, Nannostomus, Nematobrycon, Neolebias, Paracheirodon, Phenacogrammus, Pygocentrus, Tetragonopterus, Thayeria.

Salmler gibt es in Afrika und in Mittel- und Südamerika, wo sie in ungeheurer Vielfalt vorkommen. Salmler sind fast immer an der Fettflosse zu erkennen. Die kleineren, oft farbenprächtigen Arten gehören zu den beliebtesten Aquarienfischen überhaupt. Die meisten leben gesellig und sollten deshalb immer zu mehreren gepflegt werden. Richtige Schwarmfische sind es allerdings nicht, denn die Männchen besetzen häufig kleine Reviere und kämpfen mit ihren Konkurrenten harmlose Turniere aus. Gut bepflanzte Aquarien, die nicht überall hell beleuchtet sind, eignen sich hervorragend. Ist das Becken nicht zu stark besetzt und die Wasserwerte sagen den Fischen zu, dann kann man diese Balzkämpfe und vielleicht auch das Ablaichen beobachten. Fast alle Arten lassen sich problemlos mit gängigem Fertigfutter ernähren, Lebend- und Frostfutter sollte aber wenigstens hin und wieder angeboten werden.

Barben und Bärblinge

Balantiocheilus, Barboides, Barbus, Crossocheilus, Danio, Epalzeorhynchus, Puntius, Rasbora, Tanichthys, Trigonostigma.

Barben und Bärblinge sind Bewohner der Alten Welt, kommen also in Eurasien und Afrika vor. Sie sind den Salmlern in vielem ähnlich, haben aber nie eine Fettflosse, dafür ein Bartelpaar am Maul. Einige der kleineren Arten stellen besondere Ansprüche an die Wasserwerte, viele indische Barben lassen sich aber auch bei etwas höherer Wasserhärte und neutralem bis leicht alkalischem pH-Wert gut pflegen. Auch Barben leben gesellig, dürfen also nie als Einzelgänger gehalten werden. Die größeren Arten gründeln gerne, allzu empfindliche Pflanzen können unter dem aufgewirbelten Mulm leiden, auch werden zarte Triebe öfter einmal abgeknabbert. Zum Futter muss also auch ein deutlicher pflanzlicher Anteil gehören. Zur Balz färben sich die Männchen besonders prächtig und treiben die Weibchen zur Paarung ins Pflanzendickicht. Wie die meisten Samler sind auch fast alle Barben Laichräuber, so dass eine gezielte Vermehrung am besten in einem besonderen Zuchtbecken stattfindet.

Schmerlen

Acanthocobitis, Chromobotia, Gastromyzon, Gyrinocheilus, Homaloptera, Pangio, Yasuhikotakia.

Schmerlen gehören in die Barbenverwandtschaft. Sie sind in Eurasien und Afrika zu Hause. Am unterständigen, leicht rüsselförmigen Maul tragen sie mehrere Bartelpaare. Sie leben in deutlich nach Rangordnung gegliederten Gruppen und halten sich in Bodennähe auf. Einzelgänger werden oft aggressiv gegenüber anderen Fischen; auch deshalb sollte man immer eine Gruppe von Schmerlen pflegen. Allerdings können ganze Schmerlenbanden anderen Fischen auch lästig werden, die Vergesellschaftung sollte also gut überlegt und das Aquarium nicht zu klein sein. Aber auch die Schmerlen selber müssen sich in Verstecke zurückziehen können. Schmerlen fressen alle gängigen Futtersorten, am liebsten aber Würmer (*Tubifex*) und Schnecken, manche leben allerdings auch eher vegetarisch. Geschlechtsunterschiede lassen sich schwer erkennen, und auch eine Vermehrung im Aquarium beruht meistens eher auf Zufall, als dass man sie absichtlich herbeiführen könnte.

Grundeln

Brachygobius, Rhinogobius, Stiphodon, Tateurndina.

Grundeln sind nahezu weltweit verbreitet und leben im Meer-, Brack- und Süßwasser. Für die Pflege im Süßwasseraquarium kommen nicht sehr viele Arten in Betracht. Die wenigen, die häufiger angeboten werden, lohnen aber die Anschaffung immer. Entweder sind es farbenprächtige Fische, die sehr attraktiv wirken, oder die Munterkeit und das Verhalten machen erstaunliche Beobachtungen möglich. Grundelmännchen sind oft territorial und unterdrücken schwächere Geschlechtsgenossen. Deshalb pflegt man entweder ein Männchen mit mehreren Weibchen im Harem, oder das Aquarium muss für mehrere Männchen schon einigermaßen groß sein. Grundeln brauchen Höhlen, die die Männchen als Revierzentrum besetzen und als Laichhöhle ausbauen. Allerdings lassen sich nur die Jungen weniger Arten auch aufziehen, denn viele Grundeln werden als winzig kleine Larven ins Meer geschwemmt und können nur dort aufwachsen.

Regenbogenfische

Die Regenbogenfische Australiens und Ozeaniens sind meistens sehr farbenprächtige, gesellig lebende Tiere. Deshalb muss immer eine Gruppe mit mehr Männchen als Weib-

Glossolepis, Iriatherina, Marosatherina, Melanotaenia, Pseudomugil.

chen gehalten werden. Die Männchen tragen untereinander harmlose Schaukämpfe aus und stellen dauernd den Weibchen nach. Ein nicht zu kleines, stellenweise dicht bepflanztes Aquarium mit reichlich Schwimmraum ist für sie richtig. Wenn sie auch kein weiches oder saures Wasser benötigen, reagieren sie doch empfindlich auf Belastungen durch Schadstoffe und Keime. Besonderes Augenmerk muss man daher auf die Qualität und Sauberkeit des Wassers richten. Die Ernährung ist unproblematisch, sollte aber abwechslungsreich sein. Ist das Aquarium nicht zu dicht besetzt, laichen die Regenbogenfische nahezu dauernd zwischen den Pflanzen ab, und gelegentlich kommen auch im Gesellschaftsaquarium Jungfische durch.

Welse

Panzer- und Schwielenwelse: *Aspidoras, Brochis, Corydoras, Megalechis.*
Harnischwelse: *Ancistrus, Baryancistrus, Farlowella, Glyptoperichthys, Hemiloricaria, Otocinclus, Panaqolus, Panaque, Peckoltia, Sturisoma, Zonancistrus.*
andere Welse: *Agamyxis, Bunocephalus, Erethistes, Hara, Kryptopterus, Microglanis, Pareutropius, Pimelodus, Platydoras, Pseudomystus.*

Welse leben in den Süßgewässern fast der gesamten Erde, im Meer gibt es sie kaum. Welse haben keine Schuppen, sondern manchmal Knochenplatten als Panzer. Fast alle leben in Bodennähe und halten sich tagsüber versteckt. Trotzdem sind sie mit ihrem bizarren Äußeren und den manchmal plakativen Zeichnungsmustern bei Aquarianern sehr beliebt. Vor allem die **Harnischwelse** haben in den letzten 20 Jahren einen regelrechten Boom erlebt und werden in immer neuen, bisher unbekannten Arten importiert. Um der Verwirrung einigermaßen Herr zu werden, nummeriert man sie einfach nach Eingangsreihenfolge durch und setzt die entsprechende Zahl hinter ein L (L für Loricariidae = Harnischwelse). Schon länger beliebt sind die kleinen und überaus friedlichen **Panzerwelse**, die immer im Trupp gepflegt werden müssen. Viele lassen sich im Aquarium züchten, was bei Harnischwelsen noch nicht bei allen Arten gelungen ist. Panzerwelse kleben ihre Eier oft an Pflanzen oder andere Unterlagen und kümmern sich nicht weiter darum. Harnischwelse laichen oft in Höhlen oder Röhren ab, wo das Gelege vom Männchen bewacht wird. Bei manchen Arten trägt das Männchen den Eiballen an seinen vergrößerten Unterlippen bis zum Schlupf der Jungen mit sich herum.

Auch wenn es immer noch behauptet wird: Welse sind weder Straßenkehrer noch Müllschlucker. Sie dürfen weder ausschließlich als Algenvernichter noch als Resteverwerter angesehen werden, sondern brauchen, wie alle anderen Aquarieninsassen auch, ihr speziellles Futter und den ihnen zustehenden Lebensraum: weichen Bodengrund, Verstecke für zu helle Zeiten und keine aufdringliche Gesellschaft.

Schönheit zeigen. Die pflegt man besser in kleinen Spezialaquarien mit dunklem Boden und wenig Licht. Für Anfänger eignen sich am besten die nichtannuellen Arten.

Aphyosemion, Aplocheilichthys, Aplocheilus, Chromaphyosemion, Epiplatys, Jordanella, Nothobranchius, Pachypanchax, Rivulus.

Ameca, Gambusia, Heterandria, Limia, Nomorhamphus, Phalloceros, Poecilia, Priapella, Xenotoca, Xiphophorus.

Killifische

Killifische – der Name kommt von „Kill", dem altniederländischen Ausdruck für Wassergraben – leben in Amerika, Afrika, Asien und auch in Südeuropa. Besonders die kleinen, oft schreiend bunten Arten aus dem tropischen Afrika haben es den Aquarianern angetan. Viele Arten gehören zu den Saison- oder annuellen Fischen (annuell = nur ein Jahr lebend), die mit dem Einsetzen der Regenzeit aus Eiern schlüpfen, die im fast ausgetrockneten Boden überdauert haben. Sie wachsen in sehr kurzer Zeit zur Geschlechtsreife heran, paaren sich und sterben mit dem Austrocknen ihrer Gewässer nach wenigen Monaten. Die meisten Killifische sind aber erheblich langlebiger und produzieren auch keine derartigen Dauereier. Hierher gehören etwa die Gattungen *Epiplatys* und *Aphyosemion* aus Afrika, *Pachypanchax* und *Aplocheilus* von Madagaskar beziehungsweise aus Asien, die sich erheblich besser für eine „normale" Aquarienhaltung eignen als die *Nothobranchius*-Arten aus Afrika oder die Saisonfische Südamerikas, die im Gesellschaftsaquarium eher untergehen und nicht viel von ihrer eigentlichen

Lebendgebärende

Die Lebendgebärenden Zahnkarpfen gehören in dieselbe Ordnung wie die Killifische. Sie bringen ihre Jungen lebend zur Welt. Verbreitet sind sie in Mittelamerika, kommen aber auch noch im Süden der USA und in Südamerika vor. Besonders der Guppy war früher der Anfängerfisch schlechthin, aber das hat sich leider geändert. Viele Lebendgebärende werden in Südostasien in großen Stückzahlen nicht nur für den europäischen Markt produziert, wobei ähnliche Verhältnisse wie bei der Massentierhaltung herrschen und auch Hormone und Antibiotika eingesetzt werden. Solche „Erzeugnisse" sind qualitativ minderwertig, um in der Produktsprache zu bleiben, und als Tiere nicht sonderlich lebenstüchtig. Man fährt wesentlich besser, wenn man europäische Nachzuchten kaufen oder sogar von einem persönlich bekannten Züchter Nachwuchstiere bekommen kann. Das trifft leider auf die überwiegende Mehrzahl der Zuchtformen zu. Die eigentlich ebenso attraktiven Wildformen sieht man in den Zoohandlungen dagegen leider nur selten, obwohl sie eher unproblematischer in der Pflege sind. Ein helles, stellenweise dicht bepflanztes Aquarium, das den immer von den Männchen verfolgten Weibchen auch Ruhe- und Versteckplätze bietet, sollte nicht zu klein sein. Schwertträger oder Segelkärpflinge brauchen viel Platz zum Schwimmen und auch zum Ausweichen, wenn mehrere Männchen vorhanden sind. Bei der Ernährung sollte man berücksichtigen, dass ein nicht unerheblicher Anteil der Nahrung pflanzlichen Ursprungs ist.

Labyrinther

Badis, Betta, Colisa, Dario, Macropodus, Pseudosphromenus, Trichogaster, Trichopsis.

Die hier vorgestellten Labyrinthfische stammen aus den subtropischen und tropischen Zonen Asiens. Sie können mit dem Labyrinth – einem zusätzlichen, stark durchbluteten Organ – Sauerstoff verwerten, den sie der Luft entnehmen. Die Luft schlucken sie an der Wasseroberfläche. Sie sind auf diese Art der Atmung angewiesen, können also ersticken, wenn sie am Zugang zur Wasseroberfläche gehindert werden. Die zweite Besonderheit der Labyrinther ist das Schaumnest, das die Männchen vieler Arten an der Wasseroberfläche errichten. Dort hinein transportieren sie die befruchteten Eier und bewachen Nest und Laich bis zum Freischwimmen der Jungen. Vorsicht ist bei manchen *Betta*- und Makropodenarten geboten, denn hier können die Männchen untereinander sehr aggressiv sein. Das Aquarium sollte also besser größer gewählt werden, oder man pflegt ohnehin nur ein Paar, muss dann allerdings Verstecke für das Weibchen einplanen. Die Ernährung der Labyrinther ist fast immer problemlos, und auch an die Wasserwerte stellen die meisten größer werdenden Arten kaum Ansprüche. Leider werden vor allem die kleinen, eigentlich besonders aquarientauglichen Arten wie *Colisa lalia* oder *Colisa chuna* unter ähnlichen Bedingungen wie viele Lebendgebärende „hergestellt“ und sterben in durchaus geeigneten Aquarien ohne erkennbare Ursache. Die Blaubarsche (*Badis* und *Dario*) sind keine Luftatmer und bauen auch kein Schaumnest, sie gehören nur in die weitere Verwandtschaft.

Zwergbuntbarsche

Südamerikanische Zwergbuntbarsche: *Apistogramma, Dicrossus, Laetacara, Mikrogeophagus, Nannacara.*
Afrikanische Zwergbuntbarsche: *Anomalochromis, Benitochromis, Nanochromis, Pelvicachromis, Pseudocrenilabrus.*

Als Zwergbuntbarsche bezeichnet man der Einfachheit halber alle Cichliden, die nicht größer als zehn bis zwölf Zentimeter werden, eine wissenschaftliche Einteilung ist das nicht. Die Mehrheit dieser kleineren Buntbarsche kommt aus Südamerika und Westafrika. Besonders die *Apistogramma*-Arten werden in immer neuen Arten und Varianten importiert, doch hat sich eine ganze Reihe im Standardsortiment des Zoohandesl etabliert. *Apistogramma* und *Nannacara* leben im Harem, das heißt man gesellt einem Männchen mehrere Weibchen zu. Die Weibchen bewachen das in einer Höhle deponierte Gelege und führen auch die freischwimmenden Jungfische, während das Männchen sich um die Sicherung des Großrevieres kümmert, das alle seine Weibchenreviere umfasst. Eine paarweise Pflege ist zwar möglich, doch verpasst man damit die spannendsten Beobachtungen. Anders sieht es beim Schmetterlingsbuntbarsch oder den *Laetacara*-Arten aus, die während der Fortpflanzung eine Paarbindung eingehen und Laich wie Jungfische in einer Elternfamilie betreuen. Vielen Arten muss man weiches und saures Wasser bieten, weil sich die Gelege sonst nicht entwickeln, wenn es überhaupt zum Ablaichen gekommen ist. Verstecke und Ausweichmöglichketen müssen immer ausreichend vorhanden sein. Als Futter kommt nicht immer die Fertigware in Frage, denn manche Arten, manchmal sogar nur einzelne Exemplare, zeigen sich beharrlich und nehmen ausschließlich lebendes oder tiefgefrorenes Futter an.

Amerikanische Buntbarsche: *Aequidens, Astronotus, Bujurquina, Cleithracara, Crenicichla, Geophagus, Gymnogeophagus, Heros, Herotilapia, Mesonauta, Pterophyllum, Satanoperca, Symphysodon, Uaru.*
Tanganjikasee-Buntbarsche: *Altolamprologus, Cyphotilapia, Cyprichromis, Julidochromis, Lamprologus, Neolamprologus, Ophthalmotilapia, Spathodus, Tropheus, Xenotilapia.*
Malawisee-Buntbarsche: *Aulonocara, Copadichromis, Cyrtocara, Dimidiochromis, Fossorochromis, Labeotropheus, Labidochromis, Maylandia, Melanochromis, Nimbochromis, Petrotilapia, Protomelas, Pseudotropheus, Tropheops.*
Andere afrikanische Buntbarsche: *Hemichromis, Steatocranus.*

Große Buntbarsche

Bei den groß werdenden Cichlidenarten aus **Mittel- und Südamerika** lässt man sich ein Paar am besten aus einer Jungfischgruppe selbst finden, sonst kann es dauernde Streitereien geben, die bis zum Tod des unterlegenen Tieres führen können. Auch die Aquariengröße ist ein wichtiges Kriterium bei der Pflege, denn die Aggressionen vor allem gegenüber Artgenossen verlieren sich in entsprechend geräumigen Behältern. Mittelamerikanische Arten können in durchaus hartem Wasser und bei höherem pH-Wert gepflegt werden, während für viele südamerikanische Buntbarsche weiches und saures Wasser zumindest für die erfolgreiche Fortpflanzung Bedingung ist. Das Spektrum reicht vom reinen Fischfresser etwa bei den *Crenicichla*-Arten über den großen Teil der Gemischtköstler bis zu den strengen Vegetariern der Gattung *Uaru*. Die häufigste Vermehrungsstrategie ist das Offen- oder Versteckbrüten mit einer Elternfamilie, die Maulbrutpflege ist seltener.

Auch die Buntbarschwelt des **Tanganjikasees** ist sehr vielgestaltig. Alle möglichen Ernährungs- und Fortpflanzungsstrategien gibt es hier, so dass sich keine einheitliche Empfehlung geben lässt. Das Wasser für ein Aquarium mit solchen Fischen muss aber immer einen mindestens leicht alkalischen pH-Wert aufweisen und sollte nicht zu weich sein.

Das Wasser des **Malawisees** ist zwar weich, lässt sich bei höherer Härte, die die Fische nicht beeinträchtigt, aber einfacher im alkalischen Bereich halten. Die Buntbarschfauna ist einheitlicher als andernorts, so dass man mit einem Felsaufbau, der auch zahlreiche enge Spalten und Höhlen für brütende Weib-

chen und Jungfische bietet, und einer mehr oder weniger ausgedehnten Sandfläche als Einrichtungsmodell nicht viel falsch machen kann. Alle nur im Malawisee vorkommenden Buntbarsche vermehren sich als Maulbrüter ohne Paarbindung, bei denen allein das Weibchen für die Unterbringung und Bewachung der Jungen zuständig ist.
Für die **anderen afrikanischen Buntbarsche** gilt Ähnliches wie für die großen amerikanischen Arten.

Sonderlinge

Apteronotus, Carinotetraodon, Chitala, Colomesus, Eigenmannia, Enneacampus, Macrognathus, Mastacembelus, Notopterus, Osteoglossum, Pantodon, Potamotrygon, Tetraodon.

Aus vielen Fischfamilien eignen sich nur wenige Arten für die dauerhafte Pflege im Aquarium, weshalb sie auch nur spärlich im Handel auftauchen. In der Aquaristik spricht man dann bequemerweise von Sonderlingen, obwohl die Messerfische beispielsweise eine nahezu unüberschaubare Artenvielfalt bieten. Oft muss man auf besondere Ansprüche eingehen, etwa Süßwasserrochen grundsätzlich eine große Fläche mit weichem Bodengrund anbieten oder für Süßwassernadeln immer kleines Lebendfutter parat haben. Ein besonderes Kapitel verdienten nicht nur etwa die Kugelfische, doch aus Platzmangel muss alles in den einzelnen Steckbriefen untergebracht werden.

Krebse, Garnelen und Schnecken

Krebse: *Cambarellus, Cherax, Procambarus.*
Garnelen: *Atya, Atyopsis, Caridina, Macrobrachium, Neocaridina.*
Schnecken: *Neritina, Pomacea.*

Zwar werden sie in der Kapitelüberschrift nicht extra genannt, doch haben sich die Wirbellosen in letzter Zeit einen festen Stammplatz in den Aquarien erobert. Nicht nur die farblich ansprechenden Garnelen und Krebse, auch bisher unbekannte Schnecken und manchmal sogar Süßwassermuscheln werden immer häufiger gepflegt und vermehrt. Bei der Vergesellschaftung mit Fischen sollte man bei Krebsen und Garnelen nicht die Hinweise aus den einzelnen Portraits außer Acht lassen, will man nicht böse Überrraschungen erleben. Krebsen und größeren Garnelen muss man Verstecke in Form von geräumigen Höhlen ins Aquarium bauen, denn sie brauchen solche Garagen, um sich während der Häutung verstecken zu können. Viele Krebse halten sich auch sonst untertags meist in ihrem Versteck auf. Schnecken sind tagsüber unterwegs und können schlimmstenfalls dem Fischlaich gefährlich werden.

Auswahl, Kauf, Transport und Eingewöhnung

Fische aussuchen

Mit Aussuchen ist hier nicht gemeint, dass man sich noch nicht im Klaren darüber ist, welche Fische man überhaupt ins Aquarium setzen will. Man kauft auch Fische nicht ein, indem man an den Aquarien im Zoogeschäft vorbeiflaniert und mal eben zwei grüne, drei rote und einen blauen aussucht, weil die so am besten zur Tapete im Wohnzimmer passen. Das alles haben wir hinter uns, denn wir wissen, dass sich gerade im Aquarium der Meister in der Beschränkung zeigt und wir desto mehr vom Verhalten der Fische beobachten können, je weniger Arten wir miteinander vergesellschaften.

Sicher ist es auch manchmal schwer, immer genau die Fischart zu bekommen, die man sich in langen Abenden unter vielem Blättern in Büchern, Zeitschriften oder im Internet ausgesucht hat und in die man sich geradezu verliebt hat. Die ist aber schon seit Jahren nicht mehr im Handel aufgetaucht. Da hilft entweder nur Geduld, denn irgandwann wird sie wieder einmal importiert, oder Hartnäckigkeit, bis man über verschlungene Wege schließlich doch noch zum Ziel kommt.

Wir stehen aber jetzt im Zoogeschäft und wissen, was wir wollen, denn unsere Favoriten gehören nicht zu den absoluten Seltenheiten, und für den Fall der Fälle kennen wir zwei oder drei andere Arten mit ganz ähnlichen Ansprüchen, die uns ebenso gut gefallen. Beim Betrachten der Fische kann man schon sehr gut erkennen, ob die Tiere gesund sind, wenn man sich ein paar Punkte merkt, die man im Stillen der Reihe nach für sich abhakt:

- Wie wirkt das Aquarium? Ist das Wasser klar und ohne deutliche Gelb-, Grün- oder Blaufärbung durch Medikamente?
- Sehen die Fische allgemein gesund aus?
- Haben sie keine eingefallenen Bäuche?
- Sind Augen, Haut und Flossen in einwandfreiem Zustand, also ohne Trübungen, Verletzungen oder andere Auffälligkeiten?
- Verhalten sie sich so, wie sie sollen? Oder kann ich einen sonst munter umherschwimmenden Fisch am Boden hocken oder an der Oberfläche japsen sehen? Oder scheuern sich sogar einige an harten Gegenständen?
- Wirken alle Fische im entsprechenden Händleraquarium gesund und munter?

Bedenken muss man auch, dass fast immer Jungfische und nur selten ausgefärbte, erwachsene Exemplare angeboten werden. Trotzdem sollte keine kränkliche Blässe oder auch das Gegenteil, eine auffällige Dunkelfärbung vorliegen.

Sind wir vom guten Zustand überzeugt, lassen wir uns vom freundlichen Personal die entsprechende Anzahl fangen und einpacken. Dabei haben wir die Gelegenheit, uns nach den Wasserwerten in der Verkaufsanlage zu erkundigen, wobei uns besonders die Härte und der pH-Wert interessieren. Außerdem lassen wir uns erzählen, was die Fische bisher zu fressen bekommen haben und ob es vielleicht noch das eine oder andere Interessante gibt, das wir wissen sollten.

Transport

Fast alle Fische werden in Plastikbeutel verpackt, die wesentlich mehr Luft als Wasser enthalten sollten, da die Luft mehr Sauerstoff enthält als das Wasser und wir mit dieser Aufteilung den Fischen einen sichereren Transport gewährleisten. Bei milden Außentemperaturen müssen wir uns um eine zusätzliche Isolierung keine Gedanken machen; die Temperatur im Beutel steigt oder fällt kaum. Der Transport sollte sowieso höchstens nur ein paar Stunden dauern, je kürzer, desto besser. Im Winter oder im Hochsommer ist das etwas anderes, und die einfache Papiertüte oder das Zeitungspapier reichen als Umverpackung nicht aus, wenn wir nicht in einem temperierten Verkehrsmittel unterwegs sind. Bewährt haben sich Styroporkisten, aber auch Isoliertaschen erfüllen ihren Zweck.

Das Papier, in das der Händler unsere Fischtüte einpackt, hat übrigens nicht nur isolierende Wirkung, es ist auch ein wichtiger Sichtschutz, der die Fische während des Transports im Dunkeln hält, so dass sie nicht durch die Außenwelt zusätzlich unter Stress gesetzt werden. Eine solche Umhüllung ist also auch bei Außentempreraturen von 25 °C unbedingt angebracht.

Oft wird statt ganz normaler Umgebungsluft reiner Sauerstoff in die Tüten gefüllt, bis sie prall genug zum Verschließen sind. Der Händler wird es wissen, aber auch man selbst sollte darauf achten, dass Fische mit zusätzlichen Atmungsorganen, die atmosphärische Luft aufnehmen – in erster Linie Labyrinther und Welse –, keinesfalls mit Sauerstoff transportiert werden dürfen, da dieses aggressive Gas ihre empfindlichen Organe angreifen und sie zumindest schwer schädigen würde.

Es gibt zwar auch für große Fische entsprechende Beutelmaße, doch sind viele große Buntbarsche und Welse derart stachlig, dass sie das dünne Material unweigerlich durchlöchern. Solche Kandidaten sind in einem geräumigen Eimer besser aufgehoben. Aber auch hier füllt man nur soviel Wasser ein, dass die Tiere bequem aufrecht stehen können, ohne dass ihre Rückenflossen aus dem Wasser ragen.

Manchmal müssen Fische auch eine längere Reise unternehmen, da man die seltenen Exemplare am anderen Ende der Republik abholt oder sich von dort schicken lässt. Üblicherweise werden die Plastikbeutel dann in eine Styroporkiste mit den entsprechenden Maßen gepackt und bekommen bei kalter Witterung neben einer dicken inneren Lage Zeitungspapier noch eine zusätzliche Wärmequelle, meistens ein sogenanntes Heatpack, mit auf den Weg. Bei extremer Kälte oder Hitze sollte man allerdings warten, bis das Thermometer wieder erträglichere Grade anzeigt.

Mit diesem kleinen Gerät, einem Mini-Oxydator, leiden Fische auch bei längeren Transporten keinen Sauerstoffmangel.

Um die Sauerstoffversorgung der Fische auch über längere Zeit zu gewährleisten, kann man sauerstoffdurchlässige Tüten verwenden, die allerdings wegen der Kosten kaum ein Händler vorrätig hat. Durch das Material können Gase diffundieren, so dass die Transportdauer nur noch von der Belastung des Wassers abhängt und nicht mehr vom Luftmangel begrenzt wird. In größeren Behältern lässt sich zuverlässig aber auch ein kleiner Oxydator einsetzen, der ebenfalls über einen genügend langen Zeitraum den Sauerstoffwert auf der richtigen Höhe hält.

Einsetzen

Zuhause kippen wir den Beutelinhalt keinesfalls mit Schwung in unser Aquarium, sondern gleichen Temperatur und andere Wasserwerte allmählich aneinander an. Dafür kommen verschiedene Möglichkeiten in Betracht. Einmal kann der geöffnete Beutel ins Aquarium gehängt werden. Dabei ist ein aus dem oberen Rand umgefalteter Schwimm-

Der gefaltete Schwimmring hält den Beutel während der Angleichung zuverlässig an der Wasseroberfläche.

ring nützlich, der verhindert, dass der Beutel einfach umkippt und die Fische unkontrolliert ins Aquarium gelangen. Mit einem kleinen Gefäß gießen wir Aquarienwasser portionsweise in den Beutel, um die Werte langsam einander anzunähern. Haben wir das zwei- oder dreimal gemacht, können wir die Neuankömmlinge in ihr neues Zuhause entlassen, indem wir den Beutel im Aquarium langsam zur Seite neigen und die Fische einfach herausschwimmen lassen.

Vorsichtigere Naturen gießen den Beutelinhalt – also Wasser und Fische – daheim in einen Eimer und lassen wie beim Beutelverfahren im Abstand von etwa jeweils 15 Minuten ein Quantum Aquarienwasser zulaufen, damit die Tiere sich langsam an die neuen Wasserwerte gewöhnen können.

Will man nun noch verhindern, dass das Transportwasser mit seinen Belastungen und möglicherweise Krankheitserregern ins eigene Aquarium gelangt, fängt man die Fische nach der Umgewöhnung möglichst schonend aus dem Eimer und lässt sie aus dem Kescher ins Becken springen oder fallen.

Diese Variante lässt sich auch bei der Beutelmethode anwenden, wenn man hier, statt den Beutel langsam ins Aquarium zu kippen, Wasser samt Fischen vorsichtig durch einen Kescher gießt. Am besten ist man bei dieser Unternehmung zu zweit, denn sowie ein Fisch im Netz zappelt kann er auch schon eingesetzt werden.

Viele Fische werden erst einmal zu Boden sinken, eine Weile dort hocken bleiben und sich dann je nach Temperament mehr oder weniger geschwind in die Büsche schlagen. Natürlich brauchen sie jetzt am wenigsten irgendeine Aufregung, genauso wenig Futter. Man beobachtet vielleicht in Abständen vorsichtig, ob sich etwas tut, aber spätestens am nächsten Tag kann man die Tiere bei den ersten Erkundungsrunden sehen. Scheu werden sie in der ersten Zeit noch länger sein, und manche Arten behalten ihr distanziertes Verhalten immer bei. Andere entwickeln sich zu Haustieren und betteln an der Scheibe um Futter, sowie sich eine menschliche Gestalt in der Nähe zeigt.

Aquarienfische und Wirbellose von A–Z

255 Arten für das Aquarium

Acanthocobitis urophthalmus

Augenfleckschmerle

Cobitidae (Dornschmerlen)

Vorkommen: Sri Lanka, südwestliche Tiefländer. Bäche und Flüsse, in flachem Wasser auf Kiesgrund.
GU: Nur am Laichansatz erkennbar.
Pflege: Aquarium mit Wurzeln, Steinen und robusten Pflanzen reichlich strukturieren. Feiner, nicht scharfkantiger Bodengrund. Weiches, leicht saures Wasser, mäßig starke Strömung.
Vermehrung: Fütterung mit kräftigem Lebendfutter wie größeren Insektenlarven fördert den Laichansatz. Zufallszucht im Aquarium sporadisch gelungen. Laichen abends nach starkem Treiben in Pflanzendickicht; starke Laichräuber. Schlupf der Larven nach 36 Stunden; nehmen direkt nach dem Freischwimmen *Artemia*-Nauplien.
Besonderes: Eine der wenigen Schmerlen, die schon in Gefangenschaft vermehrt wurden. Attraktive Fische, für die sich auch die Haltung im Artaquarium lohnt. FH

„Aequidens" coeruleopunctatus

Blaupunktbuntbarsch

Cichlidae (Buntbarsche)

Vorkommen: Von Costa Rica bis Westkolumbien in vielen kleineren Flüssen und Seen.
GU: ♀♀ kleiner als ♂♂; ♂♂ mit steilerer Stirn und häufig länger ausgezogenen Flossen.
Pflege: Während der Brutpflege aggressiv, sonst friedlicher. Am besten mit robusten Salmlern und Welsen in Aquarien mit Sandboden, Verstecken und kräftigen Pflanzen.
Vermehrung: Pflanzt sich im Haltungsbecken willig fort. Gelege von manchmal mehreren hundert Eiern auf festen Unterlagen oder transportablen Substraten wie Buchenblätter. Elternfamilie mit Dominanz des ♀ am Gelege. Intensive Brutpflege mit häufigem Umbetten der Larven und aggressiver Revierverteidigung. Schlupf nach 2–4 Tagen, nach weiteren 3–4 Tagen schwimmen die Jungen frei und fressen *Artemia*-Nauplien. Aufzucht leicht, Absatz der Jungfische schwer.
Besonderes: Zu dieser Gruppe gehören mehrere Arten wie *„Aequidens" latifrons* und *„A." pulcher* aus dem nördlichen Südamerika, die alle ähnliche Ansprüche stellen. CS

„Aequidens" rivulatus

Goldsaumbuntbarsch

Cichlidae (Buntbarsche)

Vorkommen: Pazifikzuflüsse von unterschiedlichem Charakter im äußersten Nordwesten Südamerikas von Kolumbien bis Peru.
GU: ♂♂ mit steiler Stirn und Stirnbuckel im Alter, ♀♀ kleiner und zierlicher.
Pflege: Große Aquarien mit stabiler Einrichtung und widerstandsfähigen Pflanzen, die bei Brutvorbereitungen allerdings auch ausgegraben oder abgebissen werden können. Vergesellschaftung nur mit Fischen, die nicht gefressen werden können und entweder genau so wehrhaft sind oder keine Reviere beanspruchen.
Vermehrung: Ähnlich wie →*„Aequidens" coeruleopunctatus*, nur eine Größenklasse höher. Das Gelege wird auf einer glatten, festen Unterlage deponiert. Schlupf nach 2–4 Tagen, Freischwimmen weitere 4–5 Tage später. Aufzucht mit *Artemia*-Nauplien einfach.
Besonderes: Die farbigen Schwanzflossensäume können selbst bei Geschwistern unterschiedlich von weiß über gelb bis rot gefärbt sein.
Der Silbersaum-*„Aequidens"* ist grünlicher gefärbt, wird größer und ist wesentlich aggressiver. CS

8
5
A 80
G 80
L 1–2
22–26
o/c T F L

15
1/1
A 250
G 375
L 1–2
(L 3),
24–28
c T F L

über 20
1/1
A 375
G 500
L 1–3
23–25
c T F L

Aequidens sp. „Jenaro Herrera“

Cichlidae (Buntbarsche)

Vorkommen: Ucayali- und Nanay-Einzug in Peru, im Klar- und Schwarzwasser.
GU: ♀♀ kleiner.
Pflege: Vergleichsweise friedlich, mit ähnlich ruhigen Fischen gut zu vergesellschaften. Einrichtung mit Pflanzen, Steinen und Wurzeln. Verstecke und Rückzugsmöglichkeiten sind nötig. Zur Pflege sind die Wasserwerte von keiner besonderen Bedeutung.
Vermehrung: Zur Fortpflanzung sollte das Wasser weich und zumindest leicht sauer sein. Offenbrüter, der sich in einer Elternfamilie um die Brut kümmert. Schlupf nach 2 Tagen, weitere 5–7 Tage später schwimmen die Jungen frei. Aufzucht mit *Artemia*-Nauplien einfach.
Besonderes: Wird häufig mit dem sehr ähnlichen, aber maulbrütenden *Aequidens diadema* verwechselt, der aber selten im Handel ist. Andere *Aequidens*-Arten stellen ähnliche Ansprüche. Nur bei den Wasserwerten muss man auf die Gegebenheiten der Heimatgewässer achten. CS

Agamyxis pectinifrons

Stern- oder Kammdornwels
Doradidae (Dornwelse)

Vorkommen: Bolivien, Brasilien, Kolumbien, Peru. Bewohnt vor allem schwach fließende Gewässerabschnitte. Tagsüber halten sich die Tiere dort in Löchern im Holz auf.
GU: ♂♂ und ♀♀ bilden einen erheblichen Leibesumfang aus, wobei die ♂♂ etwas kleiner und zierlicher bleiben.
Pflege: Ein ausgesprochen einfach zu pflegender, robuster und langlebiger Aquarienfisch. Tagsüber versteckt er sich in Höhlen und ist in mit zahlreichen Verstecken eingerichteten Aquarien mitunter tagelang nicht zu sehen.
Vermehrung: Der bislang einzige Zuchterfolg erfolgte nach hormoneller Behandlung der Elterntiere. Es wurden etwa 1000 hellgrün transparente Eier abgelegt, die einen Durchmesser von 1,2–1,5 mm hatten. Die 3 mm großen Larven schlüpften nach etwa 40 Stunden. Nach drei Tagen war der Dottersack aufgezehrt, und die Jungfische schwammen herum. Sie wurden mit Rädertierchen und Mikrowürmchen angefüttert.
Besonderes: Von dem in Venezuela vorkommenden *Agamyxis albomaculatus* ist die Art durch die kleineren und unauffälligeren Flecken zu unterscheiden. IS

Altolamprologus calvus

Perlhuhncichlide
Cichlidae (Buntbarsche)

Vorkommen: Tanganjikasee (endemisch), im südlichen Drittel; ab 3 bis über 50 m in Felshabitaten.
GU: Sexualdimorphismus, ♂♂ wesentlich grösser, Bauchflossen länger ausgezogen.
Pflege: Steingruppen, Revier bildend, Haltung mit anderen Tanganjikasee-Cichliden möglich. Ruhige Art, auf ausreichende Nahrungsaufnahme achten, langsames Wachstum.
Vermehrung: Paarbildung am besten aus kleiner Gruppe halbwüchsiger Tiere ermöglichen. Höhlenbrüter; Laichen in engen Spalten sowie in großen Schneckenhäusern. Bis 200 Eier (2,4 × 1,8 mm); teilweise in Schichten übereinander. Schlupf nach etwa 60 Stunden bei 27 °C, Betreuung durch ♀. Intensive Verteidigung des Brutterritoriums durch ♂. Freischwimmen der Jungen rund 10 Tage nach Laichen; Ausschwärmen aus Bruthöhle nach etwa 12 Tagen. Ernährung der Jungen mit *Artemia*-Nauplien.
Besonderes: Farbformen mit weißlicher, gelblicher oder grauschwarzer Grundfärbung. Der nah verwandte *A. compressiceps* ist seeweit verbreitet; gleiche Ansprüche. HHB

20

1/1

A 300
G 375

S K L 1

c T F L

17–18

1
Gruppe

A 120
G 160

L 1–2
24–29

o T F L

♂ 14
♀ 6

1/1–2

A 80
G 150

L 2
23–28

c T F L

Anomalochromis thomasi

Afrikanischer Schmetterlingsbuntbarsch
Cichlidae (Buntbarsche)

Vorkommen: Guinea, Sierra Leone und Liberia, in kleineren Wasserläufen der Wälder und Baumsavanne.
GU: ♂♂ meist etwas größer, Flossen zugespitzter; ♀♀ kleiner, rundere Flossen.
Pflege: Relativ friedlich Art, die auch im Gesellschaftsbecken gehalten werden kann. Mit Holz und Steinen sollten Versteckmöglichkeiten geschaffen werden, das Aquarium kann abwechslungsreich eingerichtet und dicht bepflanzt werden. Bodengrund aus feinem Kies oder Sand. Regelmäßige Teilwasserwechsel und eine gute Filterung, die für eine leichte Strömung sorgt, sind wichtig.
Vermehrung: Ein Paar sollte sich aus einer Gruppe finden, meist enge Paarbindung. Offenbrüter, die auf flachen Steinen laichen. Bis zu 300 Eier können abgelegt werden; beide Eltern betreuen das Gelege. Die Larven schlüpfen nach 2–3 Tagen und schwimmen nach etwa einer weiteren Woche frei. Sie können mit *Artemia*-Nauplien und feinem Lebend- und Trockenfutter gefüttert werden.
Besonderes: Man findet die Art relativ häufig in den Zoogeschäften, es sind sehr empfehlenswerte kleine Cichliden. RS

Anostomus anostomus

Prachtkopfsteher
Anostominidae (Engmaulsalmler)

Vorkommen: Im nördlichen Südamerika, Brasilien, Peru und Guyana, im Amazonas- und Orinoco-Einzugsgebiet. Oft in schnell fließenden Gewässern.
GU: ♀♀ länger mit größerem Körperumfang als die schlankeren ♂♂. In Farbe und Flossen keine deutlichen Unterschiede.
Pflege: Wegen seiner Größe ist der langlebige Salmler (über 12 Jahre) nur für große, artgerecht eingerichtete Becken geeignet. Bei Verfolgungsjagden erreichen sie erstaunliche Geschwindigkeiten, die sie auch ohne Verletzungen (Stoß gegen die Scheibe) überstehen sollten. Versteckmöglichkeiten in Form von Steinspalten oder Wurzeln. Die Fütterung ist relativ einfach, denn das Abweiden von Pflanzen und Steinen in der Natur kann gut durch Futtertabletten ersetzt werden.
Vermehrung: Außer der Beobachtung der sehr aktiven Balzspiele hatten die Autoren noch keinen Zuchterfolg. Dazu bietet auf jeden Fall eine Gruppe von etwa 6 Tieren in Aquarien ab 500 Liter mit der beschriebenen Einrichtung eine Möglichkeit.
Besonderes: Ein definitiver Zuchtbericht ist nicht bekannt. P+MH

Aphyocharax anisitsi

Rotflossensalmler
Characidae (Echte amerikanische Salmler)

Vorkommen: Brasilien, Paraguay und Argentinien im Paraná-Einzug.
GU: ♂♂ schlanker als ♀♀, die bei Laichansatz eine gerundete Bauchpartie aufweisen. Sicheres Unterscheidungsmerkmal sind die Afterflossenhäkchen, mit denen die ♂♂ an Netzen hängen bleiben.
Pflege: Friedlicher, lebendiger Salmler, gut zu vergesellschaften mit anderen Salmlern, Zwergbuntbarschen, Panzerwelsen.
Das Aquarium sollte gut bepflanzt sein und freie Schwimmzonen aufweisen. Anpassungsfähig und ausdauernd.
Vermehrung: In 10-Liter-Becken paarweise möglich. Die Eier werden zwischen Pflanzen abgegeben. Sie laichen dicht unter der Wasseroberfläche und sind arge Laichräuber. Aber bei über 500 Eiern bleibt nach dem Herausfangen der Eltern noch genügend übrig. Eine Wasserhärte bis 20 °GdH, pH 7 und etwa 22 °C sind für die Eientwicklung ausreichend. Die Aufzucht gelingt mit feingeriebenem Trockenfutter und *Artemia*.
Besonderes: In älterer Literatur unter *Aphyocharax rubropinnis* zu finden.
P+MH

6–8

1/1

A 54
G 80

L 1–2
23–26

o T F L

20

6

A 375
G 500

L 1–2
25–28

o T F L

6

6

A 54
G 112

L 1–3
18–28

o T F L

Aphyosemion australe

Kap Lopez

Nothobranchiidae (Afrikanische Killifische)

Vorkommen: Küstenebene von Gabun, Kongo, Demokratische Republik Congo, Cabinda in langsam fließenden Regenwaldbächen.
GU: ♂♂ mit ausgezogenen Flossen, farbiger; ♀♀ graubraun, abgerundete Flossen, kleiner.
Pflege: Abgedunkeltes Becken mit vielen Versteckmöglichkeiten. Können auch mit ruhigen, nicht zu kleinen Arten vergesellschaftet werden.
Vermehrung: Dicht bepflanztes Artbecken, alternativ dicke Fasertorfschicht als Bodengrund. Als Trio im Kurzansatz für 7 bis 10 Tage (danach die Eltern herausfangen) oder im Daueransatz, wenn der Laich mit demTorf entnommen oder am Wollmop abgesammelt wird. Ein ♀ legt, wie bei vielen Killis, täglich bis 20 Eier, meist eher weniger. Schlupf nach etwa 14 Tagen, Jungfische schwimmen kurz nach dem Schlüpfen frei und können mit *Artemia*-Nauplien, kleinen Wasserflöhen und Copepoden gefüttert werden.
Besonderes: Gehört zu den ersten Prachtkärpflingen, die im Aquarium gepflegt wurden. Es gibt noch eine Zuchtform mit hellerer Körperfärbung, die im Handel oft als ‚Australe'-Gold angeboten wird. RS

Aphyosemion calliurum

Rotsaumprachtkärpfling

Nothobranchiidae (Afrikanische Killifische)

Vorkommen: In kleinen, langsam fließenden Regenwaldbächen der Küstenebene von Benin bis Kamerun.
GU: ♂♂ größer und farbiger, die Flossen zipfeln aus; ♂♂ beigebraun, abgerundete Flossen.
Pflege: Ähnlich wie →*A. australe*. Keine besonderen Ansprüche an das Wasser. Am besten hält man mehr ♀♀ als ♂♂. Becken sollte gut bepflanzt sein und viele Versteckmöglichkeiten bieten. Bei gedämpftem Licht kommen die Farben am besten zur Geltung.
Vermehrung: Wie bei *A. australe*, am besten im Kurzansatz als Trio. Man kann den Laich mehrere Tage absammeln und auf feuchtem Torf lagern. Nach 14 bis 21 Tagen gibt man den Torf mit den Eiern in ein Aquarium, und die Jungen schlüpfen relativ gleichmäßig.
Besonderes: Wird immer wieder aus Nigeria importiert. Nahe verwandte Arten sind neben *A. australe* auch *A. ahli* und *A. celiae*. Diese stellen ähnliche Ansprüche an die Haltung und Zucht, aber vor allem *A. ahli* benötigt weiches, leicht saures Wasser. RS

Aphyosemion (Kathetys) elberti

Rotstreifen-Prachtkärpfling

Nothobranchiidae (Afrikanische Killifische)

Vorkommen: Feuchtsavanne im Hochland von Kamerun und der Zentralafrikanischen Republik; in kleinen Gewässern.
GU: ♂♂ größer, farbiger und mit ausgezogenen Flossen; ♀♀ unscheinbarer.
Pflege: Artbecken oder mit ruhigen, etwa gleich großen Fischen wie *Epiplatys*-, *Aplocheilus* und nicht nahe verwandte *Aphyosemion*-Arten. Becken nicht zu hell, viele Versteckmöglichkeiten und gut abgedeckt. Wichtig sind häufige Teilwasserwechsel und im Tagesrhythmus schwankende Wassertemperatur.
Vermehrung: Als Trio in einem dicht bepflanzten 10- bis 20-Liter-Aquarium. Eltern nach etwa 10 Tagen herausfangen. Die Jungen schlüpfen nach ungefähr 14 Tagen, schwimmen sofort frei und können mit *Artemia*-Nauplien gefüttert werden.
Besonderes: Neben dieser Art gibt es in der Untergattung weitere, ähnliche Arten (*K. exiguum*, *K. dargei*, *K. kekemense*). Man sollte sie nicht zusammen halten. Ebenso sollten Tiere von verschiedenen Fundorten nicht gekreuzt werden. Ein noch häufig benutztes Synonym ist *A. bualanum*. RS

5–6

1/2–3

A 20
G 54

L1–2
22–26

c T F L

4,5–6,5

1/2–3

A 20
G 54

L1–2
22–26

c F L

4,5–6,5

1/2–3

A 20
G 54

L1–2
22–26

c F L

Aphyosemion exigoideum

Nothobranchiidae (afrikanische Killifische)

Vorkommen: Endemisch in Gabun, lebt in kleinen Fließgewässern im Regenwald.
GU: ♂♂ größer, farbiger und mit ausgezogenen Flossen.
Pflege: Am besten als Gruppe im Artaquarium oder vergesellschaftet mit ruhigen, etwa gleich großen Fischen. Dunkler Bodengrund, nicht zu helle Beleuchtung und dichte Bepflanzung, die Verstecke bietet. Leichte Filterung, regelmäßige Teilwasserwechsel.
Vermehrung: Ein ♂ und 1 oder 2 ♀♀ im Kurzansatz, als Laichsubstrat Pflanzen, Wollmops oder Torffasern. Eltern nach 10 Tagen entfernen, es werden pro ♀ bis zu 15 Eier pro Tag abgelaicht, meist weniger. Nach etwa 14 Tagen schlüpfen die Jungen, die kurz danach frei schwimmen und mit *Artemia* gefüttert werden können. Alternativ kann der Laich auch vom Laichsubstrat im Hälterungsbecken abgesammelt und in ein separates Becken gebracht werden.
Besonderes: Die meisten *Aphyosemion*-Arten lassen sich ähnlich halten und züchten. Manche Arten benötigen eher weiches und leicht saures Wasser, die meisten sind aber relativ tolerant. RS

Aphyosemion primigenium

Douano-Prachtkärpfling
Nothobranchiidae (afrikanische Killifische)

Vorkommen: Gabun, nur aus dem Gebiet der Mayumbe-Berge bekannt; lebt in ruhig fließenden Regenwaldbächen.
GU: ♂♂ farbiger, größer; ♀♀ beigebraun.
Pflege: Relativ friedlich, lässt sich am besten in einem dicht bepflanzten Artaquarium halten. Vergesellschaftung mit kleineren Welsen und Salmlern oder anderen, nicht nahe verwandten *Aphyosemion*-Arten möglich.
Vermehrung: Zuchtansatz (1/2) in einem 20-Liter-Aquarium. Daueransatz bis 10 Tage, danach die Eltern herausfangen, oder Eier täglich aus dem Laichsubstrat (Fasertorf, Pflanzen, Wollmop aus synthetischem Material) absammeln und in kleiner Schale zum Schlupf bringen. Nach etwa 14 Tagen schlüpfen fast sofort schwimmfähige Jungfische, Fütterung mit *Artemia*-Nauplien.
Besonderes: Die Art findet man hin und wieder im Zoofachhandel. Die attraktive Färbung, die leichte Haltung und Zucht machen sie zu einer auch für Einsteiger geeigneten Killifischart. Sie ist nahe verwandt mit *A. striatum*, der sich ebenfalls einfach halten und züchten lässt. RS

Apistogramma agassizii

Cichlidae (Buntbarsche)

Vorkommen: Amazonas-Einzug, in kleinen, ruhigen Flachgewässern.
GU: ♂♂ größer und farbiger, mit lanzettförmiger Schwanzflosse; ♀♀ in der Brutpflege leuchtend gelb mit charakteristischen Schwarzmarkierungen.
Pflege: Aquarien mit vielen kleinen Verstecken, dicht bepflanzt, eventuell Falllaub. Sauberes, nicht zu hartes Wasser, das regelmäßig gewechselt wird. Vergesellschaftung mit kleinen, ruhigen und friedlichen Fischen gut möglich.
Vermehrung: Paarweise oder im Harem; Wasser leicht sauer und weich. Kleine Höhlen, in denen abgelaicht wird. ♀ übernimmt die Gelege- und Brutpflege allein, vertreibt auch das ♂. Nach 2–3 Tagen Schlupf der Larven, weitere 5–7 Tage später schwimmen die Jungen frei. Aufzucht mit *Artemia*-Nauplien nicht schwierig.
Besonderes: Verschiedene Lokalformen mit unterschiedlicher Färbung, inzwischen auch zahlreiche gezüchtete Varianten. *Apistogramma* sp. „Tefé“ unterscheidet sich durch dunkle Linien am Bauch, Ansprüche sonst sehr ähnlich. CS

5

1/2

A 54
G 80

S–L1
20–26

c T F L

4–6

1/3

A 20
G 54

L1–2
21–25

c F L

♂ 9
♀ 5

1/1–3

A 60
G 100

S K (L1)
24–26

c F L

Apistogramma borellii

Cichlidae (Buntbarsche)

Vorkommen: Oberer und mittlerer Paraguay-Einzug von Brasilien bis Argentinien, in kleinen, ruhigen Nebengewässern.
GU: ♂♂ größer und farbiger mit größeren Flossen, ♀♀ in der Brutpflege schwarz und gelb.
Pflege: Friedliche Art, die auch paarweise gepflegt werden kann. Keine großen Ansprüche an die Wasserwerte, kühlere Überwinterung möglich. Gut zu vergesellschaften mit anderen kleinen und friedlichen Fischen in gut bepflanzten und versteckreichen Aquarien.
Vermehrung: Wie bei →*Apistogramma agassizii*, aber auch in mittelhartem, leicht alkalischem Wasser möglich. Höhlenbrüter mit langsam wachsenden Jungfischen. Aufzucht mit *Artemia*-Nauplien als erstem Futter aber trotzdem nicht schwierig.
Besonderes: Unterschiedliche Blau- und Gelbanteile bei den ♂♂ kommen im selben Biotop vor, also keine Lokalvarianten, inzwischen sind auch Zuchtformen im Handel. Sehr empfehlenswerter Zwergbuntbarsch. CS

Apistogramma cacatuoides

kakadu-Zwergbuntbarsch
Cichlidae (Buntbarsch)

Vorkommen: Ucayali-Einzug in Peru bis zur brasilianischen Grenze, in Weiß- oder Klarwasser führenden kleinen Gewässern.
GU: ♂♂ größer und mit verlängerten schwarzen ersten Flossenmembranen und zweizipfeliger Schwanzflosse.
Pflege: Recht einfach zu pflegen, Wasserwerte nicht von allzu großer Bedeutung; Aquarium gut bepflanzt und mit kleinen Verstecken eingerichtet. Vergesellschaftung mit anderen kleineren, friedlichen Fischen gut möglich.
Vermehrung: Höhlenbrüter, ähnlich wie →*Apistogramma agassizii*, aber auch in mittelhartem, leicht alkalischem Wasser nicht schwer zu züchten, obwohl weicheres, leicht saures Wasser bessere Ergebnisse bringt.
Besonderes: In der Natur schon sehr variabel, mittlerweile Zuchtformen mit hohen Rotanteilen in Schwanz- und Rückenflosse. Wie → *Apistogramma borellii* als Einstiegsart in die Zwergbuntbarschpflege zu empfehlen. CS

Apistogramma nijsseni

Panda-Zwergbuntbarsch
Cichlidae (Buntbarsche)

Vorkommen: Peru, Ucayali-Einzug um Jenaro Herrera, in kleinen ruhigen Gewässern.
GU: ♂♂ bläulich irisierend auf dem Körper, ♀♀ kleiner mit typischer Brutpflegefärbung (gelb mit schwarzem oder grünem „Pandafleck"), roter Schwanzflossensaum bei beiden Geschlechtern.
Pflege: Als Paar oder im Harem mit anderen ruhigen Fischen – Salmlern, Panzerwelsen – in versteckreichen, gut bepflanzten Aquarien. ♀♀ untereinander nicht immer friedlich. Wie alle *Apistogramma* nimmt *A. nijsseni* nur manchmal Flockenfutter an.
Vermehrung: Wie bei →*Apistogramma agassizii*; weiches, leicht saures bis saures Wasser Bedingung. Während der Brutpflege zeigt das ♀ einen schwarzen Fleck auf der Flanke, der je nach Stimmung auch leuchtend grün gefärbt sein kann. Aufzucht mit *Artemia*-Nauplien nicht sehr schwierig.
Besonderes: Zahlreiche recht ähnliche Arten, etwa *A. panduro* mit denselben Ansprüchen. CS

♂ 6
♀ 4

1/1–3

A 60
G 80

K L1–2,
18–24

c (T) F L

♂ 8
♀ 5

1/1–3

A 60
G 80

K L1,
24–26

c (T) F L

♂ 8
♀ 5

1/1–3

A 60
G 100

K S
24–26

c F L (T)

Apistogramma viejita

Cichlidae (Buntbarsche)

Vorkommen: Kolumbien, im oberen und mittleren Río-Meta-Einzug, in Schwarz- und Klarwasser.
GU: ♂♂ größer und farbiger, ♀♀ mit charakteristischer Brutpflegefärbung.
Pflege: Gehört zu einer recht beliebten Zwergbuntbarschgruppe, die allerdings manchmal auch zur Haltung besser schon weicheres, leicht saures Wasser bekommt. Vergesellschaftung mit anderen friedlichen Fischen mit ähnlichen Ansprüchen fast immer problemlos möglich.
Vermehrung: Höhlenbrüter wie →*Apistogramma agassizii*. Leicht saures bis saures und weiches Wasser Voraussetzung zur Eientwicklung. ♀ übernimmt Brutpflege und vertreibt auch das ♂. Aufzucht unter guten Wasserbedingungen nicht schwierig.
Besonderes: Verschiedene Farbformen sind als *Apistogramma viejita* „I" bis „III" im Handel. Eine sehr ähnliche Art ist *A. macmasteri*, jedoch mit dunklen, schmalen Längsstreifen auf dem Bauch und etwas spitzköpfiger. Es gibt auch Übergangsformen zwischen beiden Arten und weitere, sehr ähnliche, kaum zu unterscheidende Arten. Die Ansprüche sind allerdings immer ähnlich. CS

Aplocheilichthys spilauchen

Nackenfleckkärpfling
Poeciliidae, Aplocheilichthyinae (Leuchtaugen)

Vorkommen: Entlang der Atlantikküste vom Senegal bis Angola. Mangrovenzone, Brack- und Süßwasser.
GU: ♀♀ kleiner und blasser gefärbt.
Pflege: Im abgedunkelten, dicht bepflanzten Becken mit Versteckmöglichkeiten und freiem Schwimmraum. Schwarmfisch, der auch in einem Gesellschaftsbecken mit anderen friedlichen Fischen gehalten werden kann; nach Möglichkeit Salzzugabe (1–2 Teelöffel/10 l).
Vermehrung: Haftlaicher, benötigen Ablaichsubstrat wie Javamoos, Mops oder Schwämme. Entweder Ansatz im Zuchtbecken oder Laich vom Substrat im Hälterungsbecken absammeln. Ansatz immer in Gruppen. Junge schlüpfen nach etwa 14 Tagen und fressen sofort *Artemia*-Nauplien. Ausgewachsen nach etwa 8 Monaten. Laich und Jungfische sind sehr empfindlich gegen Sauerstoffmangel.
Besonderes: Wird öfter importiert, verschiedene Importe sollten wegen unterschiedlicher Herkunft nicht gemischt werden. Alle Leuchtaugenfische sind empfindlich gegen verschmutztes Wasser und anfällig für Pilzinfektionen. RS

Aplocheilus panchax

Panchax, Gemeiner Hechtling
Aplocheilidae (Hechtlinge)

Vorkommen: Nordöstliches Indien bis Sumatra, Borneo, Sulawesi, lebt in den flachen Bereichen von Bächen, Tümpeln und ähnlichen Kleingewässern.
GU: ♂♂ farbiger; ♀♀ kleiner, mit abgerundeten Flossen und farbloser.
Pflege: Wie die meisten *Aplocheilus*-Arten gut für das Gesellschaftsbecken geeignet. Ausgesprochener Oberflächenfisch, deswegen sollten Schwimmpflanzen oder bis zur Wasseroberfläche reichende Pflanzen Versteckmöglichkeiten bilden. Keine Mitbewohner unter 3–4 cm, sie könnten als Beute angesehen werden.
Vermehrung: Relativ einfach, am besten im Trio im dicht bepflanzten oder mit Wollmop bestücktem 20–40-Liter-Aquarium. Die Erwachsenen fängt man nach 1–2 Wochen heraus. Junge schlüpfen etwa 14 Tage nach der Eiablage, schwimmen nach kurzer Zeit frei und fressen sofort *Artemia*-Nauplien.
Besonderes: Von *A. panchax* sind mehrere Unterarten beschrieben, deren Status unklar ist. Von allen *Aplocheilus*-Arten hat der Panchax das größte Verbreitungsgebiet, die Haltung der anderen Arten ist ähnlich. RS

♂ 6
♀ 4

1/1–3

A 60
G 80

K S
24–26

c F L

6–7

2/4

A 54
G 80

L 2–3
25–28

c T F L

6–7

1/2

A 20
G 54

L 2
24–27

c T F L

Apteronotus albifrons

Weißstirn- oder Seekuh-Messerfisch
Apteronotidae (Messerfische)

Vorkommen: Importiert meist aus Kolumbien und Venezuela, kommt jedoch auch in Peru und im Paraguay-Einzug vor.
GU: ♂♂ deutlich größer und mit verlängerter Schnauzenpartie.
Pflege: Reich strukturiertes und vertsteckreich eingerichtetes Aquarium. Die Art ist dämmerungsaktiv, gewöhnt sich jedoch rasch an eine Fütterung tagsüber und kommt dann futterbettelnd aus dem Versteck. In der Regel ist eine Gruppenhaltung empfehlenswert. Die Tiere kennen sich individuell und kommunizieren mit ihrem elektrischen Organ. Leider gibt es gelegentlich absolut unverträgliche Exemplare, die Artgenossen angreifen und artfremden Fischen die Augen herausbeißen. Normalerweise werden artfremde Fische, sofern sie nicht als Futter in Frage kommen, nicht beachtet.
Vermehrung: Bislang kaum von Hobbyaquarianern gezüchtert, wird jedoch in Südostasien kommerziell vermehrt. Regenzeitimitation notwendig (→*Eigenmannia* sp.). Eier werden in Spalten zwischen Steinen, Wurzelholz oder Ähnlichem abgelegt. FS

Arnoldichthys spilopterus

Afrikanischer Großschuppensalmler
Alestidae (Echte Afrikanische Salmler)

Vorkommen: Südliches Nigeria, unterer Niger und Ogun.
GU: ♂♂ kräftiger gefärbt, Afterflosse konvex, bei ♀♀ gerade, dunkler Fleck an der Basis.
Pflege: Schwarmfisch, sollte in Becken mit großer Grundfläche mit anderen, gleich großen Fischen gehalten werden. Dichte Randbepflanzung, freier Schwimmraum, dunkler Bodengrund. Wasser über Torf filtern, regelmäßiger Teilwasserwechsel, empfindlich gegen belastetes Wasser.
Vermehrung: Zucht schwierig, weiches, leicht saures Wasser, häufiger kleine Mengen wechseln. Als kleine Gruppe mit ♀♀-Überschuss in ein Becken mit Ablaichsubstrat und Laichrost. Ein ♀ kann bis zu 1000 Eier abgeben, die meist aber nicht alle befruchtet sind. Die Jungen schlüpfen nach etwa 1,5 Tagen und schwimmen nach ungefähr einer Woche frei. Sie können dann mit *Artemia*- und *Cyclops*-Nauplien gefüttert werden.
Besonderes: Gut geeignet für ein großes Gesellschaftsbecken, etwa mit anderen afrikanischen Salmlern. Für die Haltung sind die Ansprüche an die Wasserwerte deutlich geringer als zur Zucht. RS

Aspidoras pauciradiatus

Zwerg-Schmerlenpanzerwels
Callichthyidae (Schwielen- und Panzerwelse)

Vorkommen: Brasilien, im schnell fließenden und sauerstoffreichen Wasser des Rio Araguaia.
GU: ♂♂ zierlicher, mit deutlicherer Körperzeichnung.
Pflege: In größerer Gruppe im gut bepflanzten Aquarium mit einigen schattigen Plätzen. Hält sich gerne in Gruppen auf erhöhten Plätzen auf. Als Beifische sollten kleinere, nicht zu hektische Arten, friedliche Salmler etwa, gewählt werden.
Vermehrung: Am erfolgreichsten in Aquarien ohne Beifische. Zur Zucht weiches, saueres Wasser, pH-Wert von 6 und die 1–4 °dGH. Häufiger Frischwasserwechsel löst das Ablaichen aus. Nur sehr wenige Eier werden vom Weibchen abgegeben. Eier sehr empfindlich und verpilzen schnell. Bei 25 °C schlüpfen die ersten Larven nach 4 Tagen, nach weiteren 2 Tagen beginnen die Jungwelse Mikro-Würmer aufzunehmen.
Besonderes: Weicht in mehreren Merkmalen – Körperform, geringe Größe, Anzahl der Dorsalstrahlen – von den anderen *Aspidoras*-Arten ab. ES

♂ 50
♀ kleiner

> 6

A 450
G 450

L1–3
22–28

c F L

10

10–20

A 240
G 240

S–L1
22–28

o T F L

3

10–30

A 40
G 54

L1–2
24–26

o T F L

Aspidoras poecilus

Leopard-Schmerlenpanzerwels
Callichthyidae (Schwielen- und Panzerwelse)

Vorkommen: Brasilien, Mato Grosso, in langsam fließendem Klarwasser.
GU: ♀♀ rundlicher und größer.
Pflege: Sehr gesellige Welse, immer in einer Gruppe von mindestens 10 Tieren pflegen. Nie scharfkantigen Bodengrund benutzen, *Aspidoras* graben sich mitunter gerne im Sand ein. Vorsicht bitte bei offenen Aquarien! Durch ihr ständiges hektisches Schwimmen können sie leicht einmal aus dem Aquarium springen. Jede friedliche, nicht zu groß werdende Art kann zusammen mit *Aspidoras poecilus* gepflegt werden.
Vermehrung: Das Ablaichen findet in den frühen Morgenstunden statt und wird durch einen größeren Wasserwechsel oder durch das Einsetzen einer zusätzlichen Strömungspumpe ausgelöst. Aus den knapp 2 mm großen Eiern schlüpfen nach 3 Tagen die Welslarven. Nach weiteren 2 Tagen werden *Artemia*-Nauplien als Erstfutter angenommen. *A.-poecilus*-Jungfische sind sehr schnellwüchsig.
Besonderes: Derzeit sind 18 *Aspidoras*-Arten beschrieben. ES

Astronotus ocellatus

Pfauenaugenbuntbarsch
Cichlidae (Buntbarsche)

Vorkommen: Oberer Amazonas-Einzug in Peru und Brasilien, in Klar- und Schwarzwasser.
GU: ♂♂ etwas bulliger als gleich große ♀♀.
Pflege: Große, klar strukturierte Aquarien mit kräftigen Pflanzen und Rückzugsmöglichkeiten. Kleinere Fische werden meist gefressen, die Vergesellschaftung mit ähnlich großen Arten ist aber meist kein Problem. In der Jugend sind Pfauenaugenbuntbarsche manchmal zänkisch, später sehr viel ruhiger und gelassener. Brutreviere werden aber energisch verteidigt.
Vermehrung: Voraussetzung sind große Behälter mit nicht zu hektischer Gesellschaft. Wasser am besten weich und leicht sauer. Offenbrüter, die nach sehr langer Balz meistens auf einem flachen Stein ablaichen. Bis über 1000 Eier. Larven und später Jungfische werden in vorher angelegte Gruben umgebettet.
Besonderes: Jungfische sind abweichend von den erwachsenen Tieren silbrig und schokoladebraun marmoriert. Verschiedene Arten und Varianten sind im Handel, ebenso häufig kupferrot gefärbte Zuchtformen (Roter Oscar). CS

Atya sp.

Blaue Riesenfächergarnele
Atyidae (Fächergarnelen)

Vorkommen: Küstennahe Gewässer Westafrikas. Dort in fließenden Gewässern zu finden.
GU: ♂♂ besitzen ein zu Klauen umgewandeltes erstes Schreitbeinpaar. Bisher noch keine ♂♂ nach Europa eingeführt. ♀♀ größer.
Pflege: Versteckplätze, die der Größe angepasst sein müssen. Strömungspumpe erforderlich. Mit ruhigen Fischen zu vergesellschaften.
Vermehrung: Wurden bisher noch nicht nachgezüchtet. Aufzucht der Larven wahrscheinlich nur in Seewasser möglich, da auch diese Art ein planktonisches Larvenstadium durchlebt. Ernährung der Alttiere am besten mit feinstem Lebendfutter.
Besonderes: Die Art liebt es, direkt in der Strömung nach Futter zu fächern. Nach der Häutung treten häufig Probleme auf, da sie die Farbe verlieren oder danach sterben. Das ist auf eine Mangelerscheinung im Mineralhaushalt zurückzuführen. Regelmäßige Spurenelementzugaben sowie eine abwechslungreiche Ernährung mit hochwertigen Nährtieren hilft, das zu vermeiden. WI

4

10–30

A 54
G 112

K
25–27

o T F L

35

1/1

A 375
G 750

K S
(L1–3)
24–29

c T F L

15

5

A 118
G 160

L1–3
20–30

o F L

Atyopsis moluccenis

Bergwasser- oder Steingarnele

Atyidae (Fächergarnelen)

Vorkommen: In Südostasien sehr weit verbreitet. Je nach Herkunft unterschiedlich gezeichnet. In fließenden Gewässern zu finden.
GU: Das erste Schreitbeinpaar der ♂♂ ist zu stark verdickten Klauen umgebildet.
Pflege: Aquarien mit Strömung und erhöhten Sitzplätzen in der Strömung. Vergesellschaftung nur mit kleinen, nicht aggressiven Fischen.
Vermehrung: Noch nicht im Aquarium nachgezüchtet. Paarungen finden regelmäßig statt. ♀♀ geben die Eier nach etwa 25 Tagen ins freie Wasser ab. Aufzucht nur in Brack- oder Seewasser möglich. Dort machen die Larven verschiedene planktonische Phasen durch, bis sie zum substratgebundenen Leben übergehen. Die Ernährung der Alttiere ist am besten mit feinstem Lebendfutter möglich, das am liebsten in der Strömung treibend aufgenommen wird.
Besonderes: Die Scherenbeine sind zu Fächern umgebildet, mit denen die Tiere Ihre Nahrung im freien Wasser aufschnappen und dann zum Maul führen. WI

Aulonocara hansbaenschi

Rotschulter-Kaiserbuntbarsch

Cichlidae (Buntbarsche)

Vorkommen: Malawisee, mittlere Ostküste (Mosambik und im Bereich Fort Maguire, Malawi), in der Sand-Fels-Übergangszone.
GU: Dominante ♂♂ prächtig blau mit roten Pigmenten auf Brust, Schulter und Bauch. Jungtiere und ♀♀ einfarbig grau bis braun. Unterdrückte ♂♂ sind braun und zeigen nur ansatzweise die ♂♂-Färbung.
Pflege: Relativ ruhiger Buntbarsch, der nicht mit aggressiven Arten (etliche Felsbuntbarsche) vergesellschaftet werden sollte. Malawisee-typische Einrichtung: sandiger Bodengrund und Steinaufbauten. Im Aquarium Allesfresser.
Vermehrung: Einfach. Maulbrüter im weiblichen Geschlecht. Dreiwöchige Maulbrutpflege; Jungtiere danach etwa ein Zentimeter groß und selbstständig. Ernährung mit feinem Flockenfutter und *Artemia*-Nauplien.
Besonderes: Kaiserbuntbarsche haben stark vergrößerte Öffnungen des Seitenlinienorgans im Kopf (Sinnesporen), mit denen sie wahrscheinlich Kleintiere im Untergrund über kleinste Druckschwankungen orten können. *A. hansbaenschi* war die zuerst eingeführte Art (1972, fälschlich als *A. nyassae*). AS

Badis badis

Blaubarsch

Badidae (Blaubarsche)

Vorkommen: Nepal, Indien, Bangladesch; Ganges-, Mahanadi- und Brahmaputra- Einzüge. Langsam fließende, krautige Randbereiche von Flüssen und Bächen.
GU: ♂♂ farbenprächtiger, schlanker als ♀♀.
Pflege: Versteckreich eingerichtetes Aquarium, regelmäßiger Wasserwechsel. Nur mit Lebendfutter dauerhaft zu halten und zu züchten. Nur mit ruhigen und friedlichen Fischen vergesellschaften. Am besten mehrere Paare halten und mehrere Höhlen aus halbierten Kokosnussschalen anbieten.
Vermehrung: Laichen in Höhlen. Gelege wird unter Umschlingung des ♀ durch das ♂ an die Höhlendecke geheftet und vom ♂ bewacht. Junge schlüpfen nach 3 Tagen und schwimmen nach weiteren 2 Tagen frei. Aufzucht mit feinem Lebendfutter, nach wenigen Tagen werden schon Artemien genommen.
Besonderes: Lange Jahre waren nur 2 Blaubarscharten bekannt. Heute wissen wir von 15 Arten, die in die Gattungen *Badis* und *Dario* unterteilt werden. Der „Rote Badis" heißt nach aktuellem Stand nicht *B. badis burmanicus*, sondern *B. ruber*. FH

8

3/3

A 54
G 112

L 1–3
20–30

c o L

10–12

1/3
Gruppe

A 200
G 400

L 1–2
24–28

o T F L

6

1/1
Gruppe

A 60
G 80

L 1–3
23–26

c F L

Balantiocheilos melanopterus
Haibarbe
Cyprinidae (Karpfenfische)

Vorkommen: Südostasien; Mekong- und Chao-Phraya-Einzüge, Malayische Halbinsel; Indonesien; Sumatra, Borneo. Fließgewässer unterschiedlicher Größe.
GU: Nur an laichreifen Fischen durch die Körperfülle der ♀♀ erkennbar.
Pflege: Friedlicher Schwarmfisch, der nicht allein gehalten werden sollte. Die gehandelten Jungfische wachsen schnell. Große Aquarien mit viel freiem Schwimmraum sind unbedingte Voraussetzung. Schreckhaft, neigt in zu kleinen Behältnissen dazu, ständig vor die Scheiben zu schwimmen. Anspruchslos im Futter; wird genug pflanzliche Beikost gereicht, werden die Pflanzen verschont.
Vermehrung: Im Aquarium noch nicht gelungen. Wird in Asien in Aquakultur vermehrt.
Besonderes: Die Haibarbe ist vielerorts in ihrem Bestand bedroht (Rote Liste). Aufgrund ihrer Größe kaum für die Aquaristik geeignet. Wer keinen Platz für ein wirklich großes Becken hat, sollte von der Haltung absehen. Aquarien unbedingt gut abdecken – springt. FH

Barboides gracilis
Cyprinidae (Karpfenfische)

Vorkommen: Lebt in kleinen Regenwaldbächen von Benin, Nigeria, Kamerun bis Äquatorial-Guinea
GU: ♀♀ etwas größer und fülliger als ♂♂.
Pflege: Abgedunkeltes, dicht bepflanztes Aquarium; diese kleinen Schwarmfische nicht mit größeren und aggressiven Fischen vergesellschaften. Wasser leicht sauer und weich; häufiger Teilwasserwechsel, da sie empfindlich auf belastetes Wasser oder Sauerstoffmangel reagieren. Feines Lebend- und Trockenfutter.
Vermehrung: Zucht schwierig, am besten in kleinem, dicht bepflanzten Aquarium in kleiner Gruppe. Ansonsten sollte man einen Laichrost oder Torffasern verwenden, um den Laich zu vor den Eltern zu schützen. Die Jungen brauchen am Anfang sehr feines Futter, das sie in den Pflanzen finden können; *Artemia* werden erst später bewältigt.
Besonderes: Aufgrund der Größe sind diese Zwerge nicht für das normale Gesellschaftsbecken geeignet. Sie lassen sich mit gleichgroßen Fischen, etwa *Neolebias powelli*, gut in einem kleineren Aquarium zusammenhalten, da sich auch die Anforderungen an das Futter gleichen. RS

Barbus jae
Dja-Barbe
Cyprinidae (Karpfenfische)

Vorkommen: Lebt in kleinen Bächen in Südostkamerun, Gabun und Kongo (Brazzaville).
GU: ♀♀ größer und fülliger; ♂♂ kräftiger gefärbt.
Pflege: Ruhige Schwarmfische, am besten in einem tiefen, nicht zu hohen, dicht bepflanzten und abgedunkelten Becken halten. Das Wasser muss sehr sauerstoffhaltig und sauber sein, also gut durchlüften und häufiger Teilwasserwechsel. Nur mit gleich großen, friedlichen Fischen vergesellschaften.
Vermehrung: Unbedingt in einer kleinen Gruppe von 2–3 ♂♂ und 3–5 ♀♀ in einem Aufzuchtbecken mit Laichrost zur Zucht ansetzen. Aus den sehr kleinen Eiern schlüpfen nach 1–2 Tagen bis zu 100 Larven, die nach weiteren 4–6 Tagen freischwimmen und mit feinstem Lebendfutter und kleinen *Artemia*-Nauplien gefüttert werden.
Besonderes: *Barbus jae* gehört zu einer Gruppe klein bleibender zentralafrikanischer Arten, die sich sehr ähnlich sind und von denen einige erst in den letzten Jahren beschrieben wurden. Sie können gut mit Salmlern der Gattung *Neolebias* vergesellschaftet werden. RS

35

5

A 500
G 1000

L 1–2
22–28

o/h T F L
Grün-
futter

2,5

6–10

A 30
G 54

S
20–25

o T F L

4

2/4

A 54
G 54

S
20–25

o T F L

Baryancistrus sp. (L 18)

L 18, Orangesaumwels
Loricariidae (Harnischwelse)

Vorkommen: Im Unterlauf des Rio Xingú (Pará, Brasilien), wo die Art in stark durchströmten, flachen Gewässerbereichen lebt und Algenaufwuchs von den Steinen abfrisst.
GU: ♂♂ werden etwas größer und sind an ihrer breiteren Kopfpartie sowie den längeren, stachelähnlichen Odontoden hinter dem Kiemendeckel und auf dem ersten Brustflossenstrahl zu erkennen.
Pflege: Heikle Art für das Artaquarium oder die Gesellschaft mit Fischen, die Ihnen das Futter nicht streitig machen. Fütterung am besten mehrmals täglich mit Grünfutter und Futtertabletten, gelegentlich auch mit Lebend- oder Frostfutter. Schlecht geeignet für bepflanzte Aquarien.
Vermehrung: Bislang offensichtlich noch nicht im Aquarium vermehrt, sicherlich aber ein Höhlenbrüter mit einer ähnlichen Fortpflanzungsbiologie wie die *Ancistrus*-Arten.
Besonderes: Je nach Herkunft mit unterschiedlich breitem Flossensaum. L 18 ist vom ähnlichen L 81 durch das gröbere Fleckenmuster zu unterscheiden. IS

Benitochromis batesii

Bates Prachtbuntbarsch
Cichlidae (Buntbarsche)

Vorkommen: In Regenwaldflüssen im südwestlichen Kamerun und Äquatorialguinea.
GU: Schwierig zu unterscheiden, ♀♀ meist kleiner und weniger auszipfelnde Flossen, häufig mit silbrig glänzendem Band in der Rückenflosse.
Pflege: Geräumiges Aquarium mit vielen Versteckmöglichkeiten, feinkörniger Sand als Bodengrund. Das Becken kann bepflanzt werden, etwa mit *Anubias*-Arten. Vergesellschaftung mit größeren Salmlern, Welsen, Barben und ähnlich großen Cichliden anderer Gattungen möglich, untereinander aggressiv.
Vermehrung: Diese Art ist ein paarbildender Maulbrüter, die Eltern nehmen die bis zu 100 Larven, die nach 3 Tagen schlüpfen, bis zum Freischwimmen für etwa 1 Woche ins Maul (larvophil). Danach werden sie für 1–2 Monate weiter betreut und anfangs bei Gefahr noch ins Maul genommen. Gefüttert werden können die Jungfische mit *Artemia* und feinem Frost- und Trockenfutter.
Besonderes: Es gibt verschiedene Farbformen (Eseka, Lobe/Kienke), die man nicht miteinander kreuzen sollte. RS

Benitochromis nigrodorsalis

Cichlidae (Buntbarsche)

Vorkommen: Kamerun, südlich des Mount Cameroon und Bioko, Äquatorial-Guinea in küstennahen Flüssen und Bächen.
GU: Die ♂♂ sind größer mit stärker ausgezogene Flossen; ♀♀ mit silbernem Band in Rückenflosse.
Pflege: Aquarium mit feinem Kies, vielen Versteckmöglichkeiten und dichter Bepflanzung. Kann mit größeren Salmlern (Kongosalmler) oder Welsen gehalten werden. Wichtig sind gute Filterung und regelmäßiger Teilwasserwechsel.
Vermehrung: Ein passendes Paar vermehrt sich problemlos. Maulbrüter, bei dem beide Eltern an der Brutpflege beteiligt sind. Sobald die Jungen freischwimmen, werden sie nur noch selten ins Maul genommen. Sie können mit *Artemia* und feinem Trockenfutter ernährt werden.
Besonderes: Die Art ist erst vor kurzem beschrieben worden, vorher wurde sie als *Chromidotilapia finleyi* ‚Moliwe' geführt. *B. nigrodorsalis* nimmt schon den Laich ins Maul (ovophile Maulbrüter), andere Arten dieser Gruppe nehmen erst die geschlüpften Larven auf (larvophil). RS

35

1
1/1

A 100
G
120–150

K L1–2
26–30

h T F L

12

1/1

A 240
G 240

S–L1
20–26

o T F L

10–14

1/1

A 120
G 120

L1–2
21–26

o T F L

Betta splendens
Siamesischer Kampffisch
Osphronemidae (Guramis)

Vorkommen: Südostasien; Thailand, unterer Mekong-Einzug. Stehende Gewässer; Überschwemmungsflächen, Kanäle, Reisfelder.
GU: ♂♂ mit lang ausgezogenen Flossen, ♀♀ weniger farbig.
Pflege: Kleine bis mittelgroße, flache Aquarien mit teils dichter Bepflanzung und ruhiger Wasseroberfläche. Unbedingt nur ein ♂ pro Becken einsetzen, möglichst mit mehreren ♀♀. Einzelne ♀♀ werden von aggressiven ♂ in engen Behältern zu Tode gejagt. Ideal im Artbecken; Vergesellschaftung nur mit kleinen, nicht schleierflossigen „Beifischen".
Vermehrung: ♂ baut Schaumnest; unter Umschlingung des ♀ werden sinkende Eier gelegt und vom ♂ ins Nest gespuckt. Brutpflege bis zum Freischwimmen der Jungen. Aufzucht mit feinem Futter recht einfach.
Besonderes: In Südostasien werden Kampffische für Wettkämpfe benutzt. Niemals zwei ♂♂ zusammensetzen, da sich die Fische bis zum Tode bekämpfen. Allerdings ist es möglich, mehrere ♂♂ gemeinsam aufzuziehen. Die Vereinzelung von ♂♂ in winzigen Gläsern ist als Tierquälerei zu bezeichnen. FH

Brachygobius doriae
Goldringelgrundel
Gobiidae (Grundeln)

Vorkommen: Borneo, Sumatra, Singapur. Unterläufe von Flüssen, Überschwemmungsflächen, Teiche.
GU: ♂♂ intensiver gefärbt; Körperfülle laichreifer ♀♀. Form der Genitalpapille der ♂♂ spitz, der ♀♀ stumpf.
Pflege: Für die Pflege und Zucht ist Brackwasser Voraussetzung. 1–2 Esslöffel Seesalz pro 10 l Wasser. In reinem Süßwasser auf die Dauer empfindlich. Aquarium mit flachen Steinplatten versteckreich einrichten.
Vermehrung: Laichansatz nach abwechslungsreicher Fütterung mit kleinem Lebendfutter. Höhlenlaicher; ♂ bewacht Gelege. Jungfische schlüpfen nach 4 Tagen, zunächst pelagisch (freiwasserbewohnend). Aufzucht mit feinstem Lebendfutter; nicht einfach.
Besonderes: Die Gattung *Brachygobius* umfasst mehrere Arten, die auf den ersten Blick oft kaum zu unterscheiden sind. Für die genaue Bestimmung müssen Merkmale der Kopfporen herangezogen werden. Können sich mit Hilfe ihrer zur Saugscheibe verwachsenen Bauchflossen an glatte Oberflächen heften. FH

Brochis splendens
Smaragdpanzerwels
Callichthyidae (Schwielen- und Panzerwelse)

Vorkommen: Peru, Brasilien, Bolivien; weit verbreitet.
GU: ♀♀ rundlicher und größer.
Pflege: Ein Trupp dieser imposanten Panzerwelse benötigt ein größeres Aquarium. Auf eine gute Filterung ist zu achten, *Brochis* Arten wühlen gerne im Bodengrund auf der Suche nach Futter. Besonders Wurmfutter wird in riesigen Portionen vertilgt.
Vermehrung: Pro ♀ können, je nach Kondition der Welse, zwischen 300 und 600 Eier produziert werden. Die 1 mm kleinen Eier werden einzeln im Aquarium verteilt. Nach 5 Tagen schlüpften die ersten Larven, nach weiteren 4 Tagen werden Mikrowürmchen angenommen. Junge *B. splendens* haben eine auffallende Jungfischzeichnung die sich in drei Phasen unterteilt bevor sie sich einheitlich smaragdgrün färben.
Besonderes: Der niederländische Ichthyologe Isaäc Isbrücker spaltet die Gattung *Brochis* in jetzt sechs gültige Arten auf. ES

7

1/2
Gruppe

A 60
G 80

L1–3
24–30

o T F L

4

1/1
Gruppe

A 60
G 80

L 2–3
23–26

c F L

8

5–10

A 112
G 240

L1
24–26

o T F L

Bujurquina apoparuana

Cichlidae (Buntbarsche)

Vorkommen: Peru; westliche Ucayali-Zuflüsse; in Klar- und Schwarzwasser.
GU: ♂♂ etwas größer und mit länger ausgezogenen Flossen.
Pflege: Versteckreich eingerichtete Aquarien. Nicht sehr aggressive Buntbarsche, die manchmal schreckhaft sein können. Vergesellschaftung mit friedlichen, nicht zu kleinen Fischen empfehlenswert, um ihnen die Scheu zu nehmen. Zu kleine Fische werden gefressen. Pflanzenfreundliche Art, die nur zur Laichzeit ein bisschen räumt.
Vermehrung: Larvophiler Maulbrüter, der sein Gelege zunächst auf einem transportablen Substrat (Blatt oder Holzstückchen) deponiert und bei Gefahr mit dem Maul wegträgt. Die Larven werden ins Maul der Elterntiere aufgenommen. Maulbrutpflege dauert einige Wochen an. Aufzucht der Jungen mit *Artemia*-Nauplien als erstem Futter nicht schwierig.
Besonderes: Wegen der interessanten Brutpflege und der geringen Aggressivität empfehlenswerte Art. Zahlreiche, einander sehr ähnliche Arten innerhalb der Gattung, Unterscheidung oft nur schwer möglich. CS

Bunocephalus coracoideus

Zweifarbiger Bratpfannenwels
Aspredinidae (Bratpfannenwelse)

Vorkommen: Bolivien, Brasilien, Kolumbien, Peru; in Gewässern vom Weiß-, Klar- und Schwarzwassertyp, bevorzugt Bereiche mit mäßiger bis schwacher Strömung.
GU: ♂♂ und ♀♀ in etwa gleich groß. Bei geschlechtsreifen Tieren sind die ♀♀ schon nach kurzer Zeit der Pflege an ihrer deutlich größeren Leibesfülle zu erkennen.
Pflege: Friedliche Fische, die einzeln und in größeren Gruppen gepflegt werden können. Tagsüber verbirgt sich diese Art zumeist zwischen Pflanzen oder gräbt sich auch in weichen Bodengrund ein.
Vermehrung: Es gibt verschiedene Berichte über die Vermehrung dieser Art. In einem dieser Berichte wird beschrieben, dass die Weibchen Eischnüre bestehend aus etwa 2 mm großen Eiern hinter sich herziehen. Diese Eier sind stark klebend und werden in Pflanzen abgestreift. Aufzucht zunächst mit Einzellern, später mit *Artemia*-Nauplien.
Besonderes: Der bei weitem am häufigsten importierte Bratpfannenwels ist leicht an den beiden sehr langen Fortsätzen des Brustskeletts (Coracoidal-Fortsätze) zu erkennen. IS

Cambarellus patzcuarensis

Cambaridae (Nordweltkrebse)

Vorkommen: Kommt nur im Lago de Patzcuaro in Mexiko vor.
GU: ♂♂ meist kleiner und mit größeren Scheren, außerdem sind die Begattungsgriffel deutlich erkennbar. ♀♀ größer und gedrungener.
Pflege: Stark strukturierte Becken mit vielen Versteckplätzen. Tagaktive Art, Vergesellschaftung mit nicht zu großen Fischen möglich.
Vermehrung: Nach der kurzen, aber heftigen Paarung zieht sich das ♀ sehr stark zurück und ist nur noch in der Dämmerung zur Nahrungsaufnahme zu sehen. Nach 28 Tagen schlüpfen die Jungen Krebse und verbleiben noch etwa 4 Tage am Abdomen des ♀. Danach gehen sie ihre eigenen Wege. Die Eltern stellen den Jungkrebsen stark nach.
Besonderes: Im Handel ist fast nur die orangefarbene Variante erhältlich. WI

13

1/1

A 100
G 250

K S L1
24–28

c T F L

12–13

1/1 oder
Gruppe

A 45
G 60

L1–2
24–29

c T F L

4

2/4

A 20
G 54

L1–3
18–22

o T F L

Caridina japonica

Amano- oder Algengarnele
Palaemonidae (Garnelen)

Vorkommen: Südlicher Teil der Japanischen Hauptinsel. Ist in Flüssen mit mäßiger bis starker Strömung zu finden, dort meist in dichtem Pflanzengestrüpp.
GU: ♂♂ schlanker. ♀♀ mit stark nach unten gezogenen Abdominalplatten.
Pflege: Gut bepflanzte Aquarien. Sollten immer in größeren Gruppen gepflegt werden. Vergesellschaftung mit nicht zu großen und friedlichen Fischen, etwa kleinen Bärblingen und Salmlern möglich.
Vermehrung: Die Vermehrung ist nur in Brackwasser oder reinem Meerwasser möglich. Die bis zu 1500 Larven werden nach einer Tragzeit von 20–25 Tagen vom ♀ ins freie Wasser abgegeben. Dort werden sie von der Strömung ins Meer befördert wo sie ein etwa vierwöchiges Larvenstadium durchlaufen, bevor sie wieder in die Flüsse zurückkehren. Die Aufzucht ist äußerst schwierig, da die Larven in den ersten Wochen von einzelligen Algen und Plankton leben.
Besonderes: Es werden ähnliche Garnelen aus Taiwan und Hongkong eingeführt, die sich in reinem Süßwasser vermehren. WI

Carinotetraodon lorteti

Rotaugen-Kammkugelfisch
Tetraodontidae (Kugelfischverwandte)

Vorkommen: Thailand, Kambodscha, Laos, Vietnam, im Einzug des Mekong, Chao Phraya und Meklong
GU: Deutlicher Sexualdichromatismus. ♀♀ mit kontrastreichem Netzmuster, ♂♂ einfarbig blaugrau mit gelber Bandzeichnung.
Pflege: Reine Süßwasserart, die am besten im Artenaquarium gepflegt wird, da die Aggessivität gegenüber artfremden Fischen nicht vorhersagbar ist. Es gibt lammfromme Individuen und solche, die jedem anderen Fisch die Flossen zerbeißen. Das Aquarium sollte nicht zu klein und sehr versteckreich eingerichtet sein, damit sich die Tiere aus dem Weg gehen können. Pflanzen werden nicht beschädigt. Wichtig sind Höhlenverstecke.
Vermehrung: Nach intensiver und hochinteressanter Balz werden die klebrigen Eier in Bodennnähe abgelaicht und vom Männchen betreut. Es gibt Beobachtungen, wonach den freischwimmenden Jungtieren von den Eltern Futter vorgekaut und vorgespuckt wurde.
Besonderes: In der Aquarienliteratur oft als *C. somphongsi* bezeichnet. Die nah verwandte Art *C. irrubesco* ist genauso zu pflegen. FS

Carinotetraodon travancoricus

Zwergkugelfisch
Tetraodontidae (Kugelfischverwandte)

Vorkommen: Südindien, dort im Bundesstaat Kerala. In Küstennähe in den sogenannten Backwaters.
GU: ♂♂ intensiver gefleckt, kleiner und mit kürzerer Schnauze.
Pflege: Die kleinste aller Kugelfischarten kann in Süß- oder Brackwasser gehalten werden. Bei der Pflege in reinem Süßwasser ist zu beachten, dass eine erhöhte Empfindlichkeit gegen Nitrit und Nitrat besteht. Zwergkugelfische sind tagaktiv und in aller Regel sowohl gegen Artgenossen wie auch gegen artfremde Fische sehr friedlich.
Vermehrung: Die Art ist Dauerlaicher und laicht bei entsprechender Fütterung fast täglich ab. Laichsubstrat ist Javamoos, auch Laichmops aus Wolle sind geeignet. Laichräuber, keine direkte Brutpflege. Eizahl unbekannt, wird auf maximal 30 pro Tag geschätzt. Eientwicklung in 6–7 Tagen, Eidurchmesser um 1,5 mm. Vier Tage nach Schlupf Beginn der Nahrungsaufnahme, kann mit *Artemia*-Nauplien angefüttert werden.
Besonderes: Aus unbekannten Gründen können die Larven manchmal nicht schlüpfen. FS

5

5/5

A 54
G 118

L 1–3
15–25

T F H

5,5

1/1
Gruppe

A 54

L 1–3,
18–28

c, F, L

2,2

1/1
Gruppe

A 20
G 54

L 1–3 B
20–28

c F L

Carnegiella strigata

Gabelbeilbauchfisch
Gasteropelecidae (Beilbauchfische)

Vorkommen: Im Amazonasgebiet, in Guyana, Surinam, Brasilien, Kolumbien und Peru sehr weit verbreitet. An den bewachsenen Uferrändern teilweise schnell fließender Schwarzwasserbäche.
GU: ♀♀ voller durch Laichansatz.
Pflege: Fische für jedes, auch schon kleinere Gesellschaftsbecken, mit anderen Salmlern, Panzerwelsen; bevorzugen die obere Wasserregion. Das Aquarium sollte dicht schließende Deckscheiben haben. Sie stehen gerne im Filterstrom und können blitzschnell nach dem Futter auf der Wasseroberfläche schwimmen.
Vermehrung: In Zuchtbecken ab 20 Liter, mit Schwimmpflanzen, in weichem Wasser, bis 5 ° dGH, leicht sauer und bei reichlicher Fütterung mit Mückenlarven, kann es zu einer Laichabgabe, dicht unter der Wasseroberfläche, kommen. Nach dem Laichakt die Eltern entfernen. Die Jungen schlüpfen nach 30 Stunden, schwimmen am 5. Tag frei und benötigen feinstes Futter. Erst nach weitern 5–7 Tagen werden *Artemia*-Nauplien gefressen.
Besonderes: Die Zeichnung ist variabel. Es gibt nur eine Art, *C. strigata*, andere Bezeichnungen sind Synonyme. P+MH.

Characidium rachovii

Rachows Bodensalmler
Characidiidae (Bodensalmler)

Vorkommen: Südbrasilien, Argentinien, verschiedene Farbformen, in Klarwasserbächen.
GU: Die ♂♂ haben kräftigere gelborange gefärbte Flossen, mit größeren schwarzen Flecken in der Afterflosse. ♀♀ mit kräftig gerundetem Bauch bei Laichansatz.
Pflege: Der ruhige Salmler ist auch für ein Gesellschaftsaquarium mit friedlichen Fischen geeignet. Er liegt nicht nur auf dem Bodengrund, sondern schwimmt oft bei harmlosen Revierkämpfen im freien Wasser.
Vermehrung: In Becken ab 12 Liter ohne Bodengrund mit viel Pflanzen möglich. Sie stellen keine besonderen Ansprüche an die Wasserzusammensetzung. Sie legen ihre Eier nachts, adulte Weibchen bis 600 Stück, mit einem Haftfaden, bevorzugt an feine Wurzeln (Javafarn). Die Eltern stellen dem Laich nicht nach, sollten jedoch nach dem Laichen entfernt werden. Nach 24 Stunden schlüpfen die Jungen und fressen nach 5 Tagen frisch geschlüpfte *Artemia*-Nauplien.
Besonderes: Frisst gern Posthorn- oder Schlammschnecken. P+MH.

Cherax destructor

Yabby
Parastacidae (Südweltkrebse)

Vorkommen: Im südlichen Australien weit verbreitet. Meist in stehenden und langsam fließenden Gewässern.
GU: Die Geschlechter sind nur an den Gonoporen zu unterscheiden: bei den ♀♀ am 3. Beinpaar, bei den ♂♂ am 5. Beinpaar.
Pflege: Große Versteckplätze; mit nicht zu aggressiven Fischen und bei guter Ernährung problemlos zu vergesellschaften.
Vermehrung: Bei paarweiser Haltung in größeren Behältern gut möglich. Nach der Paarung werden die Eier vom ♀ etwa 30 Tage unter dem Abdomen getragen. Nach dem Schlupf bleiben die Jungtiere noch für 5–7 Tage unter dem Abdomen des ♀ und entfernen sich nur sehr langsam von ihm. Die Eltern stellen den Jungtieren nicht nach. Allerdings sollte man die Jungtiere trennen, da sie während des Wachstums kannibalisch ihren Geschwistern gegenüber sind. Als Nahrung wird fast alles von den Jungtieren genommen; sehr schnelles Wachstum.
Besonderes: Es gibt noch eine Unterart *Cherax d. albidius*. Trotz des Namens *destructor* (Zerstörer) ein sehr ruhiger Krebs. WI

4
6
A 54
G 54
L 2
24–28
o T F L

8
4
A 54
G 112
L 2
20–26
o T F L

17
1/1
A 118
G 160
L 1–3
16–25
o T F L

Cherax quadricarinatus

Red Claw

Parastacidae (Südweltkrebse)

Vorkommen: Ursprünglich Nordaustralien und südliches Papua-Neuguinea. Ausgesetzt in Südaustralien, Thailand und Indonesien.
GU: Außenseiten der Scheren bei geschlechtsreifen ♂♂ leuchtend rot.
Pflege: Stabile, der Größe der Tiere angemessene Versteckplätze. Nicht zu hell. Vergesellschaftung mit größeren Fischen möglich.
Vermehrung: Nach der Paarung werden die bis zu 800 Eier vom ♀ 25 Tage unter dem Abdomen getragen, nach dem Schlupf bleiben die Jungkrebse noch etwa 1 Woche am Abdomen. Die Alttiere stellen den Jungen nicht nach, allerdings sind die Jungkrebse untereinander stark kannibalisch. Die Aufzucht ist nicht besonders schwierig, da die Krebse jedes Futter annehmen. Das Wachstum ist sehr schnell.
Besonderes: In Australien und Thailand werden die Krebse in riesigen Mengen als Nahrungsmittel gezüchtet. Dort erreichen die Tiere nach 4 Monaten schon ein Gewicht von 300–400 Gramm. WI

Cherax sp. aff. papuanus

Zebraschwanzkrebs

Parastacidae (Südweltkrebse)

Vorkommen: Papua Neuguinea, Irian Jaya. In langsam fließenden Gewässern mit dichter Laubschicht.
GU: Nur anhand der Gonoporen: ♀♀ am 3., ♂♂ am 5. Beinpaar.
Pflege: Dicht bepflanzte Aquarien. Nicht zu hell. In Aquarien ab 118 Liter kann man die Tiere in Gruppen halten. Vergesellschaftung mit Fischen ist möglich.
Vermehrung: Die Vermehrung erfolgt nur in den Monaten Januar bis Mai. Nach der Paarung trägt das ♀ die Eier 23–28 Tage unter dem Abdomen. Nach dem Schlupf bleiben die Jungkrebse noch für 7–10 Tage unter dem Abdomen. Die Eltern sind nicht kanibalisch. Das Wachstum der Jungtiere ist sehr langsam. Häufig sind die Gelege nicht befruchtet, Haltung in weichem, saurem Wasser erhöht die Befruchtungsrate enorm. Als Nahrung wird von den Jungen fast alles angenommen, gute Ergebnisse wurden mit getrockneten Blättern erzielt.
Besonderes: Es gibt verschiedene Farbvarianten die je nach Herkunft von bläulich bis tiefbraun reichen. WI

Chitala ornata

Tausenddollarfisch

Notopteridae (Altwelt-Messerfische)

Vorkommen: Thailand, Kambodscha, Laos, Vietnam: Flussgebiete des Mekong, Chao Phraya und Meklong. Eine Flussfischart, die auch in die Überschwemmungsgebiete einwandert.
GU: ♀♀ größer, zur Laichzeit haben ♂♂ und ♀♀ unterschiedliche Genitalpapillen.
Pflege: Nicht zu hell stehendes, versteckreiches und gut bepflanztes Aquarium. Gegenüber Artgenossen wird eine Rangordnung ausgekämpft (geschlechtsunabhängig), artfremde Fische werden kaum beachtet, wenn sie nicht als Futter in Frage kommen.
Vermehrung: Zucht im Aquarium nicht beschrieben, wird jedoch in Teichwirtschaften kommerziell gezüchtet. Offenbrüter, Elternfamilie.
Besonderes: Im Handel meist noch als *Notopterus chitala* bezeichnet. Es existieren einige Zuchtformen, die sich in der Färbung unterscheiden. Weitere Arten (*C. chitala*, *C. blanci*) gelegentlich im Handel, ebenfalls sehr großwüchsig. Solche Messerfische von 50 cm Länge vertilgen auf einen Sitz 3–4 Goldfische von 6–8 cm Länge, ohne dass eine Bauchwölbung sichtbar wird! FS

27
1/1
A 160
G 375
L1–3
20–28
o T F L

13
1/1
A 54
G 118
L1–3
20–28
o T F L

60
1–
Gruppe
A 450
G 1000
L1–3
20–28
c F L

Chromaphyosemion bitaeniatum

Glanz- oder Zweistreifen-Prachtkärpfling
Nothobranchiidae (Afrikanische Killifische)

Vorkommen: Küstenebene von Togo bis Nigeria. Kleine, langsam fließende Gewässer im Regen- oder mit Galeriewald.
GU: ♂♂ mit großen, spitz ausgezogenen unpaaren Flossen, farbiger, ♀♀ kleiner, abgerundete Flossen.
Pflege: Im abgedunkelten Aquarium mit dichtem Pflanzenbewuchs. Friedliche Art, die mit anderen ruhigen, etwa gleich großen Killifischen, Salmlern oder Welsen vergesellschaftet werden kann.
Vermehrung: Am einfachsten im Artaquarium (1–2 ♂♂, 2–4 ♀♀). Als Ablaichsubstrat Wasserpflanzen (Javamoos), Wollmop oder Fasertorf. Bei genügend Versteckmöglichkeiten kann man bei dieser Art die Eltern im Zuchtbecken lassen. Junge schlüpfen je nach Temperatur nach etwa 14 Tagen und fressen kurz danach *Artemia*-Nauplien.
Besonderes: Die *Chromaphyosemion*-Art wird oft aus Nigeria importiert. Sie gehört zu den farbigsten und einfach zu pflegenden Arten der Gattung. Andere Arten können etwas schwieriger in der Zucht sein. *C. bitaeniatum* wird oft auch als *Aphyosemion multicolor* oder *A. bivittatum* angeboten. RS

Chromobotia macracanthus

Prachtschmerle
Cobitidae (Dornschmerlen)

Vorkommen: Indonesien; Sumatra, Borneo
GU: Nicht ausgewachsene Exemplare kaum unterscheidbar.
Pflege: Einrichtung mit zahlreichen Verstecken wie großen Wurzeln. Dichte Bepflanzung, stellenweise Strömung. Auf gute Wasserqualität achten. Friedlich; gut mit kleinen Fischen zu vergesellschaften.
Vermehrung: Selten Laichabgabe im Aquarium berichtet. Kommerzielle Zucht durch Hormongaben. Laichwanderung: Steigt zur Beginn der Regenzeit in schnell fließende Oberläufe auf. Laicht dort, wandert anschließend zurück.
Besonderes: Bis vor kurzem in der Gattung *Botia* geführt. Schwarmfisch; Einzeltiere werden meist scheu und unverträglich. Dämmerungs- und nachtaktiv. In den Handel kommen fast ausschließlich Jungfische; man beachte die stattliche Maximallänge! Aquaristisch bedeutend, aber auch empfindlich. Bei Stress anfällig für Ektoparasiten, besonders *Ichthyophthirius* und *Oodinium*. Aus Artenschutzgründen sollte darauf geachtet werden, keine Wildfänge zu erwerben. FH

„Cichlasoma" salvini

Cichlidae (Buntbarsche)

Vorkommen: Südmexiko, Guatemala, Belize; in unterschiedlichsten Gewässern.
GU: ♀♀ kleiner, gedrungener und mit blauglänzender Zone in der Rückenflosse.
Pflege: Große Behälter mit stabiler Einrichtung und Verstecken, robusten Pflanzen. Nicht nur während der Brutpflege außerordentlich aggressiv, daher Vergesellschaftung nur mit ähnlich veranlagten Arten in sehr großen Aquarien.
Vermehrung: *„C." salvini* laicht auf versteckt liegenden Substraten wie flachen Steinen. Offenbrüter mit Elternfamilie, mehrere hundert Eier. Larven und nachts auch später die Jungfische werden in vorher angelegten Gruben untergebracht. Feindfische sind empfehlenswert, damit sich die Aggression der Elterntiere nicht gegen den Partner richten kann und zum Tod eines Fisches führt.
Besonderes: Derzeit gibt es für die Art keine klare Gattungszuordnung, deshalb *„Cichlasoma"* in Anführungszeichen. Es gibt verschiedene Lokalvarianten mit unterschiedlich attraktiver Färbung, zum Teil mit kräftig rot gefärbten Zonen auf zitronengelbem Grund. CS

5

1/2

A 20
G 54

L1–2
22–25

c T F L

30

5

A 1000
G 1000

L1
26–30

o/c T F L

18

1/1

A 375
G 500

L1–3
24–26

c T F L

Cleithracara maroni

Maroni- oder Schlüssellochbuntbarsch
Cichlidae (Buntbarsche)

Vorkommen: In einem Küstenstreifen von Venezuela bis Französisch-Guyana.
GU: ♂♂ größer und mit länger ausgezogener Rücken- und Afterflosse.
Pflege: Versteckreiches und nicht zu helles Aquarium mit dichter Bepflanzung. Maronibuntbarsche sind oft scheu und schreckhaft, deshalb empfiehlt sich eine Vergesellschaftung mit anderen Fischen, die ihnen die Scheu nehmen, empfindlich gegen belastetes Wasser. Zu anderen Arten ausgesprochen friedlich. Kann mit seinem kleinen Maul keine großen Futterbrocken fressen.
Vermehrung: Nicht immer einfach im Aquarium, weiches, wenigstens leicht saures Wasser ist empfehlenswert. Offenbrüter mit Elternfamilie; mehrere hundert Eier auf einer festen Unterlage werden bewacht, die Jungen später von den Eltern geführt. Schlupf nach 3, Freischwimmen nach weiteren 4 Tagen. *Artemia*-Nauplien als erstes Futter.
Besonderes: Der Name Schlüssellochbuntbarsch bezieht sich auf den schwarzen, nach unten keilförmig verlängerten Flankenfleck. CS

Colisa chuna

Honigfadenfisch, Honiggurami
Osphronemidae (Guramis)

Vorkommen: Indien und Bangladesch. Bäche, Gräben, Tümpel und Seen, in dichter Vegetation.
GU: ♂♂ in Balzfärbung honigbraun bis orangerot, mit blauschwarzer Kehle, Bauch und vorderer Afterflosse. Rückenflosse gelblich weiß. ♀♀ bräunlich mit dunkelbraunem Längsstreifen.
Pflege: Etwas empfindlich, nur mit kleinen, ruhigen und friedlichen Fischen vergesellschaften. Aquarium dicht bepflanzen. In größeren Behältern können gut mehrere Paare gepflegt werden, die sich aus einer Gruppe heraus finden.
Vermehrung: Das ♂ baut ein lockeres Schaumnest, in dem es die schwimmenden Eier pflegt. Nach Freischwimmen der Jungen diese zur weiteren Aufzucht vom ♂ trennen; mit Infusorien anfüttern.
Besonderes: Im Händlerbecken oft unscheinbar gefärbt, Geschlechter schwer zu unterscheiden. Das prächtige Balzkleid zeigen die ♂♂ nur bei Wohlbefinden in einem ruhigen Aquarium. Von manchen Autoren in Gattung Trichogaster gestellt. Früher als *Colisa sota* geführt. FH

Colisa lalia

Zwergfadenfisch
Osphronemidae (Guramis)

Vorkommen: Pakistan, Indien und Bangladesch. Langsam fließende, krautige Flüsse, Bäche, Seen und Gräben.
GU: Bei den ♂♂ wechseln sich rot und blau glänzende Querbinden auf Körper und Flossen ab; Kehle leuchtend blau. ♀♀ unscheinbar silbrigbraun, teils mit angedeuteten Querbinden.
Pflege: →*Colisa chuna*. Zwergfadenfische sollten nicht dauerhaft zu warm gehalten werden, da sie sonst schnell kränkeln.
Vermehrung: →*C. chuna*.
Besonderes: Es werden neben der wunderschönen Wildform verschiedene Zuchtformen gehandelt, wie der „Rote Zwergfadenfisch" mit flächig roter Färbung, der „Blaue Zwergfadenfisch", der nur sehr schmale rote Binden auf blauem Grund aufweist sowie eine goldfarbene Form. Beim Erwerb der Tiere ist Aufmerksamkeit gefragt, da manche Zuchtstämme zu Tumorbildung an den Brustflossen neigen. Zwergfadenfische können mit gezielt gespuckten Wassertropfen Insekten erbeuten. Von manchen Autoren in die Gattung *Trichogaster* gestellt. FH

13

1/1

A 250
G 375

S K L1
25–28

c T F L

♂ 7
♀ 5

1/1
Gruppe

A 60
G 60

L1–2
22–28

o/c T F L

♂ 9
♀ 5

1/1
Gruppe

A 60
G 60

L1–2
20–24

o/c T F L

Colomesus asellus

Asselkugelfisch

Tetraodontidae (Kugelfischverwandte)

Vorkommen: Amazonasbecken in Peru, Brasilien und Kolumbien.
GU: unbekannt.
Pflege: Eine vollkommen friedliche (sowohl gegen Artgenpossen als auch gegen artfremde Fische) und kleinbleibende Art, reiner Süßwasserbewohner. Kann in jedem Gesellschaftsaquarium mit friedlichen Fischen gehalten werden. Pflanzen werden nicht beschädigt. Trotz der relativ geringen Größe ein sehr schwimmfreudiger Fisch, deshalb Aquarium nicht zu klein wählen. Bei dieser Art geschieht es besonders oft, dass die Zähne mangels hartschaliger Nahrung (Schnecken, Garnelen) so stark wachsen, dass die Tiere nicht mehr fressen können. In diesem Falle müssen die Zähne unbedingt mechanisch gekürzt werden! Wenn bequemes Futter zur Verfügung steht, verschmähen die Kugelfische Schnecken. Soll die Art zur Schneckenbekämpfung eingesetzt werden, darf in dieser Zeit nicht gefüttert werden.
Vermehrung: Bislang nicht gezüchtet.
Besonderes: Diese Art ist uneingeschränkt empfehlenswert. Erkrankt leider sehr leicht an *Piscinoodinium*. FS

Copadichromis borleyi

Cichlidae (Buntbarsche)

Vorkommen: Felsbiotope im Malawisee; hier seeweit verbreitet und häufig.
GU: Dominante ♂♂ prächtig blau mit gelblichen bis rötlichen Pigmenten auf den Flanken. Jungtiere und ♀♀ grausilbrig bis braun mit gelben bis rötlichen Pigmenten in den Flossen.
Pflege: Vergleichsweise robuster Vertreter seiner Gattung. Am besten mehrere Exemplare in einem geräumigen Aquarium halten. ♂♂ verhalten sich territorial. Vergesellschaftung vorzugsweise mit anderen *Copadichromis* oder nicht zu aggressiven Arten. Einrichtung aus grobem Sand, Steinen sowie robusten Pflanzen. Planktonfresser (Maul ist röhrenförmig vorstülpbar), im Aquarium Allesfresser.
Vermehrung: Einfach; Maulbrüter im weiblichen Geschlecht. →*Aulonocara hansbaenschi*.
Besonderes: Arttypisch sind die mitunter sehr lang ausgezogenen Bauchflossen der ♂♂. Aquaristisch sehr beliebt sind einige Standortvarianten: Als „Kadango" wird eine Form nahe der gleichnamigen Ortschaft gefangen, die kräftige rötliche Flanken (♂♂) und Flossen (♀♀) aufweist (auch als „Red Fin" deshalb bezeichnet). Der „Gold Fin" ist eher goldfarben. AS

Copella arnoldi

Spritzsalmler

Lebiasinidae (Schlanksalmler)

Vorkommen: Im nördlichen Brasilien, Französisch-Guyana, Surinam, Guyana und ausgesetzt auf Trinidad und Tobago. In stark verkrauteten Bächen mit ins Wasser ragenden Pflanzen.
GU: ♂♂ größer und farbiger mit länger ausgezogenen Flossen.
Pflege: Haltung und Vergesellschaftung mit anderen friedlichen Fischen, etwa Ziersalmlern, gut möglich. Gut bepflanzte Zonen, Abdeckung mit Schwimmpflanzen und gut schließende Deckscheiben, da die Art sehr springfreudig ist.
Vermehrung: Zucht in Becken ab 25 Liter mit etwa 5 cm Freiraum zwischen Wasseroberfläche und Deckscheibe. Die Paare springen synchron an die Deckscheibe und haften dort einige Sekunden zur Eiablage. Das Gelege, bis 200 winzige, glashelle Eier, wird vom ♂ durch Schwanzschläge befeuchtet und so vor dem Austrocknen geschützt. Nach 2–3 Tagen fallen die Jungen ins Wasser und benötigen nach weiteren 2 Tagen feinstes Staubfutter.
Besonderes: Der Laichvorgang ist bisher von anderen Salmler unbekannt. P+MH

8

1, besser Gruppe

A 54
G 120

L 1–3
22–28 °C

c F L

13–15 (selten 18)

1/3 Gruppe

A 400
G 600

L1–2
24–28

o T F L

8

2/6

A54
G 112

L1
24–26

o T F L

Corydoras adolfoi

Orangefleck-Panzerwels
Callichthyidae (Schwielen- und Panzerwelse)

Vorkommen: Brasilien, oberer Rio Negro bei São Gabriel de Cachoeira.
GU: Die ♀♀ sind größer und fülliger als die ♂♂.
Pflege: Um die volle Farbintensität von *Corydoras adolfoi* bewundern zu können, sollte ein nicht zu kleiner Teil des Aquariums dicht mit Pflanzen bewachsen sein. Freie und somit helle Stellen meiden die Tiere in der Regel. Mitunter scheuer Wels, die Fütterung sollte deshalb erst am Abend stattfinden.
Vermehrung: Ein Wasserwechsel, bei dem die Temperatur kurzzeitig absinkt, führt fast immer zum Laichen. Pro ♀ werden zwischen 30 und 40 Eier abgegeben. Die Aufzucht in den ersten Tagen bereitet einige Probleme, der pH-Wert darf nicht ansteigen. Jungfische brauchen im Aufzuchtbecken eine ständige, schwache, Strömung. Nach 4 Tagen erfolgt der Schlupf, nach weiteren 3 Tagen werden *Artemia*-Nauplien bewältigt.
Besonderes: Aus dem Flusssystem des Rio Negro ist eine ganze Gruppe ähnlich aussehender *Corydoras*-Arten beschrieben wurden. ES

Corydoras aeneus

Metallpanzerwels
Callichthyidae (Schwielen- und Panzerwelse)

Vorkommen: In Südamerika weit verbreitet; beschrieben von der Insel Trinidad.
GU: →*Corydoras adolfoi*.
Pflege: Ein lebhafter, tagaktiver Panzerwels, der auch im Gesellschaftsbecken zur Fortpflanzung schreitet. *C. aeneus* ist sehr tolerant gegenüber verschiedenen Wasserwerten und kann als Beifisch sehr vieler unterschiedlicher Fische gepflegt werden.
Vermehrung: Über die Nachzucht von *C. aeneus* wird in der Literatur teilweise sehr ausführlich berichtet. Die Art ist – wie auch einige Zuchtformen von *C. aeneus* – sehr produktiv. Ein ♀ ist durchaus in der Lage, 500 Eier abzugeben. Nach 3 Tagen schlüpfen die Larven, nach weiteren 3 Tagen nehmen werden *Artemia*-Nauplien als Erstfutter angenommen.
Besonderes: Verschiedene Farbvarianten aus Venezuela, Surinam, Kolumbien, Peru, Brasilien, Bolivien und Ecuador bekannt. Ob sie zweifelsfrei der Art *C. aeneus* zuzurechnen sind, ist bisher nicht geklärt. ES

Corydoras axelrodi

Axelrods Panzerwels
Callichthyidae (Schwielen- und Panzerwelse)

Vorkommen: Kolumbien, Río Meta.
GU: →*Corydoras adolfoi*.
Pflege: In der Aquaristik weit verbreitet und gut bekannt. Pflege problemlos; eingewöhnte Tiere sind auch am Tag öfters auf der Suche nach Futter zu beobachten. Ansprüche an besondere Futtersorten stellt *Corydoras axelrodi* nicht.
Vermehrung: Bei reichlicher Fütterung mit lebendem und gefrostetem Futter kommt es schnell zu einem Laichansatz des ♀. Die Eizahl beträgt durchschnittlich 40 Eier, es gibt aber auch Berichte von über 100 Eiern. Eier mit weniger als 1,5 mm Durchmesser sehr klein; werden einzeln an Blattunterseiten geheftet. Nach 4 Tagen schlüpfen die Welslarven, trotz der geringen Größe nehmen sie nach weiteren 3 Tagen *Artemia*-Nauplien als Erstfutter an.
Besonderes: In den letzten Jahren wurden viele einander ähnliche *Corydoras* aus diesem Artenkomplex eingeführt. ES

5
5–20
A 54
G 160
K
25–27
o T F L

6
5–20
A 54
G 160
L 1
23–25
o T F L

5
5–20
A 54
G 160
L 1
24–26
o T F L

Corydoras caudimaculatus

Lunik-Panzerwels
Callichthyidae (Schwielen- und Panzerwelse)

Vorkommen: Brasilien, oberer Rio Guaporé.
GU: →*Corydoras adolfoi*.
Pflege: *Corydoras caudimaculatus* ist eine sehr wärmeliebende Art, was bei der Vergesellschaftung mit anderen Arten beachtet werden sollte. Klares, nitratfreies Wasser und ein regelmäßiger Wasserwechsel sind nachdrücklich zu empfehlen.
Vermehrung: Werden die Tiere abwechslungsreich gefüttert, laichen sie auch ohne den bei vielen *Corydoras* üblichen, kühleren Wasserwechsel in den Frühjahrs-, Herbst- und Wintermonaten fast ständig. Aus den etwa 2 mm großen Eiern schlüpfen nach 3 Tagen die Larven. Nach weiteren 2 Tagen bewältigen sie *Artemia*-Nauplien. In den ersten 2 Monaten wachsen junge *Corydoras caudimaculatus* recht schnell, ab einer Größe von 2 cm verlangsamt sich das Wachstum erheblich.
Besonderes: *Corydoras guapore* ähnelt *C. caudimaculatus* oberflächlich, unterscheidet sich aber in Körperbau und Verhalten. ES

Corydoras gossei

Callichthyidae (Schwielen- und Panzerwelse)

Vorkommen: Brasilien, Rondonia, Rio-Mamoré-System.
GU: →*Corydoras adolfoi*.
Pflege: Einmal eingewöhnt stellt *C. gossei* keine großen Ansprüche. In Aquarien mit dunkleren Zonen zeigt die Art kontrastreiche Farben. Bei Beachtung einfacher aquaristischer Regeln hat man lange Freude an diesen erst 1994 in Deutschland eingeführten Welsen. *Corydoras gossei* kann jedem noch nicht sehr erfahrenen Welsliebhaber empfohlen werden.
Vermehrung: Sehr produktive Art. Je nach Kondition kann ein ♀ zwischen 80 und 300 Eier produzieren. Die Welslarven schlüpfen nach 3 Tagen und nehmen weitere zwei Tage später Futter auf. *Artemia*-Nauplien und Grindalwürmer haben sich gut bewährt. Schon die Jungfische zeigen eine sehr kontrastreiche Körperzeichnung.
Besonderes: Wie bei vielen Arten gibt es auch zu *C. gossei* eine sehr ähnliche, aber langschnäuzige Parallele, *Corydoras seussi*. Die Zucht von *C. seussi* ist sehr schwierig und bis jetzt nur sehr selten gelungen. ES

Corydoras melini

Kopfbinden-Panzerwels
Callichthyidae (Schwielen- und Panzerwelse)

Vorkommen: Brasilien, Rio Uaupés.
GU: →*Corydoras adolfoi*.
Pflege: *Corydoras melini* zählt wie *C. sterbai* und *C. caudimaculatus* zu den wärmeliebenden *Corydoras*-Arten. Der Bodengrund sollte bei der Haltung von Panzerwelsen nicht scharfkantig sein. Größere Schwankungen in den Wasserparametern sollten vermieden werden.
Vermehrung: Bei der Zucht werden bessere Ergebnisse erzielt, wenn ein Pärchen in ein separates Aquarium gesetzt wird. Die Eier werden wahllos im Aquarium verteilt. Der Schlupf erfolgt nach 2 Tagen. Als Erstfutter eignen sich nach weiteren 3 Tagen *Artemia*-Nauplien. Die Aufzucht junger *C. melini* bereitet keine Schwierigkeiten, es werden gleich nach dem Aufzehren des Dottersackes frisch geschlüpfte *Artemia*-Nauplien bewältigt
Besonderes: Zwei ähnlich aussehende Arten, *C. davidsandsi* und *C. metae*, werden mitunter mit *C. melini* verwechselt. ES

6

5–20

A 54
G 160

K
26–28

o T F L

6

5–20

A 54
G 160

L1
24–26

o T F L

5

5–20

A 54
G 160

L1
26–28

o T F L

Corydoras napoensis

Napo-Panzerwels

Callichthyidae (Schwielen- und Panzerwelse)

Vorkommen: Ecuador, Río Napo, Río-Aguarico-System.
GU: ♂♂ zierlicher und mit kräftigerer Zeichnung.
Pflege: Bei nicht zu starker Beleuchtung (Schwimmpflanzendecke) kommen die Farben von *C. napoensis* erst richtig zur Geltung. Besonders kleinere Futtersorten werden gerne angenommen. Nicht mit zu großen Fischen vergesellschaften, aber immer in einer größeren Gruppe pflegen.
Vermehrung: Die Paarung findet fast immer im freien Wasser statt. Nahe der Wasseroberfläche und in Pflanzenbüscheln findet man ganze Flächen von 1 mm großen Eiern. Zur Balz leuchten die Flanken der Männchen leicht lila. Ein ♀ kann bis zu 300 Eier abgeben. Nach 4 Tagen erfolgt der Schlupf, weitere 3 Tage später werden Infusorien und Mikrowürmchen als Erstfutter angenommen. *C. napoensis* ist eine sehr langsamwüchsige Art.
Besonderes: Ein markantes Merkmal der kleinen Panzerwelse ist der schwarze Fleck in der Rückenflosse, wodurch er sich von dem ähnlichen *C. elegans* unterscheidet. ES

Corydoras paleatus

Mamorpanzerwels

Callichthyidae (Schwielen- und Panzerwelse)

Vorkommen: Argentinien, Río Paraná.
GU: ♂♂ um vieles kleiner und zierlicher.
Pflege: Ein tagaktiver Wels, der mit vielen friedlichen Arten gepflegt werden kann. Neben →*Corydoras aeneus* ist *C. paleatus* die am häufigsten angeboten Panzerwelsart. Beide Arten stellen wenige Ansprüche an Futter oder Haltungsbedingungen.
Vermehrung: Zur Zucht ist eine niedrige Temperatur vorteilhafter, die Befruchtungsrate nimmt in wärmerem Wasser stark ab. Bis zu 250 Eier kann *C. paleatus* abgeben. Die Larven schlüpfen nach 4 Tagen, weitere 2 Tage später beginnt die erste Futteraufnahme. *Artemia*-Nauplien werden von den Jungfischen gut angenommen, die schon früh ihren Eltern sehr ähnlich sehen.
Besonderes: Immer wieder gelangen Wildfangtiere mit unterschiedlichem Aussehen nach Deutschland. Bei der Vielfalt der Varianten kann man nicht von nur einer Art ausgehen, genauere Untersuchungen werden bestimmt bald für Aufklärung sorgen. ES

Corydoras panda

Panda-Panzerwels

Callichthyidae (Schwielen- und Panzerwelse)

Vorkommen: Peru, Río Pachitea im Río-Ucayali-System.
GU: →*Corydoras adolfoi*.
Pflege: *Corydoras panda* benötigt sauerstoffreiches und gut gefiltertes Wasser. Ein regelmäßiger Wasserwechsel und einige schattige Stellen im Aquarium sollten gegeben sein. Die Art kann problemlos mit einer Vielzahl verschiedener kleiner Salmler und auch einigen Zwergbuntbarscharten zusammen gehalten werden.
Vermehrung: *C. panda* kann ganzjährig zur Zucht angesetzt werden. Pro ♀ werden dann durchschnittlich 20 Eier, besonders gern in feinfiedrigen Pflanzen oder auch im Javamoos abgelegt. Nach etwa 4 Tagen schlüpfen die Larven; nach weiteren 2 Tagen können sie mit *Artemia*-Nauplien aufgezogen werden. Die Art zählt zu den langsamwüchsigen *Corydoras*.
Besonderes: Seit seiner Ersteinfuhr ist *C. panda* nicht mehr aus der Aquaristik wegzudenken. Er wird regelmäßig vermehrt und ist fast immer im Handel. ES

5

5–20

A 54
G 160

L1
23–25

o T F L

6

5–20

A 54
G 160

L1
20–25

o T F L

5

5–20

A 54
G 112

L1
22–25

o T F L

Corydoras pygmaeus

Zwergpanzerwels

Callichthyidae (Schwielen- und Panzerwelse)

Vorkommen: Brasilien, Nebenflüsse des Rio Madeira.

GU: →*Corydoras adolfoi*.

Pflege: Bei *Corydoras pygmaeus* handelt es sich um eine sehr gesellig lebende Art, die auch öfter in den mittleren Wasserschichten schwimmt. Zur Vergesellschaftung eignen sich viele kleinere Salmlerarten und andere friedliche kleine Fische. Kleinere Lebendfutterarten und gefrorene Futtersorten werden bevorzugt.

Vermehrung: Im Artbecken mit gutem Pflanzenwuchs leicht zu vermehren. Pro ♀ werden 40–50 Eier, jeweils einzeln, überall im Aquarium verteilt platziert. Nach 4 Tagen erfolgt der Schlupf, nach weiteren 3 Tagen sollten Infusorien und später *Artemia*-Nauplien verfüttert werden. Jungfische von *C. pygmaeus* sind sehr langsamwüchsig und haben eine völlig andere Zeichnung als ihre Eltern. In den ersten 3 Wochen verläuft das Wachstum eher schnell, danach tritt eine kurze Wachstumspause ein.

Besonderes: Zwei weitere kleine bekannte Arten sind *C. hastatus* und *C. habrosus*. ES

Corydoras sterbai

Orangeflossen-Panzerwels

Callichthyidae (Schwielen- und Panzerwelse)

Vorkommen: Brasilien, Mato Grosso, oberer Rio Guaporé.

GU: →*Corydoras adolfoi*.

Pflege: *C. sterbai* gehört zu den wärmeliebenden Panzerwelsen. Sauerstoffreiches, leicht saures Wasser trägt sehr zu seinem Wohlbefinden bei. Die Art eignet sich hervorragend zur Vergesellschaftung mit Diskusbuntbarschen.

Vermehrung: Große ♀♀ können 200 Eier abgeben, die meistens im Strömungsbereich am Substrat angeheftet werden. Nach 4 Tagen schlüpfen die Larven, weitere 3 Tage später schwimmen die Jungen frei und können mit *Artemia*-Nauplien gefüttert werden. Die Jungfische reagieren empfindlich auf ein Ansteigen des pH-Wertes. In den ersten Lebenswochen ist besonders auf Sauberkeit und gleichbleibende Wasserwerte zu achten. Im Alter von einem Monat sind die Jungfische weniger empfindlich, und die weitere Aufzucht stellt kein größeres Problem dar.

Besonderes: In Färbung und Zeichnung stimmt *C. sterbai* fast völlig mit dem langschnäuzigen *C. haraldschultzi* überein. ES

Crenicichla johanna

Cichlidae (Buntbarsche)

Vorkommen: Weit verbreitet im Amazonas-Einzug.

GU: ♀♀ etwas kleiner, mit weißem Rückenflossensaum und rötlicher Bauchregion.

Pflege: *C. johanna* gehört zu den großwüchsigen und kleinschuppigen Hechtbuntbarschen. Große Aquarien mit leichter Strömung und geräumigen Höhlen. Pflanzen werden nicht beschädigt. Wehrhaft, aber nur untereinander aggressiv. Jungfische bis zu einer Länge von 15 cm oft noch innerartlich verträglich und oft im Trupp unterwegs.

Vermehrung: Höhlenbrüter mit Elternfamilie. Harmonierende Paare finden sich selbst aus größeren Jungfischgruppen nicht immer. Die Jungen werden bis zu einer erstaunlichen Größe von den Eltern bewacht.

Besonderes: Jungfische groß werdender Hechtbuntbarsche werden verschiedentlich im Handel angeboten. Bis zu einer Länge von etwa 15 cm zeigen alle Arten ein gelbes Jugendkleid mit arttypischen Schwarzmarkierungen, das völlig von der Erwachsenenfärbung abweicht. Alle großwüchsigen *Crenicichla* stellen die gleichen Ansprüche. CS

3
10–30
A 40
G 54
L1,
24–26
o T F L

6
5–20
A 54
G 160
K
26–28
o T F L

35
1/1
A 500
G 1000
S K (L1)
c F L

Crenicichla regani

Cichlidae (Buntbarsche)

Vorkommen: Im unteren Amazonas-Einzug weiter verbreitet; in ruhigeren Schwarz- und Klarwassergewässern.
GU: ♀♀ kleiner und mit schwarzen, manchmal weiß gerandeten Flecken in der Rückenflosse und mit vollerer, rötlicher Bauchregion.
Pflege: Einrichtung mit zahlreichen Verstecken und Höhlen, Bepflanzung. Wasser auch zur Pflege leicht sauer und weich. Innerartlich sehr aggressiv, gegenüber anderen Arten, die nicht gefressen werden können, meist friedlich.
Vermehrung: Höhlenbrüter mit Elternfamilie wie alle *Crenicichla*. Wasser sauer und sehr weich. Das Gelege in der Höhle wird vom ♀ betreut; die freischwimmenden Jungfische von beiden Elterntieren geführt. *Artemia*-Nauplien als erstes Futter.
Besonderes: Typische Zwerg-*Crenicichla*-Art. Es gibt eine Reihe einander sehr ähnlicher Arten, die alle unter etwa denselben Bedingungen zu pflegen und zu vermehren sind. CS

Crenuchus spilurus

Kleiner Raubsalmler
Crenuchidae (Prachtsalmler)

Vorkommen: Venezuela, Guyana, Surinam, Französisch-Guyana, Peru, Brasilien, Kolumbien; im Amazonas- und Orinocogebiet sowie in den Küstenflüssen Guyanas.
GU: ♂♂ größer, mit farbiger, segelartiger Rücken- und Afterflosse. ♀♀ kleiner, mit farblosen, kürzeren Flossen.
Pflege: Die meiste Freude hat man, wenn man sie in einer Gruppe von 2 ♂♂ und 4 ♀♀ pflegt und zur Gesellschaft nur einige Panzerwelse hinzusetzt. Das Aquarium sollte einen feinen Sandboden, reichlich Pflanzen und Höhlen aufweisen, in die sich die Tiere zurückziehen können.
Vermehrung: Bei gesenkter Härte auf 2–5 °GdH kann man die Fische zur Fortpflanzung bringen. Die Männchen balzen mit weit gespreizten Flossen und verteidigen kleine Reviere. Die rötlichen Eier werden einzeln an der Innenseite einer Höhle angeheftet und vom Männchen bewacht. Zur Aufzucht bringt man den Laich in eine Zuchtschale mit gleichem Wasser. Die Jungen fressen nach 6 Tagen *Artemia*-Nauplien.
Besonderes: Nur für Artaquarien geeignet. Es gibt verschiedene Farbformen. P+MH.

Crossocheilus siamensis

Siamesische Rüsselbarbe
Cyprinidae (Karpfenfische)

Vorkommen: Mekong-, Chao-Phraya- und Xe-Bangfai-Einzüge; malaysische Halbinsel.
GU: Nicht bekannt.
Pflege: Relativ anspruchslose Art, die in nicht zu kleinen Aquarien mit einer breiten Spannweite von Wasserqualitäten zurecht kommt. Ideal ist leicht saures und weiches Wasser. Sollte in einer kleinen Gruppe gehalten werden. Problemlos mit friedlichen Fischen zu vergesellschaften. Friedlich auch sehr kleinen Fischen gegenüber. Auf ausreichende Sauerstoffversorgung achten; nicht zu warm halten.
Vermehrung: Im Aquarium bislang nicht gelungen.
Besonderes: Wird als „Algenfresser" verkauft und hält diese Versprechung durchaus. Besonders junge Tiere weiden unermüdlich Aufwuchs von Pflanzen und Einrichtungsgegenständen ab. Frißt auch Fadenalgen. Pflanzen werden hingegen verschont. Vom ähnlichen (aber kaum Algen fressenden!) Schönflosser *Epalzeorhynchos kalopterus* leicht an fehlender Flossenfärbung zu unterscheiden. FH

15

1/1

A 160
G 250

S K
24–29

c F L

8

2/4

A 54

L 2
23–27

c F L

16

5

A 200
G 250

L 1–3
24–26

o/h T F L

Cryptoheros nigrofasciatus
Zebra- oder Grünflossenbuntbarsch
Cichlidae (Buntbarsche)

Vorkommen: Von Guatemala bis Panama in unterschiedlichsten Gewässertypen.
GU: ♂♂ größer und bulliger, ♀♀ zierlicher und oft farbiger.
Pflege: Außerordentlich anpassungsfähige Art, die mit mitunter sehr unterschiedlichen Umweltbedingungen zurecht kommt. Sauberes Wasser und regelmäßiger Wasserwechsel sollten dennoch nicht vernachlässigt werden. Strukturiertes Aquarium mit zahlreichen Verstecken (Höhlen). Vergesellschaftung mit Lebendgebärenden Zahnkarpfen oder größeren, unempfindlichen Salmlern etwa gut möglich.
Vermehrung: Zebrabuntbarsche pflanzen sich auch unter widrigen Bedingungen fort und werden schon mit wenigen Zentimetern Länge geschlechtsreif. Das Gelege wird an einer versteckten Stelle auf einer festen Unterlage abgesetzt und vom ♀ betreut, während das ♂ das Revier sichert. Die Larven werden häufig in vorher angelegte Gruben umgebettet und nach dem Freischwimmen von beiden Elterntieren geführt. Die Aufzucht ist einfach.
Besonderes: Zebrabuntbarsche vermehren sich unaufhörlich, die Jungfische sind aber nur schwer abzusetzen. CS

Cyphotilapia gibberosa
Tanganjikasee-Beulenkopf
Cichlidae (Buntbarsche)

Vorkommen: Tanganjikasee (endemisch), südliche Hälfte; Felshabitate, in 8 bis über 100 m Tiefe.
GU: ♂♂ grösser; im Alter ♂♂ grösserer Stirnbuckel als ♀♀; sichere Unterscheidung nur an der Form der Genitalpapille möglich.
Pflege: Im Aquarium territorial, ruhig und wenig schwimmfreudig; wenig aggressiv. Grosse Felsgruppen mit Unterständen, Sandboden. Vergesellschaftung mit anderen Tanganjikasee-Cichliden im allgemeinen problemlos; gewisse Arten (Cyprichromini) werden jedoch als Nahrung betrachtet.
Vermehrung: Agamer, ovophiler Maulbrüter, Mutterfamilie. Etwa 50 Eier, Grösse 5,8 × 4,5 mm. Ablaichen auf Sand vor Felsen. ♀ nimmt während der Maulbrutpflege Nahrung auf, Junge fressen im Maul. Freilassen (Länge etwa 2,5 cm) nach 40 bis 50 Tagen. Ernährung mit *Artemia*-Nauplien.
Besonderes: Die Art wurde erst kürzlich als eigenständig erkannt. Sie unterscheidet sich von *C. frontosa* (mit 6 oder 7 Streifen) aus der nördlichen Seehälfte unter anderem durch Körperproportionen, Schuppenzahl und Bezahnung. HHB

Cyprichromis pavo
Pfauen-Cyprichromis
Cichlidae (Buntbarsche)

Vorkommen: Tanganjikasee (endemisch), im südlichen Drittel; in 15 bis über 60 m Tiefe in der Nähe von Felsbrocken oder -wänden.
GU: sexualdimorph, ♂♂ farbiger, Caudale dunkelblau; ♀♀ braunbeige, Caudale bräunlich.
Pflege: Felsbrocken oder geneigte Steinplatten, Sand. Vergesellschaftung mit anderen Tanganjikasee-Cichliden problemlos, bevorzugt mit bodenorientierten Arten.
Vermehrung: Maulbrüter; im Unterschied zu anderen *C.*-Arten kein Freisondern Substratlaicher. ♂♂ säubern und verteidigen Laichplätze, ♀♀ werden zum Laichplatz gelockt. Ablaichen auf Substrat, dann Besamung und Aufnahme durch ♀. Maulbrütende ♀♀ zeitweise auch in Höhlen; fressen bereits 4 bis 10 Tage nach Laichen. Freilassen der bis zu 20 Jungen etwa 28 Tage nach Laichen (27 °C), Länge etwa 20 mm. Junge fressen sofort *Artemia*-Nauplien.
Besonderes: Mehrere geographische Rassen, v. a. mit unterschiedlicher Färbung der Anale. Im Unterschied zu *C. leptosoma* und *C. microlepidotus* (aber gleich wie der kürzlich beschriebene *C. zonatus*) kein farblicher Polymorphismus der ♂♂. HHB

12

1/1

A 120
G 250

L 1–3
22–26

c T F L

35

1/1–4

A 600
G 800

L 2
23–28

c T F L

12

5

A 200
G 400

L 2
23–28

o T F L

Cyrtocara moorii

Malawisee-Beulenkopfmaulbrüter
Cichlidae (Buntbarsche)

Vorkommen: Malawisee. Seeweite Verbreitung über sandigen und gemischten Sand-Fels-Untergründen. Meist einzeln anzutreffen.
GU: Schwach ausgeprägt. Rücken- und Afterflosse der ♂♂ stärker ausgezogen. Ältere ♂♂ mit kräftiger Stirnbeule und intensiverer Färbung. Jungtiere nicht zu unterscheiden.
Pflege: Am besten in einer Gruppe von 6–8 Tieren in einem geräumigen Behälter. Bodengrund aus Sand (1–2 mm Körnung), viel freier Schwimmraum sowie einige Steinaufbauten als Rückzugsbereiche. Vergesellschaftung mit anderen Malawiseebuntbarschen problemlos möglich. ♂♂ zeigen individuell ausgeprägte innerartliche Aggressivität. Kleintierfresser, im Aquarium Allesfresser.
Vermehrung: Einfach. Maulbrüter im weiblichen Geschlecht. Jungtiere mit knapp 10 mm recht klein. Näheres →*Aulonocara hansbaenschi*.
Besonderes: Im Freiland folgt *C. moorii* oftmals *Taeniolethrinops praeorbitalis*. Dieser Buntbarsch gräbt zur Nahrungssuche in sandigem Untergrund. *C. moorii* schwimmt dabei stets an seiner Seite und schnappt aufgescheuchte Kleintiere. AS

Danio albolineatus

Schillerbärbling
Cyprinidae (Karpfenfische)

Vorkommen: Burma (Myanmar) bis Laos: Irrawaddy-, Salween-, Mekong- und Mae-Khlong-Einzüge; Sumatra. Kleine Flüsse und Bäche.
GU: ♂♂ schlanker, etwas kleiner und intensiver gefärbt als ♀♀.
Pflege: Langgestreckte Aquarien, ideal mit deutlicher Strömung. Sehr schwimmfreudig. Gedämpfte Beleuchtung betont die bläulichroten Schillerfarben. Verträglich, allerdings sollten die lebhaften Vertreter der Gattung Danio nicht mit sehr ruhigen Fischen vergesellschaftet werden. Gut geeigneter und dankbarer Fisch für aquaristische Einsteiger.
Vermehrung: Einfach. Zuchtbecken nicht zu klein wählen; ideal sind 60 Liter. Ansonsten wie →*Danio rerio*. Weiches Wasser verwenden. Aufzucht junger *Danio* mit Infusorien und später mit feinem Tümpelfutter; alternativ auch mit künstlichem Aufzuchtfutter und *Artemia*-Nauplien möglich.
Besonderes: Bei allen *Danio* die Aquarien sehr gut abdecken, da die Tiere springen. Die schlanken Arten wie Zebrabärbling und Schillerbärbling wurden früher in die Gattung *Brachydanio* gestellt. FH

Danio rerio

Zebrabärbling
Cyprinidae (Karpfenfische)

Vorkommen: Pakistan, Indien, Bangladesch, Nepal und Myanmar. Kleine Flüsse und Bäche.
GU: ♂♂ schlanker und etwas kleiner als ♀♀.
Pflege: Leichte Strömung, freien Schwimmraum und feinfiedrige Pflanzen anbieten. Ist problemlos mit allen gängigen kleinen Futtermitteln zu ernähren. Sehr gut zu vergesellschaften. Kaum Ansprüche an die Wasserqualität. Nicht zu warm halten.
Vermehrung: Zur planmäßigen Zucht Tiere nach Geschlechtern trennen und einige Tage mehrfach täglich gut füttern. Ein oder mehrere Paare abends in Zuchtbecken mit dichtem feinem Pflanzen- oder Kunststrat setzen, Ablaichen erfolgt meist am nächsten Morgen. Jungfische schlüpfen nach etwa 48 Stunden
Besonderes: Zebrabärblinge werden als Modellorganismus in der entwicklungsbiologischen und genetischen Forschung eingesetzt. Man macht sich dort ihre überaus einfache Haltung und Zucht sowie die kurze Generationsdauer zunutze. Neben der Wildform werden verschiedene Zuchtformen gehandelt, wie die beliebte Schleierform. FH

20–25

1/3
Gruppe

A 400
G 600

L 1–2
24–28

o T F L

7

8–10

A 80
G 80

L 1–2
20–25

o T F L

5

8–10

A 60
G 60

L 1–3
18–24

o T F L

Dario dario

Scarlet-Zwergblaubarsch
Badidae (Blaubarsche)

Vorkommen: Indien; westliches Assam und Bengalen. Klare, sandige Bäche mit teils dichter Vegetation.
GU: ♂♂ prächtig rot-blau gefärbt, ♀♀ silbrig braun.
Pflege: Dicht bepflanztes Aquarium, strukturiert durch Wurzeln und Steine. Gedämpftes Licht durch Decken aus Schwimmpflanzen. Zwergblaubarsche sind dauerhaft nur mit feinem Lebendfutter zu ernähren. Vergesellschaftung nur mit ähnlich kleinen Fischen, die nicht in Raumkonkurrenz treten, wie kleinen Bärblingen. Kleine Gruppe in einem mittelgroßen Aquarium pflegen, aus denen sich Paare finden. ♂♂ besetzen Reviere.
Vermehrung: Bei entsprechender Haltung im Artbecken ohne Zutun des Pflegers. Dauerlaicher in feinem Pflanzensubstrat.
Besonderes: Die überaus attraktive Art wurde erst vor wenigen Jahren lebend importiert und auch erst kürzlich wissenschaftlich beschrieben. Ähnlich zu halten ist der nur geringfügig größer werdende *D. hysginon*, der sich durch seinen gänzlich roten Körper und einen schwarzen Fleck am Anfang der Rückenflosse auszeichnet. FH

Dicrossus filamentosus

Schachbrett-Zwergbuntbarsch
Cichlidae (Buntbarsche)

Vorkommen: Oberer Orinoco- und Rio-Negro-Einzug in Venezuela und Brasilien; in kleineren und ruhigeren Gewässern.
GU: ♂♂ größer und mit zweizipfeliger schwanzflosse, Bauchflossen der ♀♀ nach dem ersten Ablaichen orange bis rot.
Pflege: Versteckreiche Einrichtung mit eventuell dichter Bepflanzung, Falllaub, Wurzelholz. Reagiert empfindlich auf belastetes Wasser (Nitrat). Friedlicher Zwergbuntbarsch, der gut mit Salmlern und kleinen Welsen zu vergesellschaften ist. Am besten mehr ♀♀ als ♂♂ pflegen (Harem).
Vermehrung: Wasser sehr weich, sauer und vor allem sauber und keimarm. Gelege wird auf einem Blatt deponiert. Mehrere ♀♀-Reviere in einem größeren ♂-Revier. Das ♀ betreut die Brut, das ♂ verteidigt das Großrevier. Jungfischen als erstes Futter am besten Infusorien anbieten, *Artemia*-Nauplien können erst einige Tage später bewältigt werden.
Besonderes: Obwohl die Art häufig und preisgünstig angeboten wird, ist sie für Einsteiger kaum geeignet. CS

Dimidiochromis compressiceps

Messerbuntbarsch
Cichlidae (Buntbarsche)

Vorkommen: Malawisee. Seeweit verbreitet, aber nirgends häufig. Meist einzeln. Besiedelt vor allem Vallisnerienfelder, selten auch in gemischten Bereichen und in der Felszone.
GU: Dominante ♂♂ mit kräftigem Blauglanz auf den Flanken (mitunter einheitlich blau gefärbt), ♀♀ und Jungtiere silbrig mit ausgeprägtem Längsstreifen.
Pflege: Eher ruhiger Buntbarsch. ♂♂ werden in der Phase des Ablaichens territorial. Einrichtung mit Riesenvallisnerien sowie Steinaufbauten. Vergesellschaftung am besten mit großen Nicht-Mbunas. Im Freiland räuberische Ernährungsweise, im Aquarium Allesfresser.
Vermehrung: →*Aulonocara hansbaenschi*.
Besonderes: *D. compressiceps* pirscht sich kopfüber gebeugt an kleine Fische an, die dann im schnellen Vorstoß erbeutet werden. Wegen des sehr schmalen Körpers (Name!) ist die Art von vorne kaum als Fisch zu erkennen. Die Art stand lange in dem Ruf, ein Augenfresser zu sein. Langjährige Aquarienbeobachtungen konnten das aber nicht bestätigen. Vereinzelte Fälle sind wohl Ausnahmen. AS

2,5

1/1
Gruppe

A 50
G 50

L 1–2
24–26

c L

6

1/1–3

A 80
G 160

S
24–29

c L F

10–12

1/3
Gruppe

A 400
G 600

L 1–2
24–28

o T F L

Eigenmannia sp.

Grüner Messerfisch
Sternopygidae

Vorkommen: Tropen Südamerikas, Flussfisch, der im Bereich ins Wasser gefallenen Holzes lebt.
GU: ♂♂ wesentlich größer.
Pflege: Versteckreiches und reich strukturiertes Aquarium, Pflanzen werden nicht beschädigt, Schwimmpflanzendecke wünschenswert, in den Wurzeln der Schwimmpflanzen wird bevorzugt abgelaicht. Sollte immer in Gruppen (ab 6 Tiere aufwärts) gehalten werden, die Tiere bilden eine komplexe Sozialstruktur und kommunizieren mittels ihres elektrischen Organs. Artfremde Fische werden nicht belästigt, zu kleine Fische jedoch gefressen.
Vermehrung: Imitation einer Regenzeit unabdingbar (schrittweises Absenken des Leitwertes und des pH-Wertes, Wasserwechsel mit kühlem Wasser). Gelaicht wird bevorzugt in den Wurzeln von Schwimmpflanzen.
Besonderes: Die Bestimmung der *Eigenmannia*-Arten ist derzeit selbst Spezialisten kaum möglich. Es gibt 8 anerkannte und eine unbekannte Anzahl unbeschriebener Arten. Im Handel meist als *E. virescens* bezeichnet. FS

Enneacampus ansorgii

Afrikanische Süßwassernadel
Syngnathidae (Seenadeln, Seepferdchen)

Vorkommen: Westafrikanische Küste von Gambia bis Angola. In Süß- und Brackwasser, vor allem in kleineren Fließgewässern, dort im Uferbereich.
GU: ♂♂ mit intesiv rot gefärbtem Bauch.
Pflege: Im Artenbecken oder mit ganz kleinen, friedlichen Fischen. Untereinander und anderen Arten gegenüber völlig harmlos. Salzzugaben für Pflege und Zucht nicht erforderlich, jedoch praktisch, da nur lebendes Kleinfutter genommen wird. In der aquaristischen Praxis sind das meist *Artemia*-Nauplien, und die bleiben in leicht salzigem Wasser (1 EL Seesalz auf 10 L Wasser) viel länger am Leben. Boden Feinsand, Bepflanzung am besten mit Javamoos, Dekoration mit Steinen.
Vermehrung: Die Eier werden vom Männchen in einer Hautfalte am Bauch ausgebrütet. Die Aufzucht der Jungfische ist sehr schwierig und gelingt nur mit lebenden Rädertierchen oder Copepoden-Nauplien.
Besonderes: Es gibt etwa 40 Arten Nadeln im Süßwasser, doch ist nur diese Art relativ regelmäßig aus Nachzuchten erhältlich. FS

Epalzeorhynchos bicolor

Feuerschwanz-Fransenlipper
Cyprinidae (Karpfenfische)

Vorkommen: Chao-Phraya-Einzug in Thailand.
GU: ♂♂ deutlich schlanker und farbiger.
Pflege: Als Jungfisch relativ einfach, anspruchslos. Alttiere revierbildend und unverträglich, auch gegen artfremde Fische, nicht für Gesellschaftsaquarien geeignet. Große Aquarien mit großen Verstecken, durch Wurzeln oder Steile in mehrere Reviere unterteilt. Vergesellschaftung nur bedingt und nur mit robusten Arten möglich. Keine besonderen Ansprüche an die Wasserqualität.
Vermehrung: Im Aquarium kaum möglich. Wird in Thailand in großem Maßstab für den aquaristischen Export kultiviert.
Besonderes: Attraktive Art, aufgrund extremer Aggressivität jedoch kein empfehlenswerter Aquarienfisch. In freier Wildbahn vermutlich bereits ausgestorben. Ob das in erster Linie auf massive Entnahmen für den aquaristischen Export oder an Habitatverlusten durch wasserbauliche Maßnahmen wie Staudämme liegt, bleibt offen. Regelmäßig gehandelt wird auch der an seiner durchweg roten Beflossung erkennbare Grüne Fransenlipper *E. frenatus*. FH

♂ 45
♀ 20

6

A 450
G 450

L 1–3
18–28

c F L

15

1/1
Gruppe

nur
A 20

L3
22–28

c L

12

1–5

nur
A 800

L 1–2
22–26

o/c T F L
Grün-
futter

Epalzeorhynchus kalopterus
Schönflosser
Cyprinidae (Karpfenfische)

Vorkommen: Malaysia, Thailand (südliche malaysische Halbinsel), Indonesien (Borneo, Sumatra).
GU: Nicht bekannt.
Pflege: Sollte in Aquarien üblicher Größe (bis 300 Liter) einzeln gehalten werden, da Schönflosser revierbildend sind und sich gegenüber Artgenossen aggressiv verhalten. Gegenüber anderen Fischarten sind die meisten Exemplare friedlich und somit gut mit ihnen zu vergesellschaften.
Vermehrung: In Aquarium bislang noch nicht gelungen.
Besonderes: Schönflosser sind mit bis zu 16 cm Totallänge recht große Fische, die nur in entsprechend großen Aquarien gehalten werden können. Manche Exemplare werden mit zunehmendem Alter auch gegenüber artfremden Fischen aggressiv. Werden oft als Algenfresser angepriesen, werden diesem Ruf jedoch kaum gerecht. Trotzdem gehört pflanzliche Nahrung unbedingt auf den Speiseplan. Harte Algen wie Bart- und Fadenalgen sowie „Blaualgen" (Cyanobakterien) werden verschmäht. FH

Epiplatys dageti monroviae
Querbandhechtling
Nothobranchiidae (Afrikanische Killifische)

Vorkommen: Kleingewässer im Regenwaldbereich der Küstenebene Liberias.
GU: ♂♂ größer, mit ausgezogenen Flossen und kräftiger gefärbt.
Pflege: Haltung auch im Gesellschaftsbecken mit Zwergbuntbarschen, Salmlern oder Welsen möglich. Als Oberflächenfische benötigen sie Schwimmpflanzen oder bis zur Wasseroberfläche reichende Bepflanzung als Versteckmöglichkeiten. Bodengrund möglichst dunkel, Becken dicht abdecken, da sie gut springen. Häufige Teilwasserwechsel und leichte Filterung.
Vermehrung: Bei genügend Verstecken können auch Junge im Hälterungsbecken heranwachsen. Ansonsten als Trio im dicht bepflanzten Becken für etwa 10 Tage ansetzen. Eizahlen ähnlich wie bei *Aphyosemion*-Arten. Entwicklungszeit etwa 2 Wochen, die Jungen können sofort kleines Lebendfutter (*Artemia*) fressen.
Besonderes: Unterscheidet sich von der Nominatform durch eine orangefarbene oder rote Kehle der ♂♂. In der älteren Literatur als *E. chaperi* bezeichnet, diese Art wird aber nur sehr selten gehalten. RS

Erethistes pusillus
Schmetterlingswels
Erethistidae (Schmetterlingswelse)

Vorkommen: In Indien, Bangladesch und Burma (Myanmar) verbreitet; bewohnt vor allem höher gelegene Flüsse, in denen die Art in Gewässerbereichen mit schlammigem Untergrund vorkommen soll, die von Vegetation überwuchert sind.
GU: ♀♀ werden etwas größer und sind an der größeren Leibesfülle zu erkennen.
Pflege: Die kleinen Welse sind völlig friedlich und lassen sich gut mit kleineren Beifischen vergesellschaften. Obwohl kleineres Lebend- und Frostfutter in Form von Wasserflöhen, *Cyclops*, Mückenlarven und Salinenkrebsen bevorzugt wird, lassen sie sich auch gut an Trockenfutter gewöhnen.
Vermehrung: Die Vermehrung ist im Aquarium bereits vereinzelt gelungen. Die Eier wurden im Aquarium in Mulden von Algenbüscheln abgelegt. Beide Elterntiere bewachen das Gelege, aus dem die Larven nach 24–36 Stunden schlüpfen. Die Aufzucht der Jungfische gelingt vermutlich am besten mit Salinenkrebs-Nauplien.
Besonderes: *Erethistes pusillus* wird im Zoofachhandel und in der Literatur zumeist falsch als *Hara hara* angesprochen. IS

16

1

nur
A 400

L1–2
24–26

o/h T F L

7

1/2

A 54
G 54

S–L1
21–26

c T F L

5–6

1/1
Gruppe

A 54
G 60

L1–2
20–25

c T F L

Farlowella platorynchus

Fadenkreuz-Schnabelwels
Loricariidae (Harnischwelse)

Vorkommen: Peru, Ecuador, oberer Amazonas, seltener im unteren Amazonas in Brasilien. Vor allem in langsam fließenden Gewässern in der Ufervegetation oder an Geäst.
GU: ♂♂ mit etwas breiterer Verlängerung der Schnauze (Rostrum), an deren Seiten zur Laichzeit kurze Borsten.
Pflege: Die Art kann bereits in kleineren Aquarien gepflegt werden, da sie völlig friedlich und sehr wenig schwimmfreudig ist. Wenig anspruchsvoll bezüglich der Wasserwerte, jedoch pH-Wert unter 6,0 und Wassertemperatur über 25 °C. Fütterung mit Grünfutter, Futtertabletten und feinem Lebend- oder Frostfutter möglich.
Vermehrung: Substratlaicher wie die *Sturisoma*-Arten, bei denen die ♂♂ für die Gelegebetreuung verantwortlich sind. Die Gelege bestehen zumeist nur aus 20-30 Eiern oder weniger. Die Aufzucht der Jungfische ist ähnlich schwierig wie bei *Sturisoma*.
Besonderes: Die Art gehört in die Gruppe zu *F. amazona* und *F. henriquei*, die beide ein noch deutlich längeres Rostrum besitzen. Rostrum bei dieser Art jedoch am Ende wie abgeschnitten. IS

Fossorochromis rostratus

Cichlidae (Buntbarsche)

Vorkommen: Malawisee. Seeweit verbreitet, vorwiegend über sandigen und gemischten Untergründen im Flachwasser. Oftmals in Gruppen. Dominante, große ♂♂ schwimmen einzeln.
GU: Dominante ♂♂ funkeln geradezu in strahlend weißen, hellblauen und grünen Farbtönen. ♀♀ und Jungtiere sind weißlich bis gelblich mit drei Punktreihen in der oberen Körperhälfte.
Pflege: Robuster und lebhafter Großcichlide. Einen Trupp Halbwüchsiger kann man in einem 400-l-Becken pflegen, ausgewachsene Tiere brauchen mehr Platz. Einrichtung aus einer dicken Schicht weichem Sand und einigen Steinaufbauten, eventuell auch mit robusten Pflanzen. Gräbt im Sand nach Fressbarem. Gieriger Allesfresser, der entsprechend schnell heranwächst. Vergesellschaftung am besten mit anderen Malawisee-Buntbarschen.
Vermehrung: Einfach. Maulbrüter im weiblichen Geschlecht. Bis über 100 Junge pro Wurf, je nach Größe des ♀. Näheres →*Aulonocara hansbaenschi*.
Besonderes: Die Art ist ein „Sandtaucher“. Bei Gefahr (z. B. bei Fangversuchen) verschwindet der Fisch vollständig im Sand. AS

Gambusia holbrooki

Koboldkärpfling
Poeciliidae (Lebendgebärende Zahnkarpfen)

Vorkommen: Südliche USA, vom Menschen in vielen subtropischen und tropischen Gebieten ausgesetzt. In allen Gewässern.
GU: ♂♂ schlanker und kürzer, mit Gonopodium, ♀♀ kompakter und kräftiger.
Pflege: In größeren Aquarien mit viel Schwimmraum und verkrauteter Vegetation. Nur mit größeren, wehrhaften Arten.
Vermehrung: Gelingt sowohl im Art- als auch im Gesellschaftsaquarium. Dichte Pflanzenbüschel zum Schutz der Neugeborenen. Die ♂♂ führen nach kurzer Balz das Gonopodium in die weibliche Geschlechtsöffnung ein. Nach einer knapp vierwöchigen Trächtigkeit gebiert das ♀ bis zu 60 Jungtiere. Infolge falscher Ernährung kann es zu erheblichen Beeinträchtigungen des natürlichen Wurfrhythmus kommen.
Besonderes: Koboldkärpflinge neigen zu verschiedenen Farbvarianten. Es sind auch fast schwarze Tiere bekannt. Wegen der Vorliebe für Mückenlarven ist die Art an vielen Orten ausgesetzt worden. Man kann sie durchaus während eines Urlaubs rund um das Mittelmeer für das heimische Aquarium beschaffen. MK

16

1/1
Gruppe

A 60
G 80

L 1–2
25–29

h T F L

25–30

1/3
Gruppe

A 800
G >1000

L 1–2
24–28

o T F L

7

4/4

A 80
G 120

L 1–3
21–23

o c T F L

Gastromyzon ctenocephalus

Querbinden-Flossensauger
Balitoridae (Plattschmerlen)

Vorkommen: West- Borneo
GU: ♂♂ scheinen überwiegend breitere Köpfe zu haben.
Pflege: Strömungsreiches Aquarium, das mit glatten Steinplatten und Holz reichhaltig strukturiert sein sollte. Sauberes, nicht zu warmes Wasser. Vergesellschaftung mit friedlichen Fischen ist problemlos, sofern sie mit den Flossensaugern nicht in Nahrungskonkurrenz treten. *Gastromyzon* sind keine Algenfresser, auch wenn sie oberflächlich an Saugwelse erinnern. Eine ausgewogene Ernährung umfasst neben Futtertabletten und Frostfutter unbedingt auch kleines Lebendfutter, das aus dem Aufwuchs eingefahrener Becken gesucht oder vom Boden aufgenommen wird. Keine Anfängerfische.
Vermehrung: Flossensauger haben sich bislang nur in wenigen Einzelfällen im Aquarium vermehrt.
Besonderes: Sind in der Lage, sich durch ihre abgeflachte Körperform und mit Hilfe ihrer Brust- und Bauchflossen in stärkster Strömung an Hartsubstrate zu heften. Sie bewegen sich dort eher laufend als schwimmend vorwärts. FH

Geophagus altifrons

Cichlidae (Buntbarsche)

Vorkommen: Im unteren Rio-Negro-Einzug und in den Zuflüssen des unteren Amazonas ab der Rio-Negro-Mündung, meist in Klarwasserflüssen über Sandgrund.
GU: Schwer zu untescheiden, alte ♂♂ meist etwas größer und mit länger ausgezogegenen Flossen.
Pflege: Eine der friedlicheren *Geophagus*-Arten. Gegenüber robusteren Arten wenig durchsetzungsfähig, mit ruhigen Fische aber in genügend großen Aquarien mit Verstecken und stabilen Pflanzen gut zu vergesellschaften. Feinkörniger Bodengrund in großen Flächen, da die Tiere als Erdfresser den Sand durchkauen.
Vermehrung: Ovophiler Maulbrüter; das ♀ nimmt noch während des Laichens die abgegebenen und befruchteten Eier ins Maul, meist beteiligt sich auch das ♂ an der Brutpflege. Bis zu 200 Eier; Schlupf nach 4, Freischwimmen nach 8–11 Tagen. Aufzucht nicht schwierig, *Artemia*-Nauplien als erstes Futter.
Besonderes: Zahlreiche ähnliche Arten mit den gleichen Ansprüchen, allerdings kommen auch Offenbrüten und larvophile Maulbrutpflege vor. CS

Glossolepis incisus

Lachsroter Regenbogenfisch
Melanotaeniidae (Regenbogenfische)

Vorkommen: Endemisch im Lake Sentani in Irian Jaya (Neuguinea), Indonesien.
GU: Sehr deutlich. ♂♂ hochrückig und lachsrot, ♀♀ schlank, silbrigoliv mit goldgelben Punkten.
Pflege: Einfach zu halten, allerdings sollte das Aquarium der zu erwartenden Endgröße dieser friedlichen Schwarmfische unbedingt angemessen dimensioniert sein. Lockere Bepflanzung mit Javamoos als Ablaichsubstrat. Nicht an unruhiger Stelle oder zu hell aufstellen, da *Glossolepis* sonst schnell schreckhaft werden. Kräftiges Lebend- und Frostfutter. Problemlos mit friedlichen Fischen zu vergesellschaften. Besonders attraktiv in großem Schwarm in sehr großen (Schau-)Aquarien. Wird für die meisten Wohnzimmerbecken leider zu groß.
Vermehrung: Dauerlaicher. Laichsubstrat mit Eiern separieren; Aufzucht der langsam wachsenden Jungfische mit feinstem Tümpelfutter.
Besonderes: Natürliche Bestände gefährdet (Rote Liste). FH

5

Gruppe 5

A 120
G 120

L 1–2
20–24

o/c F L

über 25

1/1
Gruppe

A 375
G 500

K
26–29

c (o) T
F L

15

8–10

A 250
G 250

L 2–3
22–24

c L F

Glyptoperichthys gibbiceps
Wabenschilderwels
Loricariidae (Harnischwelse)

Vorkommen: Brasilien, Kolumbien, Venezuela. Im mittleren Amazonas-Becken sowie im oberen Orinoco-Becken verbreitet; bewohnt Gewässer verschiedener Wassertypen.
GU: Die erwachsenen ♂♂ bilden im Vergleich zu den ♀♀ eine segelartig vergrößerte Rückenflosse aus.
Pflege: Ein einfach zu pflegender Harnischwels und ausgesprochen guter Algenfresser ist, der leider sehr groß wird. Größere Exemplare sind Artgenossen und großen Harnischwelsen gegenüber recht unverträglich. Ein ausgezeichneter „Putzerfisch" für größere Buntbarsch-Aquarien.
Vermehrung: Vermehrung nur in großen Aquarien möglich. Die Zucht soll jedoch bereits gelungen sein. Nach einem Wasserwechsel sollen etwa 120 etwa 3 mm große Eier auf einem Moorkienholzstück abgelegt worden sein, die vom ♂ 4 Tage lang befächelt wurden. Die Larven besaßen zunächst einen gelben Dottersack. Die Jungfische wurden mit einem Schlauch abgesaugt und konnten mit Futtertabletten aufgezogen werden.
Besonderes: Es existiert mittlerweile eine albinotische Farbform. IS

Gymnocorymbus ternetzi
Trauermantelsalmler
Characidae (Echte amerikanische Salmler)

Vorkommen: Grenzgebiet Brasilien/Bolivien, Rio Paraguay, Rio Guaporé, Argentinien, in etwas kühleren Bächen.
GU: Schwer zu unterscheiden, ♀♀ zur Laichzeit deutlich dicker. Afterflosse der ♂♂ größer, abgerundet, Rückenflosse länger und spitzer. Die Afterflossenhäkchen der ♂♂ bleiben in feinmaschigen Netzen hängen.
Pflege: Nicht zu grell beleuchten, ausreichende Bepflanzung, freier Schwimmraum. Können über 4 Jahre alt werden. Widerstandsfähig gegen Schwankungen der Wasserwerte. Zu vergesellschaften wie →*Hyphessobrycon eques*.
Vermehrung: Zuchtbecken ab 12 Liter mit feinfiedriger Bepflanzung, Eltern nach dem Laichen entfernen. Die Zucht gelingt in mittelhartem Wasser, und die Aufzucht ist problemlos. Erstfutter *Artemia*-Nauplien. Bei der Auswahl der Zuchttiere jedoch auf ein einwandfreies Aussehen achten, da sie fast nur noch als Nachzuchten zu erhalten sind. Trauermantelsalmler sind scheinbar anfällig für Degenerationserscheinungen.
Besonderes: Ältere Fische sind häufig fast einfarbig grau. P+MH.

Gymnogeophagus meridionalis
Cichlidae (Buntbarsche)

Vorkommen: Südliches Südamerika im Paraná- und Uruguay-Einzug; in den unterschiedlichsten Gewässern.
GU: ♂♂ größer, etwas bulliger und mit länger ausgezogenen Flossen.
Pflege: Außerhalb der Brutpflege friedlich; Vergesellschaftung mit anderen Fischen ähnlicher Ansprüche (Temperatur) problemlos, in genügend großen Aquarien auch mehrere Paare. Kühle Überwinterung bei 12–15 °C wichtig, im Sommer auch für den Gartenteich geeignet. Aquarium mit feinkörnigem Bodengrund, Bepflanzung, Verstecken und Steinen.
Vermehrung: Offenbrüter mit Elternfamilie, das ♀ betreut in erster Linie das Gelege von meist mehr als 100 Eiern, während das ♂ das Revier sichert. Entwicklungszeiten der Eier und Larven stark temperaturabhängig, bis zum Schlupf 1–5 Tage, bis zum Freischwimmen weitere 4–8 Tage. Als erstes Futter *Artemia*-Nauplien, Aufzucht einfach.
Besonderes: Viele, teilweise einander sehr ähnliche Arten und Varianten mit denselben Ansprüchen. Abweichende Brutpflege bei *G. balzanii* und der *G.-gymnogenys*-Gruppe (larvophile Maulbrüter). CS

50

1
1/1

A 300
G 400

K S
L1–2
24–30

h T F L

4

6

A 45
G 54

L1–2
18–22

o T F L

12

1/1

A 80
G 120

L1–3
18–24

c T F L

Gyrinocheilus aymonieri

Siamesische Saugschmerle
Gyrinocheilidae (Saugschmerlen)

Vorkommen: Südostasien; Mekong, Chao Phraya und Mae Khlong; nördliche Malayische Halbinsel.
Pflege: Ausreichend großes Aquarium mit durchströmten Bereichen und Versteckmöglichkeiten. Jüngere Exemplare weiden mit Hingabe Algenrasen ab. Zufütterung mit anderen Futtermitteln erforderlich, da Saugschmerlen besonders mit zunehmendem Alter zu Allesfressern werden. Die Wasserwerte spielen für die Haltung keine besondere Rolle. Nicht mit flächigen Fischen wie Skalaren vergesellschaften, da von Ansaugversuchen berichtet wurde. Jungtiere durchweg friedlich, unbedingt in Gruppen halten. Alttiere mitunter aggressiv.
Vermehrung: Geschlechtsunterschiede bislang unbekannt. Wird durch Injektion von Hormonen künstlich vermehrt; im Aquarium bislang noch nicht gelungen.
Besonderes: Eine Einsaugöffnung über den Kiemenschlitzen ermöglicht es ihnen, festgesaugt zu atmen. Saugschmerlen wachsen rasch und sind als Adultfische nur bedingt für das Gesellschaftsaquarium geeignet. FH

Hara jerdoni

Deltaflügel-Schmetterlingswels
Erethistidae (Schmetterlingswelse)

Vorkommen: In Indien und Bangladesh; in langsam fließenden Flüssen mit sandigem Untergrund in höheren Lagen.
GU: Die ♀♀ sind größer und fülliger als die ♂♂.
Pflege: *H. jerdoni* sollten nur mit friedlichen Fischen vergesellschaft werden, da sie sich gegen aggressivere Beifische kaum durchsetzen können. Gefressen wird nach Gewöhnung neben feinem Lebend- und Frostfutter auch Flocken- oder Granulatfutter. Die Art ist für Aquarien mit mäßiger Strömung geeignet.
Vermehrung: Mittlerweile konnte *H. jerdoni* mehrfach im Aquarium vermehrt werden. Die Tiere scheinen in Pflanzen-beständen abzulaichen. Die Eier sind klein und haben eine gallertartige Hülle. Die etwa 2 mm langen Larven sollen bereits nach 24 Stunden schlüpfen. Nachdem der Dottervorrat nach etwa 2 Tagen aufgebraucht ist, zeigen die Jungfische eine Streifenfärbung. Die Aufzucht gelang mit Mikrowürmchen als Erstfutter.
Besonderes: Die Art ist ausgesprochen variabel in der Färbung und kann bräunlich oder grau gefärbt sein. IS

Hasemania nana

Kupfersalmler
Characidae (Echte Amerikanische Salmler)

Vorkommen: São-Francisco- und Purus-Einzug (Brasilien).
GU: Die Kupfersalmler verdankt seinen Namen der Farbe der ♂♂. Nur sie weisen diese Färbung sowie Flossen mit porzellanweißen Spitzen auf. Sie sind auch schlanker als die zur Laichzeit fülligeren und eher messingfarbenen ♀ ♀.
Pflege: Ein Evergreen unter den Salmlern, der schon seit über 60 Jahren im Handel erhältlich ist. Die Haltung in einer kleinen Gruppe ist in jedem Gesellschaftsbecken mit guter Bepflanzung, freien Zonen sowie friedlichen Mitbewohnern möglich.
Vermehrung: Man kann ihn in einer kleinen Gruppe zur Zucht in 20-Liter-Becken ansetzen. Sie laichen nachts, der Laich ist winzig klein, dunkelbraun und schlecht zu erkennen. Die Jungen schlüpfen bei 24 °C nach 24 Stunden und fressen am 4. Tag frisch geschlüpfte *Artemia*-Nauplien
Besonderes: Einer der wenigen Salmler ohne die charakteristische Fettflosse. In älterer Literatur ist der Kupfersalmler meist unter dem Namen *Hasemania marginata* oder *H. melanura* zu finden. P+MH

30

5

A 250
G 250

L 1–3
25–28

h/o T F L
Grün-
futter

4,5

1/1
Gruppe

A 40
G 54

L 1–2
20–25

c T F L

4

6

A 54
G 112

L 1–2
22–28

o T F L

Helostoma temminckii

Küssender Gurami

Helostomatidae (Kussguramis)

Vorkommen: Thailand bis Indonesien. Langsam fließende Gewässer mit dichter Vegetation.

GU: Nur am Laichansatz adulter ♀♀ erkennbar.

Pflege: Große Aquarien, Steine zum Abweiden. Starke Beleuchtung für guten Algenwuchs; ansonsten unproblematisch.

Vermehrung: Harmonierende Paare laichen im Haltungsbecken. Beim Ablaichen umschlingt das ♂ das ♀, ohne es herumzudrehen. Eier schwimmen an die Oberfläche; keine Brutpflege. Sehr produktiv. Zur Aufzucht Eier abfischen.

Besonderes: Wichtiger Wirtschaftsfisch. Wird in Aquakultur gezüchtet und als Speisefisch geschätzt. Aquaristisch beliebt, da die Fische bei Balz und Konfrontation die scheibenförmigen Mäulern aneinander pressen, was an einen Kuss erinnert. Nahrungsspezialist: sammelt Algen und Kleinstlebewesen aus dem Aufwuchs, die mit feinen Kiemenreusen aus dem Wasser filtriert werden. Unbedingt pflanzliche Kost reichen. Aufgrund der Größe nur für sehr große Aquarien geeignet. Neben der Wildform ist die fleischfarbene Zuchtform sehr beliebt. FH

Hemichromis letourneuxi

Roter Cichlide

Cichlidae (Buntbarsche)

Vorkommen: Das Verbreitungsgebiet dieser Art reicht vermutlich von Ägypten bis zum Senegal über ganz Westafrika, wobei die Artzugehörigkeit verschiedener Fundorte noch nicht ganz geklärt ist.

GU: ♂♂ oft größer mit stärker entwickelter Beflossung, schwierig zu unterscheiden.

Pflege: Genügend große Aquarien mit Versteckmöglichkeiten, feinem Bodengrund und robuster Bepflanzung (*Anubias*, Javafarn). Aufgrund der hohen innerartlichen Aggressivität kann nur ein harmonierendes Paar gepflegt werden. Häufige Teilwasserwechsel und starke Filterung. Vergesellschaftung mit größeren, ruhigen Fischen möglich.

Vermehrung: Offenbrüter, es werden bis zu mehrere hundert Eier in Laichgruben oder auf Steinen abgelaicht. Die Jungen schlüpfen nach etwa 2 Tagen, schwimmen nach weiteren 4 Tagen frei und fressen feines Trocken- und Lebenfutter.

Besonderes: Die verschiedenen Arten der Roten Cichliden sind im Handel oft falsch bezeichnet. Die Ansprüche der Arten ähneln sich, sie sind relativ einfache Pfleglinge, aber in zu kleinen Aquarien sehr aggressiv. RS

Hemigrammus bleheri

Rotkopfsalmler

Characidae (Echte amerikanische Salmler)

Vorkommen: Brasilien im Rio-Negro-Einzug bis Kolumbien, Río Meta, in schattigen Urwaldgewässern.

GU: ♀♀ bis 5,5 cm und zeigen deutlichen Laichansatz. ♂♂ kürzer und schlanker mit Afterflossenhäkchen.

Pflege: Am schönsten in größeren Becken im Schwarm. Pflege wie →*Paracheirodon axelrodi*. Dichte Bepflanzung mit freiem Schwimmraum und gedämpftes Licht ist vorteilhaft.

Vermehrung: Zur Zucht ist sehr weiches (um 2 °dGH), saures Wasser (pH-Wert um 5,5) notwendig. Ansatz: gerade laichreif gewordene Jungfische in einem kleinen Schwarm oder paarweise in einem etwas größeren Becken mit Laichrost. Geduld ist nötig, da sie oft erst Tage nach dem Einsetzen laichen. Ablaichen über mehrere Tage; Eier täglich absammeln und in separaten Schalen bei 25 °C zum Schlüpfen bringen. 5 Tage nach Eiablage mit der Fütterung von möglichst feinem Futter beginnen.

Besonderes: Nach Eingewöhnung langlebig, 4 Jahre und mehr. Ähnlich sind *H. rhodostomus* und *Petitella georgiae*. P+MH.

30

1/1
Gruppe

A 500
G 800

L 1–2
22–28

o/h T F L

12

1/1

A 240
G 375

L 1–2
22–26

o T F L

6

6

A 54
G 112

L 1–2
24–26

o T F L

Hemigrammus erythrozonus
Glühlichtsalmler
Characidae (Echte Amerikanische Salmler)

Vorkommen: Guyana; angeblich endemisch im Essequibo, in schattigen Waldzonen.
GU: Kaum Unterschiede, ♀♀ bei Laichansatz voller im Bauchprofil.
Pflege: In einem kleinen Schwarm für ein Gesellschaftsaquarium gut geeignet. Nicht zu hell beleuchten, mit ausreichend Bepflanzung und freiem Schwimmraum. Bei guter Pflege und abwechslungsreicher Fütterung sehr langlebig. Vergesellschaftung wie →*Hyphessobrycon eques*.
Vermehrung: Weiches und saures Wasser erforderlich. Zur erfolgreichen Zucht passende Paare in 10 Liter Becken absetzen, Eltern nach dem Ablaichen herausfangen. Aus kleinen glasigen Eiern schlüpfen die Jungen bei 24 °C nach 24 Stunden und fressen am 5. Tag frisch geschlüpfte *Artemia*-Nauplien. Harmonierende Paare bringen bis 200 Jungfische, dabei ist sauberes Wasser für die Aufzucht Bedingung.
Besonderes: Heute werden (fast?) nur Nachzuchten angeboten, daraus sollte man seine Zuchttiere auch nach der Intensität ihrer Farbe aussuchen. P+MH.

Hemigrammus pulcher
Karfunkelsalmler
Characidae (Echte Amerikanische Salmler)

Vorkommen: In Nebenflüssen und Seen des oberen peruanischen Amazonas.
GU: In Körper- und Flossenform keine Unterschiede, außer der Laichansatz der ♀♀. ♂♂ mit Afterflossenhäkchen der, mit denen sie in feinmaschigen Netzen hängen bleiben.
Pflege: Er ist in einem kleinen Schwarm schon für gut bepflanzte Aquarien ab 60 Liter geeignet. Sie sind keine ausgesprochenen Schwarmfische, sondern stehen häufig in der mittleren oder oberen Region des Aquariums. Bei der Fütterung sind sie allerdings mit die ersten, sobald etwas auf die Wasseroberfläche fällt. Zu vergesellschaften wie →*Hyphessobrycon eques*.
Vermehrung: Zur Zucht sind weiches, leicht saures Wasser und Geduld erforderlich. Der Laichvorgang erfolgt in den Morgenstunden, 400 Eier sind möglich. Die Eltern nach dem Laichen entfernen. Schlüpfen nach 24 Stunden. Nicht alle Jungfische fressen am 5. Tag sofort *Artemia*-Nauplien. Die Aufzucht erfordert Sorgfalt und infusorienfreies Wasser.
Besonderes: Es gibt zwei Unterarten, die sich durch die Flecke in der Schwanzflossenbasis (rot/gelb) unterscheiden. P+MH.

Hemiloricaria eigenmanni
Loricariidae (Harnischwelse)

Vorkommen: Guyana, Kolumbien, Venezuela; bewohnt recht warme Gewässer vom Weißwassertyp, die zur Regenzeit weiträumig überschwemmt sein können. Häufig findet man die Tiere in der überschwemmten Ufervegetation.
GU: Die ♂♂ sind wie bei anderen Hexenwelsarten sehr leicht an dem Backenbart zu erkennen, den sie im Alter ausbilden.
Pflege: Diese völlig friedlichen und einfach zu pflegenden Welse sind recht anspruchslos und somit auch für das Gesellschaftsaquarium gut geeignet. Leider sind sie aber recht versteckt lebend.
Vermehrung: *H. eigenmanni* laicht in röhrenförmigen Laichhöhlen. Bis zu 150 etwa 2,5 mm messende, grünliche Eier werden vom ♀ an der Wand der Röhre festgeklebt. Die Larven schlüpfen mit grünlichem Dottersack und sind dunkel geringelt. Die Aufzucht ist nicht einfach und gelingt am ehesten, wenn Rädertierchen als Erstfutter zur Verfügung stehen.
Besonderes: Die Art ist an den dunklen Binden in den Flossen und den in Längsreihen angeordneten dunklen Flecken auf der Schwanzunterseite zu erkennen. IS

4
6
A 45
G 112
L1
24–28
o T F L

4,5
6
A 54
G 112
L1–2
24–26
o T F L

12–13
1/1
Gruppe
A 54
G 60
L1–2
24–29
o T F L

Hemiloricaria lanceolata

Schokoladenbrauner Hexenwels
Loricariidae (Harnischwelse)

Vorkommen: In Bolivien, Brasilien, Ecuador, Paraguay und Peru, in allen Gewässertypen vor allem im Uferbereich in überhängender Vegetation.
GU: Geschlechtsreife ♂♂ mit borsten- und haarähnlichen Odontoden auf dem Rücken, an den Kopfseiten sowie auf der Oberseite der Brustflosse.
Pflege: Stellt keine großen Ansprüche an die Wasserwerte und ist auch bezüglich der Wassertemperatur recht anpassungsfähig. Die Art sollte vorwiegend tierisch ernährt werden.
Vermehrung: Höhlenbrüter, die im Aquarium röhrenförmige Laichhöhlen bevorzugen. Die bis zu 100 Eier werden nach der Eiablage etwa 12 Tage lang vom ♂ bebrütet. Nicht selten frisst das Männchen jedoch das Gelege. Zunächst besitzen die Jungfische noch einen Dottervorrat, verlassen aber sofort die Höhle. Sie können mit *Artemia*-Nauplien gefüttert werden. Auf eine regelmäßige Säuberung des Aufzuchtgefäßes ist zu achten.
Besonderes: Überaus variable Art, die fast schwarz, hell und dunkel marmoriert, rotbräunlich oder noch anders gefärbt sein kann. IS

Heros efasciatus

Augenfleckbuntbarsch
Cichlidae (Buntbarsche)

Vorkommen: Entlang des gesamten Ucayali- und Amazonas-Einzugs in allen Zuflüssen.
GU: ♂♂ größer und bulliger, kräftiger gefärbt als ♀♀.
Pflege: Friedlicher, aber wehrhafter Buntbarsch, der mit anderen Arten durchaus vergesellschaftet werden kann, wenn das Aquarium groß genug ist. Pflanzen werden auch nach längerer Duldung plötzlich gefressen. Einrichtung mit Wurzeln und Steinen, daraus Versteckmöglichkeiten errichten.
Vermehrung: Offenbrüter mit Elternfamilie. Weiches und zumindest leicht saures Wasser von Vorteil. Großes Gelege bis 1000 Eier, das auf einer festen Unterlage deponiert wird. ♀ mit Dominanz am Gelege, ♂ mit der Außensicherung beschäftigt. Larven und Junge werden häufig umgebettet und nach dem Freischwimmen von beien Elterntieren bewacht. Aufzucht mit *Artemia*-Nauplien als erstem Futter.
Besonderes: Verschiedene ähnliche Arten und Varianten, etwa der Rotkeil-*Heros* aus Peru. *Heros severus* ist ein Maulbrüter. CS

Herotilapia multispinosa

Regenbogenbuntbarsch
Cichlidae (Buntbarsche)

Vorkommen: Nicaragua, Honduras, Costa Rica, in stehenden, häufig stark verkrauteten Gewässern.
GU: ♂♂ größer, kräftiger und mit länger ausgezogenen Flossen.
Pflege: Friedliche Art, die allerdings zarte Pflanzen frisst. Robuste Gewächse werden nicht behelligt, wenn das Futter genügend Grünanteile enthält. Vergesellschaftung problemlos möglich, gut geeignet sind Lebendgebärende Zahnkarpfen.
Vermehrung: Vermehrungsfreudige Art, die mit mehr als 1000 Eiern oft erstaunlich große Gelege produziert. Laich wird auf Steinen, Wurzeln oder Ähnlichem abgelegt und vom ♀ betreut, während das ♂ Feinde vertreibt. Eltern heben Gruben am Fuß von Wasserpflanzen im Wurzelgeflecht aus, in denen die Larven und auch die schwimmfähigen Jungfische umgebettet werden. Schlupf nach 2–3 Tagen, Freischwimmen weitere 3–4 Tage später. Aufzucht mit *Artemia*-Nauplien als erstem Futter einfach.
Besonderes: In sauerstoffarmem Wasser werden die Larven in Oberflächennähe an Wasserpflanzen aufgehängt. CS

12

1/1
Gruppe

A 54
G 60

L1–2
22–29

o T F L

25

1/1

A 300
G 375

S K
25–29

o T F L

12

1/1

A 80
G 120

L1–3
25–28

o T F L

Heterandria formosa

Zwergkärpfling

Poeciliidae (Lebendgebärende Zahnkarpfen)

Vorkommen: Südöstliche USA , Florida, South-Carolina; verkrautete Gewässern und Sümpfe.

GU: ♂♂ kleiner als ♀♀ und mit zum Begattungsorgan umgebildeter Afterflosse.

Pflege: In kleinen verkrauteten Aquarien. Eine Vergesellschaftung gelingt nur mit anderen kleinen Arten, die ähnliche Haltungsbedingungen verlangen.

Vermehrung: Mehrere ♂♂ und ♀♀ in einem dicht bepflanzten 25-Liter-Aquarium zusammensetzen; nach wenigen Wochen werden die trächtigen ♀♀ mit dem Werfen der lebenden Jungfische beginnen, die meist nicht von den Alttieren verfolgt werden. Das Werfen erfolgt über einen Zeitraum von bis zu 3 Wochen, wobei im Abstand von 3–4 Tagen einige wenige Jungfische abgesetzt werden. Die winzigen Nachkommen verlangen kleinpartikuläres Lebendfutter, das sie sofort aufnehmen. Da die ♂♂ die ♀♀ stark umbalzen, sind Versteckmöglichkeiten notwendig.

Besonderes: Es sind mehrfach xanthoristische Formen des Zwergkärpflings aufgetreten, die durch das Fehlen der dunklen Merkmale auffielen. MK

Homaloptera orthogoniata

Pracht-Flossensauger

Balitoridae (Plattschmerlen)

Vorkommen: Thailand, Laos, Kambodscha, Indonesien (Borneo). Kleine Schwarzwasser-Waldbäche.

GU: Bislang unbekannt.

Pflege: Relativ empfindlicher Flossensauger, der in sehr sauberem, weichem Wasser gehalten werden sollte. Einrichtung teils dichtes Geflecht aus Moorkienholz, teils offene Flächen mit angeströmten Steinplatten. Vergesellschaftung mit kleinen, friedlichen Fischen wie dem Perlmutbärbling *Rasbora vaterifloris* problemlos möglich. Es ist unbedingt darauf zu achten, dass Flossensauger bei Vergesellschaftung mit anderen Fischen nicht aufgrund der Futterkonkurrenz verhungern. Ideales Futter sind Eintagsfliegenlarven und andere Wasserinsekten, die von den Schmerlen von überströmten Steinen und Wurzeln abgesammelt werden.

Vermehrung: Im Aquarium noch nicht gelungen.

Besonderes: Plattschmerlen sind eine sehr artenreiche Familie der Karpfenartigen, die überwiegend sehr schnell strömende Gewässer bewohnen und durch extreme Anpassungen der Körperform auffallen. FH

Hyphessobrycon anisitsi

Rautenflecksalmler

Characidae (Echte amerikanische Salmler)

Vorkommen: Brasilien, Paraguay, Argentinien; im Parana- und Uruguay-Einzug; auch in kühlerem Wasser.

GU: ♀♀ sind geringfügig länger, mit gerundeter Bauchpartie. Sicheres Zeichen sind die Afterflossenhäkchen der ♂♂.

Pflege: Trotz seiner Friedfertigkeit ist er kein Pflegling für ein bepflanztes Gesellschaftsbecken, da er Pflanzen als Nahrung nicht verschmäht. Für Buntbarschaquarien ab 200 Liter mit Dekorationen aus Wurzelholz und Steinen, eventuell harten Gewächsen (Anubias, Javafarn), ist er als Beifisch gut geeignet. Er ist ausdauernd, stellt kaum Ansprüche an das Wasser.

Vermehrung: Leicht in größeren Aquarien ab 112 Liter bei fast allen Wasserverhältnissen, Zuchttiere im Verhältnis 1 ♂/2 ♀♀. Es werden bis zu 1000 Eier abgegeben, Aufzucht problemlos. Nach dem Freischwimmen am 5. Tag mit *Artemia*-Nauplien und entsprechend dem schnellen Wachstum bald mit kräftigerem Futter.

Besonderes: *Hemigrammus caudovittatus* ist ein Synonym. P+MH.

4

4/6

A 25
G 54

L1–3
18–22

c T L

15

5

A 250
G 250

L1
20–24

o/c F L

8

6

A 200
G 200

L1–3
18–28

h T F L

Hyphessobrycon columbianus

Blauroter Kolumbiensalmler

Characidae (Echte amerikanische Salmler)

Vorkommen: Bisher nur aus einem Bach, der in den Río Acandi (Kolumbien) entwässert, bekannt.

GU: ♀♀ sind in der Bauchpartie kräftiger, die ♂♂ sind schlanker. ♂♂ haben eine kräftiger, orange gefärbte Rückenflosse. Sicherer sind allerdings die Afterflossenhäkchen der ♂♂, mit denen sie im Netz hängen bleiben.

Pflege: Als friedlicher, aber schwimmfreudiger Schwarmfisch für die mittlere Wasserregion kann er vergesellschaftet werden wie →*Hyphessobrycon eques*. Bei etwas abgeschattetem Licht kommen die grün-, blau-, rot- und silberglänzenden Kolumbiensalmler am besten zur Geltung.

Vermehrung: Zucht gelingt bei 10 °dGH und 24 °C bei paarweisem Ansatz. Laichwillig und dabei sehr produktiv. 500 kleine glasklare Eier, die in den Nachtstunden abgegeben werden, sind keine Seltenheit. Die Aufzucht der Brut in infusorienfreiem Wasser gelingt gut bei Anfütterung mit *Artemia*-Nauplien nach dem Freischwimmen am 5. Tag.

Besonderes: Einer der wenigen neu eingeführten Salmler, die sich bei den Aquarianern durchgesetzt haben. P+MH.

Hyphessobrycon eques

Blutsalmler

Characidae (Echte Amerikanische Salmler)

Vorkommen: Südamerika, im südlichen Amazonas-Einzug sowie im Paraguay-Becken. Im Zoohandel fast ausschließlich Nachzuchttiere aus deutscher, osteuropäischer und asiatischer Zucht.

GU: Keine geschlechtsspezifischen Größenunterschiede, ♀♀ voller in der Bauchregion, ♂♂ schlanker mit weiß-schwarzen Bauch -und Afterflossen.

Pflege: Becken gut bepflanzen mit freiem Schwimmraum. Vergesellschaftung mit anderen Salmlern, Zwergbuntbarschen, Panzerwelsen, kleinen Bärblingen und Lebendgebärenden gut möglich.

Vermehrung: Zur Zucht bis 10 °dGH. Ansatz paarweise in 10-Liter-Becken. Aus kleinen dunkelbraunen Eiern schlüpfen die Jungen bei 24 °C nach 24 Stunden und müssen am 5. Tag am besten mit frisch geschlüpften *Artemia*-Nauplien gefüttert werden. Bei guter Fütterung wachsen sie schnell.

Besonderes: Das ihnen nachgesagte Flossenfressen geschieht nur in größeren Schwärmen (Aufzucht) oder bei nicht ausreichender Fütterung. Bis 1997 hieß die Art *Hyphessobrycon callistus*. P+MH.

Hyphessobrycon flammeus

Roter von Rio

Characidae (Echte Amerikanische Salmler)

Vorkommen: Im südlichen Brasilien, in der Umgebung von Rio de Janeiro (daher der Name), in kühleren Gewässern.

GU: ♂♂ schlanker und kräftiger rot als die ♀♀. Sie haben kräftig schwarz gesäumte Afterflossen und schwarze Bauchflossenspitzen.

Pflege: Für jedes Gesellschaftsbecken mit friedlichen Fischen, die es etwas härter und kühler vertragen, geeignet. Schwarmverhalten nur bei Jungfischen. Sie zeigen in weicherem Wasser bis 10 °dGH und pH unter 7 am ehesten kräftige Farben. Der Anfängerfisch für Salmler-Einsteiger.

Vermehrung: Bei den Zuchttieren auf kräftige Farben und einwandfreie Körperformen achten. Auf Grund seiner leichten Züchtbarkeit sind heute fast ausschließlich Nachzuchten im Handel. Trotz ihrer geringeren Größe sind sie produktiv. Bei paarweisem Ansatz in 10-Liter-Becken sind bei der Laichabgabe 300 kleine klare Eier möglich, aus denen bei 22 °C nach 24 Stunden die Jungen schlüpfen, die nach 4 Tagen sofort *Artemia*-Nauplien fressen.

Besonderes: Einer der ersten (1920) in Deutschland eingeführten Salmler. P+MH

4,5

6

A 54
G 112

L1–2
23–27

o T F L

4,5

6

A 54
G 112

L1–2
22–28

o T F L

4

6

A 45
G 112

L1–2
18–24

o T F L

Hyphessobrycon herbertaxelrodi

Schwarzer Neonsalmler

Characidae (Echte amerikanische Salmler)

Vorkommen: Brasilien im Einzugsgebiet des Rio Paraguay im Bundesstaat Mato Grosso, bis in kleinste Nebenflüsse.
GU: ♀♀ bis 4 cm und bei Laichreife mit stark gerundeter Bauchpartie. ♂♂ etwas kleiner und schlanker.
Pflege: Im kleinen Schwarm für nicht zu hell beleuchtete Aquarien mit ausreichender Bepflanzung und freiem Schwimmraum gut geeignet. Bei guter Pflege, regelmäßigem Wasserwechsel und abwechslungsreicher Fütterung sehr langlebig. Vergesellschaftung wie →*Hyphessobrycon eques*.
Vermehrung: Zur Fortpflanzung ist weiches und saures Wasser förderlich. Der Zuchtansatz kann paarweise in 10-Liter-Becken erfolgen. Eltern nach dem Ablaichen herausfangen. Aus kleinen glashellen Eiern schlüpfen die Jungen bei 24 °C nach 24 Stunden und können am 5. Tag, dem Freischwimmen, mit frisch geschlüpften *Artemia*-Nauplien gefüttert werden. Bis 200 Jungfische, dabei ist sauberes Wasser für die Aufzucht Voraussetzung.
Besonderes: Heute sind fast nur noch Nachzuchten im Handel. P+MH

Hyphessobrycon rosaceus

Schmucksalmler

Characidae (Echte Amerikanische Salmler)

Vorkommen: In Guyana und im unteren Amazonasgebiet; an den beschatteten Ufern klarer Urwaldflüsse und -bäche.
GU: ♀♀ deutlich runder, mit voller Bauchpartie bei Laichansatz. ♂♂ schlanker, mit intensiverer Färbung, fahnenartig ausgezogener Rücken- sowie spitz zulaufender Afterflosse.
Pflege: Friedlicher Schwarmfisch, ab 6 Exemplaren für Becken von 50 cm Länge geeignet. Vergesellschaftung und Ernährung wie →*Hyphessobrycon eques*. Das Aquarium sollte gut bepflanzt mit freien Schwimmzonen sein. Das Schwarmverhalten ist nur sehr schwach ausgeprägt.
Vermehrung: Weiches und leicht saures Wasser ist erforderlich. Bei passenden Paaren sehr produktiv (bis 400 relativ schnell wachsende Jungfische, die jedoch recht anfällig gegen räuberische Infusorien sind). Sonst wie →*Hyphessobrycon eques*.
Besonderes: Der Schmucksalmler hat einige nicht klassifizierte Verwandte (Unterarten, Farbvarianten oder Zuchtformen), etwa „white fin", „black fin", „Goldfleck" sowie den als „Robertsi" im Handel befindlichen echten *H. bentosi*. P+MH

Hyphessobrycon socolofi

Socolofs Kirschflecksalmler

Characidae (Echte amerikanische Salmler)

Vorkommen: Brasilien im Bundesstaat Amazonas; im Schwarzwasser des Rio-Negro-Einzugs.
GU: ♂♂ kräftiger rot gefärbt, mit farblosem Afterflossensaum; ♀♀ etwas heller, zur Laichzeit mit voller Bauchpartie und mit rotem Afterflossensaum.
Pflege: Am schönsten in größeren Becken in einer kleinen Gruppe ab 6 Tieren. Vergesellschaftung wie →*Hyphessobrycon rosaceus*. Aquarium gut bepflanzt und mit freien Schwimmzonen, obwohl die Art nicht sehr schwimmfreudig ist.
Vermehrung: Wasser bis 4 °dGH und pH um 6, mindestens 54-Liter-Becken und Geduld. Ansatz paarweise oder in einer kleinen Gruppe. Die Tiere laichen nicht sofort nach dem Einsetzen, sondern oft erst Wochen später. Sie müssen daher gefüttert werden. Sehr produktiv, bis 3000 kleine braune Eier. Die Aufzucht ist nicht unproblematisch, sie erfordert absolut sauberes, infusorenfreies Wasser.
Besonderes: Nahe Verwandte sind *H. erythrostigma* und *H. pyrrhonotus*, vermutlich weitere unbeschriebene ähnliche Arten. P+MH

4

6

A 45
G 122

L1–2
24–26

o T F L

4,5

6

A 50
G 112

L1–2
24–28

o T F L

5

6

A 112
G 200

L1–2
24–28

o T F L

Hyphessobrycon sweglesi

Roter Phantomsalmler

Characidae (Echte Amerikanische Salmler)

Vorkommen: Kolumbien, oberes Orinoco-Becken sowie Río Meta und Río Muco.

GU: ♀♀ mit abgerundeter Rückenflosse, weniger intensives Rot als die ♂♂, deren Rückenflosse fahnenartig verlängert ist.

Pflege: Der Rote Phantomsalmler ist ein ruhiger Fisch, der wie →*Hyphessobrycon eques* vergesellschaftet werden kann . In gut bepflanzten Aquarien mit Schattenzonen (Schwimmpflanzen) kommt er gut zur Geltung. Imposante Balzspiele und Revierkämpfe der Männchen besonders nach einem Wasserwechsel.

Vermehrung: Zur Zucht unbedingt weiches, leicht saures Wasser. Paarweise in 10-Liter-Becken, nach dem Ablaichen herausfangen. Aus kleinen braunen Eiern schlüpfen die Jungen bei 24 °C nach 24 Stunden. Erstfutter am 5. Tag frisch geschlüpfte *Artemia*-Nauplien. Die Jungfische wachsen langsam, absolute Sauberkeit des Aufzuchtbeckens ist erforderlich.

Besonderes: 1997 wurden die Salmler der Gattung *Megalamphodus* durch Weitzman & Palmer in die Gattung *Hyphessobrycon* überstellt. P+MH

Inpaichthys kerri

Königssalmler

Characidae (Echte amerikanische Salmler)

Vorkommen: Brasilien im Bundesstaat Mato Grosso, im Rio Aripuana, im oberen Rio-Madeira-Einzug.

GU: ♂♂ etwas größer; Körper blau-violett, Rückenflosse orangefarbig. ♀♀ mehr braun, Blaufärbung beschränkt sich auf die mittlere Körperregion.

Pflege: Diesen agilen Salmler sollte man in einem kleinen Schwarm pflegen. Bei gedämpftem Licht, besonders bei Sonnenlicht von vorn, kommen die leuchtenden Farben gut zur Geltung. Vergesellschaftung wie →*Hyphessobrycon eques*. Sie fressen gern Futter von der Wasseroberfläche.

Vermehrung: Sie können paarweise oder in einer Gruppe von 4 bis 6 Tieren in Zuchtbecken ab 25 Liter mit Pflanzen als Versteckmöglichkeit (da die ♂♂ sehr stark treiben) gesetzt werden. Sie laichen nachts, bis zu 150 kleine braune Eier. Zur guten Entwicklung sind Wasserwerte unter 8 °dGH, pH um 6 und 25 °C geeignet. Die Jungen schlüpfen nach 24 Stunden; Freischwimmen nach weiteren 4 Tagen; *Artemia* als erstes Futter.

Besonderes: Die Gattung *Inpaichthys* besteht aus nur einer Art. P+MH.

Iriatherina werneri

Filigran-Regenbogenfisch

Melanotaeniidae (Regenbogenfische)

Vorkommen: Sehr begrenzte Verbreitung in Nord-Australien (nördliche Cape-York-Halbinsel; Arafura Swamp), auch in südlichen und zentralen Gebieten Neuguineas (Papua-Neuguinea & Irian Jaya, Indonesien). Sümpfe, Gräben, Bäche und kleine Flüsse mit dichter Vegetation.

GU: ♂♂ mit teils extrem verlängerten Flossenstrahlen, besonders der After- und zweiten Rückenflosse, aber auch der ersten Rücken- und Schwanz sowie der Bauchflossen. Erste Rückenflosse segelartig vergrößert. ♀♀ unauffällig gefärbt, kurze Flossen.

Pflege: Gut für kleinere, ruhige und dicht bepflanzte Aquarien geeignet. Nur kleine Beifische. Kein weiches Wasser. Auf gute Wasserqualität achten. Feines Lebendfutter.

Vermehrung: Dauerlaicher, laichen in feines Pflanzensubstrat. Laichsubstrat mit Eiern regelmäßig aus dem Zuchtbecken in ein Aufzuchtbecken überführen. Aufzucht mit feinstem Lebendfutter wie Rädertierchen; gehen erst spät an *Artemia*.

Besonderes: Sehr kleiner, etwas fragiler Regenbogenfisch. FH

4
6
A 45
G 112
L 1
20–24
o T F L

4
6/10
A 54
G 112
L 1–2
24–26
o T F L

5
6–8
A 60
G 80
L 2–3
25–29
c/o L

Jordanella floridae

Floridakärpfling
Cyprinodontidae (Zahnkärpflinge)

Vorkommen: Endemisch in Florida, lebt in klaren, langsam fließenden Gewässern.
GU: ♂♂ mit größeren Flossen und farbiger, adulte ♀♀ größer und rundlicher.
Pflege: Gut beleuchtetes Aquarium, Sandboden, dichte Bepflanzung mit freiem Schwimmraum. Sie fressen häufig die Algen von Scheiben und Pflanzen. Können in kleinen Gruppen oder zusammen mit anderen, ruhigen Fischen gehalten werden. Häufiger Wasserwechsel und gute Durchlüftung wichtig.
Vermehrung: Am besten 1 ♂ mit 2 ♀♀ in einem veralgten Becken mit Sandgrund und dichter Bepflanzung. Das ♂ bewacht ein kleines Laichrevier, in dem sich die ca. 100 Eier entwickeln. Innerhalb von 1–2 Wochen schlüpfen die Jungen und können, wenn sie freischwimmen, mit feinem Trocken- und Lebendfutter ernährt werden. Das ♂ muss vor dem Schlupf der Jungen entfernt werden, ♀ direkt nach dem Ablaichen.
Besonderes: Die Art ist relativ problemlos zu halten, braucht aber einen großen Anteil pflanzlicher Kost. Im Sommer auch für den Gartenteich geeignet. RS

Julidochromis regani

Vierstreifen-Schlankcichlide
Cichlidae (Buntbarsche)

Vorkommen: Tanganjikasee (endemisch); in 2 bis über 45 m Tiefe; Übergangszone Felsbruch/Sand sowie in Felsspalten.
GU: ♀♀ etwas größer; sichere Unterscheidung nur an der Form der Genitalpapille.
Pflege: Kleinhöhlen, Haltung mit anderen Tanganjikasee-Cichliden im allgemeinen problemlos; in kleineren Becken nicht mit Arten, die ähnliche Brutterritorien beanspruchen.
Vermehrung: Paarbildung am besten aus Kleingruppe halbwüchsiger Tiere; Paarbindung über mehrere Fortpflanzungszyklen, Paarbrüche durch äussere Einflüsse möglich. Höhlenbrüter, bis über 200 Eier; Larven schlüpfen nach etwa 55 Stunden (27 °C). Betreuung durch ♂ und ♀; Freischwimmen mit engem Kontakt zum Substrat nach rund 10 Tagen; Ernährung mit *Artemia*-Nauplien. Duldung größerer Jungtiere auch nach erneutem Laichen; wahrscheinlich kooperative Brutpflege. Zwei Fortpflanzungsstrategien: Kleine Gelege nach jeweils 10–20 Tagen oder größere in längeren Intervallen. Häufiges Laichen wirkt möglicherweise paarstabilisierend.
Besonderes: Die Art kommt in zahlreichen geographischen Rassen vor. HHB

Kryptopterus minor

Indischer Glaswels
Siluridae (Echte Welse)

Vorkommen: Indonesien, Thailand, Malaysia. Glaswelse sollen vor allem in schnell fließenden Gewässerbereichen vorkommen und zur Regenzeit in überschwemmte Felder einwandern, wo sie vermutlich auch ablaichen.
GU: Die Unterscheidung der Geschlechter ist nicht leicht. ♀♀ zur Laichzeit mit größerem Leibesumfang.
Pflege: Die Popularität dieser Tiere beruht vor allem auf ihrer friedlichen Natur und der geselligen, tagaktiven Lebensweise. Ständig schwimmen diese Fische im freien Wasser umher und lieben offensichtlich die Strömung des Filters. Die Tiere fressen nach Gewöhnung auch Trockenfutter. Leibspeise sind jedoch Krebstiere, Insektenlarven und kleine Würmer.
Vermehrung: Im Aquarium ist diese Art bislang offensichtlich noch nicht vermehrt worden. Die ♀♀ sollen erst bei einer Absenkung der elektrischen Leitfähigkeit des Wassers über einen längeren Zeitraum laichreif werden und Eier ausbilden.
Besonderes: In Handel und Literatur ist diese Art zumeist unter dem falschen Namen *Kryptopterus bicirrhis* bekannt. IS

7

1/3

A 54
G 80

L1–2
17–26

o T F L

12

1/1

A 80
G 200

L2
23–28

c T F L

8

≥6

A 60
G 80

L1–2
23–27

c T F L

Labeotropheus fuelleborni

Hochrückiger Schabemundbuntbarsch
Cichlidae (Buntbarsche)

Vorkommen: Malawisee. Seeweite Verbreitung; in felsigen Zonen vom Flachwasser bis in etwa 5 m Tiefe.
GU: ♂♂ strahlend hellblau, ♀♀ graubraun. In beiden Geschlechtern können gefleckte und einfarbig gelblich-orange Tiere auftreten (OB- oder O-Morphen). An manchen Standorten zeigen ♂♂ gelbe Flanken.
Pflege: Großer, durchsetzungsfähiger Felsbuntbarsch. Vergesellschaftung mit anderen robusten Mbunas. Einrichtung aus Steinen, aus denen Versteckmöglichkeiten und Sichtblenden gebildet werden. Im Freiland spezialisierter Aufwuchsfresser.
Vermehrung: Einfach. Maulbrüter im weiblichen Geschlecht. Ablaichen erfolgt nach der Eifleck-Methode unter kreisenden Bewegungen. Entwicklungszeit etwa 3 Wochen. Aufzucht mit feinem Flockenfutter und frisch-geschlüpften Salinenkrebschen.
Besonderes: Die zweite Art der Gattung ist der Langgestreckte Schabemundbuntbarsch (*L. trewavasae*). Er unterscheidet sich von *L. fuelleborni* durch die geringere Körperhöhe. In der Natur lebt *L. trewavasae* grundsätzlich in tieferem Wasser (ab 5 Meter). AS

Labidochromis „Yellow“

Cichlidae (Buntbarsche)

Vorkommen: Malawisee. Begrenztes Vorkommen bei Lions Cove (nördlich Nkhata Bay, Nordwestküste) und nördlich angrenzender Küsten. Felszonenbewohner; meist in 15–30 m Tiefe.
GU: Gering. ♂♂ tragen meist mehr schwarze Pigmente in der Afterflosse. Adulte ♀♀ mit größerer Geschlechtsöffnung.
Pflege: Einfach, da meist relativ friedfertiger Buntbarsch; Territorialverhalten individuell unterschiedlich ausgeprägt. Einrichtung aus einer Schicht Sand (1–2 mm Körnung) sowie den für Malawisee-Aquarien üblichen Steinaufbauten. Pflanzen werden kaum beachtet. Vergesellschaftung mit anderen Felsbuntbarschen. Im Freiland Insektenfresser.
Vermehrung: Einfach. Maulbrüter im weiblichen Geschlecht. Ablaichen erfolgt nach der Eifleck-Methode unter kreisenden Bewegungen. Entwicklungszeit etwa 3 Wochen. Aufzucht mit feinem Flockenfutter und frischgeschlüpften Salinenkrebschen. Wurfgröße etwa 10 bis 20, je nach Größe und Ernährung des ♀.
Besonderes: Eng verwandt mit dem weiß gefärbten *L. caeruleus*. *L.* „Yellow“ ist aber keine Morphe dieser Art. AS

Laetacara curviceps

Tüpfelbuntbarsch
Cichlidae (Buntbarsche)

Vorkommen: Unterer Amazonas-Einzug und Atlantikzuflüsse nördlich der Amazonas-Mündung in Brasilien; im flachen, oft verkrauteten Klarwasser.
GU: ♀♀ kleiner.
Pflege: Friedlicher kleiner Buntbarsch, gut in versteckreichen, dicht bepflanzten Aquarien zu vergesellschaften. Während der Brutpflege aggressiver, besonders untereinander, daher mehrere Paare nur in größeren Behältern.
Vermehrung: Offenbrüter mit vertauschten Rollen: Das ♂ übernimmt den Hauptteil der Gelegebetreuung, während das ♀ das Brutrevier verteidigt. Gelege auf Steinen oder Pflanzenblättern, Schlupf nach 2, Freischwimmen nach weiteren 4 Tagen. Larven werden öfter in kleine Mulden umgebettet. *Artemia*-Nauplien zu Beginn zu groß, deshalb entweder mit Infusorien füttern oder in alt eingerichteten Aquarien erste Nahrung selbst finden lassen.
Besonderes: Die anderen klein bleibenden *Laetacara* mit ähnlichen Ansprüchen. Außerdem eine Artengruppe größerer *Laetacara* mit anderen Ansprüchen an die Wasserwerte (Schwarzwasser). CS

13–15

1/3

A 400
G 600

L 1–2
24–28

o T F L

8–10

1/3
Gruppe

A 200
G 300

L 1–2
24–28

o T F L

8

1/1
Gruppe

A 54
G 100

L 1–2 (K)
24–28

c T F L

Lamprologus speciosus

Cichlidae (Buntbarsche)

Vorkommen: Tanganjikasee (endemisch), Südwestküste auf Sandboden mit Schneckenhäusern; 5 bis über 40 m.
GU: ♂♂ etwas größer; sichere Unterscheidung nur an der Form der Genitalpapille.
Pflege: Sandboden zum Eingraben von Schneckenhäusern. Jedes Tier besetzt ein Gehäuse. Kleine Reviere im Umkreis eines Gehäuses; bei geringer Distanz der ♂♂ teilweise hohe innerartliche Aggressivität. Ideale Art für Bodenbereich in Gesellschaftsaquarien, gut geeignet für kleine Artaquarien.
Vermehrung: Polygyne Art (1 ♂ mit mehreren ♀♀); obligater Schneckenhausbrüter, bis über 25 Eier. Schlüpfen nach etwa 60 Stunden (27 °C), Betreuung durch ♀. Frischwasser durch Fächeln und Ein- und Ausschwimmen in Gehäuse. Freischwimmen rund 10 Tage nach Laichen, Wanderungen zwischen Gehäusen beider Elterntiere. Ernährung mit *Artemia*-Nauplien.
Besonderes: Nahe Verwandtschaft mit *L. ocellatus* und *L. meleagris*, die ähnliche Ansprüche stellen. Die Art lebt in der Natur an einigen Orten zusammen mit →*Neolamprologus brevis* und *L. meleagris*. HHB

Limia nigrofasciata

Schwarzbandkärpfling, Buckelkärpfling
Poeciliidae (Lebendgebärende Zahnkarpfen)

Vorkommen: Haiti, in ruhigen Randbereichen kleiner Bäche, Flüsse und Seen.
GU: ♂♂ kleiner, buckliger, mit größerer Rückenflosse und Gonopodium, ♀♀ kräftiger und etwas blasser.
Pflege: Viel Schwimmraum und verschiedene, auch dichte Pflanzengruppen. Vergesellschaftung am besten mit gleich großen und ruhigen Arten. Aber keine anderen Arten aus der Gattung wählen, da es sonst zu Kreuzungen kommt.
Vermehrung: Zur Zucht am besten in einem Artaquarium separieren. Es sollten mehrere ♂♂ und ♀♀ zusammengebracht werden, da so die Wahl des Partners den Fischen überlassen bleibt. Nach rund 30 Tagen Tragzeit werden 10–50 bis zu 8 mm lange Jungtiere abgesetzt, die in einem Aquarium mit dichten Algenpolstern als Nahrungsgrundlage für die ersten Tage aufgezogen werden sollten. Auch *Artemia*-Nauplien werden gut gefressen. Die Aufzucht ist auch mit feinem Trockenfutter relativ einfach.
Besonderes: Die ständig imponierenden Männchen bilden mit zunehmendem Alter einen markanten Buckel aus. MK

Macrobrachium assamensis

Ringelhandgarnele
Palaemonidae (Garnelen)

Vorkommen: Östliches Himalaya-Gebiet; Bewohner von Gewässern mittlerer Strömungsgeschwindigkeit.
GU: ♂♂ mit größeren Scheren; ♀♀ wirken durch die tief heruntergezogenen Seitenplatten des Abdomens massiger.
Pflege: Stark bepflanzte Aquarien mit sauerstoffreichem Wasser. Vergesellschaftung mit Fischen über 4 cm Länge möglich.
Vermehrung: Nach der Paarung, die alle 4–6 Wochen stattfindet, werden vom ♀ die Eier 25–30 Tage unter dem Abdomen getragen. Danach werden etwa 20 fertig entwickelte Junggarnelen ins Wasser entlassen. Die Eltern stellen den Jungen nicht nach. Die weitere Aufzucht ist nicht besonders schwer, da die Jungtiere jede angebotene Nahrung annehmen. Die Geschlechtsreife erreichen die Garnelen nach 5–7 Monaten.
Besonderes: Die Art eignet sich hervorragend als Schneckenvertilger im Aquarium. Es gibt noch zwei Unterarten *M. a. assamensis* (Ostnepal, Westbengalen, Assam) und *M. a. peninsulanis* (Satpura und Vindhya-Berge in Madhya Pradesh). WI

5
1/1–4
A 30
G 150
L2
23–28
c T F L

6
4/4
A 60
G 80
L1–3
26–27
o T F L

7
1/3
A 20
G 54
L1–3
20–27
o T F L

Macrobrachium lar

Glasgarnele
Palaemonidae (Garnelen)

Vorkommen: In Asien weit verbreitet; in stehenden wie leicht fließenden Gewässern mit dichter Vegetation anzutreffen.
GU: ♂♂ mit größeren längeren Scheren; ♀♀ mit nach unten verlängerten Ventralschilden plumper.
Pflege: Stark bepflanzte, gut strukturierte Aquarien mit mäßiger Strömung. Eine Vergesellschaftung mit nicht zu großen, friedlichen Fischen der mittleren und oberen Regionen ist gut möglich.
Vermehrung: Nach der Paarung, der ein teilweise sehr langer Paarungstanz vorausgeht, trägt das ♀ die Eier 22–28 Tage unter dem Abdomen. Danach werden die Larven ins freie Wasser entlassen. Die Larven machen ein planktonisches Stadium durch. Die erste Fütterung der Larven mit frisch geschlüpften *Artemia*-Nauplien darf erst nach der ersten Umwandlung erfolgen (nach 3–5 Tagen). Die Larven streben dem Licht zu, so dass das Aquarium 24 Stunden beleuchtet sein sollte. Nach etwa 3 Wochen gehen die Larven zum substratgebundenen Leben über.
Besonderes: Eignen sich zur Bekämpfung von Schneckenplagen. WI

Macrognathus aral

Streifen-Stachelaal
Mastacembelidae (Stachelaale)

Vorkommen: Indien, Burma (Myanmar), im Bereich der großen Flüsse und ihren Überflutungsflächen. Meist in Biotopen, die reich an Unterwasserpflanzen sind.
GU: ♀♀ fülliger, größer, ♂♂ mit mehr Rotanteilen in der Färbung.
Pflege: Strukturreiche, dicht bepflanzte Aquarien. Bodengrund nicht zu grob, da sich die Tiere manchmal eingraben. Untereinander und Fischen, die nicht als Nahrung in Frage kommen, völlig harmlos.
Vermehrung: Gelaicht wird in Oberflächennähe im Bereich der Wurzeln von Schwimmpflanzen. Meist bemühen sich mehrere Männchen um ein Weibchen. Es wird keine Brutpflege ausgeübt. Die Aufzucht der Jungtiere mit feinem Lebenfutter ist relativ problemlos.
Besonderes: Sehr interessante Fische, die viel zu selten im Aquarium gehalten werden. Weitere kleinbleibende asiatische Arten (um 15 cm) regelmäßig im Handel. Zur Unterscheidung großwüchsiger und kleinwüchsiger Arten →*Mastacembelus erythrotaenia*. In Afrika die Gattungen *Aethiomastacembelus*, *Afromastacembelus* und *Caecomastacembelus*, ebenfalls sehr interessante Fische. FS

Macropodus opercularis

Makropode, Paradiesfisch
Osphronemidae (Guramis)

Vorkommen: Südchina, Taiwan und Hainan, Vietnam.
GU: ♂♂ mit lang ausgezogener Rücken- und Afterflosse; größer und schlanker als ♀♀.
Pflege: In ausreichend großem Behältnis können mehrere Paare zusammen gepflegt werden. Ideal sind eine Decke aus Schwimmpflanzen und nicht zu hoher Wasserstand. In Bezug auf Wasserchemie und Futter recht anspruchslos. Bei zu enger Haltung unverträglich.
Vermehrung: Einfach. Ohne besonderes Zutun des Pflegers baut das ♂ regelmäßig Schaumnester. Ist ein ♀ laichbereit, nähert es sich dem Nest. Nach mehreren Scheinpaarungen Laichakt, bei dem das ♂ das ♀ umschlingt und auf den Rücken dreht. Die Eier werden vom ♂ aufgesammelt und im Nest bewacht. Nach dem Ablaichen braucht das ♀ Rückzugsmöglichkeiten oder sollte entfernt werden. Anfütterung der Jungfische mit Infusorien. Nach Verlassen des Nestes stellt das ♂ der Brut nach.
Besonderes: Sehr robust; der erste Warmwasserfisch der Aquaristik. FH

7

1/3

A 112
G 160

L 1–3
20–26

o T F L

15–20

1
Gruppe

A 54
G 140

L 1–3
18–28

c F L

12

1/1

A 80
G 120

L 1–3
18–26

o/c T F L

Macropodus spechti

Schwarzer Makropode

Osphronemidae (Guramis)

Vorkommen: Zentralvietnam. Seitenbereiche von Fließgewässern; Gräben.
GU: ♂♂ mit lang ausgezogener Rücken- und Afterflosse; größer und schlanker als ♀♀.
Pflege: →*Macropodus opercularis*. *M. spechti* wird etwas größer und ist wärmebedürftiger als *M. opercularis*.
Vermehrung: →*M. opercularis*. Das ♂ wird zur Balz dunkelbraun bis fast schwarz, mit einem Netzmuster schwarzer Punkte auf dem Körper.
Besonderes: Bis vor Kurzem wurde hauptsächlich das Synonym *M. concolor* anstatt des gültigen Namen *M. spechti* verwendet. Der Rotrückenmakropode *M. erythropterus* ist an auffälliger blau-grüner Körperfärbung, roter Rückenpartie sowie rostroten Flecken in den unpaaren Flossen zu erkennen. Wie bei *M. spechti* handelt es sich hierbei um einen Endemiten aus Zentralvietnam. Nur selten erhältlich sind der in China verbreitete und deutlich kühler zu haltende Rundschwanzmakropode *M. ocellatus* sowie der Hongkongmakropode *M. hongkongensis*, der durch weiße Bauchflossenstrahlen und extreme Aggressivität auffällt. FH

Marosatherina ladigesi

Celebes-Sonnenstrahlfisch

Telmatherinidae (Sonnenstrahlfische)

Vorkommen: Indonesien; Süd-Sulawesi, Gebiet um Bantimurung.
GU: ♂♂ mit verlängerten Strahlen in der After- und zweiten Rückenflosse.
Pflege: Sauerstoffreiches, klares, bewegtes Wasser. Viel freier Schwimmraum. Gut zu vergesellschaften. Akzeptiert Flockenfutter, sollte abwechslungsreich ernährt werden.
Vermehrung: Dauerlaicher. Zuchtansatz Paar/Gruppenweise über längeren Zeitraum in großem Zuchtbecken (80–100 Liter), mit feinen Pflanzen oder Wollmopp als Ablaichsubstrat. Eier haften mit klebrigen Fäden; mit Substrat regelmäßig in ein Aufzuchtbecken überführen. Schlupf nach etwa 6 Tagen, Aufzucht mit Staubfutter und *Artemia*. Unbedingt auf sauberes Wasser achten.
Besonderes: Salzzusatz von bis zu 2 Esslöffeln pro 10 Liter nicht zwingend erforderlich, macht die Fische jedoch widerstandsfähiger. Nicht zu warm halten. Bestände in freier Natur durch Fang für den Zierfischhandel teilweise bedroht (Rote Liste). Beim Erwerb auf Nachzuchten achten, die sich außerdem auch leichter eingewöhnen lassen. FH

Mastacembelus erythrotaenia

Feuer-Stachelaal

Mastacembelidae (Stachelaale)

Vorkommen: Thailand, Kambodscha, in Tieflandflüssen und Überschwemmungsgebieten.
GU: ♀♀ kräftiger, fülliger.
Pflege: Strukturreich eingerichtetes Aquarium mit reichlich Wurzelholz, Steinaufbauten und Pflanzen. Tagsüber meist in Höhlen, aus denen heraus die Umgebung beäugt wird. Gegenüber Artgenossen und Fischen, die als Beute nicht in Frage kommen, friedlich.
Vermehrung: Die Zucht im Aquarium ist bislang nicht beschrieben.
Besonderes: Ein prachtvoller, jedoch recht großwüchsiger Fisch. Die Tiere sind sehr intelligent und werden ziemlich zahm. Fische bis etwa einem Drittel der Körperlänge werden als Futter angesehen. Es gibt zwei weitere großwüchsige Arten der Gattung in Asien. Wenn ein Stachelaal aus Asien kommt, genügt ein Blick auf die Schwanzflosse, um sich über die erreichbare Größe zu informieren. Alle kleinbleibenden (15–20 cm) Arten haben eine von der Rücken- und Afterflosse getrennte, freie Schwanzflosse. Leider klappt dieser einfache Trick nicht bei den zahlreichen afrikanischen Arten der Familie. FS

12

1/1

A 100
G 150

L 1–2
24–26

o/c T F L

8

6–8

A 100
G 100

L 2–3
22–25

c/o L F

100

1
Gruppe

500

L 1–3
20–28

c F L

Maylandia estherae

Roter Zebrabuntbarsch
Cichlidae (Buntbarsche)

Vorkommen: Malawisee. N'nosi-Riff, im Bereich von Metangula sowie einigen Stellen an der mittleren Ostküste (Mosambik).
GU: Dominante ♂♂ sind hellblau, ♀♀ bräunlich. Weiterhin gibt es in beiden Geschlechtern OB- und O-Morphen (gefleckte und orangefarbene Exemplare). Bereits die Jungtiere lassen sich den verschiedenen Morphen leicht zuordnen.
Pflege: Typischer Vertreter der *M.-zebra*-Artengruppe. Männchen revierbildend. Individuell unterschiedlich stark ausgeprägte inner- und außerartliche Aggressivität. Am besten ein ♂ mit mehreren ♀♀ halten oder in größeren Becken 6–8 Tiere. Malawisee-typische Einrichtung aus gegliederten Steinaufbauten. Im Freiland Aufwuchs- und Planktonfresser.
Vermehrung: Einfach. Maulbrüter im weiblichen Geschlecht. Näheres →*Labidochromis* „Yellow".
Besonderes: Einer der beliebtesten Malawisee-Buntbarsche. Meist werden die hübschen O- und OB-Morphen gehandelt. Ältere O-♂♂ sind nicht mehr orangefarben, sondern weißlich bis schwach bläulich. AS

Megalechis personata

Gemalter Schwielenwels
Callichthyidae (Schwielen- und Panzerwelse)

Vorkommen: Amazonas- und Orinoco-Einzug (Brasilien und Venezuela), Küstenflüsse in Guyana und Nordbrasilien.
GU: ♂♂ mit längeren und rötlichen Brustflossenstacheln.
Pflege: Schwielenwelse stellen keine großen Ansprüche an die Pflegebedingungen. Futterprobleme gibt es hier so gut wie gar nicht. Natürlich ist Lebendfutter immer noch das Beste. Trotz der stattlichen Größe ist *Megalechis personata* ein sehr ruhiger und friedlicher Wels, der auch mit kleineren Fischen zusammen gepflegt werden kann.
Vermehrung: *M. personata* sind das ganze Jahr zur Fortpflanzung zu bewegen. Das ♂ baut an der Wasseroberfläche unter Bättern ein Schaumnest. Bis zu 800 gelbliche Eier werden vom ♂ bewacht und auch bis zum Schlupf verteidigt. Die Jungfische wachsen sehr schnell. Nach dem Schlupf werden *Artemia*-Nauplien als erstes Futter angenommen.
Besonderes: Der bekannteste aller Schwielenwelse war lange Zeit unter den Namen *Hoplosternum thoracatum* vielen Aquarianern ein Begriff. ES

Melanochromis auratus

Türkisgoldbuntbarsch
Cichlidae (Buntbarsche)

Vorkommen: Malawisee. Südliche bis mittlere Westküste (etwa von Crocodile Rocks/Boadzulu Island bis Nkhotakota). Felsgrundbewohner. Vorwiegend im Flachwasser.
GU: Ausgeprägte Geschlechterzweifarbigkeit mit konträrer Farbgebung. ♂♂ schwarz mit hellen Längsstreifen. ♀♀ gelb mit schwarzen Längsstreifen. Jungtiere und unterlegene ♂♂ tragen das ♀♀-Farbkleid.
Pflege: Durchsetzungsfähige Art mit relativ hoher innerartlicher Aggressivität. Am besten in großen Becken mit anderen robusten Felsbuntbarschen vergesellschaften. Mit Steinen als Versteckmöglichkeiten und Sichtblenden lässt sich das Becken naturnah einrichten. Entweder hält man ein ♂ mit mehreren ♀♀ oder gleich eine Gruppe von acht und mehr Fischen.
Vermehrung: →*Labidochromis* „Yellow".
Besonderes: *M. auratus* gehörte zu den ersten eingeführten Felsbuntbarschen (Anfang der 1960er Jahre). Heute werden vorwiegend Nachzuchten gehandelt. An der südlichen Ostküste des Malawisees lebt der ähnliche „Zwerg-Auratus", der als *M. dialeptos* beschrieben wurde. AS

9–11

1/3
Gruppe

A 300
G 400

L 1–2
24–28

o T F L

15

5

A 112
G 240

L 1
20–25

o T F L

11

1/3
Gruppe

A 300
G 400

L 1–2
24–28

o T F L

Melanotaenia boesemani

Boesemanns Regenbogenfisch
Melanotaeniidae (Regenbogenfische)

Vorkommen: Endemisch in der Ajamaru-Seen-Region Neuguineas, Vogelkop-Halbinsel, Irian Jaya, Indonesien. Seenbewohner.
GU: ♂♂ hochrückig und bunt, ♀♀ fehlt die plakative Orangerotfärbung der hinteren Körperhälfte.
Pflege: Relativ einfach zu haltender, allerdings etwas größer werdender Regenbogenfisch. Sollte unbedingt im Schwarm gehalten werden. Viel Schwimmraum nötig. Kräftiges Futter. Regelmäßiger Wasserwechsel und eine gute Filterung sind angebracht, um die nicht unerheblichen Stoffwechselprodukte eines solchen Schwarmes zu entfernen. Mittelhartes bis hartes Wasser.
Vermehrung: Leicht. Dauerlaicher, wie andere Regenbogenfische.
Besonderes: Natürliche Bestände gefährdet (Rote Liste). Aquaristisch beliebt und durch seine gute Züchtbarkeit inzwischen im Handel regelmäßig erhältlich. Es dauert mitunter ein Jahr, bis die meist gehandelten Jungtiere zu ihrer vollen Größe und Höhe heranwachsen. FH

Melanotaenia praecox

Diamant- oder Neonregenbogenfisch
Melanotaeniidae (Regenbogenfische)

Vorkommen: Mamberamo River im nördlichen Irian Jaya, Indonesien.
GU: ♂♂ schlanker und etwas größer; ♀♀ blasser gefärbt.
Pflege: Benötigt im Gegensatz zu den meisten anderen Regenbogenfischen weiches, leicht saures Wasser. Friedlicher Schwarmfisch, gut zu vergesellschaften. Bepflanzung nicht zu dicht, genügend freier Schwimmraum ist wichtig. Wenn möglich, gelegentlich seitlicher Einfall von Sonnenlicht, der die diamantblaue Glanzfärbung wunderbar zur Geltung bringt.
Vermehrung: Wie andere Regenbogenfische. Zucht relativ leicht.
Besonderes: Dieser Regenbogenfisch wurde zwar schon 1922 wissenschaftlich beschrieben, aber erst 1992 lebend für aquaristische Zwecke eingeführt. FH

Melanotaenia trifasciata

Dreistreifen- oder Juwelenregenbogenfisch
Melanotaeniidae (Regenbogenfische)

Vorkommen: Australien; Northern Territory und Queensland. Kleine Flüsse und Bäche mit submerser Vegetation, in der Trockenzeit auch in Wasserlöchern.
GU: ♂♂ farbiger, mit spitz endenden Rücken- und Afterflossen.
Pflege: Große Aquarien werden für diesen sehr aktiven, hochrückigen, durchaus zu stattlicher Größe heranwachsenden Fisch unbedingt benötigt. Bepflanzung aber auch genügend freier Schwimmraum, nicht zu grelle Beleuchtung. Ansprüche an die Wasserqualität variieren zwischen den Populationen von saurem bis alkalischem pH, doch die aquaristisch verbreiteten Formen sind bei neutralem pH-Wert und nicht zu weichem Wasser gut zu halten.
Vermehrung: Wie andere Regenbogenfische Dauerlaicher. Zucht relativ einfach. Ansatz in großem Zuchtbecken mit deutlichem ♀♀-Überhang, da ♂♂ stark treiben.
Besonderes: Der farbigste australische Regenbogenfisch, mit einer breiten Variation unterschiedlich gefärbter geographisch getrennter Populationen. Aquaristisch sehr beliebt. FH

10
8–10
A 250
G 250
L 2–3
27–30
c L F

5–6
8–10
A 200
G 250
L 1
22–25
c L F

13
8–10
A 250
G 250
L 2
22–30
c L F

Mesonauta guyanae

Flaggenbuntbarsch
Cichlidae (Buntbarsche)

Vorkommen: Weit verbreitet von Venezuela entlang der Küste bis zur Amazonasmündung. Auch im unteren Negro- und Amazonas-Einzug, meistens in verkrauteten Gewässern.
GU: ♂♂ größer und im Alter kräftiger.
Pflege: Friedlicherer Buntbarsch, der auch für große Gesellschaftsaquarien mit stabilen Gewächsen, die auch Sichtschutz bieten, tauglich ist. Zarte Pflanzen werden gefressen. Flaggenbuntbarsche sind oberflächenorientiert und leben im oberen Drittel des Aquariums. Sie können gut springen, deshalb Behälter abdecken.
Vermehrung: Offenbrüter mit Elternfamilie, bei der sich das ♀ meistens am Gelege aufhält, während das ♂ das Brutrevier verteidigt. Gelege an Pflanzen, Larven werden in Oberflächennähe an Pflanzen auch aufgehängt, die Jungfische von beiden Elterntieren geführt.
Besonderes: Die in der Aquaristik meistgepflegte Art ist zwar mittlerweile wissenschaftlich beschrieben, wird aber noch oft als *Mesonauta festivus* oder *Cichlasoma festivum* im Handel geführt. Insgesamt sind 9 *Mesonauta*-Arten bekannt, die sich nicht immer leicht unterscheiden lassen. CS

Microglanis iheringi

Hummelwels
Pseudopimelodidae
(Großmaul-Antennenwelse)

Vorkommen: Bewohnt Flüsse, Bäche und Lagunen im Orinoco-Gebiet in Venezuela.
GU: Die etwas größer werdenden ♀♀ sind in der Regel anhand der deutlich größeren Körperfülle zu erkennen.
Pflege: Die kleinen Welse sind im Gegensatz zu ihren zumeist deutlich größer werdenden Verwandten der Gattungen *Batrachoglanis, Cephalosilurus* und *Pseudopimelodus* völlig friedlich und gut für ein Gesellschaftsaquarium geeignet. Sie leben allerdings sehr versteckt und kommen tagsüber zumeist nur zur Fütterung aus ihren Verstecken hervor.
Vermehrung: Bei guter Pflege im Aquarium vermehrbar. Stimulation durch kräftige Wasserwechsel und eine Verringerung der Leitfähigkeit des Wassers möglich. Mehrere hundert Eier werden von den Fischen in Portionen an verschiedenen Stellen des Aquariums – die meisten versteckt – abgegeben. Eine Brutpflege findet nicht statt.
Besonderes: Nicht die einzige *Microglanis*-Art mit einem dunklem Bindenmuster auf hellem Untergrund. Die meisten Arten der Gattung zeigen ein ähnliches Zeichnungsmuster. IS

Mikrogeophagus ramirezi

Schmetterlingsbuntbarsch
Cichlidae (Buntbarsche)

Vorkommen: Nordvenezuela und Ostkolumbien in den Savannengewässern mit saurem, extrem weichem und oft sehr warmem Wasser.
GU: ♂♂ mit längeren ersten Dorsalmembranen, größer; ♀♀ mit Glanzpunkten auf dem Flankenfleck und violettem Bauch.
Pflege: Sehr empfindlich gegen belastetes Wasser. Wasserhygiene ist oberstes Gebot. Friedlicher Fisch für Aquarien mit vielen Pflanzen und Verstecken; friedliche Salmler und andere ruhige Fische zur Gesellschaft.
Vermehrung: Substrat- oder Grubenlaicher mit Elternfamilie. ♀ meist am Gelege, ♂ verteidigt Brutrevier. Schlupf nach 2, Freischwimmen nach weiteren 5 Tagen. Als erstes Futter am besten Infusorien, *Artemia* erst einige Tage später. Bei der Aufzucht der Jungen ist Hygiene ebenfalls außerordentlich wichtig.
Besonderes: Die meistens angebotenen Nachzuchten aus Südostasien sind zwar massiger, aber oft sehr hinfällig und auch kaum zu züchten. Wildfänge oder qualitativ gute Nachzuchttiere sind empfehlenswerter. Kurzlebig, kaum über 2 Jahre. CS

20

1/1

A 375
G 500

K
24–29

o F T L

6

1/1
Gruppe

A 54
G 60

L 1–2
25–29

c T F L

6

1/1

A 54
G 100

S K
25–29

c T F L

Moenkhausia pittieri

Brillantsalmler

Characidae (Echte amerikanische Salmler)

Vorkommen: Einziger bisher bekannter Fundort in Südamerika ist der Lago Valencia und sein Einzugsgebiet in Venezuela.
GU: ♂♂ unterscheiden sich von den etwas kleineren ♀♀ durch die fahnenartig ausgezogene Rücken- und Afterflosse.
Pflege: Das Becken für diesen friedlichen Salmler sollte gut bepflanzt und das Oberlicht durch Schwimmpflanzen gedämpft sein. Zur Vergesellschaftung nicht zu viele andere, friedliche Fische einsetzen.
Vermehrung: Will man nicht gezielt große Mengen züchten, so vermehren sich Brillantsalmler auch im nicht zu dicht besetzten Gesellschaftsbecken. In Zuchtbecken ab 20 Liter (bis 10 °dGH) werden sie sich bald fortpflanzen. Die Eier werden zwischen feinfiedrigen Pflanzen abgegeben. Nach dem Laichakt die Eltern entfernen. Die Jungen schlüpfen nach 36–48 Stunden, nach weiteren 3 Tagen fressen sie *Artemia*-Nauplien. Es dauert bis zu 8 Monaten, ehe die ♂♂ die prächtigen Flossen zeigen.
Besonderes: Brillantsalmler sind fütterungsintensiv, das heißt sie wachsen langsam. P+MH.

Nannacara anomala

Glänzender Zwergbuntbarsch

Cichlidae (Buntbarsche)

Vorkommen: Guyana, Surinam, Französisch-Guyana; im Küstentiefland in Flachwasserbereichen und kleinen Bächen.
GU: ♂♂ mit Metallglanz auf den Flanken, ♀♀ deutlich kleiner und schlanker mit typischem kariertem Brutpflegekeid.
Pflege: Außerhalb der Laichzeit friedlich. Für Gesellschaftsaquarien mit Pflanzen und Höhlen gut geeignet. Vorsicht: ♂♂ treiben nicht laichbereite ♀♀ in zu kleinen Aquarien zu Tode, während der Brutpflege können ♀♀ das ♂ töten. Sonst sehr empfehlenswerte, ausdauernde Art.
Vermehrung: Höhlenbrüter; ♀ bewacht das Gelege und führt auch die Jungen. Sehr energische Verteidigung der Brut, auch das ♂ darf sich nicht nähern und wird heftig attackiert, eventuell muss man es herausfangen. Schlupf nach 2, Freischwimmen nach weiteren 5 Tagen. Aufzucht mit *Artemia*-Nauplien als erstem Futter.
Besonderes: Schon lange gepflegter Aquarienfisch. Wildfänge brauchen weiches, saures Wasser wie die anderen, seltener erhältlichen *Nannacara*-Arten auch. CS

Nannostomus beckfordi

Roter Ziersalmler, Längsbandsalmler

Lebiasinidae (Schlanksalmler)

Vorkommen: Vom Amazonas über den unteren Rio Negro bis zu den Guyana-Ländern.
GU: ♂♂ sind schlanker und kräftiger (besonders in der Balzphase) in ihrer roten Körperfarbe mit rot gezeichneter Rücken-, Schwanz- und Afterflosse. Die Bauchflossen der ♂♂ haben hellblaue Spitzen. Die ♀♀ sind eher braungelb mit schwarzer und goldener Längsbinde und deutlich fülliger.
Pflege: Ruhige und verträgliche Fische, für die Vergesellschaftung mit friedfertigen Fischen geeignet. Sie halten sich überwiegend in der mittleren bis oberen Wasserzone auf und können auch in kleineren, gut bepflanzten Becken gehalten werden.
Vermehrung: Von den erhältlichen *Nannostomus*-Arten sind sie am ehesten schon in 10-Liter-Becken zur Nachzucht zu bringen. Wasserwerte bis 10 °dGH, pH 7 und 24 °C. Sie können 200 relativ große, glasklare Eier legen. Die freischwimmenden Jungfische fressen sofort *Artemia*-Nauplien.
Besonderes: *Nannostomus beckfordi* kreuzt sich mit *N. nitidus*, dem Schmuckziersalmler. P+MH.

6

6

A 112
G 112

L1
24–26

o T F L

♂ 10
♀ 6

1/1–3

A 80
G 150

L1–2
24–28

c T F L

6,5

6

A 45
G 112

L1–2
24–26

o T F L

Nannostomus eques

Spitzmaul-Ziersalmler
Lebiasinidae (Schlanksalmler)

Vorkommen: In Brasilien im mittleren und oberen Amazonas-Einzug. Häufig in Ufernähe zwischen Pflanzen und Zweigen in Schwarzwasserbächen.
GU: ♂♂ kleiner, kräftiger in der Färbung, mit taschenförmiger Afterflosse; ♀♀ bei Laichansatz mit gerundeter Bauchlinie.
Pflege: Sie sind in Gesellschaftsbecken mit nicht zu aktiven Fischen gut zu pflegen. Sie schwimmen meist in der oberen Wasserregion in der typischen Schräglage oft zwischen den Wurzeln von Schwimmpflanzen.
Vermehrung: Nicht sehr produktiv, laichen jedoch über mehrere Tage. Die Eier werden an der Unterseite von Pflanzenblättern angeheftet, herunterfallende Eier werden sofort gefressen. Deswegen sollte das Zuchtbecken mit einem Laichrost ausgestattet sein. Das Zuchtwasser um 5 °dGH. Jungfische fressen nach dem Freischwimmen (5. Tag) frisch geschlüpfte *Artemia*-Nauplien.
Besonderes: Die Bezeichnungen *Poecilobrycon* und *Nannobrycon* sind Synonyme der Gattung *Nannostomus*. P+MH.

Nannostomus marginatus

Zwergziersalmler
Lebiasinidae (Schlanksalmler)

Vorkommen: Verbreitet in Brasilien, Kolumbien, Peru, Guyana und Surinam.
GU: ♂♂ schlanker und etwas kleiner. Bei den ♂♂ ist das Rot in den Flossen etwas kräftiger, und sie besitzen eine gelbe Zone in der Afterflosse.
Pflege: Für kleinste, dicht bepflanzte Artaquarien gut geeignet. Zur Gesellschaft nur kleine Fische einsetzen, etwa Panzerwelse wie *Corydoras hastatus* oder den Feuersalmler *Hyphessobrycon amandae*.
Vermehrung: Laichwillige ♂♂ treiben sehr stark. Schutzzonen schaffen durch dichte Bepflanzung. Die Eier sind relativ groß, und 20 bis 30 Stück sind ein gutes Ergebnis. Sie sind Laichräuber, so dass ein Laichrost nötig ist. Die geschlüpften Jungfische sind stark pigmentiert und als schwarze Striche gut sichtbar. Anfütterung mit *Artemia*-Nauplien, die weitere Aufzucht ist problemlos.
Besonderes: Es gibt eine ähnliche Art (*Nannostomus mortenthaleri*) sowie verschiedene Varianten, eventuell auch Unterarten. P+MH.

Nannostomus trifasciatus

Dreibindenziersalmler
Lebiasinidae (Schlanksalmler)

Vorkommen: In Bolivien, Brasilien, Peru und in Guyana, etwa im Burru Creek, einem klaren Savannenbach mit vielen Pflanzen.
GU: ♂♂ haben ein intensiveres Rot in den Flossen, sind sonst von den ♀♀ kaum zu unterscheiden. ♀♀ werden bei Laichansatz wesentlich fülliger in der Bauchpartie.
Pflege: Ruhige Fische, die in kleinen Gruppen, ab 6 Exemplaren, gern die mittlere und obere Wasserregion zwischen den Pflanzen bevorzugen. Haltung vorteilhaft in nicht zu grell beleuchteten, gut bepflanzten Aquarien. Vergesellschaftung wie →*Hyphessobrycon eques*. Gefressen wird alles, was die kleinen Mäuler bewältigen können.
Vermehrung: Ähnlich →*N. marginatus*. Paarweise in 12-Liter-Becken möglich, jedoch wesentlich schwieriger. Zur Zucht sollte das Wasser weich um 4 °dGH und leicht sauer (um pH 6) sein. Als Erstfutter nach dem Freischwimmen, am 5 Tag nach dem Laichen, können *Artemia*-Nauplien gereicht werden.
Besonderes: Es gibt lokale Varianten (Unterarten?), die sich in der Körper- und Flossenzeichnung unterscheiden. P+MH.

6
6
A 54
G 112
L1
24–26
o T F L

3,5
6
A 12
G 45
L1
24–26
o T F L

5,5
6
A 45
G 54
L1
24–26
o T F L

Nanochromis parilus

Blauer Kongocichlide
Cichlidae (Buntbarsche)

Vorkommen: Demokratische Republik Kongo und Volksrepublik Kongo; in strömungsarmen Bereichen des Kongo und dessen Nebenflüssen.
GU: ♂♂ größer, mit ausgezogenen Flossenspitzen; ♀♀ mit rötlichem, rundlicherem Bauch.
Pflege: Das Aquarium sollte dicht bepflanzt sein, einen feinkörnigen Bodengrund und viele Versteckmöglichkeiten haben. Diese Art stellt nicht so hohe Ansprüche an die Wasserwerte wie →*N. transvestitus*. Regelmäßiger Teilwasserwechsel und gute Filterung mit Durchlüftung.
Vermehrung: Paarbildende Höhlenbrüter, ♀♀ haben bei Laichreife eine deutlich hervortretende Genitalpapille. Wichtig sind harmonierende Paare. Aus den bis zu 100 Eiern schlüpfen nach 3 Tagen die Jungen, die nach weiteren 5–7 Tagen freischwimmen und *Artemia* fressen können.
Besonderes: Eine der etwas einfacheren Arten dieser Gattung. Alle *Nanochromis* können untereinander sehr aggressiv sein. Bei der Nachzucht ist oft das Verhältnis der Geschlechter unausgewogen, das kann abhängig von Temperatur oder pH-Wert sein. RS

Nanochromis transvestitus

Cichlidae (Buntbarsche)

Vorkommen: Demokratische Republik Kongo, im Lac Mai Ndombe und in kleinen Regenwaldgewässern der Umgebung.
GU: ♀♀ kleiner, mit rotem Bauch und kräftiger Schwarzweißzeichung in Rücken- und Schwanzflosse.
Pflege: Dicht bepflanztes Becken mit feinem Bodengrund und vielen Versteckmöglichkeiten. Das Aquarium sollte nicht zu hell sein, gut gefiltert und durchlüftet werden. Die Art benötigt sehr weiches und saures Wasser bei Haltung und Zucht. Man kann sie etwa mit kleineren Salmlern und Barben vergesellschaften.
Vermehrung: Zur Zucht muss das Wasser unbedingt die obigen Bedingungen erfüllen. Paarbildende Höhlenbrüter. Die bis zu 60 Jungen schwimmen nach ungefähr 8 Tagen frei und können mit *Artemia* gefüttert werden. Wichtig ist die Kontrolle der Wasserwerte (pH 4,5–5,5) und vorsichtiger Wasserwechsel.
Besonderes: Die sehr attraktive Art ist leider eine der in Haltung und Zucht schwierigsten dieser Gattung. Man sollte sich überlegen, ob man auf längere Zeit die benötigten Wasserwerte zur Verfügung stellen kann. RS

Nematobrycon palmeri

Kaisersalmler
Characidae (Echte amerikanische Salmler)

Vorkommen: Nur aus Kolumbien im Río Atrato- und Río-San-Juan-Gebiet bekannt.
GU: ♀♀ etwas kleiner als die farbigeren ♂♂, die außerdem mit länger ausgezogener Rückenflosse und längerem Filament in der Schwanzflossenmitte.
Pflege: Keine ausgesprochenen Schwarmfische, mit anderen nicht zu lebhaften Fischen vergesellschaften. Sie sollten nicht paarweise, sondern ab 6 Stück gepflegt werden. ♂♂ beanspruchen kleine Reviere.
Vermehrung: Nicht sehr produktiv und starke Laichräuber. Deshalb sollte bei Zuchtversuchen in Becken ab 12 Liter ein Laichrost eingelegt werden. Bei der Paarung wird je nur ein relativ großes Ei zwischen den Pflanzen abgelegt. Nach den Paarungen die Eltern entfernen. Schlupf nach etwa 30 Stunden. Am 5. Tag nach dem Freischwimmen *Artemia*-Nauplien. Nicht schnellwüchsig, kann aber 5 Jahre alt werden.
Besonderes: *Nematobrycon lacortei*, unterscheidet sich unter anderem durch eine rote Iris von *N. palmeri* (blaue Iris). *N. amphiloxus* ist ein Synonym zu *N. palmeri*. P+MH.

7
1/1
A 80
G 120
S–L1
22–28
o T F L

6
1/1
A 80
G 120
S
22–28
o T F L

5
6
A 54
G 112
L1–3
24–26
o T F L

Neocaridina sp.

Crystal Red
Palaemonidae (Garnelen)

Vorkommen: Zuchtform einer in Asien weit verbreiteten Garnelenart. Diese meist in stehenden oder langsam fließenden Gewässern, im Pflanzengestrüpp.
GU: ♂♂ schlanker, ♀♀ mit nach unten gezogenen Abdominalplatten.
Pflege: In Aquarien mit starkem Pflanzenwuchs, damit sich die Garnelen verstecken können. Das Wasser sollte nicht zu weich sein, da sonst häufig Häutungsprobleme durch Mineral und Spurenelementmangel auftreten. Vergesellschaftung nur mit sehr kleinen zarten Fischen, die sie nicht als Nahrung ansehen.
Vermehrung: Aus den 10–20 Eiern schlüpfen nach etwa 24 Tagen fertig entwickelte Jungtiere, die sich in mit Javamoos bepflanzten Aquarien problemlos entwickeln. Es ist keine gesonderte Fütterung nötig.
Besonderes: Die Garnelen werden häufig als reine Algenfresser angeboten, doch sollte man ihnen regelmäßig auch tierische Nahrung (rote Mückenlarven) bieten. Die rote Farbe der Zuchtform bleibt nur bei abwechslungsreicher und stark karotinhaltiger Nahrung erhalten. WI

Neocaridina sp.

Rückenstrichgarnele
Palaemonidae (Garnelen)

Vorkommen: In Südostasien weit verbreitet. Es gibt viele Farb und Standortformen. In stark mit Pflanzen bewachsenen Bächen.
GU: ♂♂ schlanker und kleiner, ♀♀ wirken plumper und haben nach unten verlängerte Abdominalplatten.
Pflege: Gut bepflanzte Aquarien, am besten mit viel Javamoos. Wasser nicht zu weich. Vergesellschaftung nur mit sehr kleinen, zarten Fischen.
Vermehrung: Je nach Herkunft werden lebende Jungtiere oder Larven, die im Meerwasser aufwachsen, hervorgebracht. Bei den letzteren ist die Aufzucht sehr aufwändig, da sie verschiedene einzellige Planktonorganismen als Nahrung benötigen.
Besonderes: Sehr variabel in Zeichnung und Färbung. WI

Neolamprologus brevis

Cichlidae (Buntbarsche)

Vorkommen: Tanganjikasee (endemisch) im gesamten See; in 4 bis über 40 m Tiefe auf Sand mit *Neothauma*-Gehäusen.
GU: ♂♂ deutlich grösser, Bauchflossen länger; laichbereite ♀♀ mit gelbem Bauch.
Pflege: Sandboden zum Eingraben von Schneckenhäusern (Durchmesser etwa 4 cm). Geringe innerartliche Aggressivität, paarweises Zusammenleben. ♀♀ mit engem Kontakt zum Gehäuse. Distanz zu Nachbarterritorien ab 10 cm. Ideale Art für Bodenbereich in Gesellschafts- und kleinen Artaquarien.
Vermehrung: Paarbindung über viele Fortpflanzungszyklen. Obligater Schneckenhausbrüter; bis über 70 Eier. Larven schlüpfen nach etwa 48 Stunden (27 °C), Pflege durch ♀. Freischwimmen etwa 10 Tage nach Laichen. Aufenthalt zunächst nahe Gehäuseöffnung; gezielte Fütterung mit Pipette (*Artemia*-Nauplien). Ausschwärmen etwa eine Woche später. Duldung der Jungen nur kurzzeitig in Gehäusenähe.
Besonderes: Mehrere geographische Rassen. Der nah verwandte *N. calliurus* hat jedoch ein anderes Sozialverhalten; ♂♂ werden grösser und besitzen eine gegabelte Schwanzflosse. HHB

3

5/5

A 20
G 54

L 1–3
18–25

o T F L H

3

5/5

A 20
G 54

L 1–3
20–25

H F T F

6/4

1/1

A 20
G 150

L 2
23–28

o T F L

Neolamprologus buescheri

Spindelbuntbarsch
Cichlidae (Buntbarsche)

Vorkommen: Tanganjikasee (endemisch), im Süddrittel; in 15 bis über 50 m Tiefe; in Felsbruch und bei großen Felsen.
GU: ♂♂ etwas größer; sichere Unterscheidung nur an der Form der Genitalpapille.
Pflege: Territorial, wegen hoher innerartlicher Aggression zahlreiche Kleinhöhlen als Verstecke bieten. Vergesellschaftung mit anderen Tanganjikasee-Cichliden im allgemeinen problemlos; in kleineren Becken jedoch nicht mit Konkurrenten ähnlicher Brutterritorien.
Vermehrung: Paarbildung am besten aus halbwüchsigen Tieren ermöglichen; potenzieller „Haremscichlide" mit mehreren ♀♀. Starke Partnerbindung, auch über mehrere Fortpflanzungszyklen. Höhlenbrüter; meist weniger als 50 Eier. Schlüpfen nach etwa 48 Stunden (27 °C,), Betreuung durch ♀. Verteidigung des Brutreviers durch ♂. Freischwimmen der Jungen mit engem Kontakt zum Substrat nach rund 10 Tagen; Ernährung mit *Artemia*-Nauplien. Duldung größerer Jungtiere auch nach erneutem Laichen; Tendenz zu kooperativer Brutpflege durch ältere Junge.
Besonderes: Die Art hat mehrere geographische Rassen ausgebildet. HHB

Neolamprologus caudopunctatus

Cichlidae (Buntbarsche)

Vorkommen: Tanganjikasee (endemisch), im südlichen Drittel, in 3 bis über 40 m Tiefe; Übergang Sand-Geröll-Felsbruch.
GU: ♂♂ etwas grösser; bei ♂♂ Rückenflosse und Saum am Schwanzflossenrand orange.
Pflege: Innerartliche Aggressivität gering. Bodennah in kleinen Territorien. Sandboden mit kleinen Steinbrocken oder Blumentöpfen. Art für Bodenbereich in Gesellschaftsaquarien und für kleine Artaquarien.
Vermehrung: Paarbildung aus halbwüchsigen Tieren ermöglichen. Paarbindung auch über mehrere Fortpflanzungszyklen, kein Haremsverhalten. Höhlenbrüter; Graben von Bruthöhle im Bodengrund, Tarnung der Einschwimmöffnung (Sand!); auch opportunistischer Schneckenhausbrüter. Larven schlüpfen nach etwa 48 Stunden (27 °C), Freischwimmen rund 10 Tage nach Laichen, Betreuung durch ♂ und ♀. Ernährung ein bis 2 Tage mit feinem Trockenfutter, dann mit *Artemia*-Nauplien. Kurze Laichfolge; bei guter Fütterung weniger als 4 Wochen. Duldung der Jungen auch nach erneutem Laichen, jedoch keine kooperative Brutpflege durch ältere Junge.
Besonderes: Mehrere geographische Rassen (Färbung der Rückenflosse). HHB

Neolamprologus cylindricus

Cichlidae (Buntbarsche)

Vorkommen: Tanganjikasee (endemisch), nur an Südostküste; in 3 bis über 40 m Tiefe, in Felsbruch und -spalten.
GU: ♂♂ geringfügig größer; sichere Unterscheidung nur an der Form der Genitalpapille.
Pflege: Einrichtung mit Steingruppen oder Blumentopfscherben (übersandet) im Bodenbereich zur Freilegung von Höhlen. Territorialität vor allem zur Fortpflanzungszeit. Vergesellschaftung mit anderen Tanganjikasee-Cichliden im allgemeinen problemlos; in kleineren Aquarien jedoch nicht mit Arten, die um ähnliche Brutterritorien in Bodennähe konkurrieren.
Vermehrung: Paarbildung am besten aus kleiner Gruppe halbwüchsiger Tiere ermöglichen; intensive Paarbindung, auch über mehrere Fortpflanzungszyklen. Höhlenbrüter; Gelege bis über 200 Eier. Schlüpfen der Larven nach etwa 60 Stunden (27 °C), Betreuung von Gelege und Jungen durch ♀. Verteidigung des Brutterritoriums durch ♂. Freischwimmen der Jungen rund 10 Tage nach Laichen; Ernährung mit *Artemia*-Nauplien.
Besonderes: Nördlich von Kala (Tansania) kommt eine Variante mit nur 6 Körperbinden vor. HHB

8

1/1–4

A 80
G 200

L 2
23–28

c T F L

6

1/1

A 30
G 150

L 2
23–28

o T F L

10

1/1

A 80
G 200

L 2
23–28

c T F L

Neolamprologus leleupi

Tanganjikasee-Goldcichlide

Cichlidae (Buntbarsche)

Vorkommen: Tanganjikasee (endemisch), West- und Ostküste (disjunkte Verbreitung), fehlt im Süden; in 2 bis über 50 m Tiefe in Felsbruch.

GU: ♂♂ geringfügig grösser; sichere Unterscheidung nur an der Form der Genitalpapille.

Pflege: Im Aquarium territorial; Einrichtung mit zahlreichen Kleinhöhlen (Steingruppen oder Blumentopfscherben). Vergesellschaftung mit anderen Tanganjikasee-Cichliden im allgemeinen problemlos; in kleineren Becken jedoch nicht mit Arten, die um ähnliche Brutterritorien in Bodennähe konkurrieren.

Vermehrung: Paarbildung am besten aus kleiner Gruppe halbwüchsiger Tiere ermöglichen; starke Paarbindung, auch über mehrere Fortpflanzungszyklen. Höhlenbrüter, Gelege bis 600 Eier. Schlüpfen der Larven nach etwa 60 Stunden bei 27 °C, Betreuung durch ♀. Verteidigung des Brutterritoriums durch ♂. Freischwimmen der Jungen rund 11 Tage nach Laichen; Ernährung mit *Artemia*-Nauplien.

Besonderes: Mehrere geographische Rassen mit unterschiedlicher Intensität der orangen Färbung. Nah verwandt ist *N. longior* mit gleichen Ansprüchen. HHB

Neolamprologus marunguensis

Blauaugen-Tanganjikasee-Buntbarsch

Cichlidae (Buntbarsche)

Vorkommen: Tanganjikasee (endemisch), Südwestküste, in 3 bis über 45 m Tiefe in Felshabitaten (Geröll, Felsbruch, Konglomerat).

GU: ♂♂ geringfügig grösser; sichere Unterscheidung nur an der Form der Genitalpapille.

Pflege: Steingruppen, auch bodenferne Kleinhöhlen (Lochgestein). Vergesellschaftung mit anderen Tanganjikasee-Cichliden im allgemeinen problemlos; in kleineren Aquarien jedoch nicht mit Arten, die um ähnliche Brutterritorien konkurrieren.

Vermehrung: Paarbildung aus halbwüchsigen Tieren ermöglichen; auch als Haremscichlide mit mehreren ♀♀. Paarbindung über mehrere Fortpflanzungszyklen. Höhlenbrüter; bis über 150 Eier. Larven schlüpfen nach etwa 48 Stunden (27 °C). Betreuung durch ♀ und ältere, auch geschlechtsreife Geschwister (kooperative Brutpflege). Verteidigung des Brutterritoriums durch ♂. Freischwimmen der Jungen 8 Tage nach Laichen; Ernährung mit *Artemia*-Nauplien.

Besonderes: Die Art gehört zum *N.-brichardi*-Komplex, der mindestens 10 nah verwandte Arten mit ähnlichen Ansprüchen umfasst. HHB

Neolebias ansorgii

Breitbandsalmler

Distichodontidae (Geradsalmler)

Vorkommen: Von Nigeria bis zur Demokratischen Republik Kongo, in kleineren Fließgewässern.

GU: ♂♂ kräftiger gefärbt; ♀♀ rundlichere Bauchlinie.

Pflege: Im Artaquarium oder mit ähnlich kleinen und ruhigen Arten. Das Becken sollte dicht bepflanzt und nicht zu hell sein. Am besten wählt man flache, aber tiefe Aquarien, da die Fische vorwiegend über dem Bodengrund stehen. Häufiger Teilwasserwechsel und gute Durchlüftung, empfindlich gegen belastetes Wasser.

Vermehrung: Ähnlich wie bei →*Barbus jae* oder →*N. powelli*. Starke Laichräuber, deswegen eine kleine Gruppe über Torfgrund oder mit Laichrost bei etwa 15 cm Wasserstand ansetzen. Pro ♀ bis zu 100 Eier. Die Jungen schlüpfen nach etwa 1 Tag und schwimmen nach weiteren 4–6 Tagen frei. Sie brauchen die ersten Tage sehr feines Lebendfutter.

Besonderes: Wird häufig als *N. axelrodi* angeboten, dessen schwarze Längslinie aber nur bis zur Afterflosse reicht. Es gibt grünliche, bräunliche oder kräftig rote Farbformen. RS

8

1/1

A 80
G 150

L 2
23–28

c T F L

9

1/1–4

A 60
G 200

L 2
23–28

o T F L

3,5

2/4

A 54
G 54

S
20–26

o T F L

Neolebias powelli

Domino-Neolebias

Distichodontidae (Geradsalmler)

Vorkommen: Endemisch in kleinen Bächen des Nigerdeltas in Nigeria.
GU: Schwer unterscheidbar, ♂♂ etwas kräftiger gefärbt; ♀♀ rundlicher.
Pflege: Ähnlich →*Barbus jae*, abgedunkeltes Becken mit weichem Wasser, dunklem Bodengrund und dichter Bepflanzung. Vergesellschaftung mit kleinen Salmlern und Barben oder Welsen möglich. Das Futter muss der Größe der Fische angepasst sein, also *Artemia*-Nauplien, *Cyclops*, kleine Mückenlarven, feines Trockenfutter. Wasser sollte häufig, aber in kleinen Mengen erneuert werden.
Vermehrung: Die Zucht ist schwierig, weil die Jungfische sehr klein sind. Am besten im Zuchtaquarium mit einer kleinen Gruppe, Torffasern als Bodengrund und Javamoos als Bepflanzung. Genaue Eizahlen unbekannt, vermutlich um 20 Laichkörner pro ♀. Die Jungen schlüpfen nach 1–2 Tagen. Im bepflanzten Aquarium finden sie die erste Nahrung an Pflanzen, später muss man feinstes Lebend- und Trockenfutter geben.
Besonderes: Aufgrund der geringen Größe kein einfacher Fisch, trotzdem einer der schönsten afrikanischen Salmler. RS

Neolebias trilineatus

Afrikanischer Dreistreifensalmler

Distichodontidae (Geradsalmler)

Vorkommen: Kongo-Becken, in kleineren Fließgewässern des Regenwaldes.
GU: ♂♂ oft kleiner, schlanker als die ♀♀.
Pflege: Wie →*N. ansorgii* als Gruppe im gut bepflanzten, abgedunkeltem Aquarium. Haltung mit kleinen Salmlern oder Barben möglich. Das Wasser leicht sauer und weich, gute Durchlüftung, häufige Teilwasserwechsel.
Vermehrung: Als Paar oder kleine Gruppe im Zuchtaquarium mit Pflanzen oder Kunstfasern als Ablaichsubstrat. Eventuell mit Laichrost oder Torffasern als Bodengrund. Ein ♀ kann etwa 200 Eier ablaichen. Die Jungen schlüpfen nach 1–2 Tagen und schwimmen nach weiteren 4–5 Tagen frei. Erste Ernährung mit feinstem Lebendfutter, ein paar Tage später mit *Artemia*-Nauplien. Falls ein Paar nach einigen Tagen nicht abgelaicht hat, sollte man eine andere Paarzusammenstellung ausprobieren.
Besonderes: Diese leider selten eingeführte Art sollte besser in einer größeren Gruppe gehalten werden. Fast alle Salmler sind schreckhaft, wenn sie allein oder nur als Paar gehalten werden. Notfalls mit anderen Arten vergesellschaften. RS

Neritina natalensis

Rennschnecke

Neritidae (Nixenschnecken)

Vorkommen: Afrika. In Asien ist *Neritina ziczac* zu finden. Lebt meist in Brackwassergebieten.
GU: Zwitter.
Pflege: Sollte in hartem Wasser, eventuell sogar mit Salzzusatz gepflegt werden. Auf regelmäßigen Frischwasserzusatz achten. Erhöhte Nitratwerte werden nicht toleriert. Vergesellschaftung mit Fischen problemlos möglich. Ausnahme Schmerlen, da diese Schnecken als Nahrung ansehen.
Vermehrung: Bisher im Aquarium noch nicht geglückt. Eiablage regelmäßig zu beobachten, doch sind die Eier entweder nicht befruchtet oder sterben in reinem Süßwasser ab. Zuchtversuche in Brackwasser versprechen eher Erfolg.
Besonderes: Manchmal bewegen sich die Tiere tagelang nicht. Klettern gerne über den Wasserspiegel und halten sich auch direkt in der Strömung auf. WI

2,5

2/4

A 54
G 54

S
20–26

o T F L

4

2/4

A 54
G 54

S
21–26

o T F L

3

1
Gruppe

A 20
G 54

L 1–3 B
20–26

H T

Nimbochromis polystigma

Vielgefleckter Maulbrüter
Cichlidae (Buntbarsche)

Vorkommen: Malawisee seeweit. In der flachen, mit Vallisnerien bestandenen Sandzone, aber auch über gemischten Untergründen und in der Felszone. In kleinen Trupps oder einzeln schwimmend. Recht häufig.
GU: Dominante ♂♂ zeigen einen kräftigen blauen bis grünlichen Glanz. ♀♀ und Jungtiere tragen das arttypische Muster aus zahlreichen kleinen braunen Flecken.
Pflege: Lebhafte, robuste Art. Haltung im Artbecken oder mit anderen kräftigen Buntbarschen aus dem Malawisee. Innerartliche Aggressivität individuell unterschiedlich ausgebildet. ♂♂ territorial während der Ablaichphase. Einrichtung aus grobem Sand, Steinen sowie robusten Pflanzen. Im Freiland räuberischer Buntbarsch, im Aquarium Allesfresser.
Vermehrung: Einfach. Maulbrüter im weiblichen Geschlecht. Näheres unter →*Aulonocara hansbaenschi*.
Besonderes: *N. linni* ähnelt bis auf die Schnauzenform *N. polystigma* in jeder Hinsicht. Dieser seinerzeit als „Rüsselpolystigma" importierte Buntbarsch besitzt ein Maul, das beim Öffnen schräg nach unten weist. Beide Arten sind fischfressende Lauerjäger. AS

Nomorhamphus liemi

Hemirhamphidae (L. Halbschnabelhechte)

Vorkommen: Südliches Sulawesi, sowohl in stehenden als auch in zum Teil schnell fließenden Gewässern.
GU: ♂♂ kleiner und schlanker, mit zum Andropodium umgewandelter Afterflosse.
Pflege: Nicht zu hell. Viel Schwimmraum und hoch rankende Pflanzen in den hinteren und seitlichen Bereichen des Aquariums. Vergesellschaftung ist mit ruhigen Fischen, die ähnliche Ansprüche haben, möglich.
Vermehrung: Eine Gruppe mehrerer ♂♂ und ♀♀ sollte in einem niedrigen, aber großflächigen Aquarium gehalten werden. Die Wahl der Geschlechtspartner ergibt sich aus den Sozialstrukturen innerhalb der Gruppe. Nach einer Trächtigkeit von etwa 60 Tagen setzt das ♀ bis zu 10 bereits 2,5 cm lange Jungfische ab, die bereits nach kurzer Zeit lebende Nahrung zu sich nehmen. Zur weiteren Aufzucht sollten täglich lebende Fruchtfliegen angeboten werden. Später werden auch Mückenlarven und kleinere Würmer gefressen. Nach einem halben Jahr geschlechtsreif.
Besonderes: Die Pflege ist nur erfahrenen Aquarianern anzuraten. Es sind insgesamt drei Unterarten wissenschaftlich beschrieben. MK

Nothobranchius rachovii

Rachows Prachtgrundkärpfling
Nothobranchiidae (Afrikanische Killifische)

Vorkommen: Mozambique und Südafrika; lebt in nur zeitweise vorhandenen Gewässern.
GU: ♂♂ größer als ♀♀, deutlich farbiger und mit größeren Flossen.
Pflege: Als Gruppe mit ♀-Überschuss im Artaquarium, wenig geeignet für die Gesellschaftshaltung. Bodengrund dunkel (Torffasern), dichte Bepflanzung für Verstecke, nicht zu hell beleuchten. Relativ hoher Stoffwechsel, daher täglich Lebend- oder Frostfutter. Häufiger Wasserwechsel, eventuell mit Zugabe von etwas Kochsalz, da empfindlich gegen *Oodinium*.
Vermehrung: Trio für 1–2 Wochen in kleinem Becken mit Torffasern ansetzen. Täglich laicht das ♀ bis 20 Eier ab. Torf entnehmen, antrocknen und im Plastikbeutel aufbewahren. Je nach Temperatur und Restfeuchte nach 2–9 Monaten mit kühlem Wasser (18–20 °C) aufgießen. Die Jungen schlüpfen innerhalb eines Tages und fressen sofort *Artemia*. Nach 2–3 Monaten geschlechtsreif.
Besonderes: *Nothobranchius*-Arten lassen sich alle ähnlich züchten, aber die Lagerungszeiten können sich unterscheiden. RS

20–25

1/3
Gruppe

A 600
G 1000

L 1–2
24–28

o T F L

9

4/4

A 160
G 200

L 1–3
22–23

c L

5

1/2

A 20
G 54

L 1–2
22–28

c F L

Notopterus notopterus

Indischer Fähnchen-Messerfisch
Notopteridae (Altwelt-Messerfische)

Vorkommen: Nahezu der gesamte süd- und südostasiatische Raum, Flussfischart.
GU: ♀♀ größer, zur Laichzeit haben ♂♂ und ♀♀ unterschiedliche Genitalpapillen.
Pflege: Nicht zu hell stehendes, versteckreich eingerichtetes und gut bepflanztes Aquarium. Gegenüber Artgenossen wird eine Rangordnung ausgekämpft (geschlechtsunabhängig), artfremde Fische werden jedoch kaum beachtet, wenn sie nicht als Futter in Frage kommen.
Vermehrung: Substratlaicher, Elternfamilie. Die Zucht entspricht in den Grundzügen der von offenbrütenden Buntbarschen. Die Aufzucht der Jungfische ist problemlos. Es liegen keine Informationen vor, inwieweit die freischwimmende Brut noch von den Eltern betreut wird.
Besonderes: Die beiden Messerfisch-Arten Afrikas sind ähnlich zu pflegen. *Xenomystus nigri*, der Afrikanische Messerfisch ist mit 20 cm die kleinste Art, unterscheidet sich von allen anderen durch das Fehlen der Rückenflosse. Prachtvoll, allerdings um 60 cm lang werdend, ist *Papyrocranus afer*. Alle Messerfische vertilgen erstaunlich große Beutefische. FS

Ophthalmotilapia nasuta

Tanganjikasee-Nasenbuntbarsch
Cichlidae (Buntbarsche)

Vorkommen: Tanganjikasee (endemisch), Farbvarianten im gesamten See; Felshabitate mit Sandzonen, Tiefe 1 bis 35 m.
GU: Ausgeprägter Sexualdimorphismus; ♂♂ größer, auffallende „Nase", lang ausgezogene Bauchflossen mit gelben Läppchen, spitze Anale; ♀♀ silbriggelbe Grundfärbung mit etwa 6 unvollständigen Querstreifen im oberen Körperbereich, gerundete Afterflosse.
Pflege: Sandboden und Felsaufbauten mit offenem Schwimmraum; Pflanzengruppen (Verstecke für ♀♀). ♂♂ sind territorial, bauen Sandkrater. In großen Aquarien Vergesellschaftung mit anderen Tanganjikasee-Cichliden im allgemeinen problemlos (ideal sind *Cyprichromis*, *Xenotilapia*, Schneckencichliden). Ballaststoffreiche Ernährung.
Vermehrung: Laichen in Sandkrater, agam, Maulbrüter. Eier etwa 5,3 × 3,8 mm. Larven schlüpfen nach etwa 5 Tagen, nach 8 Tagen erste Nahrungsaufnahme maulbrütender ♀♀, 25 bis 28 Tage Maulbrüten (27 °C), bis über 30 Junge. Ernährung mit *Artemia*-Nauplien.
Besonderes: Verwandte Arten sind *O. boops*, *O. heterodonta* und *O. ventralis* mit ähnlichen Ansprüchen. HHB

Osteoglossum bicirrhosum

Arowana
Osteoglossidae (Knochenzüngler)

Vorkommen: Amazonasbecken und Guyana, Flussfisch.
GU: Unbekannt.
Pflege: Oberflächenfisch, der mit seiner Endgröße sehr große Becken benötigt. Einrichtung nebensächlich, Pflanzen werden nicht beschädigt. Importiert werden 6–8 cm lange Jungfische, oft noch mit Dottersack, die kaum ans Futter zu bringen sind. Neben kleinen, lebenden Futterfischen sollte man unbedingt kleinere, lebende Futterinsekten (kleine Heimchen, Fliegen) während der Eingewöhnung zur Verfügung haben. Untereinander verträglich, artfremde Fische werden, soweit sie nicht als Futter in Frage kommen, ignoriert. Eingewöhnte Arowanas problemlos in der Pflege.
Vermehrung: Im Aquarium wohl bislang kaum jemals versucht. Maulbrüter, Eier gut walnussgroß, Jungfische beim Entlassen bereits 6–8 cm lang.
Besonderes: Knochenzüngler gibt es in Asien, Afrika, Australien und Südamerika. Alle Arten werden sehr groß, die Art *Arapaima gigas* gehört mit 3 m Länge zu den größten Süßwasserfischen. FS

25

1
1/1
Gruppe

100

L 1–3
18–28

c F L

18

1/1–6

A 400
G 400

L 2
23–28

o T F L

100

1
Gruppe

20 000

L 1–2
24–28

c F L

Otocinclus hoppei

Schwanzfleck-Ohrgittersaugwels
Loricariidae (Harnischwelse)

Vorkommen: Brasilien, Peru. Vor allem in der Umgebung von Belém (Pará) sowie um Madeira-Becken (Rondônia) häufig.
GU: Die etwas größeren ♀♀ sind an ihrer größeren Leibesfülle gut zu erkennen.
Pflege: Als friedliche Algenfresser sind diese kleinen Harnischwelse sehr beliebt. Vergesellschaftung nur mit kleineren oder friedlichen Fischen möglich.
Vermehrung: Die Vermehrung gelingt mitunter bereits im Gesellschaftsaquarium. Die ♂♂ treiben die ♀♀ durch das Aquarium und es kommt zu einer Art T-Stellung, in der das ♀ wenige Eier ausstößt, die das ♂ besamt. Die Eier werden an Pflanzen, Holzstücke etc. angeheftet und nicht weiter betreut. Die Larven besitzen noch einen großen Dottersack. Die Jungfische sind nicht einfach aufzuziehen und fressen Grün-, Trocken- und feines Lebendfutter.
Besonderes: Gemeinsam mit dem ähnlichen *O. macrospilus* ist *O. hoppei* die am häufigsten importierte *Otocinclus*-Art. *O. macrospilus* besitzt ebenfalls einen großen Schwanzwurzelfleck, ist aber oberhalb des dunklen Längsbandes schwarz gefleckt. IS

Pachypanchax playfairii

Tüpfelhechtling
Aplocheilidae (Hechtlinge)

Vorkommen: Seychellen und Sansibar, dort wahrscheinlich im 19. Jahrhundert eingeschleppt.
GU: ♀♀ kleiner, blasser gefärbt und abgerundetere Flossen.
Pflege: Für nicht zu kleine Gesellschaftsaquarien geeignet, dichte Bepflanzung, die möglichst bis zur Wasseroberfläche reichen sollte, und nicht zu kleine, aggressive oder hektische Mitbewohner. Sie sollten in einer kleinen Gruppe mit ♀♀-Überschuss gehalten werden. Das Aquarium sollte dicht abgedeckt sein, gute Springer.
Vermehrung: Am besten als Trio für 10 Tage im dicht bepflanzten 20-Liter-Aquarium; danach Eltern herausfangen, da sie den Jungen nachstellen. Die Eier werden an Pflanzen oder anderem Substrat angeheftet und sind etwa 1,5 mm groß. Nach etwa 14 Tagen schlüpfen die Jungen und fressen sofort *Artemia*-Nauplien.
Besonderes: Bei adulten ♂♂ stehen die Schuppen auf dem Rücken vor der Dorsale etwas ab. Von der Gattung *Pachypanchax* sind von Madagaskar drei weitere Arten beschrieben, die aber selten im Handel zu finden sind. RS

Panaqolus sp.

LDA 67
Loricariidae (Harnischwelse)

Vorkommen: Wird in großer Stückzahl für den Export im oberen Río-Meta-Einzug bei Villavicencio in Kolumbien gefangen.
GU: Erwachsene ♂♂ mit stärkerem Borstenbewuchs auf dem gesamten Körper.
Pflege: Als Algenfresser nur bedingt geeignet, da sich die Tiere in der Natur hauptsächlich von Holz ernähren. Holz ist dementsprechend auch im Aquarium unbedingt anzubieten. Die Tiere vergreifen sich mitunter auch an Aquarienpflanzen.
Vermehrung: Bereits mehrfach im Aquarium gelungen. Die Tiere laichen in kleinen, röhrenförmigen Höhlen ab, die hinten geschlossen sein sollten. Die Gelege bestehen aus lediglich 20–30 großen Eiern, die bis zum Schlupf der Larven etwa 8 Tage lang vom ♂ betreut werden. Die Jungfische können nach etwa 14 Tagen in ein separates Aufzuchtbecken überführt und mit Futtertabletten ernährt werden.
Besonderes: Die altbekannte Art war in der Aquaristik viele Jahre lang unter der falschen Bezeichnung *Peckoltia vittata* bekannt, ist aber ein Vertreter der Gattung *Panaqolus*. IS

3,5–4

≥ 6

A 45
G 60

K L1–2
25–29

h T F L

10

1/2

A 54
G 80

L1–2
24–27

c T F L

6–7

1/1
Gruppe

A 54
G 60

K L1–2
24–28

h T F L

Panaque nigrolineatus

Schwarzlinien-Harnischwels

Loricariidae (Harnischwelse)

Vorkommen: Im Flusssystem des Orinoco in Venezuela und Kolumbien weit verbreitet. Bewohnt Weißwasserflüsse mit Holzeinlagerungen, die starken jahreszeitlichen Schwankungen im Wasserstand und der Strömungsgeschwindigkeit unterliegen.

GU: Die ♂♂ bilden zur Laichzeit längere Borsten hinter dem Kiemendeckel und auf dem Hartstrahl der Brustflosse aus.

Pflege: Eine dauerhafte Pflege ist nur in Großaquarien möglich, da die ♂♂ revierbildend sind. In der Natur handelt es sich um reine Holzfresser, die neben Holz den Algenaufwuchs und aufsitzende Kleinstlebewesen aufnehmen. Sie produzieren unglaubliche Kotmengen, weshalb eine leistungsstarke Filterung wichtig ist. Wasserpflanzen sind in einem Panaque-Aquarium nicht gut aufgehoben.

Vermehrung: Die Vermehrung von *P. nigrolineatus* ist im Aquarium offensichtlich noch nicht gelungen.

Besonderes: In Peru und im nordöstlichen Brasilien gibt es sehr ähnlich gefärbte *Panaque*-Arten, die immer wieder fälschlich als *P. nigrolineatus* angesprochen werden. IS

Pangio kuhlii

Geflecktes Dornauge

Cobitidae (Dornschmerlen)

Vorkommen: Thailand, Malaysia, Indonesien (Borneo, Sumatra, Java).

Pflege: Feiner, nicht scharfkantiger Bodengrund in ausreichend dicker Schicht; ideal sind zudem dünne Lagen Torf oder Blätter. Rückzugsmöglichkeiten aus Holz und Pflanzen. Im nicht zu hellem Aquarium können die sonst vorwiegend nachtaktiven Tiere auch tagsüber beobachtet werden. Vergesellschaftung mit kleinen, ruhigen Fischen problemlos. Futter abends reichen.

Vermehrung: Außer Laichansatz keine Geschlechtsunterschiede bekannt. Gelegentlich Vermehrung im Aquarium, berichtet, wobei die Eier während einer Phase schnellen Treibens im Pflanzendickicht verstreut werden. Es ist nicht genau bekannt, welche Faktoren das Ablaichen auslösen. Im Artbecken können Jungfische in begrenzter Anzahl ohne besonderes Zutun heranwachsen. Produktiv: mehrere hundert bis über tausend Eier pro ♀.

Besonderes: Es werden auch andere, ähnliche Arten gehandelt, etwa *P. anguillaris* und *P. myersi*. Laichansatz der ♀♀ kann zu extremen Verdickungen führen. FH

Pantodon buchholzi

Schmetterlingsfisch

Pantodontidae (Schmetterlingsfische)

Vorkommen: Nigeria, Kamerun, Kongobecken, in Sümpfen und flachen Gewässerabschnitten.

GU: Afterflosse der ♀♀ glattrandig, ♂♂ mit deutlicher Einbuchtung der Afterflosse, wodurch diese fast zweiteilig erscheint.

Pflege: Nicht zu hell stehendes Aquarium. Schmetterlingsfische sind Oberflächenfische, jedoch dämmerungsaktiv, und fühlen sich in deckungslosen, hell stehenden Becken daher nicht wohl. Ideal ist ein strukturreiches Aquarium mit kräftiger Schwimmpflanzendecke. Untereinander wird eine Rangordnung gebildet (unabhängig vom Geschlecht), gegen artfremde Fische indifferent.

Vermehrung: Nachtlaicher, Zuchtansatz am besten paarweise. Vor dem Zuchtansatz kräftig mit Insekten füttern (Heimchen, Mehlwürmer), leichte Regenzeitimitation (weiches Zuchtwasser, Temperaturerhöhung). Keine Brutpflege, Eier schwimmen an der Wasseroberfläche. Aufzucht nicht ganz einfach, weil nur oberflächennah schwimmde Futtertierchen angenommen werden.

Besonderes: Einzige Art der Familie, Luftatmer. FS

50–60

1
1/1

A 300
G 400

L 1–2
25–30

h T F L

12

Gruppe

A 80
G 80

L 1–2
24–30

o/c T F L

15

1, 1/1
oder
Gruppe

A 54
G 100

L 1–3
22–28

c T F L

Paracheirodon axelrodi

Roter Neonsalmler

Characidae (Echte Amerikanische Salmler)

Vorkommen: Im Schwarzwasser weit verbreitet, vom Westen Kolumbiens über Brasilien (Rio Negro) bis Venezuela.

GU: ♂♂ etwas kleiner und deutlich schlanker als ♀♀, sonst kaum Unterschiede.

Pflege: Am schönsten in größeren Becken im Schwarm ab 10 Exemplaren mit anderen friedlichen Fischen wie bei →*Hyphessobrycon eques* angegeben. Dichte Bepflanzung mit freiem Schwimmraum und gedämpftes Licht ist vorteilhaft.

Vermehrung: Zur Zucht ist sehr weiches (um 2 °dGH), saures Wasser (um pH 5,5) notwendig. Ansatz: mehrere gerade laichreif gewordene Jungfische in einem Becken mit Laichrost. Laich in separate Schalen bei 25 °C zum Schlüpfen überführen. 5 Tage nach Eiablage Fütterung mit feinem Futter. Dabei auf absolute Sauberkeit des Wassers achten.

Besonderes: Nach Eingewöhnung langlebig, 4 Jahre und mehr. Trotzdem werden jährlich Millionen Rote Neonsalmler wild gefangen, da seine Nachzucht nicht lukrativ ist. Ähnlich sind *Paracheirodon innesi*, der Neonsalmler, und *Paracheirodon simulans*, der Blaue Neon. P+MH

Pareutropius buffei

Schwalbenschwanz-Glaswels

Schilbeidae (Glaswelse)

Vorkommen: Nigeria, Kamerun.

GU: Die ♀♀ werden etwas größer und sind an der größeren Körperfülle zu erkennen.

Pflege: Es handelt sich bei diesen friedlichen, frei schwimmenden Welsen um tagaktive Schwarmfische, die zumindest in einer kleinen Gruppe gepflegt werden sollten. Obwohl lebendes oder gefrostetes Futter in Form von Wasserflöhen, *Cyclops*, Mückenlarven bevorzugt wird, lassen sich diese Fische auch einfach an Trockenfutter gewöhnen. Sie lieben Aquarien mit ausreichendem Schwimmraum und leichter bis kräftiger Strömung.

Vermehrung: Die Vermehrung von *Pareutropius*-Arten soll im Aquarium bereits gelungen sein. Die Welse sollen bei recht hohen Wassertemperaturen zwischen feinfiedrigen Wasserpflanzen gelaicht haben. Die Eier waren undurchsichtig und entwickelten sich ohne besonderes Zutun des Pflegers in Leitungswasser. Die Jungfische fraßen sofort *Artemia*-Nauplien.

Besonderes: Früher zumeist falsch als *Eutropiellus vandeweyeri* bezeichnet. Die Art ist sehr ähnlich zu *P. debauwi*, der gelegentlich aus der Volksrepublik Kongo importiert wird. IS

„Peckoltia" sp.

L 134

Loricariidae (Harnischwelse)

Vorkommen: Im Rio Tapajós, einem südlichen Amazonaszufluss in Brasilien (Bundesstaat Pará), beheimatet. L 134 kommt bei Pimental in ruhigen Gewässerbereichen auf steinigem Untergrund vor.

GU: Geschlechtsreife ♂♂ bilden auf dem Schwanzstiel borstenähnliche Odontoden aus, die den fülligeren ♀♀ fehlen.

Pflege: Ein einfach zu pflegender und dankbarer Aquarienfisch, der sich auch gut für eine Pflege im Gesellschaftsaquarium eignet, da er friedlich ist und sich auch nicht an den Pflanzen vergreift.

Vermehrung: Vermehrung am ehesten in weichem, leicht saurem Wasser. Höhlenbrüter im männlichen Geschlecht, deren Gelege aus etwa 20–30 großen Eiern (4 mm Durchmesser) bestehen, aus denen nach 5–7 Tagen die Larven schlüpfen. Nach mindestens 8 weiteren Tagen verlassen die Jungfische die Höhle und können mit *Artemia*-Nauplien, *Cyclops* und Futtertabletten gefüttert werden.

Besonderes: L 134 ist lediglich ein *Peckoltia* im weiteren Sinne, denn der Art fehlen einige charakteristische Merkmale dieser Gattung. IS

4

10

A 45
G 112

L1–2
24–28

o T F L

6–8

≥ 6

A 54
G 60

L1–2
25–29

c T F L

10–12

1/1
Gruppe

A 60
G 80

K–L1
26–30

o T F L

Pelvicachromis pulcher

Purpurprachtbarsch
Cichlidae (Buntbarsche)

Vorkommen: In kleinen Flüssen und Bächen Benins und Nigerias, ein isoliertes Vorkommen in Kamerun.
GU: ♂♂ größer, mit auszipfelnden Flossen; ♀♀ mit rundem, roten Bauch.
Pflege: Paarweise Haltung auch im großen Gesellschaftsaquarium möglich. Außerhalb der Fortpflanzungszeit relativ friedlich. Das Aquarium sollte viele Versteckmöglichkeiten und Höhlen bieten und dicht bepflanzt sein. Paare sollten sich möglichst aus einer Gruppe finden können. Die Art ist, was die Wasserwerte angeht, nicht allzu anspruchsvoll, wichtig ist ein regelmäßiger Teilwasserwechsel.
Vermehrung: Gelingt auch im nicht zu dicht besetzten Gesellschaftsbecken. Die Eltern wählen eine Höhle, in der sie bis zu 200 Eier ablaichen. Je nach Temperatur schwimmen die Jungen nach 8–14 Tagen frei und können mit *Artemia*-Nauplien gefüttert werden. Die Eltern betreiben mehrere Wochen Brutpflege.
Besonderes: *P. pulcher* wird schon viele Jahrzehnte im Aquarium gehalten und ist deswegen weniger anspruchsvoll als andere Arten. Wildfänge haben deutlich höhere Ansprüche an die Wasserwerte. RS

Pelvicachromis subocellatus

Cichlidae (Buntbarsche)

Vorkommen: In kleinen Fließgewässern der Küstenebenen-Regenwälder Gabuns und des Kongo.
GU: ♂♂ größer und mit weiter ausgezogenen unpaaren Flossen; ♀♀ rundlicherer, roter Bauch.
Pflege: Wie bei →*Pelvicachromis pulcher* und →*Pelvicachromis taeniatus* angegeben. Feinkörniger Bodengrund, da sie ihn ins Maul nehmen und zur Nahrungssuche durchkauen. Kann in bepflanzten Aquarien mit nicht zu empfindlichen kleinen Fischen vergesellschaftet werden. Regelmäßiger Wasserwechsel und Filterung wichtig.
Vermehrung: Wie alle *Pelvicachromis*-Arten paarbildende Höhlenbrüter. Es werden bis zu 60 Eier abgelegt, die Jungen schwimmen nach etwa 8 Tagen frei und können mit *Artemia* und feinem Frost- und Trockenfutter ernährt werden. Zur Zucht sollte die Temperatur auf 26–28 °C erhöht werden, das Wasser sollte weich und leicht sauer sein.
Besonderes: Die meisten *Pelvicachromis*-Arten werden hin und wieder auch als Wildfänge importiert, die in Bezug auf die Wasserbedingungen empfindlicher sind. RS

Pelvicachromis taeniatus

Streifenprachtbarsch
Cichlidae (Buntbarsche)

Vorkommen: In kleinen Fließgewässern im Regenwald von Benin bis Kamerun.
GU: ♂♂ größer, mit ausgezogenen Flossen; ♀♀ mit runder Bauchlinie, rotem Bauch und anderer Schwanzflossenzeichnung.
Pflege: Wie →*P. pulcher*. Sie stellen höhere Ansprüche an die Wasserwerte, es sollte leicht sauer und weich sein. Gute Filterung und häufige Wasserwechsel. Paarhaltung in einem größeren Gesellschaftsbecken mit vielen Verstecken; wühlen kaum.
Vermehrung: Ein harmonierendes Paar sollte sich aus einer Gruppe finden können. Die Höhlenbrüter legen bis zu 100 Eier ab. Je nach Temperatur schwimmen die Jungen nach 7–12 Tagen frei und können mit feinem Lebend- und Trockenfutter gefüttert werden. Die meisten Fundortformen benötigen zur Zucht weiches, saures und unbelastetes Wasser.
Besonderes: Von der Art ist eine große Zahl von Fundortformen bekannt. Am einfachsten lassen sich die Formen aus Nigeria und aus dem nordwestlichen Kamerun (etwa Moliwe) halten und züchten. RS

10
1/1
A 120
G 240
L1
21–27
o T F L

8
1/1
A 120
G 120
S–L1
22–28
o T F L

8
1/1
A 120
G 240
S
21–27
o T F L

Petrotilapia „Yellow Chin“

Cichlidae (Buntbarsche)

Vorkommen: Verschiedene Fundorte im südlichen Malawisee: Maleri-, Mbenji-Inselgruppe, Namalenji, Fort Maguire (Makanjila).
GU: ♂♂ hellblau mit leuchtend gelbem Kehl-, Wangen- und Brustbereich. Weibchen grau bis bräunlich.
Pflege: Großer, robuster Felsbuntbarsch (Mbuna). Im Freiland spezialisierter Aufwuchsfresser, der mit seinen bürstenartigen Zähnen Aufwuchs durchkämmt. ♂♂ revierbildend. Aggressiv gegen artgleiche ♂♂. Am besten in einem großen Aquarium mit anderen robusten Malawiseebuntbarschen vergesellschaften. Beckeneinrichtung aus großen Steinen und groben Sand (1-2 mm Körnung).
Vermehrung: Einfach. Maulbrüter im weiblichen Geschlecht. Näheres siehe bei →*Labidochromis* „Yellow“.
Besonderes: Die Typusart der Gattung ist *Petrotilapia tridentiger*. Dieser einheitlich hellblau gefärbte Buntbarsch ist kaum einmal eingeführt worden. Stattdessen wurden diverse Arten dieser Gattung in der Vergangenheit fälschlich als „Tridentiger“ eingeführt. *Petrotilapia*-Arten sind die größten Mbunas. Sie sind für die meisten Zimmeraquarien zu groß. AS

Phalloceros caudimaculatus

Kaudi, Einfleckkärpfling
Poeciliidae (Lebendgeb. Zahnkarpfen)

Vorkommen: Südostbrasilien, Uruguay. In verschiedenen überwiegend kleineren Gewässern zum Teil mit leichtem Salzgehalt.
GU: ♂♂ kleiner und schlanker, mit langem Gonopodium zum Begatten der ♀♀.
Pflege: Nicht zu hell; mit vielen Verstecken! Die kleinen Schwarmfische mit nicht zu großen oder aggressiven Arten vergesellschaften. Man beachte die Temperaturansprüche.
Vermehrung: Am besten eine große Gruppe von mehreren ♂♂ und ♀♀ in einem dicht bepflanzten 60-Liter-Aquarium. Die ♂♂ versuchen mit ihren langen, beweglichen Gonopodien die ♀♀ zu begatten. Nach gut dreieinhalbwöchiger Trächtigkeit wirft das Weibchen 5–30 Jungfische, die gemeinsam mit den älteren Artgenossen aufgezogen werden können. Zur Aufzucht ist kleineres Lebendfutter unerlässlich. Ein gelegentlicher Salzzusatz von 1 Teelöffel auf 10 Liter wirkt sich positiv aus. Die Haltung ist wegen der hohen Ansprüche an sauberes Wasser nicht einfach.
Besonderes: Früher war der Kaudi ein berühmter Aquarienfisch. Die Haltung sollte nur von erfahrenen Aquarianern versucht werden. MK

Phenacogrammus (Bathyaethiops) caudomaculatus

Afrikanischer Mondsalmler
Alestidae (Echte Afrikanische Salmler)

Vorkommen: Kongo-Einzug, Kamerun (Sangha), Demokratische Republik Kongo und Volksrepublik Kongo.
GU: ♀♀ mit gerundeterer Bauchkante, fülliger, kleinerer roter Fleck an Rückenflosse.
Pflege: Nur als Gruppe im geräumigen Aquarium pflegen. Das Becken sollte gut bepflanzt sein, aber genügend freien Schwimmraum bieten; dunkler Bodengrund. Wichtig sind sauberes, leicht saures und weiches Wasser, häufige Teilwasserwechsel und gute Durchlüftung.
Vermehrung: Bisher noch unbekannt, am besten in kleiner Gruppe über Laichrost mit Javamoos als Laichsubstrat. Sauerstoffreiches, weiches und leicht saures Wasser. Die Jungen werden nach dem Freischwimmen vermutlich feines Lebendfutter benötigen, eventuell gesiebte *Cyclops*-Nauplien.
Besonderes: Diese schönen, hochrückigen Salmler werden immer wieder importiert. Nah verwandt und sehr ähnlich ist *P. breuseghemi*, der ähnliche Pflegebedürfnisse hat. Die Haltung ist relativ einfach, die Zucht aber noch eine Herausforderung. RS

15–17

1/3

A 600
G 1000

L 1–2
24–28

o T F L

5

4/4

A 60

L 1–3
18–22

o T F L

6–8

3/5

A 80
G 120

S–L 1
22–27

o T F L

Phenacogrammus interruptus

Kongosalmler

Alestidae (Echte Afrikanische Salmler)

Vorkommen: Einzug des Kongo; in Fließgewässern.
GU: ♂♂ farbiger und mit ausgezogener Rücken- und Schwanzflosse.
Pflege: Als Gruppe in einem großen, nicht zu hellen Aquarium, mit vielen Verstecken und Schwimmraum. Im Gesellschaftsbecken sollten die anderen Fische nicht zu hektisch oder aggressiv sein. Am besten über Torf filtern. Manchmal schreckhaft und scheu, kein belastetes oder zu hartes Wasser.
Vermehrung: Am besten in einen genügend großen Aquarium in einer kleinen Gruppe. Das Wasser muss weich und leicht sauer sein. Vorteilhaft über Laichrost oder Torffasern ablaichen lassen, da sie Laichräuber sind. Es werden bis zu 300 Eier abgegeben, aus denen die Jungen nach etwa 6 Tagen schlüpfen. Sie brauchen feinstes Lebendfutter, Artemien können nach 2 Wochen gefüttert werden. Erst nach mehr als einem Jahr geschlechtsreif.
Besonderes: Hin und wieder werden weitere Arten aus der Kongosalmlerverwandtschaft importiert. Man sollte sie wie den Kongosalmler halten. RS

Pimelodus pictus

Engelsantennenwels

Pimelodidae (Antennenwelse)

Vorkommen: Brasilien, Kolumbien, Peru und Venezuela; im Orinoco- und oberen Amazonas-System weit verbreitet.
GU: Die Geschlechter sind am Leibesumfang unterscheidbar.
Pflege: In der Aquaristik sehr beliebte Art, die tagaktiv, schwimmfreudig und friedlich ist. Allerdings ist sie nur solchen Fischen gegenüber friedfertig, die nicht in ihre Maulspalte passen. Nicht selten sind diese Fische dafür verantwortlich, dass über Nacht kleinere Salmler (etwa Neonsalmler) oder Jungfische verschwinden. Vorsicht ist beim Herausfangen geboten, denn sehr häufig verfangen sich die Tiere mit ihren spitzen und mit Widerhaken besetzten Brustflossenstacheln im Fangnetz.
Vermehrung: Die gezielte Nachzucht dieser hübschen Fische ist offensichtlich noch nicht gelungen. Es gibt jedoch einen Bericht, nach dem die Tiere in dichten Pflanzenbeständen ablaichen sollen. So wurden in einem dicht bepflanzten Aquarium einzelne Jungfische entdeckt, die sich offensichtlich im Schutze der Pflanzen vor ihren gefräßigen Eltern verstecken konnten. IS

Platydoras costatus

Liniendornwels

Doradidae (Dornwelse)

Vorkommen: Bolivien, Brasilien, Französisch Guyana, Guyana, Kolumbien, Peru, Surinam, Venezuela. Diese Art ist nahezu im gesamten nördlichen Südamerika verbreitet.
GU: Die Geschlechter sind vor allem an der Körperform unterscheidbar.
Pflege: Dieser häufig gepflegte Dornwels ist hauptsächlich nachtaktiv und lebt sehr versteckt. Große Exemplare können sich in einer einzigen Mahlzeit eine Handvoll Futtertabletten fressen, so dass andere Fische zu kurz kommen können. Ansonsten friedliche Fische, die nächtlich lediglich kleineren Fischen gefährlich werden können.
Vermehrung: Nachzucht bislang nur nach Hormonbehandlung. Dabei wurden etwa 1000 fast farblose Eier über den Boden verstreut. Die 3,5 mm großen Larven schlüpften bei 25 °C nach 40–45 Stunden. Nach 2 Tagen waren die Dottersäcke aufgebraucht. Die Jungfische fraßen *Cyclops*-Nauplien und Rädertierchen.
Besonderes: Im südlichen Südamerika existiert mit *Platydoras armatulus* noch ein zweiter Liniendornwels, der schwer von *P. costatus* zu unterscheiden ist. IS

12

2/4

A 120
G 240

S
22–27

o T F L

12–13

1–
Gruppe

A 80
G 100

L 1–2
24–29

c T F L

25–27

1–
Gruppe

A 160
G 200

L 1–2
23–29

o T F L

Poecilia reticulata

Guppy, Millionenfisch

Poeciliidae (Lebendgebärende Zahnkarpfen)

Vorkommen: Nordöstliches Südamerika, Kleine Antillen; in den Randbereichen beinahe aller Gewässer.

GU: ♂♂ schlanker, kräftiger gefärbt, mit größeren Flossen und Gonopodium.

Pflege: Viel Vegetation in allen Bereichen; Versteckmöglichkeiten für Jungfische und umbalzte Weibchen. Großflossige Männchen nicht mit Barben vergesellschaften.

Vermehrung: Aus einer Gruppe mit mehreren Männchen und Weibchen wird sich schnell eine größere Gruppe bilden, da auch die Heranwachsenden nach wenigen Wochen geschlechtsreif sind. Zur gezielten Zucht ist es sinnvoll, die Jungfische von den Alttieren zu entfernen und separat aufzuziehen. Will man keine unkontrollierte Vermehrung, müssen nach etwa 3 Wochen die Jungguppys nach Geschlechtern getrennt werden. Die Aufzucht gelingt am besten mit *Artemia*-Nauplien, Spirulina-Algen und feinem Trockenfutter. Sauberes Wasser ist wichtig.

Besonderes: Die Haltung und Pflege von echten Wildguppys in einem Artaquarien ist von großem Reiz, weil die bunten Fischchen enorm schwimmfreudig sind. MK

Poecilia sp.

Endlers Guppy

Poeciliidae (Lebendg. Zahnkarpfen)

Vorkommen: Venezuela, Halbinsel Paria, Campoma-Region; in kleineren Gewässern wie Teichen und Bächen, vorwiegend mit lehmigem, veralgten Bodengrund.

GU: ♂♂ kleiner und schlanker, überaus bunt gefärbt, mit Gonopodium.

Pflege: Gut bepflanztes Aquarium, Haltung mit vielen anderen friedfertigen Aquarienfischen möglich, keine Vergesellschaftung mit anderen, nah verwandten Arten der Gattung , da es ansonsten zu Kreuzungen kommt.

Vermehrung: Kleinere Zuchtgruppen sollten in gut bepflanzten Aquarien gehalten werden, in denen es viel Aufwuchs gibt. Die ♂♂ balzen intensiv um die ♀♀. Nach einer etwa vierwöchigen Trächtigkeit setzt das ♀ zwischen 10 und 50 6–8 mm lange Jungtiere ab. Die Neugeborenen werden nicht von den Alttieren verfolgt. Die Aufzucht gelingt am besten mit kleinen Futtertieren, Algenbewuchs und einem guten Staubfutter.

Besonderes: Endlers Guppys sollten im Artaquarium gehalten werden. Ohne andere Arten wirken die bunten, stets agilen ♂♂ am besten. Sauberes Wasser ist eine wichtige Grundvorrausetzung. MK

Poecilia sphenops

Black Molly

Poeciliidae (Lebendg. Zahnkarpfen)

Vorkommen: Mexiko und andere mittelamerikanische Länder; in den Randbereichen kleinerer Gewässer.

GU: ♂♂ schlanker, kräftiger gefärbt, mit größeren Flossen und einem Gonopodium.

Pflege: Geräumige Aquarien, dichte Vegetation, ausreichend Schwimmraum. Gut zu vergesellschaften, kreuzen sich aber leicht mit verwandten Arten oder Zuchtformen. Friedlich.

Vermehrung: Nach einer rund vierwöchigen Trächtigkeit wirft das Weibchen bis zu 100 Jungfische. Ein Absetzen der Neugeborenen ist in der Regel nicht notwendig, da Black Mollys ihren Nachkommen nicht nachstellen. Im Artaquarium gelingt die Nachzucht demzufolge besonders gut. Die Aufzucht erfolgt am besten mit pflanzlicher und tierischer Nahrung entsprechend geringer Größe. Auch ein gutes Staubfutter ist als Ergänzung geeignet. Bei der planmäßigen Zucht muss übermäßige Inzucht vermieden werden.

Besonderes: Eine gelegentliche Gabe Meersalz fördert das Wohlbefinden der Mollys. An der Entstehung der Zuchtformen sind mehrere Arten beteiligt. MK

5,5

2/2

A 54
G 54

L1–3
25–27

o T F L

4

4/4

A 60
G 80

L1–3
26–28

o T F L

8

4/4

A 80
G 112

L1–3
25–26

h o T F L

Poecilia velifera

Segelkärpfling

Poeciliidae (Lebendgebärende Zahnkarpfen)

Vorkommen: Mexikanische Halbinsel Yucatan. In Küstennähe werden brackige Gewässer bevorzugt, teilweise auch Süßwasser.
GU: ♂♂ schlanker, kräftiger gefärbt, mit größerer Rückenflosse und einem Gonopodium.
Pflege: Aquarien mit viel Vegetation und größeren Algenpolstern. Vergesellschaftung mit ruhigen Fischen möglich, aber wegen Kreuzungsgefahr keine verwandten Arten wählen.
Vermehrung: Die ♂♂ imponieren gegenseitig und bilden eine Rangordnung. Deshalb sollten mehrere ♂♂ und ♀♀ selbst die Partnerwahl bestimmen. Nach einer Tragzeit von etwas mehr als 4 Wochen bis zu 120 Jungfische. In der dichten Vegetation finden die knapp 1 cm langen Neugeborenen zunächst Schutz. Die Alttiere stellen den Jungen nur wenig nach. Neben viel pflanzlicher Nahrung sollten den jungen Segelkärpflingen auch regelmäßig Salinenkrebschen angeboten werden. Durch ein zu schnelles Wachstum bilden die heranwachsenden ♂♂ nur spärliche Rückflossen aus. Zur weiteren Aufzucht große Aquarien ab 250 Liter.
Besonderes: Neben der attraktiven Wildform auch verschiedene Zuchtformen. MK

Pomacea bridgesi

Apfelschnecke

Ampullariidae (Blasenschnecken)

Vorkommen: Süd- und Mittelamerika, Asien. Ist in fast allen Gewässern zu finden.
GU: Getrenntgeschlechtlich; aber keine eindeutigen äußeren Geschlechtsunterschiede.
Pflege: Gut abgedeckte Aquarien, da die Tiere sehr gerne das Wasser verlassen. Hartes Wasser wird bevorzugt. Bei zu weichem Wasser treten Probleme beim Wachstum am Gehäuse auf.
Vermehrung: Zur Vermehrung werden beide Geschlechter benötigt. Apfelschnecken sind keine Zwitter. Die Eier werden in einer harten kalkigen Traube oberhalb der Wasserlinie an Blättern oder am Glas angeheftet. Die Traube muss feucht gehalten werden, am besten durch Abdecken mit einer Glasscheibe. Je nach Lufttemperatur schlüpfen die Schnecken nach 20–35 Tagen. Die Aufzucht ist nicht problematisch, da die Jungschnecken sofort aktiv auf Nahrungssuche gehen und als Allesfresser keine Anforderungen stellen.
Besonderes: Es gibt drei Farbvarianten, Naturbraun, Gold und Blau. Wobei die blauen Tiere nur ein weißes durchscheinendes Gehäuse besitzen, durch das man das blaue Blut der Tiere schimmern sieht. WI

Potamotrygon motoro

Pfauenaugen-Stechrochen

Potamotrygonidae (Süßwasser-Stechrochen)

Vorkommen: Peru, Brasilien, Kolumbien, vor allem in Flüssen auf Sandböden, aber durchaus auch im Bereich von Stromschnellen.
GU: ♂♂ mit penisartigen Begattungsorganen, sogenannten Claspern, die von Geburt an sichtbar sind.
Pflege: Am besten im Artenbecken oder mit Oberflächenfischen oder ruhigen und friedlichen Raubfischen (*Acestrorhynchus*, *Rhaphiodon*, *Sorubim*). Nur ein ♂ pro Becken, für geschlechtsreife ♂♂ möglicherweise Einzelhaltung nötig, dann nur zur Paarung zum ♀ setzen. Boden Feinsand, keine Dekoration, Bepflanzung mit Schwimmpflanzen.
Vermehrung: Lebendgebärend, Paarung sehr ruppig, ♂ beißt das ♀ heftig in den Rand der Körperscheibe, was zu erheblichen Verletzungen führt, jedoch völlig normal ist. Trächtige ♀♀ am besten einzeln halten. 1–15 Jungtiere, die bei der Geburt rund 8 cm Scheibendurchmesser haben.
Besonderes: Die attraktivste Art ist dieser Rochen, weitere 8 Arten werden regelmäßig importiert. Der Giftstich kann auch für Menschen sehr gefährlich sein. FS

20

4/4

A 250
G 250

L1–3
27–30

h o T L

5

1–
Gruppe

A 40
G 54

L 2–3
20–28

o

Ø 60

1–
1/2–1/3

1500

K
22–28

c F L

Priapella intermedia

Leuchtaugenkärpfling

Poeciliidae (Lebendgebärende Zahnkarpfen)

Vorkommen: Südöstliches Mexiko, nördlich der Halbinsel Yucatan, in schnellfließenden Gewässern

GU: ♂♂ kleiner und schlanker, etwas intensiver gefärbt; mit Gonopodium.

Pflege: Kräftige Strömung und mäßige Bepflanzung. Viel freier Schwimmraum. Vergesellschaftung mit anderen friedliebenden Arten möglich. Keine verwandten Arten.

Vermehrung: Eine aus mehreren Individuen beiderlei Geschlechts bestehende Gruppe in einem Artaquarium ist der beste Weg. Nach etwa 4 Wochen Tragzeit bis 30 ungefähr 8 mm lange Jungtiere. Um dem Kannibalismus gegenüber den eigenen Nachkommen entgegenzuwirken, muss in dieser Zeit viel Lebendfutter gereicht werden: Mückenlarven, größere Wasserflöhe und *Artemia*-Nauplien. Bei einem guten Futterangebot ist die Aufzucht gemeinsam mit den Alttieren möglich. Zur Aufzucht stellen Salinenkrebschen und *Cyclops* geeignete Futterarten dar.

Besonderes: Leuchtaugenkärpflinge verlangen besonders sauberes und vor allem sauerstoffreiches Wasser. Ansonsten sind sie einfach zu halten. MK

Procambarus alleni

Blauer Florida-Lobster

Cambaridae (Nordweltkrebse)

Vorkommen: Florida; in Sümpfen und Bewässerungsgräben, weit verbreitet.

GU: ♀♀ gedrungener, mit etwas kürzeren Scheren; ♂♂ schlanker und längere Scheren, unter dem Abdomen der ♂♂ sind die paarigen Begattungsgriffel gut sichtbar.

Pflege: Viele Versteckplätze. Hoher Bodengrund, um den Tieren das Graben zu ermöglichen. Vergesellschaftung nur mit Fischen der oberen Wasserregionen, Pflanzen werden gefressen.

Vermehrung: Nach der sehr ruppigen Paarung beträgt die Tragzeit der bis zu 60 Eier etwa 25 Tage. Nach dem Schlupf bleiben die Jungkrebse noch 5 Tage am Abdomen des ♀, ehe sie ihre eigenen Wege gehen. Während der Tragzeit verlässt das ♀ seinen Unterschlupf nur sehr selten und nur in der Dämmerung, um Nahrung aufzunehmen. Die Alttiere stellen den Jungen kaum nach. Die Jungen hingegen sind kannibalisch.

Besonderes: Im Handel ist nur die blaue Farbform. Die bräunliche Naturform wurde noch nicht angeboten. WI

Procambarus sp.

Marmorkrebs

Cambaridae (Nordweltkrebse)

Vorkommen: Wahrscheinlich Mittelamerika. Der genaue Fundort lässt sich nicht mehr in Erfahrung bringen.

GU: Es gibt nur ♀♀, da sich die Art durch Jungfernzeugung vermehrt. Nur unter extrem schlechten Bedingungen werden ♂♂ ausgebildet.

Pflege: Aquarien mit vielen Versteckplätzen. Pflanzen werden gefressen. Mit Fischen gut zu vergesellschaften, da sie von den Krebsen ignoriert werden.

Vermehrung: Geschieht von alleine und in großen Mengen. Pro Tier etwa alle 30 Tage bis zu 50 Jungtiere. Geschlechtsreif ab etwa 4 cm Länge.

Besonderes: Bisher nicht genau bestimmt, da zur exakten Identifizierung auch männliche Tiere gebraucht werden. WI

7

4/4

A 80
G 120

L1–3
26–27

o c T F L

15

1/1

A 118
G 160

L1–3
15–25

o T F L

7

1

A 54
G 112

L1–3
15–28

o T F L

Protomelas taeniolatus

Cichlidae (Buntbarsche)

Vorkommen: Malawisee. Häufig im Süden des Sees, wahrscheinlich sogar seeweit verbreitet. Flache Felszone und gemischte Sand-Fels-Untergründe.
GU: Dominante ♂♂ sind in der Regel kräftig blau. ♀♀ und Jungtiere sind silbrig-grau mit meist schachbrettartigem Zeichnungsmuster.
Pflege: Lebhafte, aquaristisch beliebte Art, die sich gut in Gesellschaft anderer Nicht-Mbunas sowie wenig aggressiver Felsbuntbarsche halten lässt. Malawiseetypische Einrichtung mit Steinaufbauten, sandigem Untergrund; robuste Pflanzen. Im Freiland Aufwuchs- und Planktonfresser, im Aquarium problemloser Allesfresser.
Vermehrung: Einfach. Maulbrüter im weiblichen Geschlecht. Näheres siehe bei →*Aulonocara hansbaenschi*.
Besonderes: Verschiedene Standortvarianten dieser Art sind unter Handelsnamen importiert worden (*P*. „Fire Blue" von Mbenji Island). Die bekannteste Variante stammt von der Insel Namalenji (mittlere Westküste) und zeichnet sich durch eine intensiv rote Flanke aus (nur ♂♂); diese Form wurde unter dem irreführendem Namen „Boadzulu" gehandelt. Eine ähnliche Art ist *P. fenestratus*. AS

Pseudocrenilabrus nicholsi

Nichols Maulbrüter
Cichlidae (Buntbarsche)

Vorkommen: Demokratische Republik Kongo, östliches zentrales Kongobecken, zwischen dem Ankoro- und Upemba-See in Flüssen und Bächen.
GU: ♀♀ kleiner, graubraune Körperfärbung.
Pflege: Am besten mit ♀♀-Überschuss in einem dicht bepflanzten Becken mit feinem Kiesgrund. Es sollten mit Holz und Steinen viele Versteckmöglichkeiten geschaffen werden, die ♂♂ sind den ♀♀ gegenüber sehr aggressiv. Können mit nicht zu empfindlichen Arten vergesellschaftet werden (etwa größere Salmler, Welse).
Vermehrung: Die Art ist ein Maulbrüter, nur die ♀♀ kümmern sich um den Nachwuchs und pflegen noch einige Zeit nach dem Freischwimmen die Jungen. Gefüttert werden kann mit Artemien, feinem Lebend- und Trockenfutter.
Besonderes: Die Gattung ist aquaristisch gut bekannt und wird immer wieder im Zoohandel angeboten. Durch ihre relativ geringe Grösse eignen sich die Fische auch eher als die Cichliden aus den großen Seen für ein Gesellschaftsbecken und werden sich auch dort fortpflanzen können. RS

Pseudomugil gertrudae

Gepunktetes Blauauge
Pseudomugilidae (Blauaugen)

Vorkommen: Nord- und Nordostaustralien; Südneuguinea; kleine Bäche und Sümpfe; Seitenarme von Flüssen.
GU: ♂♂ mit ausgezogene Flossen, ♀♀ deutlich rundlicher und blasser.
Pflege: Weiches, leicht saures Wasser. Aktiver, friedlicher Schwarmfisch; gut auch für kleinere Aquarien geeignet. P. gertrudae kommt am besten im Artaquarium zur Geltung. Kein hoher Wasserstand. Feinfiedrige Pflanzen als Ablaichsubstrat.
Vermehrung: Relativ leicht im Daueransatz möglich; Eier mit Laichsubstrat regelmäßig in Aufzuchtbecken überführen. Anfütterung mit feinstem Lebendfutter (Infusorien).
Besonderes: Es ist ein gutes Dutzend unterschiedlich gefärbter, geographisch getrennter Populationen bekannt, von denen allerdings nur wenige ihren Weg in die Aquaristik gefunden haben. Es sollte vermieden werden, verschiedene Stämme zu kreuzen.

Die Blauaugen werden als eigene Familie Pseudomugilidae betrachtet und stehen den Regenbogenfischen (Melanotaeniidae) nahe. FH

12–16

1/3
Gruppe

A 400
G 600

L 1–2
24–28

o T F L

8

1/3

A 54
G 80

L 2
22–26

o T F L

5–6

8–10

A 60

L 1
23–30

c L F

Pseudomystus siamensis

Siamesischer Hummelwels
Bagridae (Stachelwelse)

Vorkommen: In Laos, Kambodscha und Thailand verbreitet. In der Natur ernährt sich die Art vor allem von Insektenlarven.
GU: Größere Körperfülle laichreifer ♀♀.
Pflege: Die großwüchsigen Fische besitzen ein verhältnismäßig kleines Maul, weshalb sie auch gut mit kleineren Fischen zu vergesellschaften sind. Auch Artgenossen gegenüber nur wenig aggressiv. Als Futter sollte man den Tieren vor allem Mückenlarven, Wasserflöhe, Salinenkrebse anbieten, aber auch Trockenfutter nehmen sie ohne Probleme an. *P. siamensis* ist ein vor allem nachtaktiver Fisch, der sich tagsüber gerne unter Wurzelholz und großen Steinen verbirgt.
Vermehrung: Über eine gelungene Vermehrung dieser Art im Aquarium ist bislang nichts bekannt. In Osteuropa werden diese Fische jedoch unter Verwendung von Hormonen in größerer Stückzahl gezüchtet.
Besonderes: Die Art ist den meisten Aquarianern noch unter dem alten Gattungsnamen *Leiocassis* bekannt. IS

Pseudosphromenus dayi

Roter Spitzschwanzmakropode
Osphronemidae (Guramis)

Vorkommen: Kerala, Indien; Überschwemmungsflächen, Sumpfgebiete.
GU: ♂♂ mit stärker verlängerten mittleren Schwanzflossenstrahlen, in der Balzzeit intensiver gefärbt. Bei nicht ganz ausgewachsenen Tieren mitunter schwierig zu erkennen.
Pflege: Dicht bepflanztes, ruhiges Aquarium mit Schwimmpflanzendecke. Höhlen wie halbierte Kokosnussschalen anbieten, aus der ein Eingangsloch herausgebrochen wurde. Friedlicher, ruhiger Fisch, dessen Revierverteidigung sich auf des Schaumnest beschränkt. Gut mit friedlichen Arten zu vergesellschaften.
Vermehrung: ♂ baut ein Schaumnest entweder als kompakte Kugel an der Wasseroberfläche, bevorzugt mitten zwischen Schwimmpflanzen, oder auch als mitunter etwas „liederlich" wirkende Ansammlung von Luftblasen in einer geeigneten Höhle. Beim Laichen spucken ♂ und ♀ die sinkenden Eier ins Nest und betreiben gemeinsam Brutpflege. Leicht zu züchten.
Besonderes: Leicht zu haltender und zu züchtender Labyrinther für das ruhige Gesellschaftsaquarium. FH

Pseudotropheus lombardoi

Cichlidae (Buntbarsche)

Vorkommen: Malawisee. Lebt über Felsen und gemischten Sand-Felsuntergründen an der Mbenji-Inselgruppe (mittlere Westküste) sowie wahrscheinlich auch an den benachbarten Festlandküsten.
GU: Ausgeprägte Geschlechterzweifarbigkeit. Jungtiere und ♀♀ hellblau mit dunkelblauen Querstreifen, dominante ♂♂ zitronengelb. Ältere ♀♀ können ebenfalls gelb werden.
Pflege: Verhältnismäßig aggressiver Felsbuntbarsch, der am besten mit anderen robusten Mbunas vergesellschaftet werden sollte. Wichtig sind zahlreiche Versteckmöglichkeiten aus Steinen, wobei Sichtblenden aufgebaut werden sollen, damit unterlegene Tiere nicht ständig im Blickfeld des dominanten ♂ sind.
Vermehrung: Einfach. Maulbrüter im weiblichen Geschlecht. Ablaichen erfolgt nach der Eifleck-Methode unter kreisenden Bewegungen. Rund 3 Wochen nach dem Ablaichen werden die gut 10 mm großen Jungtiere freigesetzt, die dann völlig selbstständig sind. Wurfgröße etwa 20 bis 40, je nach Größe des ♀. Aufzucht mit feinem Flockenfutter und frischgeschlüpften Salinenkrebschen. AS

17

1/1–
Gruppe

A 80
G 100

L 1–2
23–27

c T F L

7,5

1/1

A 60
G 60

L 1–2
24–26

o/c L F T

12

1/3

A 400
G 600

L 1–2
24–28

o T F L

Pseudotropheus socolofi
Cichlidae (Buntbarsche)

Vorkommen: Malawisee. Begrenzte Verbreitung an der mosambikanischen Ostküste gegenüber Likoma über gemischten Sand-Fels-Untergründen (Bereich Cobue und südlich).
GU: Kaum vorhanden. ♂♂ mit etwas größeren Eiflecken in der Afterflosse; erwachsene ♀♀ lassen sich an der größeren Geschlechtsöffnung erkennen.
Pflege: Versteckmöglichkeiten aus Steinen, ansonsten viel Schwimmraum. Untergrund vorzugsweise aus hellem Sand (1–2 mm Körnung). Entweder mit anderen, nicht zu großen oder aggressiven Felsbuntbarschen vergesellschaften oder in einer größeren Gruppe aus 8 bis 10 Exemplaren im Artbecken pflegen.
Vermehrung: Einfach. Maulbrüter im weiblichen Geschlecht. Weiteres unter →*Pseudotropheus lombardoi*.
Besonderes: Vergleichsweise friedfertiger Felsbuntbarsch. Die Art wurde bereits in den 1970er Jahren eingeführt (als *P.* „Pindani"). Diese Tiere entstammten der südlichen Population (Mara Rocks) und wiesen einen breiten schwarzen Längsstreifen in der Rückenflosse auf. Die später befischte Population von Cobue zeigt keinen solchen Streifen. AS

Pterophyllum altum
Hoher Segelflosser
Cichlidae (Buntbarsche)

Vorkommen: Oberer Orinoco- und Rio-Negro-Einzug, Río Atabapo in Kolumbien, Venezuela und Brasilien; in ruhigem, tiefem Schawarzwasser.
GU: Kaum zu unterscheiden, ältere ♂♂ größer und etwas kantiger.
Pflege: Große, aber besonders hohe (mindestens 60, besser 70 cm) Aquarien mit ruhigen Mitbewohnern. Rückzugsmöglichkeiten hinter Pflanzen oder Wurzelholz. Relativ friedlich, in sehr großen Behältern in einer Gruppe, sonst paarweise. Empfindlich gegen belastetes Wasser.
Vermehrung: Vermehrung im Aquarium bisher selten. Wasser sehr weich und sauer (pH um 5); Offenbrüter mit Elternfamilie, Gelege an vertikalen Substraten.
Besonderes: Empfindlicher Fisch mit hohen Ansprüchen; nichts für Anfänger. CS

Pterophyllum scalare
Skalar, Segelflosser
Cichlidae (Buntbarsche)

Vorkommen: Gesamter Ucayali- und Amzonaseinzug, unteres Rio-Negro-Gebiet, in einigen Atlantikzuflüssen Brasilien, Französisch-Guyana und Guyana; in unterschiedlichen Gewässertypen.
GU: Ältere ♂♂ größer und bulliger.
Pflege: Zu anderen Arten friedlich, kleine Fische (Neonsalmler) werden gefressen. Große, hohe Aquarien mit Versteckmöglichkeiten in Pflanzen oder hinter Dekoration. Bepflanzung gut möglich.
Vermehrung: In ruhigen Aquarien problemlos; Wasser leicht sauer und weich. Offenbrüter mit Elternfamilie, Gelege meist an Pflanzenblättern, ähnlich wie bei →*Mesonauta guyanae*. *Artemia*-Nauplien als erstes Futter.
Besonderes: Zahlreiche Lokalformen (Peru-Altum, Rotrücken-Skalar) im Handel, deren systematischer Status noch ungeklärt ist. Teilweise wesentlich aggressiver und anspruchsvoller als die Normalform. Außerdem viele Zuchtformen mit besonderer Flosssen- und Farbausbildung. Eine etwas kleiner bleibende und aquaristisch gut geeignete Art, *P. leopoldi*, wird leider kaum gehandelt. CS

10

1/3
Gruppe

A 160
G 200

L 1–2
24–28

o T F L

35
(hoch)

1/1 oder
Gruppe

A 500
G 750

S
28–30

c T F L

25
(hoch)

1/1

A 300
G 375

K L 1–2
24–29

c (o) F
T L

Puntius anchisporus

„Sumatrabarbe"

Cyprinidae (Karpfenfische)

Vorkommen: Borneo.
GU: ♀♀ größer und blasser gefärbt als ♂♂.
Pflege: Unproblematisch. Besonders Jungfische brauchen viel Schwimmraum. Lebhaft, mit intensiver Interaktion im Schwarm. Keine besonderen Ansprüche an die Wasserqualität. Nicht mit langsam schwimmenden Fischen vergesellschaften, die lang ausgezogene Flossen haben (Kampffische, Schleierguppys).
Vermehrung: Weiches, leicht saures Wasser, feines Laichsubstrat. Beim Ablaichen umschlingt das ♂ das ♀ von oben mit dem Schwanzstiel.
Besonderes: Neben der Wildform sind die Zuchtformen „Albino-" und „Moosbarbe" (grün gefärbter Körper) aquaristisch bedeutsam. Sumatrabarben sind als „Flossenfresser" verschrien, was sich jedoch auf unpassende Vergesellschaftung mit langsam schwimmenden Fischen wie Fadenfischen zurückführen lässt. Beim Kauf der Fische auf Zuchtdefekte wie unvollständige Zeichnung achten. Ähnlich gefärbt: Teilgürtelbarbe *P. partipentazona* und Fünfgürtelbarbe *P. pentazona*. Die „richtige" Sumatrabarbe (*P. tetrazona*) ist vermutlich noch nie importiert worden. FH

Puntius conchonius

Prachtbarbe

Cyprinidae (Karpfenfische)

Vorkommen: Afghanistan, Pakistan, Indien, Nepal, Bangladesh; Flüsse, Bäche und Seen.
GU: Geschlechtsreife Tiere leicht anhand der prächtigen Färbung der ♂♂ sowie der Leibesfülle der ♀♀ zu unterscheiden.
Pflege: Einer der robustesten und dankbarsten Aquarienfische überhaupt. Eignet sich gut für das ungeheizte Zimmeraquarium. Friedlicher, aktiver Schwarmfisch. Problemlos mit anderen nicht wärmebedürftigen Friedfischen zu vergesellschaften.
Vermehrung: Paaren sich regelmäßig im Haltungsaquarium; zur planmäßigen Zucht Geschlechter einige Tage trennen, gut füttern und 1♂ mit 2♀♀ in einem Becken von etwa 60 Liter ansetzen. Temperatur leicht über Hälterungstemperatur. Dichtes Laichsubstrat bietet den ♀♀ Rückzugsmöglichkeit. Wasser leicht ansäuern (pH um 6,5), Wasserstand niedrig (etwa 10 cm). Nach Ablaichen Alttiere entfernen; Jungfische nach Freischwimmen mit feinem Lebend- oder Kunstfutter anfüttern.
Besonderes: Kann in warmen Gegenden im Sommer in den Gartenteich. Schleierflossige Zuchtform. FH

Puntius oligolepis

Eilandbarbe

Cyprinidae (Karpfenfische)

Vorkommen: Sumatra; Flüsse, Bäche, Seen.
GU: Körper und Flossen der ♂♂ intensiver gefärbt; Rücken- und Afterflosse der ♂♂ mit schwarzem Saum. ♀♀ rundlicher als ♂♂.
Pflege: Einfach zu halten, anspruchslos. Keine besonderen Ansprüche an Wasserqualität. Ruhiges Aquarium, teils dichte Bepflanzung, stellenweise Feinsubstrat. Problemlos mit anderen friedlichen Fischen gleicher Größe zu vergesellschaften. Schwimmt in lockeren Schwärmen oder kleinen Gruppen.
Vermehrung: Zuchttiere gut füttern, Temperatur um 2–3 °C erhöhen. Feinfiedrige Pflanzen wie Javamoos und Wurzeln von Schwimmpflanzen als Ablaichsubstrat anbieten. Das Ablaichen kann sich über mehrere Tage erstrecken; Laichsubstrat zwischenzeitlich austauschen oder Zuchttiere umsetzen (Laichräuber!). Jungfische schlüpfen nach 36–48 Stunden. Bei geringem Besatz Vermehrung auch im Hälterungsbecken.
Besonderes: ♂♂ interagieren durch harmloses Schaudrohen. FH

7

6–10

A 80
G 150

L 1–2

o T F L

15

8–10

A 100
G 100

L 1–2
18–22

o T F L

5

6–8

A 60
G 80

L 2
20–24

o T F L

Puntius semifasciolatus

Brokatbarbe, Messingbarbe

Cyprinidae (Karpfenfische)

Vorkommen: Südliches China, Laos, Vietnam.
GU: ♀♀ deutlich größer und fülliger als ♂♂. ♂♂ der Wildform mit prächtigem Balzkleid. ♂♂ der xanthoristischen (gelbgefärbten) Zuchtform intensiver gelb gefärbt als ♀♀.
Pflege: Idealer Fisch für aquaristische Einsteiger. Viel freier Schwimmraum, Büsche robuster Pflanzen als Rückzugsmöglichkeit. Sauberes Wasser und leichte Strömung erhöhen das Wohlbefinden. Mit allen „barbentauglichen" (nicht schleierflossigen), friedlichen Fischen sehr gut zu vergesellschaften. Ernährung problemlos mit allen gängigen Futtermitteln.
Vermehrung: Problemlos möglich, auch für Anfänger zu empfehlen. Spontanvermehrung im Gesellschaftsaquarium, sofern dies nicht zu dicht besetzt ist. Details siehe →*Puntius conchonius*.
Besonderes: Im Handel findet sich fast ausschließlich die xanthoristische Zuchtform „Brokatbarbe". Diese zeigt leider nicht das wunderbar rotgrüne Balzkleid der Wildform. FH

Puntius titteya

Bitterlingsbarbe

Cyprinidae (Karpfenfische)

Vorkommen: Kelani-und Nilwala-Einzug auf Sri Lanka; Flachbereiche schattiger Bäche und Flüsse mit schlammig-organischem Substrat.
GU: ♂♂ zur Laichzeit intensiv rot, ♀♀ grau- bis gelbbraun gefärbt.
Pflege: Kleine Gruppen in nicht zu hell beleuchteten Aquarien. Stellenweise feiner Bodengrund sowie teils dichte Bestände feinfiedriger Pflanzen. Vergesellschaftung problemlos, etwa mit kleinen Labyrinthern oder anderen friedlichen Kleinfischen.
Vermehrung: Zuchttiere sehr gut füttern. Nicht besonders produktiv. Paarweiser Ansatz in beschattetem Zuchtbecken mit dichter feiner Bepflanzung. Das Ablaichen kann sich über mehrere Stunden erstrecken. Leicht angesäuertes Wasser (pH um 6,5) vermindert die Verpilzung der 200–300 Eier. Die Jungfische schlüpfen nach 1–2 Tagen und schwimmen nach weiteren 48 Stunden frei. Anfüttern mit Infusorien.
Besonderes: Der deutsche Name nimmt Bezug auf die Rotfärbung der ♂♂, die an laichreife Bitterlingsmännchen erinnert. Empfehlenswerter Fisch für aquaristische Einsteiger. FH

Pygocentrus nattereri

Roter Piranha

Serrasalmidae (Sägesalmler)

Vorkommen: In Südamerika weit verbreitet, von Guyana bis Argentinien, in Flüssen und Seen, in allen Gewässertypen.
GU: ♂♂ werden zur Laichzeit schwarz und die Bauchlinie ist flach. Die ♀♀ sind voller und behalten ihre rötliche Färbung.
Pflege: Nur für Artbecken ab 500 Liter in einer Gruppe, die man sich als Jungtiere kauft, geeignet. Das Becken sollte mit robusten Pflanzen, einem sandigen Bodengrund und Versteckmöglichkeiten für diese scheuen Salmler eingerichtet sein. An die Wasserwerte stellen sie keine Ansprüche.
Vermehrung: Bei guter Pflege können Piranhas sich in Gefangenschaft fortpflanzen. Zur Laichabgabe wühlen sie eine Grube in den Sandboden. Bis 1000 klebrige Eier, die bewacht werden. Will man Jungfische aufziehen, saugt man vorsichtig (Verletzungsgefahr durch Bisse erschreckter Tiere) einen Teil des Laichs ab. Die Jungen sind leicht aufzuziehen und müssen später, dem Wachstum entsprechend, getrennt werden, da sonst die größeren über die kleineren herfallen.
Besonderes: „Sägesalmler" wegen des „gesägten" Bauchkieles. P+MH.

10

8–10

A 80
G 80

L1–3
18–24

o T F L

5

6–8

A 60
G 60

L2
23–25

o T F L

33

6

A 500

K L1–3
23–27

c F L

Rasbora kalochroma

Schönflossenbärbling
Cyprinidae (Karpfenfische)

Vorkommen: Malaysia, Indonesien (Borneo und Sumatra); verschiedene Waldgewässer mit saurem pH-Wert.
GU: ♀♀ etwas größer und deutlich fülliger; ♂♂ mit intensiver gefärbter Afterflosse.
Pflege: Nur für fortgeschrittene Aquarianer zu empfehlen. Benötigt unbedingt sehr weiches, saures Wasser (pH 5–6), dazu viel freien Schwimmraum, stellenweise dichte Bepflanzung mit feinfiedrigen Pflanzen und gedämpftes Licht. Torffilterung und dunkler Bodengrund vorteilhaft. Regelmäßiger Wasserwechsel mit geeignetem Wasser. Ernährung relativ unproblematisch. Fische zur Vergesellschaftung müssen nach ähnlichen Ansprüchen an die Wasserqualität ausgewählt werden. Aquarium unbedingt gut abdecken – springt!
Vermehrung: Bislang nur sporadische Zufallszuchten im Aquarium bekannt geworden.
Besonderes: Einer der wenigen Bärblinge, dessen Zucht noch immer eine echte Herausforderung für erfahrene Aquarianer darstellt. Empfindliche Tiere für ein ruhiges Schwarzwasserbecken. FH

Rasbora pauciperforata

Rotstreifenbärbling
Cyprinidae (Karpfenfische)

Vorkommen: Thailand, Kambodscha, Malaysia, Indonesien (Sumatra, Borneo); flache Waldgewässer mit saurem pH-Wert.
GU: ♂♂ schlank mit flacher, ♀♀ mit deutlich gebogener Bauchlinie.
Pflege: Lebhafter Schwarmfisch, der in nur mäßig hell beleuchteten Aquarien am besten zur Geltung kommt. Dichte Bepflanzung, leicht saures und weiches Wasser. Vergesellschaftung mit kleinen und friedlichen Fischen unproblematisch. Lebhafte Fische der mittleren Wasserregion. Ernährung mit gängigen Futtermitteln problemlos, sofern diese klein genug sind.
Vermehrung: Zuchttiere müssen sich aus Schwarm finden. Zuchtaquarium dicht mit feinen Pflanzen bestücken, weiches Wasser, über Torf filtern. Nur indirekt beleuchten. Laichen in Pflanzendickicht. Elterntiere herausfangen; Schlupf der Jungen nach gut 24 Stunden. Anfüttern mit Infusorien und feinem Trockenfutter.
Besonderes: Auffälliger, leuchtend roter Längsstreifen, der sich von der Schnauzenspitze bis zur Schwanzwurzel erstreckt. FH

Rhinogobius sp.

Weißwangengrundel
Gobiidae (Grundeln)

Vorkommen: Weit verbreitet in Südost- und Ostasien; in Fließgewässern mit deutlicher Strömung.
GU: ♂♂ größer und farbiger.
Pflege: ♂♂ revierbildend, schwächere ♂♂ werden unterdrückt und magern ab, mehrere ♂♂ nur in sehr großen Aquarien; am besten im Harem mit 1 ♂ und 3 ♀♀. Zu Fischen, die kein Bodenrevier beanspruchen, völlig friedlich. Kühlere Überwinterung, sonst kommen die Tiere nicht in Laichstimmung. Bepflanztes, gut strukturiertes Aquarium mit sandigem und kiesigem Bodengrund, zahlreichen Verstecken und kleinen, flachen Höhlen.
Vermehrung: Höhlenbrüter; bis 50 Eier an der Höhlendecke werden vom ♂ bewacht. Schlupf nach etwa 14 Tagen. *Artemia*-Nauplien als Erstfutter.
Besonderes: Die Fische können den Kopf unabhängig vom Körper bewegen; interessantes Imponier- und Balzverhalten. Oft als *Rhinogobius duospilus* oder unter dem Synonym *R. wui* im Handel, eine exakte Bestimmung der zahllosen Arten ist aber kaum möglich. CS

10

8–10

A 120
G 120

L1
24–28

o/c T F L

7

8–10

A 80
G 100

L1
22–26

o T F L

5

1/3

A 80
G 80

L1–3
18–26

c (F) T L

Rivulus xiphidius

Blaustreifen-Bachling
Rivulidae (Südamerikanische Killifische)

Vorkommen: Französisch-Guyana und angrenzendes Brasilien; in kleinen, flachen Regenwaldbächen mit einer Laubschicht.
GU: ♂♂ meist etwas größer und farbiger als die ♀♀.
Pflege: Haltung im Artaquarium oder in Gesellschaft von kleinen ruhigen Fischen wie Panzerwelsen oder *Otocinclus*-Arten. Dichte Bepflanzung bietet Versteckmöglichkeiten, ein dunkler Bodengrund und ein abgedunkeltes Aquarium heben die Färbung der ♂♂ besonders hervor. Das Wasser sollte am besten über Torf gefiltert und häufig in kleinen Mengen gewechselt werden.
Vermehrung: Im dicht bepflanzten Zuchtaquarium mit Torfgrund und einem Trio. Ein ♀ legt täglich bis zu 10 Eier. Wichtig ist sauberes, weiches und leicht saures Wasser und gute Fütterung. Nach 2–3 Wochen schlüpfen die Jungen, die nach kurzer Zeit freischwimmen und mit *Artemia*-Nauplien gefüttert werden können.
Besonderes: *Rivulus*-Arten springen gut, deswegen Aquarium dicht abdecken. Diese Art ist etwas schwieriger zu züchten, meist überwiegen ♂♂ in der Nachzucht. RS

Satanoperca jurupari

Teufelsangel
Cichlidae (Buntbarsche)

Vorkommen: Amazonas-, Ucayali- und Rio-Negro-Einzug; in unterschiedlichen Gewässertypen.
GU: Kaum zu unterscheiden, ältere ♂♂ etwas größer als ♀♀.
Pflege: Am besten paarweise in großen Aquarien mit feinem Bodengrund, den die Fische den ganzen Tag nach Nahrung durchkauen, robusten, fest verwurzelzen Pflanzen und Versteckmöglichkeiten. Vergesellschaftung mit anderen größeren und ruhigen Fischen gut möglich, zu kleine Mitbewohner werden gefressen. Die Wasserwerte müssen sich nach der Herkunft richten.
Vermehrung: Maulbrüter mit Elternfamilie; Wasserwerte je nach Variante. Beide Elterntiere nehmen Eier, Larven und später auch die Jungfische ins Maul auf. Mit *Artemia*-Nauplien als Erstfutter ist die Aufzucht nicht schwer.
Besonderes: Zahlreiche Standortvarianten, eventuell eigene Arten, aus fast allen Regionen Amazoniens, die sich manchmal schwer unterscheiden lassen. CS

Spathodus erythrodon

Blaupunkt-Grundelbuntbarsch
Cichlidae (Buntbarsche)

Vorkommen: Tanganjikasee (endemisch), zentrale West- und Ostküste; Geröll und Felsbruch, Flachwasser bis 4 m Tiefe.
GU: ♂♂ kaum grösser; sichere Unterscheidung nur an der Form der Genitalpapille.
Pflege: Ausgeprägte Territorialität, auch starke innerartliche Aggressivität; Vergesellschaftung mit anderen Tanganjikasee-Cichliden jedoch problemlos.
Vermehrung: Paarbildung am besten aus halbwüchsigenTieren. Paarbindung über mehrere Fortpflanzungszyklen; Paarbrüche sind möglich. Laichen auf Hartsubstrat, bis etwa 30 Eier. Biparentaler Maulbrüter, Larven schlüpfen nach etwa 5 Tagen; 10 bis 13 Tage Maulbrüten durch ♀, dann Übergabe an ♂. Freilassen der Jungen 27 bis 30 Tage nach Laichen. Nahrungsaufnahme von ♀ und ♂ während der Maulbrutpflege. Ernährung der Jungen mit *Artemia*-Nauplien.
Besonderes: Verwandte Arten: *Eretmodus cyanostictus*, *Tanganicodus irsacae* sowie *S. marlieri*. Gattungsmerkmale sind die Zahnformen; nach neueren Untersuchungen sind Zahnformen jedoch eher durch die Ernährungsweise bedingt. HHB

4,5

1/2–3

A 20
G 54

S
18–26

c F L

25

1/1

A 375
G 500

K S L1
25–29

c (o) F
T L

7

1/1

A 100
G 200

L 2
23–28

o T F L

Steatocranus casuarius

Buckelkopfbuntbarsch

Cichlidae (Buntbarsche)

Vorkommen: Im unteren Kongo bis zum Pool Malebo; lebt als strömungsliebende Art in den Stromschnellenbereichen.
GU: ♂♂ mit größeren Flossen und kräftigerem Kopfbuckel, meist größer.
Pflege: Aquarium mit möglichst großer Grundfläche, feinem Bodengrund und vielen Verstecken. Pflanzen werden nicht beschädigt. In geräumigen Aquarien können sie mit größeren Salmlern oder Barben vergesellschaftet werden, keine anderen Bodenbewohner! Häufige Teilwasserwechsel sowie kräftige Filterung und Durchlüftung sind wichtig. An die Wasserwerte werden keine besonderen Ansprüche gestellt.
Vermehrung: Paarbildende Höhlenbrüter, es werden bis zu 100 Eier abgelegt, die Jungen schwimmen nach etwa 2 Wochen frei und können mit feinem Lebend- und Trockenfutter ernährt werden.
Besonderes: Häufig im Handel zu findende Art, es gibt noch weitere *Steatocranus*-Arten, die ähnliche Ansprüche zur Haltung und Zucht haben. Außer *S. irvinei* aus Ghana kommen alle Arten aus Stromschnellenregionen des Kongo-Einzugs. RS

Stiphodon sp.

Neongrundel

Gobiidae (Grundeln)

Vorkommen: Weit verbreitet in Südost- und Ostasien. Oft in starker Strömung. Jungfische wachsen im Meer heran und wandern später in die Flüsse zurück.
GU: ♂♂ oft mit farbigem Längsstreifen, ♀♀ mit graubraunem Längsband auf hellerem Grund.
Pflege: Zu anderen Arten friedlicher Fisch für ein Aquarium mit deutlicher Strömung. Aufwuchsfresser, der aber problemlos zu ernähren ist. ♂♂ territotial, am besten im Harem mit mehreren ♀♀ pflegen, in größeren Aquarien auch mehrere ♂♂. Höhlen oder ähnliche kleine Verstecke als Revierzentrum der ♂♂.
Vermehrung: Es kommt zwar zum Ablaichen und auch zum Schlupf im Aquarium, da die Larven aber zwingend eine planktonische Phase im Meer durchmachen müssen und zudem winziges Futter benötigen, ist die Aufzucht bisher nicht gelungen.
Besonderes: Zahllose, einander sehr ähnliche Arten, exakte Bestimmung kaum möglich. Verschiedene Arten werden öfter aus Asien importiert. Die Bezeichnung Neongrundel wird eigentlich für einen reinen Meeresfisch verwendet. CS

Sturisoma festivum

Segelflossen-Störwels

Loricariidae (Harnischwelse)

Vorkommen: Kolumbien, Venezuela, Maracaibo-Becken; dort in schnell fließenden Klarwasserflüssen mit steinigem Untergrund.
GU: Die ♂♂ mit Borsten am Schnauzenrand, die den ♀♀ völlig fehlen.
Pflege: Die eleganten Harnischwelse sollten nicht mit Fischen vergesellschaftet werden, die ihnen an den verlängerten Flossen herumzupfen. Pflege und Vermehrung in Leitungswasser bei einem pH-Wert über 6,0 möglich.
Vermehrung: Nicht schwierig zur Fortpflanzung zu bewegen. Zumeist suchen sich die Tiere eine Stelle nahe des Filterausstroms zum Ablaichen aus, um bis zu 150, seltener sogar 200 Eier abzulegen. Bei 25 °C schlüpfen die Larven nach etwa 7 Tagen. Bei der Aufzucht ist es wichtig, dass die Jungfische ständig Futter (etwa Futtertabletten) vor der Nase liegen haben, da sie nicht aktiv auf Futtersuche gehen.
Besonderes: Lange Zeit hielt man diese Art fälschlich für *S. panamense*. *S. festivum* unterscheidet sich von *S. panamense* und *S. aureum* jedoch durch die deutlich stärker verlängerten Flossen. IS

15

1/1

A 240
G 240

L1–2
22–28

o T F L

6

1/3

A 80
G 80

L1–3
20–24

o T F L

20

1/1
Gruppe

A 80
G 100

K L1–2
24–29

h T F L

Symphysodon aequifasciatus
Diskusbuntbarsch
Cichlidae (Cichlidae)

Vorkommen: Entlang des gesamten Amazonas in allen Unterläufen der Zuflüsse; in unterschiedlichen Gewässertypen.
GU: Kaum zu unterscheiden, ältere ♂♂ etwas größer und kantiger.
Pflege: Gruppenweise in großen, auch bepflanzten Aquarien mit Rückzugsmöglichkeiten; keine aggressiven Mitbewohner, sonst gut zu vergesellschaften mit Salmlern, Zwergbuntbarschen, friedlichen Welsen. Kein Anfängerfisch.
Vermehrung: Elternfamilie. Gelege wird an vertikalen Substraten in der oberen Wasserregion befestigt. Schlupf nach 2, Freischwimmen nach weiteren 4 Tagen. Jungfische weiden zunächst die Oberhautzellen der Eltern ab, danach erst *Artemia*-Nauplien.
Besonderes: Zahlreiche Lokalvarianten, die sich farblich (und preislich) unterscheiden. Benennung nach Farbe oder Fundort, etwa Blauer Diskus, Tefé-Diskus. Außerdem zahllose und immer wieder neue Zuchtformen, vor allem aus Südostasien. Nicht zuletzt wegen der oftmals erst durch die Zuchtumstände hervorgerufenen Empfindlichkeit manchmal hinfällig. CS

Synodontis eupterus
Schmuckflossen-Fiederbartwels
Mochokidae (Fiederbartwelse)

Vorkommen: In Afrika in den Flusssystemen des Niger, Tschad, Volta und des weißen Nils vorwiegend an felsigen Ufern, wo sie sich hauptsächlich von Insektenlarven ernährt.
GU: Die ♀♀ sind deutlich fülliger als die ♂♂.
Pflege: Elegante und ausgesprochen einfach zu pflegende Welse, die im Aquarium sehr langlebig und unempfindlich sind. Leider sind sie wie fast alle Synodontis-Arten weitestgehend nachtaktiv und verstecken sich tagsüber an der Unterseite von Holzwurzeln oder großen Steinen. Sie sind fast immer sehr schnell am Futterplatz und schlingen sehr gierig die Nahrung (Flockenfutter, Frostfutter) herunter.
Vermehrung: Im Aquarium konnte diese Art bislang auf natürlichem Wege nicht nachgezüchtet werden. In Osteuropa werden diese Fische jedoch durch hormonelle Stimulation vermehrt.
Besonderes: Häufig wird die Art fälschlich als *Synodontis velifer* bezeichnet. Jungfische mit attraktivem Zeichnungsmuster aus sehr dicht angeordneten gewundenen Linien, das sich mit zunehmendem Alter zu einzelnen Flecken auflöst. IS

Synodontis multipunctatus
Kuckucks-Fiederbartwels
Mochokidae (Fiederbartwelse)

Vorkommen: Bislang lediglich aus dem Tanganjikasee in Ostafrika bekannt, wo die Art sowohl in Küstennähe als auch in Wassertiefen von bis zu 100 Metern vorkommt.
GU: Die erwachsenen ♂♂ sind an der stark hervortretenden Genitalpapille zu erkennen, die bei den ♀♀ kaum sichtbar ist.
Pflege: Als friedliche Schwarmfische sollten S. multipunctatus niemals einzeln gepflegt werden, allerdings ist es aufgrund der nicht unerheblichen Größe dieser Fische wohl nur wenigen Aquarianern möglich, eine größere Gruppe zu pflegen.
Vermehrung: *S. multipunctatus* wird auch als Kuckucks-Fiederbartwels bezeichnet, da die Tiere ihre Eier von maulbrütenden Buntbarschen ausbrüten lassen. Die offensichtlich ständig laichbereiten Tiere überraschen die Cichliden beim Ablaichen, fressen einen Teil des Laichs und lassen stattdessen die eigenen Eier zurück. Viele Tage später spuckt das Cichliden-♀ die jungen Welse anstelle der eigenen Nachkommenschaft aus.
Besonderes: Es gibt eine Reihe von ähnlich gefärbten *Synodontis*-Arten im Tanganjikasee, etwa *Synodontis petricola*. IS

20

8

A 500
G 750

K
28–30

c T F L

15–20

1–
Gruppe

A 80
G 100

L 1–2
22–27

c T F L

25

1/1
Gruppe

A 100
G 120

L 2
23–27

c T F L

Tanichthys albonubes

Kardinalfisch

Cyprinidae (Karpfenfische)

Vorkommen: Südchina (Umgebung von Guangzhou: Weiße Wolkenberge; Hong Kong), nördliches Vietnam; Randbereich von Flüssen und Bächen.
GU: ♂♂ mit leicht verlängerten Flossen, intensiver gefärbt; ♀♀ rundlicher.
Pflege: Einer der anspruchslosesten und dankbarsten Aquarienfische. Schwarmfisch. Nicht zu warm halten; ideal ist ein ungeheiztes Zimmeraquarium. Mit kleinen und friedlichen Fischen gut zu vergesellschaften.
Vermehrung: Sehr einfach. Feine Pflanzen als Laichsubstrat anbieten. Zucht im Daueransatz möglich, wobei die Elterntiere den Nachwuchs bei ausreichender Fütterung kaum behelligen. Regelmäßig größere Jungfische entnehmen. Alternativ Zuchttiere trennen, gut füttern und in kleinem Aquarium ablaichen lassen. Jungfische schlüpfen nach 36 Stunden. Aufzucht einfach mit feinem Trocken- oder Tümpelfutter möglich.
Besonderes: Eine ähnliche Art ist *T. micagemmae* aus Zentral-Vietnam, die durch abweichendes Farbmuster auffällt. FH

Tateurndina occelicauda

Pastellgrundel, Schmetterlingsgrundel

Gobiidae (Grundeln)

Vorkommen: Östliches Papua-Neuguinea; in den vegetationsreichen Randbereichen von Fließgewässern.
GU: ♀♀ kleiner, mit schwarzem After- und Rückenflossensaum; ♂♂ mit runderem Kopf.
Pflege: Gut geeignet für kleinere, dicht bepflanzte Gesellschaftsaquarien mit vielen kleinräumigen Verstecken. In größeren Behältern auch gruppenweise Haltung möglich. ♂♂ verteidigen ein kleines Revier um eine Höhle.
Vermehrung: Gelingt auch im Gesellschaftsaquarium, wenn es nicht zu hektisch darin zugeht. Laicht nicht ausschließlich in Höhlen, sonst ein Paar in ein 10-Liter-Aquarium setzen. Bis zu 200 Eier; Gelege wird vom ♂ bewacht. Die Jungen sind mit *Artemia*-Nauplien problemlos aufzuziehen.
Besonderes: Vorsicht bei der Vergesellschaftung mit langflossigen Fischen (etwa →*Iriatherina werneri*) in kleineren Aquarien. Die Grundeln beißen solchen Arten oftmals Flossenstücke ab. CS

Tetragonopterus argenteus

Gesäumter Schillersalmler

Characidae (Echte amerikanische Salmler)

Vorkommen: Weit verbreitet in Brasilien, Peru, Paraguay, Uruguay, Argentinien im Amazonas und La-Plata-Einzug.
GU: ♀♀ bis 12 cm, ♂♂ bis 10 cm. Sonst keine äußeren Unterschiede. Beide Geschlechter haben rote Bauch- und Afterflossen.
Pflege: Einer der wenigen, größer werdenden Salmler, der keine Pflanzen frisst und daher gut für größere Aquarien geeignet ist. Sie bleiben gern in einer Gruppe zusammen in einer Freiwasserzone und entfernen sich nur selten daraus. Langlebig, 10 Jahre und mehr sind möglich. Zur Vergesellschaftung mit allen Salmlern, größeren Buntbarschen und Welsen geeignet.
Vermehrung: Dafür sind geräumige Becken ab 200 Liter erforderlich, da die Männchen stark treiben. Es sind Freilaicher zwischen Pflanzen, doch Zuchten im Aquarium sind bisher nicht bekannt. Die kommerzielle Vermehrung soll in USA (Florida) und in Asien in Freilandteichen erfolgen.
Besonderes: In der Literatur oft verwechselt mit *T. chalceus*. Beim Kauf der Jungfische ist die endgültige Größe der Fische zu beachten. P+MH.

4

6–10

A 60
G 60

L1–3
18–24

o T F L

5

1/1
Gruppe

A 54
G 80

L1–3
24–26

c T F L

12

6

A 200
G 200

L3
23–27

o T F L

Tetraodon miurus

Koffer-Kugelfisch
Tetraodontidae (Kugelfischverwandte)

Vorkommen: Kongo-Becken, im Bereich größerer Flüsse in Stromschnellen.
GU: unbekannt.
Pflege: Einzelhaltung, extrem bissig gegen Artgenossen, andere Fische werden angegriffen, getötet und verzehrt. Bodengrund aus feinem Sand. Dekoration nebensächlich, Pflanzen werden nicht beschädigt. Der Koffer-Kugelfisch gräbt sich ein, schwimmt von unten einen potentiellen Beutefisch an und beisst ihm die Eingeweide heraus.
Vermehrung: Zucht im Aquarium noch nicht beschrieben.
Besonderes: Dieser Kugelfisch ist äußerst variabel in der Färbung. Neben ziegelroten gibt es auch pechschwarze Exemplare, sowie braune oder graue mit schwarzen Tüpfeln. Trotz seiner unangenehmen Eigenschaften ein faszinierender Fisch, der sehr intelligent ist und schnell den Pfleger kennen lernt. Er wird dann handzahm und frisst gerne von der Pinzette. Ähnlich zu pflegen ist der fast identisch aussehende Wabenkugelfisch (*Tetraodon duboisi*) und der sehr groß werdende Nil-Kugelfisch (*T. lineatus*). FS

Tetraodon nigroviridis

Grüner Kugelfisch
Tetraodontidae (Kugelfischverwandte)

Vorkommen: Küstenregionen in Südostasien: Thailand, Malaysia, Vietnam. Die Art kommt typischerweise in Brackwasseregionen vor, kann jedoch sowohl in Süßwassser als auch in Seewasser gefunden werden.
GU: Sichere Geschlechtsunterschiede sind nicht bekannt. Laichreife ♀♀ etwas größer und fülliger.
Pflege: Wird am besten in einem Brackwasseraquarium gepflegt. Ideal ist etwa ein Viertel des Salzgehaltes eines Meerwasseraquariums (also etwa 7 g Salz/Liter). Einrichtung mit Steinen, es stehen nur wenige Pflanzenarten für Brackwasseraquarien zur Verfügung, die allerdings nicht beschädigt werden. Meist friedlich gegen Artgenossen und artfremde Fische, jedoch mit ausgeprägtem Spieltrieb, manche Individuen können sich zu äußerst lästigen Flossenbeißern entwickeln. Frisst alle Wirbellosen!
Vermehrung: Substratlaicher, das Männchen bewacht das Gelege.
Besonderes: Ähnlich zu pflegen ist *T. fluviatilis*, der im Gegensatz zu *T. nigroviridis* Bänder auf dem Vorderrücken hat, und *T. biocellatus*. FS

Thayeria boehlkei

Schrägschwimmer
Characidae (Echte Amerikanische Salmler)

Vorkommen: In Brasilien, etwa im Rio Araguaia, auch in Peru im Amazonas-Einzug; in schattigen Urwaldgewässern.
GU: ♂♂ etwas kürzer als ♀♀. Laichreife ♀♀ sind gut an dem gerundeten Bauchprofil zu erkennen.
Pflege: Ruhige Salmler, die jedoch in Balz- und Ablaichphasen sehr agil werden können. Geeignet für Becken mit reichlicher Bepflanzung und freiem Schwimmraum. Durch die fast ständige wippende, schräge Schwimmweise heben sie sich von anderen Salmlern in ihrem Verhalten ab. Zu vergesellschaften wie →*Hyphessobrycon eques*.
Vermehrung: Paarweise in Laichbecken ab 45 Liter ansetzen. Eltern nach dem Laichen entfernen. Sie sind sehr produktiv, teilweise bis 1000 winzige dunkelfarbige Eier, die schwer zu erkennen sind. Trotzdem fressen die Jungfische nach dem Freischwimmen sofort *Artemia*-Nauplien. Dem Wachstum entsprechend in größere Becken umzusetzen.
Besonderes: Bis 1957 wurde *Thayeria boehlkei* als *Thayeria obliqua* Eigenmann, 1908, vorgestellt. Eine dritte Art ist *Thayeria ifati*, Géry, 1959. P+MH.

15

1

200

L1–3
22–28

c F L

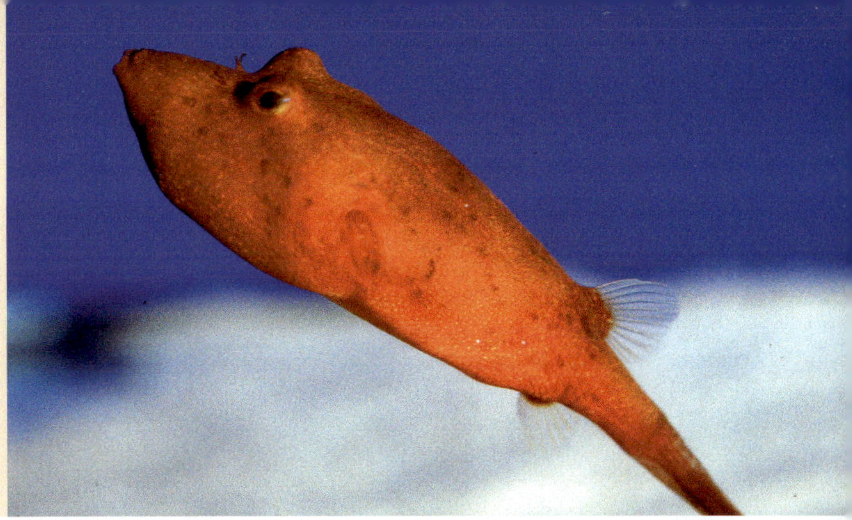

15

1, besser
5–7

A 50 (1)
G 120

L3 B

c F L

6

6

A 112
G 112

L1–2
22–28

o T F L

Thorichthys meeki

Rotbrustbuntbarsch, Feuermaulbuntbarsch
Cichlidae (Buntbarsche)

Vorkommen: Mexiko und Guatemala, Halbinsel Yucatan; zwischen Río Grijalva und Río Usumacinta; in fließenden und stehenden Gewässern.
GU: ♂♂ größer und mit länger ausgezogegen Flossen.
Pflege: Außerhalb der Laichzeit ist *T. meeki* eher friedlich und in größeren Gesellschaftsaquarien mit nicht zu kleinen Lebendgebärenden Zahnkarpfen etwa gut zu vergesellschaften. In großen Aquarien auch mehrere Paare. Bepflanzung gut möglich. Versteck- und Rückzugsmöglichkeiten wichtig.
Vermehrung: Offenbrüter mit Elternfamilie. Gelege auf einem Stein, wird vom ♀ bewacht; ♂ verteidigt das Brutrevier. Schlupf nach 2–4 Tagen, Larven werden umgebettet und schwimmen nach weiteren 3–4 Tagen frei, Aufzucht mit *Artemia*-Nauplien als erstem Futter einfach.
Besonderes: Einige, von reisenden Aquarianern mitgebrachte Standortvarianten. Andere *Thorichthys*-Arten mit ähnlichen Ansprüchen, aber manchmal nicht so robust wie *T. meeki*, öfter im Handel. CS

Trichogaster leerii

Mosaikfadenfisch
Osphronemidae (Guramis)

Vorkommen: Malaysia, Sumatra, Borneo.
GU: ♂♂ mit spitzer, ♀♀ mit runder Rückenflosse. Kehle und Bauch der ♂♂ rot, der ♀♀ silbern gefärbt; ♀♀ rundlicher; Afterflosse der ♂♂ mit verlängerten Strahlen.
Pflege: Großes, flaches und ruhiges Aquarium mit dichtem Pflanzenwuchs. Ruhige Oberfläche, Schwimmpflanzen. Nicht zu kühl halten. Wie bei allen Labyrinthern das Aquarium abdecken, um warme Luftschicht für die Luftatmung zu bieten. Friedlicher Fadenfisch, doch sollten die ♂ genügend Platz für einzelne Reviere haben. Gut mit ruhigen Fischen wie Keilfleckbärblingen zu vergesellschaften.
Vermehrung: → *Trichogaster trichopterus*. Zur planmäßigen Zucht reichlich mit Lebendfutter füttern, Temperatur leicht anheben, Wasser öfter wechseln und Wasserstand auf etwa 15 cm absenken.
Besonderes: Seitlicher Lichteinfall hebt das Prachtkleid silberner Punkte besonders schön hervor. Gut geeignet für das größer dimensionierte Gesellschaftsaquarium. FH

Trichogaster trichopterus

Blauer Fadenfisch, Gepunkteter Fadenfisch
Osphronemidae (Guramis)

Vorkommen: Mekong-Einzug in Laos, Yunnan (China), Thailand, Kambodscha und Vietnam, Sumatra, Java, Borneo; eingeschleppt in Sulawesi und Bali. Flüsse, Bäche und Gräben, langsam fließende, krautige Uferregionen.
GU: ♂♂ mit spitz ausgezogener, ♀♀ mit runder Rückenflosse. ♀♀ rundlicher als ♂♂.
Pflege: In genügend großem Aquarium einfach. Dicht bepflanzen, Schwimmpflanzendecke, ruhige Oberfläche. ♂♂ können recht aggressiv sein.
Vermehrung: Laichen bei geeigneter Pflege im Hälterungsbecken regelmäßig ab. ♂ errichtet Schaumnest an der Wasseroberfläche. Paarung unter dem Nest, wobei das ♂ das ♀ unter Umschlingung auf den Rücken dreht. Die Eier sind leichter als Wasser und steigen ins Nest auf. ♂ betreibt bis zum Freischwimmen Brutpflege. Aufzucht mit feinem Futter leicht.
Besonderes: Neben der an zwei seitlichen Punkten erkennbaren Wildform werden eine blau marmorierte („Cosby“) sowie eine goldene Zuchtform gehandelt. Lokal wichtiger Speisefisch. FH

16

1/1

A 250
G 250

L 1–3

c T F L

12

1/1
Gruppe

A 200
G 200

L 1–2
24–28

o/c T F L

12

1/1
Gruppe

A 200
G 200

L 1–3
22–28

o/c T F L

Trichopsis vittata

Knurrender Gurami
Osphronemidae (Guramis)

Vorkommen: Von Thailand bis Vietnam, Sumatra, Java und Borneo; ruhige Randbereiche von Bächen und Flüssen; Tümpel, Krautzonen.
GU: ♂♂ farbiger, mit länger ausgezogener Afterflosse. Nicht einfach zu erkennen.
Pflege: Hervorragend geeignet für kleine bis mittelgroße Aquarien, die dicht bepflanzt und mit genügend Versteckmöglichkeiten eingerichtet sind. Schwimmpflanzendecke. Problemlos in der Futterannahme, gut zu vergesellschaften. ♂♂ revierbildend, aber nicht übermäßig aggressiv.
Vermehrung: Bei guter Pflege Spontanvermehrung ohne Zutun des Pflegers. Zur Zucht Temperatur um einige Grad anheben, Wasserstand absenken. ♂ errichtet kleines und oft nicht sehr stabiles Schaumnest. Nicht sehr produktiv.
Besonderes: Ist wie seine Verwandten, der Knurrende Zwerggurami *T. pumila*, und Schallers Knurrender Gurami, *T. schalleri*, in der Lage, mit Hilfe der Sehnen seiner Brustflossen knurrende Laute zu erzeugen. Diese können als leises Knattern wahrgenommen werden. FH

Trigonostigma heteromorpha

Keilfleckbärbling
Cyprinidae (Karpfenfische)

Vorkommen: Thailand bis Sumatra; kleine Flüsse und Bäche im Wald.
GU: ♂♂ deutlich schlanker als ♀♀.
Pflege: Friedlicher Schwarmfisch für ruhiges Aquarium mit gedämpftem Licht, leicht saurem Wasser, dichter Bepflanzung und ruhigen Beifischen.
Vermehrung: Anspruchsvoll. Junge Tiere für die Zucht verwenden, die sich schon im Haltungsaquarium gefunden haben. Temperatur im Zuchtaquarium etwas höher als im Haltungsbecken, sehr weiches und saures Wasser (pH um 5,5). Einige Wasserpflanzen mit großen Blättern einsetzen. Das ♂ umschlingt das ♀ in Rückenlage, wobei die Eier an die Unterseite der Blätter abgelegt werden. Laich vor Licht schützen. Jungfische schlüpfen nach etwa 24 Stunden; mit Infusorien anfüttern.
Besonderes: Es wird auch eine sehr ähnliche Art gehandelt, *T. espei*, die etwas schlanker ist, eine deutlichere Rotfärbung auf dem Körper aufweist und einen weniger deutlich ausgeprägten Keil zeigt. Früher in Gattung *Rasbora* gestellt. FH

Tropheops „Chilumba“

Cichlidae (Buntbarsche)

Vorkommen: Malawisee, bei Chilumba (Nordwestküste). Eine weitere Population an Felsriffen der Mbamba Bay (Ostküste, Tansania). Typischer Bewohner der flachen Felszone.
GU: Dominante ♂♂ sind dunkelblau bis schwarz. Manche ♂♂ zeigen violette Farbtöne in der Rückenflossen sowie im Nacken. ♀♀ und Jungtiere sind kräftig gelb. Umfärbung der jungen ♂♂ erfolgt nach etwa einem halben bis dreiviertel Jahr.
Pflege: Lebhafter und durchsetzungsfreudiger Felsbuntbarsch. Haltung im Artbecken oder mit anderen robusten Felsbuntbarschen. Aggressiv gegen artgleiche ♂♂. Einrichtung aus grobem Sand, Steinen sowie robusten Pflanzen. Im Freiland Aufwuchs- und Planktonfresser, im Aquarium Allesfresser.
Vermehrung: Einfach. Maulbrüter im weiblichen Geschlecht. Näheres siehe bei →*Labidochromis* „Yellow“.
Besonderes: Die Vertreter der *Tropheops*-Artengruppe sind durch eine steile Stirn und die typische Fressweise (im Freiland) gekennzeichnet: Mit einer seitlich Kopfbewegung wird der Aufwuchs mehr oder weniger abgerissen. AS

6,5

1/1
Gruppe

A 60
G 80

L1–2
24–28

c/o L F T

5

8–10

A 60
G 60

L1–2
22–25

o T F L

10–12

1/3
Gruppe

A 400
G 600

L1–2
24–28

o T F L

Tropheus moorii
Sunset-Moorii
Cichlidae (Buntbarsche)

Vorkommen: Tanganjikasee (endemisch), Süd- und Südostküste, in 1 bis 20 Meter Tiefe.
GU: ♂♂ kaum größer; sichere Unterscheidung nur an der Form der Genitalpapille.
Pflege: Aufwuchsfresser. Lebhafter Schwimmer, starke innerartliche Aggressivität, adulte ♂♂ verteidigen Reviere. Große Steingruppen, auch dichte Bestände hartblättriger Wasserpflanzen (Anubias). Vergesellschaftung mit anderen Tanganjikasee-Cichliden im allgemeinen problemlos, jedoch keine Fadenmaulbrüter (Beschädigung der Bauchflossen) und carnivore Arten (Konflikt mit Ernährung).
Vermehrung: Agamer, ovophiler Maulbrüter (Mutterfamilie); bis zu 20 Eier (5,5 × 4 mm). Larven schlüpfen 6 Tage nach Laichen, Maulbrutpflege etwa 30 Tage, Junge fressen im Maul des ♀, das selbst aber keine Nahrung schluckt. Ernährung der Jungen mit *Artemia*-Nauplien.
Besonderes: Die Gattung umfasst derzeit 6 Arten mit gemeinsamer Abstammung: *T. annectens*, *T. brichardi*, *T. kasabae*, *T. moorii* und *T. polli*. Die 6. Art, *T. duboisi*, gehört möglicherweise einer anderen Gattung an. HHB

Uaru amphiacanthoides
Keilfleckbuntbarsch
Cichlidae (Buntbarsche)

Vorkommen: Im oberen Orinoco-, im gesamten Amazonas-, Rio-Negro, Rio-Branco- und Madeira-Einzug, in größeren Fließgewässern mit unterschiedlichem Wasserchemismus.
GU: Kaum zu unterscheiden, ältere ♂♂ etwas bulliger als gleichgroße ♀♀.
Pflege: Friedlicher, ruhiger Großcichlide, der in Gruppen gepflegt werden kann. Jungfische Allesfresser, später ausgesprochener Vegetarier, deshalb Bepflanzung zwecklos. Vergesellschaftung mit anderen Fischen von ähnlichem Temperament durchaus möglich. Große Aquarien mit Wurzeln und Steinen, die auch Rückzugsmöglichkeiten bieten.
Vermehrung: Wasser weich und leicht sauer bis sauer; Offenbrüter mit Elternfamilie, Gelege auf einem festen Substrat. Larven schlüpfen nach 2 Tagen, werden häufiger in kleine Gruben umgebettet und schwimmen nach weiteren 3 Tagen frei. Können sich wie →*Symphysodon aequifasciatus* zunächst von der Oberhaut der Eltern ernähren, sind aber nicht darauf angewiesen. Aufzucht auch mit *Artemia*-Nauplien als erstem Futter problemlos möglich. CS

Vieja maculicauda
Schwanzfleckbuntbarsch
Cichlidae (Buntbarsche)

Vorkommen: Weit verbreitet in Mittelamerika, von Guatemala und Belize über Nicaragua und Honduras bis nach Panama; in fließenden und stehenden Gewässern.
GU: ♂♂ größer, farbiger und mit Stirnbeule im Alter.
Pflege: Untereinander und zu anderen Arten manchmal sehr aggressiv, Vergesellschaftung deshalb nur in sehr großen Aquarien mit wehrhaften anderen Fischen. Verstecke für unterlegene Tiere nötig. Pflanzen werden von den Gemischtköstlern teilweise gefressen, am besten verschiedene harte Gewächse ausprobieren.
Vermehrung: Offenbrüter mit Elterfamilie, großes Gelege (bis 2000 Eier) auf fester Unterlage wird vom ♀ betreut, ♂ verteidigt das Brutrevier. Die Larven werden in Mulden umgebettet und die Jungfische später von beiden Elterntieren geführt. Aufzucht mit *Artemia*-Nauplien als erstem Futter nicht schwierig, aber große Futtermengen für die vielen Jungen erforderlich.
Besonderes: Aufgrund der großen Verbreitung Farbvarianten. Andere *Vieja*-Arten stellen dieselben Ansprüche. CS

12

1/5–10

A 400
G 600

L 2
23–28

h T F (L)

25

1/1
Gruppe

A 375
G 500

S K L 1

h T
Pflan-
zen

35

1/1

A 500
G 800

L 1–3
24–28

o F T L

Xenotilapia papilio

Schmetterlings-Xenotilapia
Cichlidae (Buntbarsche)

Vorkommen: Tanganjikasee (endemisch), Südwestküste; in 3 bis über 50 m Tiefe auf Felsoberflächen.
GU: ♂♂ geringfügig grösser, sichere Unterscheidung nur an der Form der Genitalpapille.
Pflege: Sandboden mit flachen Steinen. Paarbindung über mehrere Brutzyklen, auch lange vor erstem Laichen, Paarbrüche mit starker innerartlicher Aggression möglich. Vergesellschaftung mit anderen Tanganjikasee-Cichliden problemlos.
Vermehrung: Paarbildung aus halbwüchsigen-Tieren. Biparentaler Maulbrüter. Laichen auf flachen Steinen oder vor Steinkanten. Maulbrüten durch ♀ (4 bis 12 Tage), Übergabe an ♂ für 1 bis 9 Tage, gleichzeitige Maulbrutpflege von ♂ und ♀ (11. bis 31. Tag). Erstes Freilassen der Jungen am 13. bis 16. Tag nach Laichen, letzte Wiederaufnahme (durch ♂ oder ♀ 28 bis 40 Tage nach Laichen (25–28 °C); bis 30 Junge. Futteraufnahme des ♀ ab 2. Tag nach Laichen möglich.
Besonderes: Mehrere geographische Rassen an der Südwestküste. *Xenotilapia* „Sunflower“ (Sambia und Tansania) ist möglicherweise eine nah verwandte Art. HHB

Xenotoca eiseni

Banderolenkärpfling
Goodeidae (Hochlandkärpfling)

Vorkommen: Zentrales Mexiko, Nayarit; In verschiedenen Gewässertypen.
GU: ♂♂ kleiner, schlanker, farbiger, mit größerer Rückenflosse und Andropodium.
Pflege: Viel freie Schwimmräume und in den Randbereichen dichte Vegetation. Gemeinsame Haltung mit unempfindlichen, größeren Arten ist empfehlenswert.
Vermehrung: Eine Zuchtgruppe aus mehreren ♂♂ und ♀♀ ist der beste Weg zur gezielten Vermehrung. Die Fortpflanzung erfolgt in der für die meisten Goodeiden typischen Art und Weise. Nach einer intensiven Balz und einer kurzen Kopulation folgt eine 55 bis 60 Tage dauernde Trächtigkeit. Die vom Muttertier versorgten Embryonen werden mit ihren Nährschnüren ausgestoßen. Sie sind bereits anderthalb Zentimeter lang. Auf dem Höhepunkt seiner Fruchtbarkeit gebiert ein ♀ bis zu 50 Junge, die sich problemlos aufziehen lassen.
Besonderes: Wie die meisten anderen Hochlandkärpflinge ist auch der Banderolenkärpfling durch Industrie und Landwirtschaft in seiner Heimat bedroht. Es sind zwei Farbformen bekannt. MK

Xiphophorus helleri

Schwertträger
Poeciliidae (Lebendgebärende Zahnkarpfen)

Vorkommen: Mexiko und Belize. Die Schwertträger kommen sowohl im Flach- als auch im Hochland vor.
GU: ♂♂ kleiner und intensiver gefärbt, mit Schwert; ♀♀ größer und kompakter.
Pflege: Viel freie Schwimmfläche und Versteckmöglichkeiten, mit ähnlich großen Arten gut zu vergesellschaften.
Vermehrung: Ohne Zutun des Aquarianers. Da die ♂♂ während des Imponierens auch zu Aggressionen untereinander neigen, müssen mehrere ♂♂ gemeinsam gehalten werden, damit sich die Kampfhandlungen gleichmäßig verteilen. Nach vierwöchiger Trächtigkeit wirft das ♀ bis zu 200 Jungfische, die von den Alttieren manchmal verfolgt werden. Eine Besamung des ♀ reicht für mehrere Würfe. Die separate Aufzucht ist erfolgreicher. Die Jungfische fressen sofort kleines Lebendfutter, auch Trockenfutter und *Spirulina*-Pulver wird genommen.
Besonderes: *X. helleri* wird in vielen Farben und auch mit unterschiedlichen Beflossungen angeboten. Man sollte keine Zuchtform wählen, deren Beflossung eine natürliche Begattung verhindert. MK

9

1/1

A 200
G 400

L 2
23–28

o T F L

9

4/4

A 120
G 160

L 1–3
22–28

o T F L

15

5,5

A 112
G 160

L 1–3
23–25

o T F L

Xiphophorus maculatus

Korallenplaty (Zuchtform)
Poeciliidae (Lebendgebärende Zahnkarpfen)

Vorkommen: Mexiko; in ruhigen Randbereichen kleiner Bäche und Flüsse.
GU: ♂♂ schlanker, etwas kleiner, intensiver gefärbt, mit Gonopodium.
Pflege: Gut bepflanztes Aquarium, Vergesellschaftung mit vielen anderen Aquarienfischen möglich, keine gemeinsame Haltung mit anderen Zuchtformen von Platys und Schwertträgern, da sich sonst ein Sammelsurium unterschiedlichster Farben und Formen entwickelt.
Vermehrung: Die Zuchtformen der Platys pflanzen sich auch im Gesellschaftsaquarium fort. Zur gezielten Zucht eine kleinere Gruppe (3 ♂♂, 5 ♀♀) in ein kleineres, verkrautetes Aquarium setzen. Nach 4 Wochen werden bis zu 80 Jungfisches abgesetzt, die sich am besten mit Salinenkrebsen und Staubfutter aufziehen lassen. Separate Aufzucht nicht erforderlich, doch wachsen die Jungen in altershomogenen Gruppen schneller heran. Nach 10 Wochen sind sie geschlechtsreif.
Besonderes: Die Wildform ist bereits überaus variabel gefärbt. Der Korallenplaty vertritt hier die vielen Zuchtformen, die auch durch Artkreuzungen entstanden sind. MK

Xiphophorus variatus

Veränderlicher Spiegelkärpfling, Papageienplaty
Poeciliidae (Lebendgebärende Zahnkarpfen)

Vorkommen: Mexiko; in den ruhigen Randbereichen kleiner Bäche und Flüsse.
GU: ♂♂ schlanker, kräftiger zum Teil weitaus bunter gefärbt, mit Gonopodium.
Pflege: Gut bepflanztes Aquarium, gut zu vergesellschaften, keine gemeinsame Haltung mit anderen *Xiphophorus*-Arten, da es sonst zu Kreuzungen kommt.
Vermehrung: Die Vermehrung gelingt auch im Gesellschaftsaquarium, wobei allerdings nur wenige Jungfische die Gefahren der ersten Wochen überleben werden. Man kann auch ein trächtiges ♀ oder eine kleine Zuchtgruppe in einem verkrauteten Aquarium separieren. Das trächtige ♀ setzt nach ungefähr vier Wochen bis zu 100 Jungfische ab, die meistens nicht durch die Alttiere verfolgt werden. Die Aufzucht gelingt mit gutem Staubfutter und Salinenkrebschen. Nach 3–4 Monaten sind die Jungfische selbst geschlechtsreif.
Besonderes: Aus der bereits farbenprächtigen Wildform sind durch selektive Zuchtverfahren und Kreuzungen mit nah verwandten Arten neue Zuchtformen entstanden. MK

Yasuhikotakia modesta

Grüne Schmerle
Cobitidae (Dornschmerlen, Prachtschmerlen)

Vorkommen: Im Mekong-, Chao-Phraya- und Mae-Khlong-System in Kambodscha, Laos, Thailand und Vietnam.
GU: Nur am Laichansatz erkennbar.
Pflege: Langgestrecktes Hälterungsbecken, Einrichtung mit zahlreichen Verstecken und reich strukturiertem Bodengrund. Robuste Pflanzen, gegen Entwurzelung sichern. Strömung. Mitunter ruppig, nicht mit sehr ruhigen oder grazilen Fischen vergesellschaften.
Vermehrung: Im Aquarium bislang noch nicht gelungen. Laichwanderung; steigt von den Unter- und Mittelläufen der großen Ströme zur Fortpflanzung in schnell fließende Seitengewässer auf. Laicht dort zu Beginn der Regenzeit, wandert anschließend zurück.
Besonderes: Bis vor kurzem in die Gattung *Botia* gestellt. Sollte unbedingt in Gruppen gehalten werden, Einzeltiere neigen zu Aggressivität. Vorwiegend nachtaktiv. Man beachte vor der Anschaffung die stattliche Maximallänge. In der Aquaristik erreichen aufgrund meist ungeeigneter Hälterung kaum Exemplare die Laichreife. FH

6

2/4

A 60
G 80

L1–3
22–26

o T F L

6

2/4

A 60
G 80

L1–3
18–28

o T F L

28

5

A 300
G 300

L2
24–28

o/c T F L

Yasuhikotakia morleti

Aalstrichschmerle, Mausschmerle
Cobitidae (Dornschmerlen/Prachtschmerlen)

Vorkommen: Mekong-, Chao-Phraya- und Mae-Khlong-Einzüge; Thailändische Halbinsel; mittelgroße bis große Flüsse, sowohl in fließenden als auch in stehenden Bereichen. Bevorzugt Verstecke in sandigen Habitaten.
Pflege: Nicht für das Gesellschaftsaquarium geeignet, denn viele Individuen neigen zu Aggressivität gegenüber anderen Aquarienfischen, besonders wenn sie fälschlicherweise als Einzelexemplare gehalten werden. Permanente Verfolgung bis hin zu Flossenfressen ist bekannt. Haltung am besten als Kleingruppe im Artbecken, mit zahlreichen Verstecken und feinem Bodengrund. Bei guter Pflege langlebig und zutraulich.
Vermehrung: Im Aquarium noch nicht gelungen.
Besonderes: Bis vor kurzem in die Gattung *Botia* gestellt. Kein empfehlenswerter Aquarienfisch! Erzeugt, wie andere Prachtschmerlen auch, gelegentlich knackende Geräusche, über deren Bedeutung nur wenig bekannt ist. Die Laute können auch außerhalb des Aquariums deutlich wahrgenommen werden. FH

Yasuhikotakia sidthimunki

Schachbrettschmerle, Zwergschmerle
Cobitidae (Dornschmerlen, Prachtschmerlen)

Vorkommen: Unterläufe und Zuflüsse im Chao-Phraya- und Mekong-Einzug; Überschwemmungsflächen.
GU: Nur an Laichansatz unterscheidbar.
Pflege: Dicht bepflanztes, ruhiges Aquarium mit zahlreichen Verstecken; Schwimmpflanzen. Sehr verträglich und gut mit kleinen, friedlichen Fischen zu vergesellschaften.
Vermehrung: Im Aquarium bislang nicht gelungen. Wird kommerziell über Hormongaben vermehrt.
Besonderes: Sehr kleine Schmerle, gut auch für kleinere Aquarien geeignet. Schwarmfisch, tag- und dämmerungsaktiv.
Gefährdete Art, deren Bestände einen Rückgang von über 80 Prozent innerhalb der letzten 10 Jahre erlitten. Besonders bedroht durch Bau von Staudämmen. Aquarianer sollten darauf achten, ausschließlich Nachzuchttiere zu erwerben, um Freilandentnahmen zu vermeiden. Mit *Y. nigrolineata* wird eine momentan nicht als gefährdet eingestufte, ähnliche Art gehandelt, die etwas größer wird und durch fehlende vertikale Binden auffällt. Bis vor kurzem in die Gattung *Botia* gestellt. FH

Zonancistrus sp.

L 52
Loricariidae (Harnischwelse)

Vorkommen: Im oberen Orinoko-Becken im Grenzgebiet Kolumbien/Venezuela verbreitet; bewohnt vor allem Schwarzwasserflüsse, wie den Río Atabapo. Kommt in mäßig strömenden Gewässerabschnitten auf steinigem Untergrund vor.
GU: ♂♂ sind an der deutlich breiteren Kopfpartie, der geringeren Leibesfülle sowie an der etwas stärkeren Beborstung zu erkennen.
Pflege: Unter falschen Pflegebedingungen zeigen die Fische in der Regel nicht ihre hübsche Färbung. Sie sind wie kaum ein anderer Harnischwels in der Lage, ihr Zeichnungsmuster zu verwandeln.
Vermehrung: Zucht in der Regel nur in weichem, saurem Wasser (pH-Wert 4,5–6,5) möglich. Das Gelege wird bei diesen Höhlenbrütern an der Höhlendecke abgelegt. Es besteht aus bis zu 100 etwa 3 mm großen Eiern, aus denen erst nach etwa 8 Tagen bereits sehr weit entwickelte Larven schlüpfen. Aufzucht mit Futtertabletten und *Artemia*-Nauplien möglich.
Besonderes: Die Art ist auch unter den Namen *Peckoltia* sp. „Butterfly“ und *P. pulcher* bekannt. IS

10

5

A 100
G 100

L 1–2
26–30

o/c T F L

6

5

A 80
G 80

L 1–2
26–28

o/c T F L

13–15

1/1
Gruppe

A 80
G 100

S
24–29

o T F L

Literatur

BORK, D. u. MAYLAND, H.-J.: Seltene Schönheiten im Süßwasseraquarium. Bornheim, 1998.

BREMER, H.: Aquarienfische gesund ernähren. Stuttgart, 1997.

EBERT, K.: Die Kugelfische des Süß- und Brackwassers. Mörfelden-Walldorf, 2001.

EVERS, H.-G.: Panzerwelse. Aspidoras, Brochis, Corydoras. Stuttgart, 1994.

EVERS, H.-G. u. SEIDEL, I.: Welsatlas, Band 1. Melle, 2002.

FRANKE, H.-J.: Handbuch der Welskunde. Leipzig, Jena, Berlin, 1984.

HERRMANN, H. J.: Buntbarsche des Tanganjikasees. Ettlingen, 2002.

HOFFMANN, P. u. HOFFMANN, M.: Salmler: Stuttgart, 2000.

KEMPKES, M.: Der Guppy. Stuttgart, 1996.

KEMPKES, M.: Lebendgebärende Zahnkarpfen. Stuttgart, 1999.

KEMPKES, M. u. SCHÄFER, F.: Alle Lebendgebärenden. Mörfelden-Walldorf, 1998.

KOKOSCHA, M.: Labyrinthfische. Stuttgart, 1998.

KOSLOWSKI, I.: Die Buntbarsche Amerikas, Band 2. Apistogramma & Co. Stuttgart, 2002.

LAMBOJ, A.: Die Cichliden des westlichenAfrikas. Bornheim, 2004.

LUKHAUP, C.: Süßwasserkrebse aus aller Welt. Ettlingen, 2003.

MAYLAND, H.-J.: Blauaugen und Regenbogenfische. Ettlingen, 2000.

PINTER, H.: Handbuch der Aquarienfischzucht. Stuttgart, 1998.

RAHN, G.: Diskus. Stuttgart, 2002.

ROSS, R. A. u. SCHÄFER, F.: Süßwasserrochen. Mörfelden-Walldorf, 2000.

SCHAEFER, C. u. SCHRÖER, T. (Hg.): Das große Lexikon der Aquaristik, Band 1 u. 2. Stuttgart, 2004.

SCHAEFER, C.: Buntbarsche. Stuttgart, 1998.

SCHAEFER, C.: Welse. Stuttgart, 1998.

SCHÄFER, F.: Brackwasserfische. Alles über Arten, Pflege, Zucht. Rodgau, 2005.

SCHÄFER, F.: *Polypterus*; Flösselhechte – bichirs. Rodgau, 2004.

SEEGERS, L.: Killifishes of the world. Old World Killis I. *Aphyosemion*, Lampeyes, Ricefishes. Mörfelden-Walldorf, 1997.

SEEGERS, L.: Killifishes of the world. Old World Killis II. *Aplocheilus*, *Epiplatys*, *Nothobranchius*. Mörfelden-Walldorf, 1997.

SEEGERS, L.: Killifishes of the world. New World Killis. *Cyprinodon*, *Cynolebias*, *Rivulus*. Mörfelden-Walldorf, 2000.

SPREINAT, A.: Malawisee-Buntbarsche. Erfolgreiche Haltung und Zucht. Ettlingen, 2002.

STALLKNECHT, H.: Barben und Bärblinge. Melle, 1994.

STALLKNECHT, H.: Man nennt sie Salmler. Melle, 1994.

STAWIKOWSKI, R. u. WERNER, U.: Die Buntbarsche Amerikas, Band 1. Stuttgart, 1998.

STAWIKOWSKI, R. u. WERNER, U.: Die Buntbarsche Amerikas. Band 3: Erdfresser, Hecht- und Kammbuntbarsche. Stuttgart, 2004.

WERNER, U.: Garnelen, Krebse und Krabben im Süßwasseraquarium. 2. Aufl., Rodgau, 2003.

Zeitschriften

Aquarien-Praxis. Verlag Eugen Ulmer, Stuttgart. Erscheinungsweise monatlich. www.aquarien-praxis-online.de

Aquaristik-Fachmagazin. Tetra Verlag, Berlin-Velten. Erscheinungsweise 6 x jährlich. www.tetra-verlag.de

Aquaristik aktuell. Dähne Verlag, Ettlingen. Erscheinungsweise 6 x jährlich. www.aquaristik-aktuell.de

Das Aquarium. Birgit Schmettkamp Verlag, Bornheim. Erscheinungsweise monatlich. www.schmettkamp.de

Die Aquarien- und Terrarienzeitschrift (Datz). Verlag Eugen Ulmer, Stuttgart. Erscheinungsweise monatlich. www.datz.de

Vereine und Verbände

Arbeitskreis Barben, Salmler, Schmerlen, Welse (BSSW). Geschäftsführer: Uwe Wolf, Lindenwiese 5, 98544 Zella-Mehlis. www.bssw-online.de

Arbeitsgemeinschaft Wirbellose in Binnengewässern. Geschäftsführer: Bernd Poßeckert, Am Krahnap 5, 40229 Düsseldorf. www.wirbellose.de

Deutsche Cichliden-Gesellschaft (DCG). Geschäftsführer: Winfried Poesdorf, Parkstraße 21a, 33719 Bielefeld. www.dcg-online.de

Deutsche Gesellschaft für Lebendgebärende Zahnkarpfen e.V. (DGLZ). Dompfaffweg 53, 42659 Solingen. www.dglz.de

Deutsche Killifisch Gemeinschaft (DKG) Geschäftsführer: Gerd Rosch, Europaring 24, 26289 Wilhelmshaven. http://dkg.killi.org

Internationale Gemeinschaft für Labyrinthfische (IGL) Geschäftsführer: Bernd Bussler, Max-Zelck-Strasse 15, 22459 Hamburg. www.igl-home.de

Verband Deutscher Vereine für Aquarien- und Terrarienkunde (VDA). Geschäftsführer: Hans Stiller, Luxemburger Straße 16, 44789 Bochum. www.vda-online.de

Die Aquarienpflanzen von A–Z

200 Arten für das Aquarium

Vorwort zu den Aquarienpflanzen

Nach dem großen Erfolg meines Buches „Aquarienpflanzen“ aus der Reihe der Datz-Atlanten im Verlag Eugen Ulmer komme ich mit diesem Taschenatlas dem Wunsch vieler Aquarianer und dem des Zoofachhandels nach, ein kleines, aber dennoch informatives und praxisnahes Buch für den Einsteiger zu schreiben. Es umfasst 200 Pflanzensteckbriefe in Wort und Bild, die einen Überblick über die beliebtesten und wüchsigsten Aquarienpflanzen geben, die der Zoofachhandel anbietet. Neben diesem allgemeinen Angebot habe ich auch solche Arten in das Buch aufgenommen, die aufgrund ihrer aufwändigen kommerziellen Vermehrung nur selten vertrieben werden, dennoch aber hervorragende Aquarienpflanzen sind. Dagegen fehlen solche Arten, die sich nicht für die Aquarienkultur eignen.

Im Mittelpunkt eines jeden Pflanzenporträts stehen die wichtigsten Merkmale einer Aquarienpflanze sowie Hinweise zu ihrer erfolgreichen Kultur und Vermehrung. Bei ihrem Erwerb ist zu berücksichtigen, dass viele Arten nur vom Frühjahr bis zum Herbst im Fachhandel erhältlich sind, weil nur während dieser Zeit ihre produktive Vermehrung im Gewächshaus möglich ist. Im Winter ist dagegen das Angebot deutlich eingeschränkt.

Die im Buch genannten Aquarienpflanzen-Arten sind – manchmal allerdings mit etwas Geduld – alle erhältlich, entweder durch den Fachhandel, durch Aquarienvereine oder spezielle Pflanzenliebhaber, die im Arbeitskreis Wasserpflanzen im VDA organisiert sind.

Danken möchte ich dem Verlag Eugen Ulmer für die großzügige Ausstattung dieses reich illustrierten Taschenatlas sowie meinem Lektor, Michael Kokoscha, der mir jederzeit mit Rat und Tat zur Seite stand.

Christel Kasselmann

Einführung

Die in diesem Taschenatlas aufgeführten Aquarienpflanzen sind in alphabetischer Reihenfolge nach ihren botanischen Namen geordnet. Ferner werden die gebräuchlichen deutschen Namen genannt, die sich auch im Register wieder finden. Bei der Suche nach einer bestimmten Art ist es dem Benutzer somit auch möglich, sie auf diese Weise schnell aufzufinden.

Die bei den einzelnen Steckbriefen genannten vegetativen Merkmale beziehen sich auf die normale Wuchsgröße, Form und Farbe der jeweiligen Pflanze unter Wasser. Ferner wurde in diesem Buch besonderer Wert darauf gelegt, dass diese Aquarienformen auch auf den Bildern zu sehen sind, und nicht – wie oft in der Literatur abgebildet – die Landform, die meistens ganz anders aussieht. Auf diese Weise soll es dem Einsteiger ermöglicht werden, schon beim Kauf einer Pflanze im Zoofachhandel zu erkennen, wie sich diese im Aquarium in ihrer Wuchsform und ihrer Färbung verändert. Denn die Pflanzen im Zoofachhandel kommen in der Regel aus der Gewächshauskultur.

In diesem Taschenatlas wird nur die vegetative Vermehrung der Pflanzen berücksichtigt, die auch der Normalaquarianer praktizieren kann. Es soll an dieser Stelle aber nicht verschwiegen werden, dass natürlich auch eine generative Vermehrung durch Samen bei fast allen Aquarienpflanzen möglich ist.

Obwohl das Angebot der größten europäischen Wasserpflanzengärtnereien etwa 150 bis 180 Arten umfasst, bietet der Zoofachhandel in der Regel kaum mehr als 50 bis 100 Arten an. Die Gründe hierfür sind vielschichtig: Oftmals werden beispielsweise echte Wasserpflanzen wie *Najas*, *Blyxa* und *Potamogeton* nicht verkauft, weil sie zu empfindlich für den Transport sind; andere wiederum sind in ihrer Vermehrung nicht produktiv genug und deshalb bei den Gärtnereien nicht immer vorrätig. Dieses Buch geht mit 200 Arten, Sorten und Wuchsformen somit weit über das normale Angebot des Fachhandels hinaus. Um im Handel nicht immer verfügbare Arten dennoch erwerben zu können, werden in diesem Taschenatlas Hinweise auf Bezugsmöglichkeiten genannt.

Nomenklatur und Systematik von Aquarienpflanzen, ihre Blütenbiologie sowie Untersuchungen an natürlichen Standorten sind nicht nur sehr interessante und vielschichtige Themen, sondern sie sind für das Verständnis biologischer Zusammenhänge im täglichen Umgang mit Pflanzen auch sehr wichtig. Da der Platz in diesem Taschenatlas begrenzt ist, können Hinweise hierzu aber nur am Rande erwähnt werden. Viele detaillierte Angaben zu diesen und weiteren Themen finden sich im Datz-Atlas Aquarienpflanzen, der ebenfalls im Verlag Eugen Ulmer erschienen ist.

Hinweise zu den Symbolen

Um für eine erfolgreiche Kultur wichtige Eigenschaften und Bedingungen auf einen Blick erfassen zu können, wurden die folgenden Symbole verwendet.

Wuchshöhe

Bei der Wuchshöhe werden die Größen der einzelnen Arten unter üblichen Aquarienbedingungen genannt. Gelegentlich bilden manche Pflanzen, etwa einige Echinodoren, lang gestielte Luftblätter oder wachsen aus dem Aquarium heraus, um in die Landform überzugehen. Solche Veränderungen der Größe wurden sinnvollerweise nicht berücksichtigt.

Aquarienmindestgröße

Die Aquarienmindestgröße soll verhindern, dass zu großwüchsige Pflanzen für zu kleine Aquarien erworben werden. Natürlich kann diese Angabe nur ein Richtwert sein, da sich jede Pflanzenart entsprechend den Wuchsbedingungen entwickelt.

Wuchsgeschwindigkeit

Auch die Wuchsgeschwindigkeit ist ein relatives Maß, für das natürlich gute Wuchsbedingungen vorausgesetzt werden. Bei ungeeigneten Voraussetzungen gedeihen auch als schnellwüchsig beschriebene Pflanzen nicht oder nur langsam. Weicht das Wachstum der Pflanzen von den in diesem Buch gemachten Angaben deutlich nach unten ab, so sollte der Aquarianer überlegen, wie er die Wachstumsvoraussetzungen (Bodengrund, Licht, Temperatur, Wasser) verbessern kann.

Temperatur

Die Angaben zur Temperatur stellen immer den Bereich des Optimums dar, in dem jede

Aquarienpflanze am besten gedeiht. Natürlich hat jede Art auch eine spezifische Variationsbreite, sie ist also durchaus in der Lage, noch bei niedrigeren oder höheren Temperaturen zu wachsen – jedoch nicht mehr optimal. Die Temperaturoptima resultieren aus zahlreichen Messungen der Verfasserin an natürlichen Standorten sowie aus einer über 30-jährigen Kulturpraxis von Aquarienpflanzen.

pH

pH-Wert

Der für den pH-Wert genannte Bereich wurde ebenfalls aus Messungen an natürlichen Standorten und Kulturerfahrungen ermittelt. Aber auch hier muss betont werden, dass die artspezifische Variationsbreite im Einzelfall noch größer sein kann.

Alternanthera reineckii 'Lila'

Alternanthera reineckii 'Lila'

Papageienblatt
Amaranthaceae, Fuchsschwanzgewächse

Vorkommen: Stammform Südamerika.
Merkmale: Großblättrige Stängelpflanze. Wasserblätter kreuzgegenständig, nicht gewellt, eiförmig, bis 9,5 cm lang, 3,1 cm breit, dunkelrot, unterseits lila gefärbt.
Haltung: Herrliche Aquarienpflanze mit dunkelrotem Laub. Wärmeliebend, mittlere Lichtintensität, deutlich langsameres Wachstum als bei den anderen Sorten. Weiches bis mittelhartes Wasser, viel CO_2, sonst Kalkablagerungen auf den Blättern.
Vermehrung: Stecklinge.
Verwendung: Als größere Gruppe, auch als Pflanzenstraße.
Beurteilung: Anspruchsvolle, empfehlenswerte, unverwechselbare Kontrastpflanze.
Erwerb: Standardsortiment, auch als 'Purple' im Handel.
Lebensraum: Unbekannt.
Besonderheiten: Auffällig starke Wurzelbildung.

Alternanthera reineckii 'Rosa'

Papageienblatt
Amaranthaceae, Fuchsschwanzgewächse

Vorkommen: Stammform Südamerika.
Merkmale: Großblättrige Stängelpflanze. Wasserblätter kurz gestielt, stark gewellt, eiförmig, bis 10,5 cm lang, 3,5 cm breit, blassrot bis kräftig rot gefärbt, Blattunterseite stark lila.
Haltung: Größte und wüchsigste Sorte des Papageienblattes. Bildet durch leuchtende Rotfärbung eine auffällige Dekoration. Mittlere bis hohe Lichtintensität, nährstoffreicher Bodengrund, hohe Temperatur und regelmäßiges Kürzen erforderlich.
Vermehrung: Stecklinge.
Verwendung: Als größere Gruppe im Mittel- und Hintergrund.
Beurteilung: Gutwüchsige, beispiellose rotblättrige Pflanze mit mittleren Ansprüchen.
Erwerb: Regelmäßig im Fachhandel, auch als 'Pink'.
Lebensraum: Unbekannt.

'Lila'		'Rosa'
30–50 cm		30–50 cm
100 l		100 l
mittel		mittel bis schnell
17–25 °C		17–25 °C
6,0–7,5	pH	6,0–7,3

Alternanthera reineckii 'Rot'

Papageienblatt
Amaranthaceae, Fuchsschwanzgewächse

Vorkommen: Stammform Südamerika.
Merkmale: Wie bei dem Grünen Papageienblatt angegeben, Wasserblätter jedoch blutrot gefärbt.
Haltung: Eindrucksvolle, rotblättrige Pflanze, die bei intensivem Licht einen prächtigen Blickfang bildet. Noch nährstoffbedürftiger als die anderen Sorten. Viel CO_2 und regelmäßige Düngung erforderlich.
Vermehrung: Stecklinge.
Verwendung: Als Gruppe im Mittel- und Hintergrund, auch als Pflanzenstraße.
Beurteilung: Anspruchsvolle, empfehlenswerte Aquarienpflanze für auffällige Blickfänge.
Erwerb: Gelegentlich im Fachhandel.
Lebensraum: Unbekannt.
Besonderheiten: Die kleinblättrige Stammform ist vermutlich nicht mehr in Kultur.

30–50 cm	✥	30–60 cm
100 l		150 l
mittel bis schnell		mittel bis schnell
17–25 °C		22–28 °C
6,0–7,3	pH	6,5–7,8

Ammannia gracilis

Große Cognacpflanze
Lythraceae, Weiderichgewächse

Vorkommen: Senegal, Gambia.
Merkmale: Stängelpflanze mit dickfleischigen, kräftigen Sprossen. Wasserblätter sitzend, kreuzgegenständig, lanzettlich, bis 12 cm lang, 1,8 cm breit, leuchtend braunrot gefärbt. Blütenstände nur über Wasser, Blüten mit 4–8 Staubblättern.
Haltung: Imposante, schnellwüchsige, rotblättrige Kontrastpflanze. Lichtbedürftig und wärmeliebend, nährstoffreicher Bodengrund erforderlich, weiches bis mittelhartes Wasser.
Vermehrung: Stecklinge.
Verwendung: Als Gruppe im Mittel- und Hintergrund.
Beurteilung: Anspruchsvolle, empfehlenswerte Aquarienpflanze. Bildet prächtige Blickfänge.
Erwerb: Gelegentlich im Fachhandel als grünblättrige Landpflanze.
Lebensraum: Stehende, flache Gewässer in voller Sonne.

Ammannia senegalensis
Kleine Cognacpflanze
Lythraceae, Weiderichgewächse

Vorkommen: Weit verbreitet in Afrika.
Merkmale: Mittelgroße Stängelpflanze. Wasserblätter sitzend, kreuzgegenständig, lanzettlich, bis 6 cm lang, 1,3 cm breit, leuchtend braunrot gefärbt. Unterschiede zu *Ammannia gracilis*: Blattränder nach unten gewölbt, Blüten mit 4 Staubblättern.
Haltung: Prächtige Kontrastpflanze für mittelgroße Aquarien. Sehr lichtbedürftig, nicht ganz so wärmeliebend wie *A. gracilis*, weiches bis mittelhartes Wasser.
Vermehrung: Stecklinge.
Verwendung: Als Gruppe im Vorder- und Mittelgrund.
Beurteilung: Anspruchsvolle, empfehlenswerte Pflanze von hohem dekorativen Wert.
Erwerb: Bezug durch spezielle Vereine, selten im Handel.
Lebensraum: Im Sumpf, auch auf salzhaltigem Boden in vollem Sonnenlicht.

30–50 cm		10–20 cm
100 l		60 l
mittel bis schnell		langsam
22–28 °C		22–26 °C
6,5–7,3	pH	5,5–8,0

Anubias barteri var. barteri
Barters Speerblatt
Araceae, Aronstabgewächse

Vorkommen: Nigeria, Kamerun, Guinea.
Merkmale: Rhizompflanze. Blätter zweizeilig angeordnet, Blattspreite gestielt, lanzettlich bis eiförmig, ledrig, bis 15 cm lang, 7 cm breit, dunkelgrün. Blütenstände häufig auch unter Wasser.
Haltung: Beliebte, hartblättrige Pflanze. Schattenliebend, bevorzugt nicht so hohe Temperaturen, sandiger bis kiesiger Bodengrund, weiches bis hartes Wasser.
Vermehrung: Rhizomteilung.
Verwendung: Ideal zur Bepflanzung von Dekorationsmaterial. Wird von Pflanzen fressenden Fischen verschont.
Beurteilung: Anspruchslos, sehr empfehlenswert.
Erwerb: Standardsortiment.
Lebensraum: Schattige Standorte in Fließgewässern.
Besonderheiten: Virusinfizierte Formen im Handel.

Anubias b. var. barteri „coffeefolia“

Kaffeeblättriges Speerblatt
Araceae, Aronstabgewächse

Vorkommen: Nicht sicher bekannt.
Merkmale: Rhizompflanze. Blätter zweizeilig, Wasserblätter gestielt, schmal eiförmig, bis 12 cm lang, 6 cm breit, dunkelgrün. Junge Blätter und Blattstiele bei guten Lichtverhältnissen hell kaffeebraun gefärbt. Nerven an der Blattunterseite deutlich hervortretend, wodurch die Blätter eine bucklige Struktur bilden.
Haltung: Auffällige Farbform, die sich deutlich von den anderen *Anubias* unterscheidet. Lichtbedürftiger und langsamer wachsend als die Stammform.
Vermehrung: Rhizomteilung.
Verwendung: Zur Bepflanzung von Dekorationsmaterial. Bleibt von Pflanzen fressenden Fischen verschont.
Beurteilung: Empfehlenswerte, langsam wachsende Form.
Erwerb: Vereinzelt im Fachhandel.

10–25 cm		10–25 cm
80 l		80 l
langsam		langsam
22–26 °C		22–26 °C
5,5–8,0	pH	5,5–8,0

Anubias barteri var. angustifolia

Schmalblättriges Speerblatt
Araceae, Aronstabgewächse

Vorkommen: Westafrika.
Merkmale: Rhizompflanze. Blätter zweizeilig angeordnet, Blattstiel häufig rötlichbraun, Wasserblätter linealisch bis elliptisch, ledrig, gestielt, bis 15 cm lang, 2,5 cm breit, mittel- bis dunkelgrün.
Haltung: Für die Kultur hervorragend geeignete, hartblättrige und widerstandsfähige Pflanze. Weiches bis hartes Wasser gleichermaßen geeignet.
Vermehrung: Rhizomteilung.
Verwendung: Eingepflanzt oder aufgebunden auf Dekorationsmaterial. Bleibt von Pflanzen fressenden Fischen verschont.
Beurteilung: Anspruchslos, sehr empfehlenswert.
Erwerb: Standardsortiment.
Lebensraum: Schattige Standorte in Fließgewässern.
Besonderheiten: Auch als *A. lanceolata* im Handel.

Anubias barteri var. nana
Zwergspeerblatt
Araceae, Aronstabgewächse

Vorkommen: Kamerun (Viktoria).
Merkmale: Rhizompflanze. Blätter zweizeilig, Blattspreite gestielt, eiförmig, ledrig, bis 8 cm lang, 4 cm breit, dunkelgrün. Blütenstände häufig unter Wasser.
Haltung: Äußerst beliebte, hartblättrige Pflanze. Schattenliebend, in sandig-kiesigem Bodengrund einpflanzen oder als Aufsitzer. Anspruchslos an Nährstoffe und Wasserhärte.
Vermehrung: Rhizomteilung.
Verwendung: Ideal zur Begrünung von Dekorationsmaterial. Bleibt von Pflanzen fressenden Fischen verschont.
Beurteilung: Sehr empfehlenswerte, langsam wachsende, widerstandsfähige Pflanze.
Erwerb: Standardsortiment.
Lebensraum: Im Fließwasser eines beschatteten Flusses.
Besonderheiten: Virusinfizierte Formen im Handel.

5–10 cm		2–4 cm
10 l		10 l
langsam		langsam
22–26 °C		22–26 °C
5,5–8,0	pH	5,5–8,0

Anubias barteri var. nana 'Bonsai'
Bonsai-Zwergspeerblatt
Araceae, Aronstabgewächse

Vorkommen: Keine natürliche Verbreitung.
Merkmale: Zwergwüchsige Rhizompflanze. Blätter zweizeilig, Blattspreite gestielt, schmal eiförmig, bis 2,5 cm lang, 1,5 cm breit, im Aquarium meistens noch kleiner bleibend, dunkelgrün.
Haltung: Kleinste *Anubias*-Wuchsform, Kultur wie bei *A. barteri* var. *nana* angegeben. Noch langsamer im Wachstum, bei zu viel Licht vergilben die Blätter.
Vermehrung: Rhizomteilung.
Verwendung: Ideal zur wirkungsvollen Begrünung des Vordergrundes und von Seiten- und Rückwänden.
Beurteilung: Besonders empfehlenswerte, aber sehr langsam wachsende, schattenliebende Vordergrundpflanze.
Erwerb: Selten im Fachhandel. Sorte 'Petite' von vergleichbarer Größe.

Aponogeton boivinianus

Genoppte Wasserähre
Aponogetonaceae, Wasserährengewächse

Vorkommen: Madagaskar.
Merkmale: Knollenpflanze. Blattspreite bis 13 cm gestielt, bandförmig, stark blasig, gewellt, bis 30 cm lang, 5 cm breit, dunkelgrün. Blütenstand zweiährig mit weißen oder rosa Hüllblättern.
Haltung: Schöne Wasserähre für größere Aquarien. Mittlere Lichtwerte, hoher Nährstoffbedarf, nicht über 25 °C, gute Wasserbewegung, weiches bis mittelhartes Wasser. Ruhezeit im Aquarium bei reduziertem Licht und niedriger Temperatur oder in feuchtem Sand.
Vermehrung: Durch Samen.
Verwendung: Solitärpflanze.
Beurteilung: Schnellwüchsige, sehr auffällige Wasserähre für erfahrene Aquarianer.
Erwerb: Fachhandel.
Lebensraum: Kühle, alkalische Fließgewässer, die nur gelegentlich austrocknen.

Aponogeton crispus

Krause Wasserähre
Aponogetonaceae, Wasserährengewächse

Vorkommen: Südindien, Sri Lanka.
Merkmale: Knollenpflanze. Blattspreite bis 10 cm gestielt, bandförmig, bis 50 cm lang, 4,5 cm breit, hell- bis dunkelgrün. Farbform mit rötlich braunen Blättern. Blattrand gewellt oder gekräuselt. Blütenstand einährig, gewöhnlich weiß.
Haltung: Beliebte Wasserähre. Lichtliebend, nährstoffbedürftig, am schönsten in weichem Wasser. Regelmäßige Ruhezeit bei Zimmertemperatur in feuchtem Sand.
Vermehrung: Durch Samen.
Verwendung: Solitärpflanze.
Beurteilung: Empfehlenswerte, schnellwüchsige, schöne Wasserähre, nur dauerhaft, wenn Ruhezeit beachtet wird.
Erwerb: Standardsortiment.
Lebensraum: Gewöhnlich temporäre Gewässer.
Besonderheiten: Eine seltene Sorte ist *A. crispus* 'Kompakt'.

40–50 cm		30–50 cm
150 l		150 l
mittel		schnell
22–25 °C		25–32 °C
6,5–8,7	pH	6,0–7,5

Aponogeton crispus „rotbraun"

Krause Wasserähre
Aponogetonaceae, Wasserährengewächse

Merkmale: Wie bei der Stammform angegeben, von dieser durch die Blattfärbung unterschieden: Bei jungen Pflanzen sind die Blätter hellrotbraun, bei älteren Pflanzen dunkelrotbraun gefärbt.
Haltung: Ausgefallene und schöne Farbform dieser beliebten Wasserähre. Benötigt sehr hellen Stand, dann ebenso gutwüchsig wie die Stammform.
Vermehrung: Durch Samen, selten durch Teilung.
Verwendung: Prächtige Solitärpflanze für den Mittelgrund.
Beurteilung: Empfehlenswerte, beeindruckende Farbform, die sich vorwiegend durch Samen vermehrt.
Erwerb: Selten im Fachhandel. Form wird in der Gärtnerei Barth, Dessau, durch Samen vermehrt.
Besonderheiten: Auslese durch die Gärtnerei Barth.

15–40 cm		40–50 cm
100 l		200 l
mittel		mittel
25–32 °C		22–26 °C
6,0–7,5	pH	6,0–8,0

Aponogeton longiplumulosus

Aponogetonaceae, Wasserährengewächse

Vorkommen: Madagaskar.
Merkmale: Knollenpflanze. Blattspreite bis 18 cm gestielt, bandförmig, etwas transparent, bis 40 cm lang, 4 cm breit, mittel- bis dunkelgrün, Blattrand gewellt. Blütenstand meist zweiährig, violett.
Haltung: Prächtige Wasserähre für größere Aquarien. Licht- und nährstoffbedürftig, nicht zu hohe Temperaturen, gute Wasserbewegung, weiches bis mittelhartes Wasser. Regelmäßige Ruhezeit im Aquarium (Temperatur und Licht reduzieren).
Vermehrung: Durch Samen, gelegentlich bilden sich Jungpflanzen an der Knolle.
Verwendung: Solitärpflanze.
Beurteilung: Empfehlenswerte, gutwüchsige Wasserähre.
Erwerb: Gelegentlich im Handel.
Lebensraum: Stark strömende Permanentgewässer.

Aponogeton madagascariensis

Gitterpflanze
Aponogetonaceae, Wasserährengewächse

Vorkommen: Madagaskar.
Merkmale: Knollenpflanze. Blattspreite gestielt, bandförmig, gegittert, im Aquarium bis 60 cm lang, 3–6 cm breit, hell- bis dunkelgrün. Blütenstand ein- bis sechsährig mit weißen bis violetten Hüllblättern.
Haltung: Aufgrund der auffälligen Gitterstruktur der Blätter als „Königin der Wasserähren" bekannt. Weichwasserpflanze, sehr schwierig. Am besten bei mittleren Lichtwerten, niedrigen Temperaturen und viel CO_2 pflegen. Regelmäßige Ruhezeit im Wasser bei 16–20 °C und dunklem Stand.
Vermehrung: Durch Samen.
Verwendung: Als prächtige Solitärpflanze.
Beurteilung: Extrem anspruchsvoll, für Spezialisten.
Erwerb: Fachhandel.
Lebensraum: Meistens in kühlen, beschatteten Fließgewässern.

Aponogeton madagascariensis		Aponogeton rigidifolius
30–50 cm		30–60 cm
200 l		200 l
langsam bis mittel		langsam
18–23 °C		23–26 °C
5,0–7,3	pH	6,0–7,5

Aponogeton rigidifolius

Steifblättrige Wasserähre
Aponogetonaceae, Wasserährengewächse

Vorkommen: Sri Lanka.
Merkmale: Rhizompflanze. Blätter in einer Rosette, Blattspreite bandförmig, gestielt, etwas steif, bis 60 cm lang, 3 cm breit, grün bis bräunlich. Blütenstand einährig mit weißen Hüllblättern.
Haltung: Stattliche Wasserähre, die ein langes Rhizom entwickelt und daher keine Ruhezeit benötigt. Lichtbedürftig, nährstoffzehrend, nicht zu hohe Temperaturen, gute Wasserbewegung, weiches bis mittelhartes Wasser.
Vermehrung: Durch Jungpflanzen am Rhizom.
Verwendung: Solitärpflanze.
Beurteilung: Langsam wachsende, empfehlenswerte, anspruchsvolle Wasserähre für Fortgeschrittene.
Erwerb: Selten im Fachhandel, Bezug durch spezielle Vereine.
Lebensraum: Schattige bis sonnige, kühle Fließgewässer.

Aponogeton madagascariensis

Aponogeton ulvaceus

Meersalatähnliche Wasserähre
Aponogetonaceae, Wasserährengewächse

Vorkommen: Madagaskar.
Merkmale: Knollenpflanze. Blattspreite bis 50 cm gestielt (meist aber kürzer), bandförmig, groß gewellt, bis 45 cm lang, 2–8 cm breit, hellgrün. Blütenstand zweiährig, weiß, gelb oder violett.
Haltung: Eine der dekorativsten Wasserähren. Licht- und wärmeliebend, nährstoffzehrend, besonders schön in weichem bis mittelhartem Wasser. Knolle benötigt Ruhezeit in feuchtem Sand.
Vermehrung: Durch Samen.
Verwendung: Solitärpflanze in großen Aquarien.
Beurteilung: Schnellwüchsige, herrliche Wasserähre.
Erwerb: Im Fachhandel meistens die gelb blühende Form.
Lebensraum: Bevorzugt austrocknende, stehende Gewässern. Gelegentlich aber auch in permanenten Fließgewässern.

40–50 cm	✥	20–40 cm
200 l	(Aquarium)	100 l
schnell	(Wachstum)	mittel bis schnell
24–27 °C	(Thermometer)	22–28 °C
6,0–7,5	pH	6,0–7,5

Aponogeton undulatus

Gewellte Wasserähre
Aponogetonaceae, Wasserährengewächse

Vorkommen: Südostasien.
Merkmale: Knollenpflanze. Blattspreite bis 35 cm gestielt, bandförmig, mit transparenten Rechtecken, bis 25 cm lang, 4,2 cm breit, mittelgrün. Blütenstand einährig mit gewöhnlich weißen Hüllblättern.
Haltung: Von allen Wasserähren für die dauerhafte Kultur am besten geeignet, da anstelle von Blütenständen Jungpflanzen an langen Stielen gebildet werden. Viel Licht, weiches bis hartes Wasser.
Vermehrung: Nur durch Adventivpflanzen.
Verwendung: Als Solitär oder in einer kleinen Gruppe.
Beurteilung: Gutwüchsig, Kultur nicht schwierig.
Erwerb: Sehr selten im Handel, Bezug durch Pflanzenliebhaber oder Vereine.
Lebensraum: Vermutlich in stehenden Gewässern.

Bacopa australis
Südliches Fettblatt
Scrophulariaceae, Rachenblütler

Vorkommen: Südbrasilien, Argentinien.
Merkmale: Kleine bis mittelgroße Stängelpflanze mit starker Wurzelbildung. Wasserblätter sitzend, kreuzgegenständig, breit eiförmig bis rundlich, zart, bis 1,8 cm lang, 1,3 cm breit, hellgrün. Hellblaue Blüten über Wasser.
Haltung: Neues Fettblatt mit hervorragenden Wuchseigenschaften, schnellwüchsig und anpassungsfähig. Am kräftigsten bei guter Beleuchtung, weiches bis hartes Wasser.
Vermehrung: Stecklinge.
Verwendung: Als Gruppe im Vorder- und Mittelgrund.
Beurteilung: Wertvolle, uneingeschränkt empfehlenswerte, schöne neue Art.
Erwerb: Gelegentlich im Handel.
Lebensraum: An den Ufern von stehenden und fließenden Gewässern in voller Sonne.

30–50 cm		20–40 cm
40 l		60 l
schnell		mittel bis schnell
18–30 °C		22–25 °C
6,0–8,2	pH	6,0–8,0

Bacopa caroliniana
Großblättriges Fettblatt
Scrophulariaceae, Rachenblütler

Vorkommen: USA.
Merkmale: Mittelgroße Stängelpflanze. Wasserblätter kreuzgegenständig, stängelumfassend, eiförmig bis eirund, bis 3 cm lang, 2 cm breit, hellgrün bis bräunlich. Die blauen Blüten bilden sich nur über Wasser.
Haltung: Anpassungsfähige, lichtliebende, schnellwüchsige Stängelpflanze. Verträgt keine dauerhaft hohen Temperaturen. Weiches bis mittelhartes Wasser.
Vermehrung: Stecklinge.
Verwendung: Als größere Gruppe im Vorder- und Mittelgrund.
Beurteilung: Ziemlich anspruchslose, aber lichthungrige Aquarienpflanze, die häufig gekürzt werden muss.
Erwerb: Standardsortiment.
Lebensraum: An schattigen bis sonnigen Standorten.
Besonderheiten: Stängel riecht aromatisch.

Bacopa monnieri

Kleines Fettblatt
Scrophulariaceae, Rachenblütler

Vorkommen: Kosmopolit, in Europa eingeschleppt.
Merkmale: Kleine Stängelpflanze. Wasserblätter kreuzgegenständig, länglich-eiförmig bis spatelförmig, bis 2,5 cm lang, 1,0 cm breit, hell- bis dunkelgrün. Weiße oder bläuliche Blüten nur über Wasser.
Haltung: Anspruchslose, etwas unauffällige Stängelpflanze mit mittleren Lichtansprüchen, temperaturtolerant. Weiches bis hartes Wasser, bevorzugt alkalisches Milieu.
Vermehrung: Stecklinge.
Verwendung: Mindestens 10 Stängel als dekorative Gruppe im Vordergrund.
Beurteilung: Empfehlenswerte, anpassungsfähige Aquarienpflanze.
Erwerb: Standardsortiment.
Lebensraum: Im Sumpf an sonnigen Plätzen, gelegentlich auch im Brackwasser.

Barclaya longifolia

Langblättrige Barclaya
Nymphaeaceae, Seerosengewächse

Vorkommen: Von Indien bis Neuguinea.
Merkmale: Im Wasser lebende Rhizompflanze. Blätter rosettig, Blattspreite bis 10 cm gestielt, linealisch, bis 25 cm lang, 5 cm breit. 2 Farbformen: eine mit olivgrünen, eine zweite mit weinroten Blättern. Blüten und Früchte häufig im Aquarium.
Haltung: Imposante, wunderschöne Wasserpflanze, benötigt mittlere Lichtintensität, nährstoffreichen Bodengrund, Wärme sowie weiches bis mittelhartes, saures Wasser.
Vermehrung: Durch Samen, die regelmäßig gebildet werden. Aufzucht bei viel Licht.
Verwendung: Als Solitärpflanze im Mittelgrund.
Beurteilung: Eindrucksvolle Art.
Erwerb: Früher häufig angebotene Art, inzwischen selten.
Lebensraum: Schattige bis sonnige, weiche Fließgewässer.

Bacopa monnieri		Barclaya longifolia
20–30 cm		10–30 cm
30 l		100 l
mittel bis schnell		mittel bis schnell
18–28 °C		25–28 °C
6,0–8,5	pH	5,5–7,0

Blyxa aubertii

Auberts Fadenkraut
Hydrocharitaceae, Froschbissgewächse

Vorkommen: Asien, Australien, Afrika.
Merkmale: Rhizompflanze. Blätter in einer Rosette, linealisch, sehr weich, bis 65 cm lang, 0,7 cm breit, hellgrün, bei viel Licht rötlich. Blüten auch im Aquarium.
Haltung: Eindrucksvolle, herrliche Wasserpflanze. Wuchsfreudig, normalerweise kurzlebig (1–2 Jahre), muss daher regelmäßig durch Samen herangezogen werden. Benötigt mittlere bis gute Beleuchtung bei freiem Stand, sonst anspruchslos, weiches bis mittelhartes Wasser.
Vermehrung: Rhizomteilung, Samen.
Verwendung: Solitärpflanze.
Beurteilung: Imposante Solitärpflanze, nicht geeignet bei Pflanzen fressenden Fischen.
Erwerb: Selten im Handel, da empfindlich beim Transport.
Lebensraum: Stehende und langsam fließende Gewässer.

30–65 cm		5–15 cm
100 l		100 l
mittel bis schnell		mittel
20–28 °C		20–28 °C
6,0–7,4	pH	6,0–6,8

Blyxa japonica

Japanisches Fadenkraut
Hydrocharitaceae, Froschbissgewächse

Vorkommen: Südostasien.
Merkmale: Wasserpflanze mit aufrechten Stängeln. Blätter wechselständig in einer Rosette, sitzend, linealisch, weich, transparent, bis 7 cm lang, 0,4 cm breit, gelblich braun bis dunkelgrün. Blüten selten auch im Aquarium.
Haltung: Sehr anspruchsvolle, zarte, leicht zerbrechliche Weichwasserpflanze. Mittlere bis intensive Beleuchtung und CO_2-Düngung erforderlich.
Vermehrung: Seitensprosse, Samen.
Verwendung: Als größere Gruppe im Vordergrund.
Beurteilung: Ungewöhnliche, auf Dauer schwer zu pflegende, ausgefallene Pflanze, nur für erfahrene Aquarianer.
Erwerb: Selten im Handel, da leicht zerbrechlich.
Lebensraum: Stehende und langsam fließende Gewässer.

Bolbitis heudelotii

Flussfarn, Kongo-Wasserfarn
Lomariopsidaceae

Vorkommen: Afrika.
Merkmale: Farnpflanze mit langem, dünnem Rhizom. Fiederblätter gestielt, Spreite im Aquarium bis 20 cm lang, 10 cm breit, dunkelgrün. Sporen über Wasser.
Haltung: Wirkungsvolle Farnpflanze, benötigt gute Wasserbewegung und CO_2-Düngung, nahe des Filters pflanzen. Geringe bis mittlere Lichtintensität, am schönsten in weichem, saurem Wasser.
Vermehrung: Rhizomteilung.
Verwendung: Aufgebunden auf Steinen und Holz.
Beurteilung: Bewährte Farnpflanze, anspruchsvoll bezüglich der Wasserwerte.
Erwerb: Standardsortiment.
Lebensraum: Schattige bis sonnige, kühle Fließgewässer des tropischen Regenwalds.
Besonderheiten: Bildung von Adventivpflanzen sehr selten.

Bolbitis heudelotii		Cabomba aquatica
10–30 cm	(Größe)	30–60 cm
60 l	(Aquariengröße)	100 l
langsam	(Wachstum)	schnell
24–25 °C	(Temperatur)	23–25 °C
5,5–7,5	pH	5,5–6,5

Cabomba aquatica

Riesen-Haarnixe
Cabombaceae, Haarnixengewächse

Vorkommen: Tropisches Südamerika.
Merkmale: Im Wasser lebende Stängelpflanze. Blätter gegenständig, Spreite nierenförmig bis kreisrund mit zahlreichen Segmenten, bis 8,5 cm lang, 9,5 cm breit, grün bis rötlich. Gelbe Blüten nach der Bildung von Schwimmblättern.
Haltung: Schwer zu kultivierende, lichthungrige Weichwasserpflanze. Benötigt salzarmes, bewegtes Wasser, verträgt keine dauerhaft hohen Temperaturen.
Vermehrung: Stecklinge.
Verwendung: Als Gruppe im Mittelgrund bei viel Licht.
Beurteilung: Sehr anspruchsvolle, prächtige Aquarienpflanze, Kultur gelingt selten.
Erwerb: Gelegentlich im Fachhandel.
Lebensraum: Mehrere Farbformen mit unterschiedlichen ökologischen Ansprüchen.

Cabomba caroliniana

Karolina-Haarnixe
Cabombaceae, Haarnixengewächse

Vorkommen: USA, Südamerika.
Merkmale: Im Wasser lebende Stängelpflanze, Blätter meistens gegenständig, Spreite halbkreis- bis nierenförmig mit zahlreichen Segmenten, bis 3 cm lang, 6 cm breit, hellgrün bis rötlich. *Cabomba caroliniana* var. *caroliniana* mit weißen Blüten.
Haltung: Etwas anspruchsvolle Wasserpflanze, mittlere bis hohe Lichtintensität, weiches bis mittelhartes Wasser. Verträgt keine dauerhaft hohen Temperaturen.
Vermehrung: Stecklinge.
Verwendung: Als Gruppe im Mittel- oder Hintergrund.
Beurteilung: Bei guten Voraussetzungen wuchsfreudige Stängelpflanze.
Erwerb: Standardsortiment.
Lebensraum: Schattige bis sonnige Fließgewässer.
Besonderheiten: Sorte 'Silbergrüne', sehr selten.

Cabomba caroliniana		Cabomba furcata
30–60 cm		30–60 cm
100 l		100 l
schnell		schnell
20–25 °C		24–30 °C
5,5–7,5	pH	5,5–7,5

Cabomba furcata

Gegabelte Haarnixe
Cabombaceae, Haarnixengewächse

Vorkommen: Tropen Amerikas.
Merkmale: Im Wasser lebende Stängelpflanze. Blätter in dreiblättrigen Quirlen, Spreite nieren- bis kreisförmig mit zahlreichen haarförmigen Segmenten, bis 3 cm breit, 6 cm lang, bei viel Licht weinrot. Blauviolette Blüten nach der Bildung von schildförmigen Schwimmblättern.
Haltung: Prächtige, aber äußerst schwierige, lichthungrige, wärmeliebende, wenig anpassungsfähige Weichwasserpflanze, benötigt nahrhaften Bodengrund.
Vermehrung: Stecklinge.
Verwendung: Als kleine Gruppe im Mittelgrund.
Beurteilung: Obwohl häufig angeboten, ist die Pflanze nur für Spezialisten geeignet.
Erwerb: Standardsortiment.
Lebensraum: Stehende und langsam fließende, salzarme, besonnte Gewässer.

Cabomba palaeformis

Mexikanische Haarnixe
Cabombaceae, Haarnixengewächse

Vorkommen: Mittelamerika.
Merkmale: Im Wasser lebende Stängelpflanze, Blätter gegenständig oder in bis zu 4-zähligen Quirlen. Spreite fast kreisförmig mit zahlreichen Segmenten, bis 4,5 cm lang, 5,5 cm breit. Sorten ‘Grün’ und ‘Rotbraun’. Blüten weiß.
Haltung: Anpassungsfähige, gutwüchsige Pflanze mit mittleren Lichtansprüchen, wärmeliebend, gutes Wachstum in hartem, alkalischem Wasser.
Vermehrung: Seitensprosse aus den unteren Knoten, deshalb den Hauptspross immer im Bodengrund belassen.
Verwendung: Auch für die Randbepflanzung geeignet.
Beurteilung: Am besten zu kultivierende *Cabomba*.
Erwerb: Sehr selten im Handel, Bezug durch Vereine.
Lebensraum: Stehende und langsam fließende Gewässer.

30–60 cm		25–40 cm
100 l		60 l
mittel bis schnell		mittel
24–30 °C		18–23 °C
6,0–8,5	pH	6,0–8,5

Cardamine lyrata

Japanisches Schaumkraut
Brassicaceae, Kreuzblütler

Vorkommen: Ostasien.
Merkmale: Zarte Stängelpflanze. Wasserblätter bis 2 cm gestielt, wechselständig, nierenförmig bis eirund, am Rand gekerbt, bis 3 cm lang, 3,5 cm breit, hellgrün. Weiße Blüten an Landpflanzen.
Haltung: An tropische Temperaturen wenig anpassungsfähige, dekorative Kaltwasserpflanze. Bei Kultur im Aquarium viel Licht anbieten und im Winter die Temperatur senken; dann zeitweilig haltbar. Weiches bis hartes Wasser.
Vermehrung: Stecklinge.
Verwendung: In niedrig temperierten Aquarien oder im Gartenteich.
Beurteilung: Wirkungsvolle Pflanze mit bedingter Eignung für Tropenaquarien.
Erwerb: Leichte Vermehrung im Gewächshaus, deshalb im Standardsortiment.
Lebensraum: Im Sumpf.

Ceratophyllum demersum

Gemeines Hornblatt
Ceratophyllaceae, Hornblattgewächse

Vorkommen: Weltweit.
Merkmale: Im Wasser schwimmende, wurzellose Stängelpflanze. Bis zu 12 Blätter im Quirl, Blatt 1- bis 2-mal gegabelt, bis 4 cm groß, meist dunkelgrün. Männliche und weibliche Blüten auch im Aquarium.
Haltung: Anpassungsfähige, temperaturtolerante Pflanze, extrem schnellwüchsig, wenig Licht, bestes Wachstum in hartem, alkalischem Wasser. Guter Sauerstoffspender.
Vermehrung: Seitensprosse.
Verwendung: Flutend oder als Büschel im Bodengrund verankert.
Beurteilung: Anspruchslose, besonders empfehlenswerte Pflanze. Reagiert empfindlich auf chemische Zusätze.
Erwerb: Standardsortiment.
Lebensraum: Harte, alkalische Gewässer; Brackwasser.
Besonderheiten: Je nach Herkunft winterhart.

40–70 cm		40–70 cm
60 l		60 l
schnell		schnell
22–28 °C		24–29 °C
6,5–9,5	pH	7,0–9,5

Ceratophyllum demersum „rotstängelig“

Ceratophyllaceae, Hornblattgewächse

Vorkommen: Die hier beschriebene Form stammt aus Mexiko. Pflanzen mit roten Stängeln sind aber häufig in den Tropen zu finden.
Merkmale: Wie bei der Stammform, jedoch mit einem dunkelroten Stängel. Bildet im Aquarium Winterknospen.
Haltung: Alkalisches, hartes Wasser liebendes Hornblatt mit auffällig starker Verzweigung. Ebenso schnellwüchsig und zerbrechlich wie die Stammform, aber etwas lichtbedürftiger.
Erwerb: Durch Fachhandel und Pflanzenliebhaber.
Lebensraum: Catemaco-See.
Besonderheiten: Die als Sorte ‘Mexiko’ vertriebene Pflanze ist vermutlich mit dieser identisch. Ein Sortenstatus ist jedoch nicht gerechtfertigt, da das Merkmal des roten Stängels für die Art nicht ungewöhnlich ist.

Ceratophyllum submersum

Zartes Hornkraut

Ceratophyllaceae, Hornblattgewächse

Vorkommen: Weltweit.
Merkmale: Wie bei *C. demersum*, Blätter bis 7 cm groß, 3- bis 4-mal gegabelt, hellgrün bis rötlich.
Haltung: Zerbrechliche, anpassungsfähige, schnellwüchsige Wasserpflanze. Je nach Herkunft meistens wärme- und lichtbedürftiger als *C. demersum*, bevorzugt mittelhartes bis hartes, alkalisches Wasser.
Vermehrung: Seitensprosse.
Verwendung: Flutend oder als Büschel auf oder im Bodengrund verankert.
Beurteilung: Selten kultivierte, empfehlenswerte Pflanze.
Erwerb: Selten im Fachhandel, Bezug durch Vereine.
Lebensraum: Meist stehende, nährstoffreiche, sonnige Gewässer.
Besonderheiten: Die Bestachelung der Früchte ist ein wichtiges Unterscheidungsmerkmal.

40–70 cm		15–30 cm
60 l		60 l
schnell		schnell
22–28 °C		22–28 °C
6,5–9,0	pH	6,0–8,5

Ceratopteris cornuta

Gehörnter Hornfarn

Pteridaceae, Flügelfarngewächse

Vorkommen: Afrika, Asien, Australien.
Merkmale: Rosettenbildende Farnpflanze, Blätter bis 18 cm gestielt, Farnwedel von dreieckig-ungeteilt bis fiederteilig-gelappt, bis 27 cm lang, 20 cm breit, hellgrün. Sporen bei Landpflanzen in den nach unten eingerollten Blatträndern.
Haltung: Wuchsfreudige Farnpflanze, benötigt Wärme und hohe Nährstoffgaben (insbesondere Stickstoff), mittlere Lichtwerte, weiches bis hartes Wasser.
Vermehrung: Durch Adventivpflanzen am Blattrand.
Verwendung: Schwimmend oder eingepflanzt als Solitär, ideal für Zuchtaquarien.
Beurteilung: Empfehlenswerte, bewährte Farnpflanze.
Erwerb: Standardsortiment.
Lebensraum: Am Rande von Gewässern im Bodengrund oder als Schwimmpflanze.

Ceratopteris thalictroides

Sumatrafarn
Pteridaceae, Flügelfarngewächse

Vorkommen: Weltweit in den Tropen.
Merkmale: Rosettenbildende Farnpflanze, Blätter bis 15 cm gestielt, Farnwedel lanzettlich, fiederschnittig, bis 41 cm lang, 20 cm breit, hellgrün. Sporenbildung nur an Landpflanzen.
Haltung: Beliebte, stattliche, schnell wachsende Farnpflanze für geräumige Aquarien. Benötigt mittlere Lichtintensität und Wärme, weiches bis hartes Wasser.
Vermehrung: Adventivpflanzenbildung am Blattrand, weniger als bei *C. cornuta*.
Verwendung: Eingepflanzt als Solitär oder kleine Gruppe.
Beurteilung: Empfehlenswerter, beeindruckender Farn.
Erwerb: Standardsortiment.
Lebensraum: In dichten Beständen an den Rändern oder in flachem Wasser schattig bis sonniger Gewässer, manchmal submers.

20–50 cm		3–10 cm
60 l		10 l
schnell		langsam
22–28 °C		10–24 °C
6,0–9,0	pH	7,0–8,0

Cladophora aegagropila

Seeball, Algenball
Chladophorophyceae

Vorkommen: Europa, Ostasien.
Merkmale: Grünalge, deren Einzelpflanzen gewöhnlich kugelförmige, dunkelgrüne, bis 21 cm große Bälle bildet.
Haltung: Anspruchslose, schattenliebende Alge, extrem langsam wachsend. Darf nicht zu warm kultiviert werden. Kann bei Verschmutzung unter Fließwasser ausgewaschen werden, zieht andere Fadenalgen an. Weiches bis hartes, am besten schwach alkalisches Wasser.
Vermehrung: Zellteilung, Verzweigung.
Verwendung: Im Vordergrund oder auf Dekorationsmaterial.
Beurteilung: Anpassungsfähige, robuste Alge für eindrucksvolle Blickfänge.
Erwerb: Gelegentlich im Handel.
Lebensraum: Auf dem Seeboden in geringer Strömung, manchmal an die Wasseroberfläche steigend.

Crinum calamistratum

Dauerwellen-Hakenlilie
Amaryllidaceae, Narzissengewächse

Vorkommen: Kamerun.
Merkmale: Zwiebelpflanze, Blätter bandförmig, gekräuselt, bis 1 m lang, 0,7 cm breit, dunkelgrün. Weiße, duftende Blüten, selten im Aquarium.
Haltung: Unvergleichlich schöne Zwiebelpflanze, benötigt nahrhaften, hohen Bodengrund für die kräftigen Wurzeln. Langsames Wachstum, daher möglichst nicht umpflanzen, reagiert empfindlich auf Veränderungen. Gute Wasserbewegung (Filternähe!), weiches bis mittelhartes Wasser.
Vermehrung: Bei kräftigen Pflanzen durch Brutzwiebeln.
Verwendung: Solitärpflanze.
Beurteilung: Prächtige Pflanze für erfahrene Aquarianer.
Erwerb: Selten im Fachhandel.
Lebensraum: Schattige bis sonnige, kühle Fließgewässer im tropischen Regenwald.

50–100 cm		50–140 cm
200 l		300 l
langsam		langsam bis mittel
23–26 °C		24–28 °C
5,8–7,5	pH	5,5–8,0

Crinum natans

Flutende Hakenlilie
Amaryllidaceae, Narzissengewächse

Vorkommen: Tropisches Westafrika.
Merkmale: Zwiebelpflanze, Blätter bandförmig, flach bis stark gewellt, am Rand gezähnt, bis 140 cm lang, 5 cm breit, dunkelgrün. Imposante weiße Blüten jährlich im Aquarium an kräftigen Pflanzen.
Haltung: Stattliche Wasserpflanze für geräumige Aquarien, benötigt gute Wasserbewegung, grobkörnigen Bodengrund mit Lehm verwenden, nährstoffzehrend, weiches bis mittelhartes Wasser.
Vermehrung: Durch Brutziebeln und Samen.
Verwendung: Solitärpflanze, ideal auch für Buntbarschaquarien.
Beurteilung: Pflanze für Schauaquarien, mittlere Ansprüche.
Erwerb: Selten im Fachhandel, meistens durch Importe.
Lebensraum: Schnell fließende, kühle, weiche Gewässer im tropischen Regenwald.

Crinum thaianum

Thailändische Hakenlilie
Amaryllidaceae, Narzissengewächse

Vorkommen: Südthailand.
Merkmale: Zwiebelpflanze, Blätter bandförmig, glatt, bis 3 m lang, 2,5 cm breit, hellgrün. Weiße, große Blüten über der Wasseroberfläche.
Haltung: Auffällige, widerstandsfähige Zwiebelpflanze für besonders hohe Aquarien. Nährstoffzehrend, daher hohen Bodengrund mit Lehmzusatz verwenden. Gute Wasserbewegung erforderlich (Filternähe!), weiches bis hartes Wasser.
Vermehrung: Durch Brutzwiebeln und Samen.
Verwendung: Als Gruppe im Hintergrund hoher Aquarien, gut auch für Buntbarschaquarien.
Beurteilung: Anspruchslose, empfehlenswerte Pflanze.
Erwerb: Gelegentlich im Fachhandel.
Lebensraum: Weiche, schattige bis sonnige Fließgewässer.

80–150 cm		10–40 cm
300 l		40 l
mittel bis schnell		langsam
22–27 °C		22–26 °C
6,0–8,5	pH	6,5–8,5

Cryptocoryne affinis

Araceae, Aronstabgewächse

Vorkommen: Malaiische Halbinsel.
Merkmale: Mittelgroße Rhizompflanze. Blätter rosettig, Spreite bis 20 cm gestielt, lanzettlich, bullös, bis 23 cm lang, 5 cm breit, grün bis bräunlich, unterseits weinrot. Blütenstände emers, gelegentlich submers, Spathaspreite spiralig gedreht, purpurn.
Haltung: Dekorative, anspruchslose und bewährte Wasserpflanze. Verschwindet zunehmend aus den Kulturen, da eine produktive Vermehrung im Gewächshaus schwierig ist. Liebt kalkreiches, alkalisches Wasser und eine geringe Lichtintensität.
Vermehrung: Ableger.
Verwendung: Als Gruppe.
Beurteilung: Problemlos bei ungestörtem Wachstum.
Erwerb: Selten im Fachhandel, Bezug durch Vereine.
Lebensraum: Flüsse in Kalksteingebieten.

Cryptocoryne albida

Weißlicher Wasserkelch
Araceae, Aronstabgewächse

Vorkommen: Myanmar, Südthailand.
Merkmale: Kleine Rhizompflanze. Blätter in einer Rosette, submerse Blattspreite kurz gestielt, linealisch bis lanzettlich, glatt bis gewellt, bis 10 cm lang, 1 cm breit, von hellgrün, rötlich bis dunkelbraun. Blütenstände bei emersen Pflanzen, Spathaspreite spiralig gedreht, weiß.
Haltung: Langsam wachsende *Cryptocoryne*. Braucht nährstoffreichen Bodengrund, mittlere Lichtwerte, weiches bis mittelhartes Wasser.
Vermehrung: Ableger.
Verwendung: Als Gruppe.
Beurteilung: Anspruchsvoller, dekorativer Wasserkelch.
Erwerb: Selten im Fachhandel, Bezug durch Vereine.
Lebensraum: Schattige bis sonnige Flussufer.
Besonderheiten: Früher auch als *C. costata* im Handel.

5–10 cm		70–150 cm
40 l		300 l
langsam		langsam bis mittel
22–28 °C		21–27 °C
6,0–8,0	pH	6,5–8,5

Cryptocoryne aponogetifolia

Aponogeton-blättriger Wasserkelch
Araceae, Aronstabgewächse

Vorkommen: Philippinen.
Merkmale: Kräftige Rhizompflanze. Blätter in einer Rosette, submerse Blattspreite bis 1 m gestielt, bandförmig, bullös, bis 50 cm lang, 4 cm breit, grün. Blütenstände selten im Aquarium, Spathaspreite gedreht, purpurn.
Haltung: Stattliche, empfehlenswerte *Cryptocoryne* für hohe Aquarien, schnellwüchsig, nährstoffzehrend (Lehmzusatz verwenden), mittlere Lichtwerte, liebt hartes, alkalisches Wasser.
Vermehrung: Ableger.
Verwendung: Als Solitär oder Gruppe im Hintergrund.
Beurteilung: Wirkungsvolle, beeindruckende Pflanze für geräumige Aquarien.
Erwerb: Selten im Fachhandel, Bezug durch Vereine.
Lebensraum: In tiefen Fließgewässern an schattigen bis sonnigen, kalkhaltigen Standorten.

Cryptocoryne beckettii

Becketts Wasserkelch
Araceae, Aronstabgewächse

Vorkommen: Sri Lanka.
Merkmale: Mittelgroße Rhizompflanze, Blätter in einer Rosette, Blattspreite bis 15 cm gestielt, lanzettlich bis eiförmig, glatt oder wenig gewellt, bis 13 cm lang, 4 cm breit, variabel gefärbt von grün, rötlich bis dunkelbraun, unterseits häufig weinrot. Blütenstände regelmäßig bei Landpflanzen, Spathaspreite gelblich bräunlich.
Haltung: Beliebte, gutwüchsige *Cryptocoryne*, geringe Lichtansprüche, weiches bis hartes Wasser.
Vermehrung: Ableger.
Verwendung: Als Gruppe im Vorder- und Mittelgrund.
Beurteilung: Anpassungsfähige, empfehlenswerte Art.
Erwerb: Standardsortiment.
Lebensraum: Schattige Standorte von Fließgewässern.
Besonderheiten: *C. petchii* ist eine triploide Form.

Cryptocoryne cordata

Herzblättriger Wasserkelch
Araceae, Aronstabgewächse

Vorkommen: Malaiische Halbinsel.
Merkmale: Mittelgroße bis große Rhizompflanze, Blätter in einer Rosette. Blattspreite bis 45 cm gestielt, länglich bis eiförmig, bis 19 cm lang, 5 cm breit, glänzend olivgrün bis bronzefarben, unterseits meistens weinrot. Blütenstände gelegentlich submers, Spathaspreite gelb.
Haltung: Anspruchslose *Cryptocoryne*, langsam wachsend, beste Wuchsergebnisse in nährstoffreichem, kalkarmem Boden und weichem bis mittelhartem Wasser.
Vermehrung: Ableger.
Verwendung: Als Gruppe.
Beurteilung: Empfehlenswerte Art.
Erwerb: Selten im Handel, Bezug durch Vereine.
Lebensraum: Schattige bis sonnige Plätze an Flussufern.
Besonderheiten: Alte Namen sind *C. blassii*, *C. siamensis*.

10–25 cm		15–60 cm
40 l		100 l
mittel bis schnell		langsam bis mittel
22–26 °C		23–27 °C
6,0–8,0	pH	5,5–7,5

Cryptocoryne cordata 'Rosanervig'

Araceae, Aronstabgewächse

Vorkommen: Nicht bekannt.
Merkmale: Wie bei *C. cordata*, Färbung und Gestalt wie beim Typ „blassii". Blätter bronzefarben, jedoch mit mehr oder weniger stark ausgeprägten weißen bis rosa Nerven. Spathaspreite gelb, häufig mit rötlich braunem Rand.
Haltung: Seltene, begehrte, durch die weißen bis rosa Nerven besonders auffällige *Cryptocoryne*. Benötigt ungestörtes Wachstum. Schattenliebend, helle Nervatur vermutlich am besten bei wenig Licht ausgeprägt.
Vermehrung: Ableger.
Verwendung: Als Gruppe.
Beurteilung: Empfehlenswerte, wunderschöne Pflanze für eindrucksvolle Blickfänge.
Erwerb: Durch spezielle Vereine, nicht im Handel.
Besonderheiten: Vermutlich Mutation, gefunden in einem Import.

15–60 cm		20–70 cm
100 l		100 l
langsam		mittel
23–27 °C		20–26 °C
5,5–7,5	pH	6,5–8,5

Cryptocoryne crispatula var. balansae

Grasblättriger Wasserkelch
Araceae, Aronstabgewächse

Vorkommen: Von Indien bis Südchina.
Merkmale: Mittelgroße bis große Rhizompflanze. Blätter in einer Rosette, Blattspreite bis 25 cm gestielt, linealisch bis lanzettlich, stark bullös, bis 50 cm lang, 4 cm breit, mittelgrün. Spathaspreite spiralig gedreht, weiß mit rötlichen Zeichnungen.
Haltung: Bewährte, gutwüchsige, ziemlich anspruchslose *Cryptocoryne* mit geringen Lichtansprüchen. Bestes Wachstum in mittelhartem und hartem, alkalischem Wasser.
Vermehrung: Ableger.
Verwendung: Als Gruppe.
Beurteilung: Empfehlenswerteste Varietät der Art.
Erwerb: Standardsortiment des Fachhandels.
Lebensraum: In Flüssen mit kalkreichem, kühlem Wasser.
Besonderheiten: Es wurden fünf Varietäten beschrieben.

Cryptocoryne hudoroi

Hudoros Wasserkelch
Araceae, Aronstabgewächse

Vorkommen: Borneo.
Merkmale: Mittelgroße Rhizompflanze. Blätter in einer Rosette, bis 26 cm gestielt. Blattspreite elliptisch bis lanzettlich, stark bullös, bis 30 cm lang, 5 cm breit, mittelgrün, unterseits häufig bräunlich. Blütenstände sehr selten, Spathaspreite spiralig gedreht, gelblich bis dunkelrot.
Haltung: Wuchsfreudige, ziemlich anspruchslose *Cryptocoryne*, mittlere Lichtintensität und nährstoffreicher Bodengrund erforderlich, weiches bis mittelhartes Wasser.
Vermehrung: Ableger.
Verwendung: Als Gruppe.
Beurteilung: Prächtiger, empfehlenswerter Wasserkelch.
Erwerb: Selten im Handel, Bezug durch Pflanzenliebhaber und Vereine.
Lebensraum: In schattigen bis sonnigen Fließgewässern.

20–50 cm		2–5 cm
100 l		20 l
langsam bis mittel		langsam
24–26 °C		23–28 °C
6,5–8,0	pH	6,0–7,8

Cryptocoryne parva

Kleiner Wasserkelch
Araceae, Aronstabgewächse

Vorkommen: Sri Lanka.
Merkmale: Sehr kleine Rhizompflanze, Blätter in einer Rosette. Spreite bis 6 cm gestielt, elliptisch bis lanzettlich, submers bis 2 cm lang, 0,3 cm breit, mittelgrün. Blütenstände emers, Spathaspreite purpurn.
Haltung: Kleinster Wasserkelch, anspruchslos, sehr langsam wachsend, schattenliebend, feinkörniger Bodengrund zum Einpflanzen erforderlich, weiches bis hartes Wasser.
Vermehrung: Ableger.
Verwendung: In größeren Gruppen hervorragend für die Vordergrundbepflanzung an gering beleuchteten Stellen geeignet.
Beurteilung: Empfehlenswerte *Cryptocoryne*.
Erwerb: Manchmal im Handel; mehrere Töpfe erwerben.
Lebensraum: An schattigen bis sonnigen Ufern schnell fließender, weicher Gewässer.

Cryptocoryne pontederiifolia

Pontederia-blättriger Wasserkelch
Araceae, Aronstabgewächse

Vorkommen: Sumatra.
Merkmale: Mittelgroße Rhizompflanze, Blätter in einer Rosette, Blattspreite bis 26 cm gestielt, lanzettlich bis eiförmig, bis 14 cm lang, 8 cm breit, hell- bis olivgrün, auch etwas bräunlich. Blütenstände bei emersen Pflanzen, Spathaspreite gelb oder rötlich.
Haltung: Wirkungsvoller, wuchsfreudiger Wasserkelch mit geringen bis mittleren Lichtansprüchen, verträgt keine dauerhaft hohen Temperaturen, weiches bis mittelhartes Wasser.
Vermehrung: Ableger.
Verwendung: Als Gruppe im Vorder- oder Mittelgrund.
Beurteilung: Beliebter, ziemlich anspruchsloser, empfehlenswerter Wasserkelch.
Erwerb: Standardsortiment.
Lebensraum: Schattige bis sonnige Flussufer, die regelmäßig überflutet werden.

C. pontederiifolia		C. undulata
10–40 cm		10–25 cm
60 l		40 l
langsam bis mittel		mittel
22–25 °C		22–26 °C
6,0–7,8	pH	6,0–8,0

Cryptocoryne undulata

Gewellter Wasserkelch
Araceae, Aronstabgewächse

Vorkommen: Sri Lanka.
Merkmale: Kleine bis mittelgroße Rhizompflanze. Blätter in einer Rosette, Spreite bis 11 cm gestielt, lanzettlich, etwas gewellt, bis 11 cm lang, 3 cm breit, grün bis braun, marmoriert gezeichnet. Blütenstände emers häufig, Spathaspreite cremefarben, gelb- oder bräunlich.
Haltung: Beliebte, anspruchslose, wuchsfreudige *Cryptocoryne* für alle Aquariengrößen, geringe bis mittlere Lichtintensität, weiches bis hartes Wasser.
Vermehrung: Ableger.
Verwendung: Als Gruppe im Vordergrund.
Beurteilung: Anpassungsfähige, empfehlenswerte Art.
Erwerb: Standardsortiment.
Lebensraum: In schattigen bis sonnigen Fließgewässern.
Besonderheiten: Mehrere Wuchsformen in Kultur.

Cryptocoryne usteriana

Usteris Wasserkelch
Araceae, Aronstabgewächse

Vorkommen: Philippinen.
Merkmale: Mittelgroße bis große Rhizompflanze. Blätter in einer Rosette, Blattspreite bis 30 cm gestielt, lanzettlich bis elliptisch, bullös, bis 40 cm lang, 6 cm breit, grün, unterseits weinrot. Blütenstände emers, Spathaspreite gelb.
Haltung: Beeindruckende, wuchsfreudige, schöne *Cryptocoryne* mit mittleren Lichtansprüchen, nährstoffbedürftig (Lehmzusatz im Boden), bestes Wachstum in hartem, alkalischem Wasser.
Vermehrung: Ableger.
Verwendung: Gruppenpflanze für Hintergrund und Seiten.
Beurteilung: Außergewöhnliche, empfehlenswerte Art.
Erwerb: Bezug durch Vereine, selten im Handel, da emerse Vermehrung aufwändig.
Lebensraum: In beschatteten, kalkhaltigen Fließgewässern.

50–70 cm		10–25 cm
200 l		40 l
mittel bis schnell		mittel
22–26 °C		22–26 °C
6,5–8,5	pH	6,0–8,0

Cryptocoryne walkeri

Walkers Wasserkelch
Araceae, Aronstabgewächse

Vorkommen: Sri Lanka.
Merkmale: Kleine bis mittelgroße Rhizompflanze, Blätter etwas steif aufrecht in einer Rosette, Blattspreite bis 16 cm gestielt, lanzettlich, nicht gewellt, bis 9 cm lang, 3,5 cm breit, grün bis bräunlich. Blütenstände häufig bei Landpflanzen, Spathaspreite grün-, gelb- oder bräunlich.
Haltung: Anspruchsloser, gutwüchsiger Wasserkelch, geringe bis mittlere Lichtwerte, weiches bis hartes Wasser.
Vermehrung: Ableger.
Verwendung: Als Gruppe im Vordergrund.
Beurteilung: Bewährte, empfehlenswerte *Cryptocoryne*.
Erwerb: Standardsortiment.
Lebensraum: Schattige bis sonnige Flussufer.
Besonderheiten: Mehrere Farbformen im Handel. *Cryptocoryne legroi* und *C. lutea* sind Synonyme.

Cryptocoryne wendtii

Wendts Wasserkelch
Araceae, Aronstabgewächse

Vorkommen: Sri Lanka.
Merkmale: Kleine bis mittelgroße Rhizompflanze, Blätter in einer Rosette, Blattspreite bis 20 gestielt, schmal elliptisch bis eiförmig, bis 15 cm lang, 4,5 cm breit, meist kleiner, grün bis braun, auch marmoriert. Blütenstände häufig bei Landpflanzen, Spathaspreite braun bis purpurn.
Haltung: Beliebter Wasserkelch, anspruchslos, wuchsfreudig, geringe Lichtansprüche, weiches bis hartes Wasser.
Vermehrung: Ableger.
Verwendung: Als Gruppe im Vorder- und Mittelgrund.
Beurteilung: Bedeutendste *Cryptocoryne*, anpassungsfähig und empfehlenswert für jedes Aquarium.
Erwerb: Standardsortiment.
Lebensraum: Schattige bis sonnige Fließgewässer.
Besonderheiten: Mehrere Farb- und Wuchsformen.

Cryptocoryne wendtii		Cryptocoryne wendtii 'Mi Oya'
10–30 cm		10–15 cm
40 l		40 l
mittel bis schnell		mittel bis schnell
22–26 °C		22–26 °C
6,0–8,0	pH	6,0–8,0

Cryptocoryne wendtii 'Mi Oya'

Araceae, Aronstabgewächse

Vorkommen: Sri Lanka.
Merkmale: Wie *Cryptocoryne wendtii*. Diese Sorte mit grünen bis braunen, marmorierten, bullösen, auffällig breiten Blattspreiten, bis etwa 15 cm lang, 3–4 cm breit. Blütenstände häufig über Wasser.
Haltung: Regelmäßig kultivierte, anspruchslose, sehr dekorative Sorte. Am schönsten bei mittlerer Lichtintensität, weiches bis hartes Wasser.
Vermehrung: Ableger.
Verwendung: Als Gruppe im Vorder- oder Mittelgrund.
Beurteilung: Hervorragend geeignete, schnellwüchsige, empfehlenswerte Sorte.
Erwerb: Standardsortiment, Ersteinfuhr durch die dänische Gärtnerei Tropica, Vertrieb aber auch durch andere Gärtnereien.
Lebensraum: An den Ufern des Flusses Mi Oya.

Cryptocoryne wendtii

Cryptocoryne × willisii

Willis Wasserkelch
Araceae, Aronstabgewächse

Vorkommen: Sri Lanka.
Merkmale: Kleine Rhizompflanze, Blätter in einer Rosette, Blattspreite bis 12 cm gestielt, eiförmig bis lanzettlich, submers bis 8 cm lang, 1,2 cm breit, grün. Blütenstände emers, Spathaspreite bräunlich bis purpurn.
Haltung: Bewährte, anspruchslose *Cryptocoryne*, im Aussehen ähnlich *C. parva*, aber größer werdend und wüchsiger, schattenliebend, weiches bis hartes Wasser.
Vermehrung: Ableger.
Verwendung: Vordergrundpflanze für beschattete Randbereiche.
Beurteilung: Empfehlenswerte, langsam wachsende Art, die keine Störungen verträgt.
Erwerb: Standardsortiment, mehrere Töpfe erwerben.
Lebensraum: Schattige bis sonnige Flussufer.
Besonderheiten: Ein ungültiger Name ist *C. lucens*.

5–15 cm		30–60 cm
20 l		100 l
langsam		mittel
22–28 °C		22–26 °C
6,0–8,0	pH	6,0–7,8

Cyperus helferi

Helfers Zypergras
Cyperaceae, Zypergrasgewächse

Vorkommen: Von Indien bis Malaysia.
Merkmale: Mittelgroße Rhizompflanze. Blätter in einer Rosette, grasartig, submers sehr weich, bis 60 cm lang, 0,9 cm breit, hellgrün. Blütenstand mit mehreren Ähren.
Haltung: Ausgefallenes Gras, benötigt mittlere bis hohe Lichtintensität und feinkörnigen, nährstoffreichen Bodengrund. Nicht zu warm halten, Wasserbewegung förderlich, weiches bis hartes Wasser.
Vermehrung: Durch Rhizomteilung und Adventivpflanzen am Blütenstand.
Verwendung: Als Solitär oder in einer Gruppe, besonders schön als Pflanzenstraße.
Beurteilung: Unvergleichliche, gutwüchsige Pflanze.
Erwerb: Standardsortiment, Einfuhr durch die Gärtnerei Tropica.
Lebensraum: Genaue Fundortdaten sind nicht bekannt.

Didiplis diandra

Amerikanische Bachburgel
Lythraceae, Weiderichgewächse

Vorkommen: Nordamerika.
Merkmale: Zierliche Stängelpflanze, Blätter kreuzgegenständig, submerse Spreite linealisch, bis 2,6 cm lang, 0,3 cm breit, hellgrün, bei intensivem Licht rot. Blüten einzeln, häufig auch submers.
Haltung: Etwas schwierig zu pflegende, zarte und leicht zerbrechliche Pflanze. Benötigt intensives Licht und viel CO_2, dann rötlich und mit Blüten. Feinkörnigen Bodengrund verwenden, weiches bis mittelhartes Wasser.
Vermehrung: Stecklinge.
Verwendung: Als größere Gruppe im Vordergrund.
Beurteilung: Anspruchsvolle, dekorative Art für erfahrene Pfleger.
Erwerb: Gelegentlich im Fachhandel, dann in Töpfen mit sehr kurzen Sprossen.
Lebensraum: Stehende und langsam fließende Gewässer.

Didiplis diandra		Echinodorus angustifolius
10–40 cm	Höhe	40–60 cm
40 l	Aquarium	100 l
mittel bis schnell	Wachstum	mittel bis schnell
22–26 °C	Temperatur	20–28 °C
6,0–7,5	pH	6,5–7,8

Echinodorus angustifolius

Schmalblättrige Schwertpflanze
Alismataceae, Froschlöffelgewächse

Vorkommen: Brasilien.
Merkmale: Langblättrige, Ausläufer bildende Rosettenpflanze, triploide Form von *E. bolivianus*. Submerse Blätter bandförmig, bis 60 cm lang, bis 0,4 cm breit, hellgrün.
Haltung: Durch Bildung von Ablegern hervorragend geeignete Aquarienpflanze. Etwas lichtbedürftig, anpassungsfähig an Wasserwerte, gutes Wachstum auch in hartem Wasser.
Vermehrung: Ableger.
Verwendung: Als Gruppe im Mittel- und Hintergrund, ideal für die Randgestaltung.
Beurteilung: Sehr empfehlenswerte, bei guten Bedingungen wuchsfreudige Art.
Erwerb: Produktive Vermehrung aufwändig, daher nicht häufig im Fachhandel. Bezug durch Pflanzenliebhaber.
Lebensraum: Details unbekannt.

Echinodorus ‘Apart’

AlisAlismataceae, Froschlöffelgewächse

Merkmale: Künstliche Hybride von *E. uruguayensis* (Farbform *E. horemanii* „rot“) und *E. portoalegrensis*. Mittelgroße Rhizompflanze, submerse Spreite bis 7 cm gestielt, schmal elliptisch, gewellt, ledrig, bis 12 cm lang, 4 cm breit, dunkelgrün, junge Blätter bräunlich. Blütenstände emers mit Adventivpflanzen.
Haltung: Seit 1994 kultivierte Sorte, langsames Wachstum, mäßige Lichtansprüche, weiches bis hartes, auch alkalisches Wasser.
Vermehrung: Adventivpflanzen, Rhizomteilung.
Verwendung: Solitärpflanze für Vorder- und Mittelgrund.
Beurteilung: Faszinierende, sehr wertvolle Kreuzung, die ein Ersatz für die nicht mehr eingeführten Arten *E. portoalegrensis* und *E. opacus* ist.
Erwerb: Selten im Handel, da Vermehrung nicht produktiv.
Besonderheiten: Züchter H. Barth.

10–20 cm		10–20 cm
100 l		100 l
langsam		mittel
22–29 °C		18–26 °C
6,0–7,8	pH	6,0–8,0

Echinodorus × barthii

Barths Schwertpflanze
Alismataceae, Froschlöffelgewächse

Merkmale: Künstliche Hybride, mittelgroße Rhizompflanze. Blätter rosettig, Wasserblätter bis 10 cm gestielt, schmal elliptisch, bis 12 cm lang, 4 cm breit, braunrot, Ränder nach außen eingerollt. Blütenstände emers mit Adventivpflanzen.
Haltung: Wuchsfreudige, anpassungsfähige Kreuzung mit mittleren bis hohen Lichtansprüchen. Für kräftige Exemplare Bodengrund gelegentlich nachdüngen, weiches bis hartes Wasser.
Vermehrung: Rhizomteilung, Adventivpflanzen.
Verwendung: Als Solitärpflanze im Vorder- und Mittelgrund.
Beurteilung: Bewährte, wenig anspruchsvolle Hybride.
Erwerb: Standardsortiment.
Besonderheiten: Handelsname „doppelt rot“. Entstehung in einer australischen Wasserpflanzengärtnerei.

Echinodorus berteroi
Zellophanpflanze
Alismataceae, Froschlöffelgewächse

Vorkommen: Von Nord- bis Südamerika.
Merkmale: Große Rhizompflanze, Blätter in einer Rosette. Blattspreite im Aquarium bis 40 cm gestielt, linealisch bis schmal elliptisch, bis 30 cm lang, 4 cm breit, hellgrün mit dunklen Nerven. Blütenstände emers, ohne Adventivpflanzen.
Haltung: Schwertpflanze mit mittleren Ansprüchen. Kann nur im Kurztag (weniger als 12 Stunden Beleuchtung) submers gepflegt werden, bildet sonst Schwimm- und Landblätter. Benötigt mittlere bis intensive Beleuchtung, nährstoffreichen Bodengrund, weiches bis hartes, auch alkalisches Wasser.
Vermehrung: Samen.
Verwendung: Solitärpflanze.
Beurteilung: Imposante Art für erfahrene Aquarianer.
Erwerb: Gelegentlich im Handel.
Lebensraum: Meistens kleine, temporäre Gewässer.

40–60 cm		30–60 cm
300 l		100 l
mittel		schnell
20–27 °C		22–28 °C
6,5–8,0	pH	6,0–8,0

Echinodorus bleherae
Blehers Schwertpflanze
Alismataceae, Froschlöffelgewächse

Vorkommen: Unbekannt.
Merkmale: Mittelgroße bis große Rhizompflanze, triploide Form von *E. grisebachii*, Blätter rosettig, Wasserblätter bis 20 cm gestielt, sehr schmal elliptisch, bis 40 cm lang, 8 cm breit, grün. Blütenstände auch submers mit Adventivpflanzen.
Haltung: Seit Jahren die beliebteste und wüchsigste Schwertpflanze mit hervorragenden Wachstumseigenschaften, gute Anpassung an Lichtintensität und Wasserqualität, für kräftige Exemplare Bodengrund mit Lehmzusatz verwenden, gelegentlich düngen.
Vermehrung: Rhizomteilung, Adventivpflanzen.
Verwendung: Solitärpflanze.
Beurteilung: Prächtige, empfehlenswerte Art.
Erwerb: Standardsortiment, Handelsname „*E. paniculatus*“.
Lebensraum: Nicht bekannt.

Echinodorus bolivianus

Bolivianische Schwertpflanze
Alisamataceae, Froschlöffelgewächse

Vorkommen: Nord- bis Südamerika.
Merkmale: Kleinwüchsige, Ausläufer bildende Rosettenpflanze. Wasserblätter kurz gestielt, linealisch, bis 10 cm lang, 0,7 cm breit, hellgrün. Blütenstände bei Landpflanzen, Blüten mit 9 Staubblättern.
Haltung: Dekorative Vordergrundpflanze. Deutlich langsamer im Wachstum und lichtbedürftiger als der tripolide Typ *E. quadricostatus*, bevorzugt weiches, CO_2-reiches Wasser.
Vermehrung: Ableger.
Verwendung: Als Gruppe an einem hellen Stand im Vordergrund.
Beurteilung: Anspruchsvoll.
Erwerb: Relativ selten im Handel, oft falsch bestimmt.
Lebensraum: Amphibisch an Flussufern in flachem, langsam fließendem, weichem Wasser.
Besonderheiten: Variable Art mit mehreren Wuchsformen.

Echinodorus cordifolius

Herzblättrige Schwertpflanze
Alismataceae, Froschlöffelgewächse

Vorkommen: Von Nord- bis Südamerika.
Merkmale: Große Rhizompflanze. Blattstiel bis 120 cm lang, submerse Spreite breit eiförmig bis herzförmig, bis 40 cm lang, 24 cm breit, grün, rot gefleckt. Blütenstände auch submers mit Adventivpflanzen.
Haltung: Stark wüchsige Schwertpflanze mit hohem Nährstoffbedarf, bei chlorotischen Blättern Bodengrund nachdüngen. Blätter streben bei mehr als 12 Stunden Licht am Tag über die Wasseroberfläche; lang gestielte Blätter sofort entfernen.
Vermehrung: Rhizomteilung, Adventivpflanzen.
Verwendung: Solitärpflanze für geräumige Aquarien.
Beurteilung: Empfehlenswert bei Kurztagbeleuchtung.
Erwerb: Standardsortiment.
Lebensraum: Im Sumpf.
Besonderheiten: Wird als polymorphe Art angesehen.

5–10 cm		30–50 cm (und mehr)
40 l		200 l
mittel		mittel bis schnell
22–28 °C		20–28 °C
5,5–7,5	pH	6,0–8,0

Echinodorus bolivianus am natürlichen Standort in Bonito, Brasilien.

Echinodorus cordifolius 'Tropica Marble Queen'

Alismataceae, Froschlöffelgewächse

Vorkommen: Nicht natürlich verbreitet.
Merkmale: Wie die Stammform. Blattfläche jedoch aufgrund einer Virusinfektion mit einer Marmorierung aus hellen und dunklen Grün- und Brauntönen; Ausprägung unterschiedlich stark. Blütenstände mit Adventivpflanzen.
Haltung: Ungewöhnliche, dekorative Sorte mit hohen Lichtansprüchen. Neigt bei kräftigem Wachstum dazu, aus dem Wasser herauszuwachsen. Junge Adventivpflanzen erwerben, die einige Monate lang klein bleiben, sonst anpassungsfähig.
Vermehrung: Adventivpflanzen.
Verwendung: Solitärpflanze für größere Aquarien.
Beurteilung: Bedingt empfehlenswert, aber beeindruckend.
Erwerb: Standardsortiment.
Besonderheiten: Im Gewächshaus überträgt sich das Virus auf andere Pflanzen.

30–50 cm		20–60 cm
200 l		200 l
schnell		mittel bis schnell
22–26 °C		22–29 °C
6,0–8,0	pH	6,0–8,0

Echinodorus decumbens

Niederliegende Schwertpflanze
Alismataceae, Froschlöffelgewächse

Vorkommen: Ostbrasilien.
Merkmale: Mittelgroße Rhizompflanze. Blätter in einer Rosette, Blattstiel bis 45 cm lang, submerse Spreite linealisch bis bandförmig, bis 20 cm lang, 1,5 cm breit, hellgrün. Blütenstände submers aufrecht, emers niederliegend mit Adventivpflanzen.
Haltung: Licht- und wärmeliebende Art mit geringer Neigung, Luftblätter zu bilden. Anpassungsfähig an die Wasserwerte, weiches bis hartes, auch alkalisches Wasser.
Vermehrung: Adventivpflanzen.
Verwendung: Solitärpflanze für Mittel- und Hintergrund.
Beurteilung: Empfehlenswerte, gutwüchsige Art, bildet lockere Rosetten.
Erwerb: Gelegentlich im Fachhandel.
Lebensraum: Am Flussrand in sonnigen bis halb schattigen Lagen.

Echinodorus 'Dschungelstar' Nr. 1

Alismataceae, Froschlöffelgewächse

Merkmale: Mittelgroße, künstliche Hybride, ähnlich der roten Farbform von *Echinodorus uruguayensis* (*E. horemanii* „rot") mit tief dunkelroten, fast schwarzen Blättern, junge Blätter heller. Submerse Spreite bis 25 cm gestielt, am Rand gewellt, bis 30 cm lang, 4 cm breit, auffällig hart und ledrig. Blütenstände mit Adventivpflanzen nur emers.
Haltung: Langsam wachsende Sorte, bildet lockere Rosette aus wenigen Blättern, vergrünend, mittlere Lichtwerte, sonst anpassungsfähig.
Vermehrung: Adventivpflanzen.
Verwendung: Kleine Gruppe im Mittel- und Hintergrund.
Beurteilung: Anspruchslose Hybride mit dekorativer Färbung, Aussehen dennoch nicht ganz zufriedenstellend.
Erwerb: Selten im Handel.
Besonderheiten: Züchter Julius Hoechstetter.

Echinodorus 'Dschungelstar' Nr. 16

Alismataceae, Froschlöffelgewächse

Merkmale: Künstliche Hybride. Submerse Spreite bis 25 cm gestielt, schmal elliptisch bis bandförmig, ledrig, bis 35 cm lang, 4–7 cm breit, dunkelrot bis fast schwarz. Blütenstände emers mit Adventivpflanzen.
Haltung: Zu Beginn der 1990er Jahre entstandene, unvergleichlich imposant gefärbte, gutwüchsige Sorte, bestes Wachstum bei hoher Lichtintensität und nährstoffreichem Bodengrund, weiches bis hartes Wasser.
Vermehrung: Adventivpflanzen.
Verwendung: Solitärpflanze.
Beurteilung: Beeindruckende Sorte für prächtige Blickfänge.
Erwerb: Gelegentlich im Handel, auch unter dem Namen 'Deep Purple'. Die derzeit als 'Dschungelstar' Nr. 16 ('Rote Mamba') gehandelte Pflanze entspricht nicht der ursprünglichen Sorte.
Besonderheiten: Züchter Julius Hoechstetter.

30–50 cm		40–60 cm
200 l		200 l
langsam		mittel bis schnell
22–28 °C		22–28 °C
6,0–8,0	pH	6,0–8,0

Echinodorus 'Green Flame'
Alismataceae, Froschlöffelgewächse

Merkmale: Künstliche Hybride, Farbform von *Echinodorus* 'Red Flame'. Mittelgroße Rhizompflanze, in der Wuchsgröße wie 'Red Flame', Blätter jedoch mit hellgrüner Grundfärbung und stark roter Fleckenzeichnung. Blütenstände emers mit Adventivpflanzen.
Haltung: Seit 2000 im Fachhandel, *Echinodorus* 'Ozelot' ähnlich, jedoch mit stärkerer Fleckung und größer im Wuchs. Sehr dekorative, bewährte, schnellwüchsige Sorte, besonders schön bei intensivem Licht und in CO_2-reichem Wasser.
Vermehrung: Adventivpflanzen.
Verwendung: Solitärpflanze für Mittelgrund.
Beurteilung: Beeindruckende, wirkungsvolle Sorte von hohem dekorativen Wert.
Erwerb: Gelegentlich im Fachhandel.
Besonderheiten: Züchter Hans Barth.

Green Flame		Red Flame
15–40 cm		15–40 cm
80 l		80 l
mittel bis schnell		mittel bis schnell
22–28 °C		22–28 °C
6,0–8,0	pH	6,0–8,0

Echinodorus 'Red Flame'
Alismataceae, Froschlöffelgewächse

Merkmale: Künstliche Hybride, Selektion von *Echinodorus* 'Ozelot'. Mittelgroße Rhizompflanze, submerse Spreite bis 20 cm gestielt, schmal eiförmig, bis 20 cm lang, 10 cm breit, Färbung leuchtend rotbraun mit dunkelroten Flecken. Blütenstände emers mit Adventivpflanzen.
Haltung: Seit 1998 im Fachhandel. Wunderschöne und beliebte gutwüchsige Sorte, bildet prächtige Rosetten bei intensivem Licht. Weiches bis hartes, CO_2-reiches Wasser.
Vermehrung: Adventivpflanzen.
Verwendung: Als Solitärpflanze im Mittelgrund.
Beurteilung: Fantastische, wuchsfreudige, wertvolle, empfehlenswerte Sorte für prächtige Blickfänge.
Erwerb: Regelmäßig im Handel.
Besonderheiten: Züchter Hans Barth.

Echinodorus 'Großer Bär'

Alismataceae, Froschlöffelgewächse

Merkmale: Mittelgroße, künstliche Hybride. Submerse Spreite bis 10 cm gestielt, schmal elliptisch, schwach gewellt, bis 30 cm lang, 7 cm breit, olivgrün, Herzblätter schwach rötlich, schnell vergrünend. Blütenstände emers mit Adventivpflanzen.
Haltung: Zu Beginn der 1990er Jahre entstandene, schnellwüchsige, anspruchslose Kreuzung, die im Wuchs an *E. osiris* erinnert, mittlere Lichtwerte, nährstoffliebend, weiches bis hartes Wasser.
Vermehrung: Adventivpflanzen.
Verwendung: Als Solitärpflanze im Mittel- und Hintergrund.
Beurteilung: Leicht zu kultivierende, wuchsfreudige Sorte, aber nicht auffällig gefärbt und daher von geringerer Bedeutung.
Erwerb: Gelegentlich im Handel, identisch mit 'Dschungelstar' Nr. 5.
Besonderheiten: Züchter Julius Hoechstetter.

30–40 cm		10–35 cm
120 l		80 l
schnell		langsam bis mittel
22–28 °C		25–29 °C
6,0–8,0	pH	6,3–7,5

Echinodorus horizontalis

Horizontale Schwertpflanze
Alismataceae, Froschlöffelgewächse

Vorkommen: Tropisches Südamerika.
Merkmale: Mittelgroße Rhizompflanze. Blätter rosettig, Blattspreite gestielt, eiförmig bis herzförmig, bis 20 cm lang, 10 cm breit, oftmals kleiner, hellgrün, Jugendblätter bräunlich. Blütenstand an Landpflanzen mit wenigen Adventivpflanzen.
Haltung: Prächtige, wegen des horizontalen Wuchses außergewöhnliche, langsam wachsende Schwertpflanze. Mittlere Beleuchtungsstärke, Lehmzusatz im Boden, bestes Wachstum in weichem Wasser.
Vermehrung: Adventivpflanzen.
Verwendung: Im Mittelgrund.
Beurteilung: Herrlicher Solitär, etwas anspruchsvoll, Geduld erforderlich.
Erwerb: Selten im Fachhandel, oft falsch etikettiert.
Lebensraum: Sumpfige Standorte im Urwald.

Echinodorus 'Hot Pepper'

Alismataceae, Froschlöffelgewächse

Merkmale: Künstliche Kreuzung zwischen *Echinodorus* 'Red Flame' und *E.* 'Kleiner Bär'. Mittelgroße Rhizompflanze, submerse Spreite bis 10 cm gestielt, sehr schmal elliptisch, bis 20 cm lang, 3 cm breit, leuchtend hellrot mit auffallend helleren Längsnerven. Blütenstände emers mit Adventivpflanzen.
Haltung: Imposante, gutwüchsige Sorte, bildet ausladende, lockere Rosette. Intensives Licht für Ausprägung der prächtigen Rotfärbung wichtig, nährstoffreichen Bodengrund verwenden, weiches bis hartes Wasser.
Vermehrung: Adventivpflanzen.
Verwendung: Als Solitärpflanze im Mittelgrund.
Beurteilung: Sorte mit hervorragenden Wuchseigenschaften.
Erwerb: Seit 2003 gelegentlich im Fachhandel.
Besonderheiten: Züchter Tomas Kaliebe, ZOOLogiCa.

Hot Pepper		Indian Red
20–30 cm		10–20 cm
80 l		60 l
mittel		mittel
22–28 °C		22–28 °C
6,0–7,8	pH	6,0–7,5

Echinodorus 'Indian Red'

Alismataceae, Froschlöffelgewächse

Merkmale: Künstliche Kreuzung zwischen *Echinodorus aschersonianus* und *E. uruguayensis* (Farbform *E. horemanii* „rot"), kleine bis mittelgroße Rhizompflanze, submerse Spreite bis 15 cm gestielt, schmal elliptisch, etwas gedreht, bis 20 cm lang, 4 cm breit, leuchtend rotbraun bis dunkelrot, vergrünend. Blütenstände emers mit Adventivpflanzen.
Haltung: Seit 1998 im Fachhandel. Wirkungsvolle, gutwüchsige Sorte mit breit ausladendem Wuchs. Herzblätter nur bei intensivem Licht wirkungsvoll gefärbt, weiches bis hartes, CO_2-reiches Wasser.
Vermehrung: Adventivpflanzen.
Verwendung: Solitärpflanze im Vorder- und Mittelgrund, auch für kleine Aquarien.
Beurteilung: Beeindruckende Sorte bei hellem Stand.
Erwerb: Gelegentlich im Handel.
Besonderheiten: Züchter H. Barth.

Echinodorus 'Kleiner Bär'

Alismataceae, Froschlöffelgewächse

Merkmale: Künstliche Hybride zwischen *E. parviflorus*, *E.* × *barthii* und *E. uruguayensis* (Farbform *E. horemanii* „rot"). Kleine bis mittelgroße Rhizompflanze, submerse Spreite bis 10 cm gestielt, elliptisch, bis 15 cm lang, 7 cm breit, rostrot bis tief dunkelrot, vergrünend. Blütenstände häufig submers mit Adventivpflanzen.
Haltung: Seit mehr als 15 Jahren beliebte, ausgefallene, schnellwüchsige Sorte. Lichtbedürftig, weiches bis hartes Wasser.
Vermehrung: Adventivpflanzen.
Verwendung: Als Solitärpflanze im Vordergrund.
Beurteilung: Eine der dekorativsten und empfehlenswertesten Sorten, hervorragend für kleine Aquarien geeignet.
Erwerb: Regelmäßig im Handel, identisch mit 'Dschungelstar' Nr. 2.
Besonderheiten: Züchter Julius Hoechstetter.

10–25 cm		40–60 cm (und mehr)
40 l		150 l
langsam bis mittel		schnell
22–30 °C		22–28 °C
6,0–8,0	pH	5,5–8,0

Echinodorus macrophyllus

Großblättrige Schwertpflanze
Alismataceae, Froschlöffelgewächse

Vorkommen: Südamerika.
Merkmale: Große Rhizompflanze. Wasserblätter bis 40 cm lang, 25 cm breit, meistens kleiner, eiförmig bis herzförmig, grün bis leuchtend rosarot, auch mit bräunlichen Flecken. Emerse Blütenstände mit und ohne Adventivpflanzen. Siehe auch Bild auf S. 50.
Haltung: Stattliche Schwertpflanze, die bei gutem Wachstum aus dem Aquarium wächst. Kräftigen Exemplaren Lehmboden und intensives Licht anbieten. Für kleine Pflanzen nährstoffarmen Sand verwenden und sie in einen Topf setzen.
Vermehrung: Adventivpflanzen.
Verwendung: Solitärpflanze.
Beurteilung: Großwüchsige, für normale Aquarien bedingt geeignete Schwertpflanze.
Erwerb: Gelegentlich im Handel.
Lebensraum: Meistens im Sumpf, selten ganzjährig submers.

Echinodorus macrophyllus am natürlichen Standort in Bonito, Brasilien.

Echinodorus martii

Gewelltblättrige Schwertpflanze
Alismataceae, Froschlöffelgewächse

Vorkommen: Ostbrasilien.
Merkmale: Mittelgroße Rhizompflanze. Blätter rosettig, submerse Spreite bis 20 cm gestielt, verkehrt schmal lanzettlich, bis 40 cm lang, 5 cm breit, gewellt, hellgrün. Blütenstände auch submers mit Adventivpflanzen.
Haltung: Prächtige Schwertpflanze; wächst nicht aus dem Aquarium heraus. Lichtbedürftig, wärmeliebend. Benötigt eine regelmäßige Düngung des Bodengrundes, Eisenmangel tritt häufig auf. Wasserbewegung ist förderlich, weiches bis hartes Wasser.
Vermehrung: Adventivpflanzen, Rhizomteilung.
Verwendung: Solitärpflanze.
Beurteilung: Imposante, vitale, beispiellose Art.
Erwerb: Manchmal im Handel, Synonym *E. major*.
Lebensraum: Vermutlich schnell fließende Gewässer.

E. martii		E. 'Oriental'
35–60 cm	Größe	10–20 cm
150 l	Aquarium	40 l
mittel bis schnell	Wachstum	langsam
24–26 °C	Temperatur	22–28 °C
6,3–8,0	pH	6,0–8,0

Echinodorus 'Oriental'

Alismataceae, Froschlöffelgewächse

Vorkommen: Nicht natürlich verbreitet.
Merkmale: Mutation von E. 'Rosé'. Kleine Rhizompflanze, submerse Spreite bis 10 cm gestielt, sehr schmal eiförmig, schwach transparent, gewellt, mit hellen Nerven, bis 12 cm lang, 3 cm breit. Herzblätter je nach Lichtintensität kräftig rosa, vergrünend. Blütenstände auch submers mit Adventivpflanzen.
Haltung: Seit 1994 im Fachhandel erhältliche, kleinwüchsige Sorte mit langsamem Wachstum, anspruchsvoller und lichtliebender als E. 'Rosé'. Weiches bis hartes Wasser.
Vermehrung: Adventivpflanzen.
Verwendung: Solitärpflanze im Vordergrund.
Beurteilung: Empfehlenswerte, schöne Sorte bei hellem Stand.
Erwerb: Gelegentlich im Handel.
Besonderheiten: Entstand in der Gärtnerei Oriental Aquarium Singapur.

Echinodorus osiris

Osiris' Schwertpflanze
Alismataceae, Froschlöffelgewächse

Vorkommen: Südbrasilien.
Merkmale: Mittelgroße bis große Rhizompflanze, triploid, Blätter rosettig, submerse Blattspreite bis 40 cm gestielt, schmal elliptisch bis lanzettlich, gewellt, bis 30 cm lang, 9 cm breit, olivgrün bis braunrot. Blütenstände emers mit Adventivpflanzen.
Haltung: Imposante, beliebte Schwertpflanze. Wuchsfreudig, bei viel Licht bessere Ausprägung der Färbung. Für kräftige Exemplare Bodengrund regelmäßig düngen. Bevorzugt niedrige Temperaturen, weiches bis hartes Wasser.
Vermehrung: Rhizomteilung, Adventivpflanzen.
Verwendung: Solitärpflanze für geräumige Aquarien.
Beurteilung: Anpassungsfähige, empfehlenswerte Art.
Erwerb: Standardsortiment.
Lebensraum: Kühle, weiche, schwach saure Gewässer.

25–50 cm		20–30 cm
150 l		100 l
schnell		mittel bis schnell
18–26 °C		22–28 °C
6,2–7,8	pH	6,0–8,0

Echinodorus ovalis

Alismataceae, Froschlöffelgewächse

Vorkommen: Kuba, Mexiko(?).
Merkmale: Wie bei *E. cordifolius* (mit dieser nahe verwandt), insgesamt aber kleinwüchsiger. Submerse Blattspreiten mehr oder weniger gestielt, schmal eiförmig mit schwach herzförmiger Basis, bis 15 cm lang, 8 cm breit (selten größer), hellgrün mit bräunlichem Rand. Blütenstände emers mit Adventivpflanzen.
Haltung: Wüchsige Schwertpflanze. Benötigt gute Beleuchtung und nährstoffreichen Bodengrund, besitzt offensichtlich nur geringe Neigung, lang gestielte Blätter zu bilden, weiches bis hartes Wasser.
Vermehrung: Adventivpflanzen.
Verwendung: Solitärpflanze.
Beurteilung: Sehr dekorative, empfehlenswerte Neueinführung aus Kuba.
Erwerb: Gelegentlich im Handel.
Lebensraum: Im Sumpf.

Echinodorus ‘Ozelot’

Alismataceae, Froschlöffelgewächse

Merkmale: Künstliche Hybride von *Echinodorus schlueteri* ‘Leopard’ und *E.* × *barthii*. Mittelgroße Rhizompflanze, submerse Spreite bis 10 cm gestielt, schmal elliptisch, bis 20 cm lang, 5 cm breit. Zwei Farbformen: die ursprüngliche mit bräunlich roter Grundfärbung und dunkelroten Flecken sowie ‘Ozelot Grün’ mit hellgrüner Blattfärbung und bräunlichen Flecken. Blütenstände emers mit Adventivpflanzen.
Haltung: Eindrucksvolle, beliebte und anspruchslose Sorte; bildet herrliche Rosetten bei viel Licht. Weiches bis hartes Wasser.
Vermehrung: Adventivpflanzen.
Verwendung: Als Solitär im Mittelgrund, für mittelgroße Aquarien.
Beurteilung: Wuchsfreudige, wertvolle Sorte.
Erwerb: Standardsortiment, seit 1995 im Fachhandel.
Besonderheiten: Züchter H. Barth.

15–25 cm		20–50 cm (und mehr)
80 l		120 l
schnell		mittel
22–28 °C		23–28 °C
6,0–8,0	pH	6,0–8,0

Echinodorus palaefolius

Alismataceae, Froschlöffelgewächse

Vorkommen: Ostbrasilien.
Merkmale: Große Rhizompflanze. Blätter rosettig, Wasserblätter zunehmend länger gestielt, anfangs elliptisch, bis 30 cm lang, 4 cm breit, hellgrün, später eiförmig, nicht herzförmig, bis 23 cm breit, dunkelgrün. Blütenstände emers mit Adventivpflanzen.
Haltung: Imposante, veränderliche Schwertpflanze, wächst über die Wasseroberfläche hinaus; lang gestielte Blätter deshalb entfernen. Lichtbedürftig, für kleinwüchsige Exemplare nährstoffarmen Sand verwenden, sonst anspruchslos.
Vermehrung: Adventivpflanzen.
Verwendung: Solitärpflanze für geräumige Aquarien.
Beurteilung: Nur vorübergehend für submerse Kultur geeignet.
Erwerb: Standardsortiment, Handelsname *E. „rigidifolius“*.
Lebensraum: Nicht bekannt.

Echinodorus parviflorus
Schwarze Schwertpflanze
Alismataceae, Froschlöffelgewächse

Vorkommen: Nicht bekannt.
Merkmale: Mittelgroße Rhizompflanze. Blätter rosettig, Wasserblätter bis 15 cm gestielt, lanzettlich, bis 27 cm lang, 6,5 cm breit, mit dunklen Quernerven, mittelgrün bis bräunlich. Blütenstände mit Adventivpflanzen im Aquarium im Kurztag.
Haltung: Früher sehr häufig kultivierte und gutwüchsige Pflanze. Wurde von *E. bleherae* aufgrund der schwierigen emersen Vermehrung verdrängt. Anpassungsfähig an Licht und Wasser.
Vermehrung: Adventivpflanzen.
Verwendung: Solitär.
Beurteilung: Empfehlenswerte, anspruchslose Pflanze.
Erwerb: Früher häufig, jetzt sehr selten im Handel.
Lebensraum: Nicht bekannt.
Besonderheiten: Wird auch als diploide Form von *E. grisebachii* angesehen.

Echinodorus parviflorus 'Tropica'
Alismataceae, Froschlöffelgewächse

Vorkommen: Nicht natürlich verbreitet.
Merkmale: Kleine Wuchsform. Blattspreite schmal verkehrt eiförmig mit deutlich aufgesetzter Spitze, bis 12 cm lang, 5 cm breit, meistens kleiner im Aquarium, dunkelgrün, ohne Quernerven. Blütenstände an Landpflanzen.
Haltung: Anspruchsvolle, licht- und nährstoffliebende Sorte, weiches bis hartes, CO_2-reiches Wasser.
Vermehrung: Adventivpflanzen.
Verwendung: Als Solitär oder kleine Gruppe an einem hellen Platz im Vordergrund.
Beurteilung: Etwas schwierige, langsam wachsende Pflanze für Fortgeschrittene.
Erwerb: Gelegentlich im Handel.
Besonderheiten: Die Sorte wurde durch die dänische Gärtnerei Tropica in einer Sendung aus Singapur und Sri Lanka entdeckt.

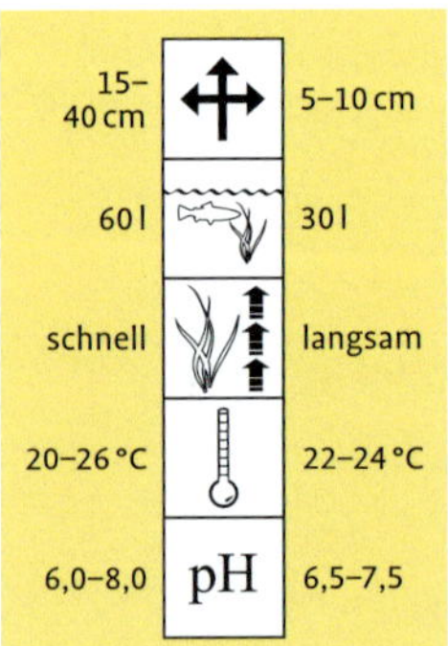

Echinodorus 'Phyton'

Alismataceae, Froschlöffelgewächse

Merkmale: Mittelgroße, künstliche Hybride. Submerse Spreite bis 10 cm gestielt, schmal elliptisch, bis 15 cm lang, 3,5 cm breit, olivgrün mit dunkelroter Fleckung, Herzblätter schwach rötlich. Blütenstände auch submers mit Adventivpflanzen.

Haltung: Anfang der 1990er Jahre entstandene, schnellwüchsige, schöne Kreuzung, die leicht an ihrem breiten Wuchs bei zugleich geringer Wuchshöhe und einer roten Fleckenzeichnung zu erkennen ist. Mittlere Lichtwerte, weiches bis hartes Wasser.

Vermehrung: Adventivpflanzen.

Verwendung: Als Solitärpflanze im Vorder- oder Mittelgrund.

Beurteilung: Dekorativ, anspruchslos, empfehlenswert.

Erwerb: Gelegentlich im Handel, identisch mit 'Dschungelstar' Nr. 3.

Besonderheiten: Züchter Julius Hoechstetter.

10–20 cm		5–15 cm
100 l		40 l
mittel bis schnell		schnell
22–28 °C		22–28 °C
6,0–8,0	pH	6,0–7,8

Echinodorus quadricostatus

Zwergschwertpflanze

Alismataceae, Froschlöffelgewächse

Vorkommen: Südliches Südamerika.

Merkmale: Kleine bis mittelgroße, Ausläufer bildende Rosettenpflanze. Triploide Form von *E. bolivianus*, submerse Blätter bis 20 cm lang, 0,7 cm breit, hellgrün.

Haltung: Sehr beliebte, Rasen bildende Pflanze mit zügiger Vermehrung. Bei hoher Lichtintensität niedrige Wuchshöhe. Nährstoffreicher Bodengrund empfehlenswert, anpassungsfähig an Wasserwerte.

Vermehrung: Ableger.

Verwendung: Als Gruppenpflanze im Vordergrund.

Beurteilung: Hervorragend geeignete, etwas lichtbedüftige, wüchsige Schwertpflanze von hohem dekorativen Wert.

Erwerb: Standardsortiment; häufig unter den Bezeichnungen *E. latifolius*, *E. magdalenensis*, *E. grisebachii* oder *E. xinguensis* im Verkauf.

Lebensraum: Nicht sicher bekannt.

Echinodorus 'Rainers Kitty'

Alisrmataceae, Froschlöffelgewächse

Merkmale: Mutation von 'Ozelot'. Kleine bis mittelgroße Rhizompflanze. Submerse Spreite kurz gestielt, sehr schmal elliptisch, am Rand leicht gewellt, bis 20 cm lang, 4 cm breit, mehr oder weniger weinrot mit vielen Flecken, ältere Blätter etwas vergrünend. Blütenstände emers mit Adventivpflanzen.
Haltung: Prächtige, schnellwüchsige Sorte auch für sehr kleine und gut beleuchtete Aquarien. Wenig anspruchsvoll. Gutes Wachstum auch in hartem, alkalischem Wasser.
Vermehrung: Adventivpflanzen.
Verwendung: Als Solitärpflanze im Vordergrund.
Beurteilung: Herausragende, sehr empfehlenswerte Mutation. Für gut beleuchtete Aquarien geeignet.
Erwerb: Seit etwa 2002 gelegentlich im Fachhandel.
Besonderheiten: Sorte entstand bei ZOOLogiCa.

10–20 cm		15–30 cm
60 l		100 l
schnell		schnell
22–28 °C		22–28 °C
6,0–8,0	pH	6,0–7,5

Echinodorus 'Red Special'

Alismataceae, Froschlöffelgewächse

Merkmale: Künstliche Hybride, mittelgroße Rhizompflanze. Submerse Spreite bis 10 cm gestielt, verkehrt lanzettlich bis verkehrt schmal eiförmig, 15–20 cm lang, 6–8 cm breit, leuchtend rotbraun bis tief dunkelrot mit helleren Nerven, undeutlich gefleckt oder auch ganz ohne Flecken, ältere Blätter vergrünend. Blütenstände emers mit Adventivpflanzen.
Haltung: Kompakte, schnellwüchsige, sehr dekorative Sorte. Empfehlenswert sind intensives Licht und nährstoffreicher Bodengrund sowie weiches bis hartes, CO_2-reiches Wasser.
Vermehrung: Produktiv durch Adventivpflanzen.
Verwendung: Prächtige Solitärpflanze im Mittelgrund.
Beurteilung: Eindrucksvolle, wuchsfreudige neue Sorte für herausragende Blickfänge.
Erwerb: Gelegentlich im Fachhandel.

Echinodorus 'Regine Hildebrandt'

Alismataceae, Froschlöffelgewächse

Merkmale: Künstliche Hybride aus *Echinodorus* 'Ozelot' und *E. uruguayensis* (Farbform *E. horemanii* „rot"). Kleinwüchsige Rhizompflanze. Submerse Spreite kurz gestielt, schmal eiförmig, leicht in sich gedreht, meist nicht größer als 10 × 5 cm, kräftig weinrot, wenig vergrünend. Blütenstände emers mit Adventivpflanzen.

Haltung: Herrliche, anspruchsvolle Sorte. Benötigt intensives Licht und gute Nährstoffversorgung. Wachstum vergleichsweise langsam. Auch gut zu pflegen in hartem, alkalischem Wasser.

Vermehrung: Adventivpflanzen.

Verwendung: Als Solitär im Vordergrund auch sehr kleiner Aquarien.

Beurteilung: Bei gutem Wachstum auffällige Sorte.

Erwerb: Seit 2002 gelegentlich im Fachhandel.

Besonderheiten: Züchter Tomas Kaliebe, ZOOLogiCa.

5–10 cm		15–30 cm
40 l		100 l
langsam		mittel
22–28 °C		22–28 °C
6,0–8,0	pH	6,0–8,0

Echinodorus 'Reni'

Alismataceae, Froschlöffelgewächse

Merkmale: Kreuzung zwischen den Sorten 'Großer Bär' und 'Ozelot'. Mittelgroße bis große Rhizompflanze. Submerse Spreite bis 10 cm gestielt, breit elliptisch, anfangs bis 10 × 6 cm groß, später auf bis 25 × 8 cm Größe anwachsend, tief dunkelrot mit roten Blattnerven. Blütenstände emers mit Adventivpflanzen.

Haltung: Wunderschöne, gutwüchsige Sorte. Bildet zunächst kleine, kompakte Rosetten, erst nach längerer Zeit größer werdend. Benötigt intensives Licht und hohe Nährstoffgaben, weiches bis hartes Wasser.

Vermehrung: Adventivpflanzen.

Verwendung: Als Solitärpflanze anfangs im Vordergrund, später im Mittelgrund.

Beurteilung: Eindrucksvolle Sorte.

Erwerb: Seit 2003 im Handel.

Besonderheiten: Züchter Tomas Kaliebe, ZOOLogiCa.

Echinodorus 'Rosé'

Alismataceae, Froschlöffelgewächse

Merkmale: Künstliche Hybride von *Echinodorus horizontalis* und *E. uruguayensis* (Farbform *horemanii* „rot"). Mittelgroße Rhizompflanze. Submerse Spreite bis 10 cm gestielt, sehr schmal elliptisch, bis 25 cm lang, 4 cm breit. Junge Blätter roséfarben, teils rot gefleckt. Blütenstände mit Adventivpflanzen.
Haltung: Seit 1988 kultivierte, anspruchslose, gutwüchsige Sorte. Bildet lockere Rosetten. Gute Beleuchtung und regelmäßige Nährstoffgaben empfehlenswert, weiches bis hartes Wasser.
Vermehrung: Adventivpflanzen.
Verwendung: Als Solitärpflanze im Vorder- und Mittelgrund.
Beurteilung: Eine der ersten Sorten; wird inzwischen durch intensiver gefärbte Kreuzungen verdrängt.
Erwerb: Gelegentlich im Handel.
Besonderheiten: Entstand in der Gärtnerei Barth, Dessau.

Echinodorus 'Rosé'		Echinodorus 'Rubin'
10–40 cm		40–60 cm
100 l		300 l
mittel bis schnell		mittel bis schnell
22–30 °C		22–30 °C
6,0–8,0	pH	6,0–8,0

Echinodorus 'Rubin'

Alismataceae, Froschlöffelgewächse

Merkmale: Künstliche Hybride zwischen *Echinodorus uruguayensis* (Farbform *horemanii* „rot") und *E.* × *barthii*. Submerse Spreite bis 25 cm gestielt, sehr schmal elliptisch bis bandförmig, bis 35 cm lang, 5 cm breit, kräftig braunrot mit hellen Nerven, etwas vergrünend. Blütenstände emers mit Adventivpflanzen.
Haltung: Seit 1993 beliebte, herrliche Sorte, schnellwüchsig, licht- und nährstoffliebend, weiches bis hartes Wasser.
Vermehrung: Rhizomteilung, Adventivpflanzen.
Verwendung: Als Solitärpflanze im Mittel- und Hintergrund, für mittelgroße bis große Aquarien.
Beurteilung: Beeindruckende, prächtige, empfehlenswerte Kreuzung.
Erwerb: Standardsortiment, identisch mit 'Red Rubin'.
Besonderheiten: Züchter H. Barth.

Echinodorus 'Rubin' „schmalblättrig"

Alisamataceae, Froschlöffelgewächse

Merkmale: Künstliche Hybride. Schmalblättrige Wuchsform von *Echinodorus* 'Rubin', die zudem deutlich kleiner bleibt. Submerse Spreite bis 10 cm gestielt, bis 20 cm lang, 2,5 cm breit, ebenso kräftig braunrot gefärbt und mit auffällig heller Nervatur wie die Stammsorte.

Haltung: Eine dekorative Wuchsform, die dieselben Hälterungsbedingungen benötigt wie die Ursprungssorte. Aufgrund des niedrigeren Wuchses hervorragend auch schon für kleine bis mittelgroße, gut beleuchtete Aquarien geeignet.

Vermehrung: Rhizomteilung, Adventivpflanzen.

Verwendung: Als imposante Solitärpflanze im Mittelgrund.

Beurteilung: Vitale, prachtvolle, wenig anspruchsvolle, empfehlenswerte Kreuzung mit mittleren Ansprüchen.

Erwerb: Gelegentlich im Handel.

15–30 cm		20–35 cm
80 l		100 l
mittel bis schnell		mittel bis schnell
22–28 °C		22–28 °C
6,0–8,0	pH	6,0–8,0

Echinodorus 'Sankt Elmsfeuer'

Alismataceae, Froschlöffelgewächse

Merkmale: Künstliche Kreuzung zwischen *E.* 'Großer Bär' und 'Ozelot'. Mittelgroße bis große Rhizompflanze. Submerse Spreite bis 15 cm gestielt, sehr schmal elliptisch, 15–23 cm lang, 3–5,5 cm breit, olivgrün bis hellrot geflammt, undeutlich gefleckt. Herzblätter weinrot, ältere Blätter vergrünend. Blütenstände auch submers.

Haltung: Dekorative, neue, wenig anspruchsvolle Sorte. Benötigt mittlere Lichtintensität. Im mageren Boden kleiner bleibend, trotzdem farbenprächtig. Gutwüchsig auch in hartem, alkalischem Wasser.

Vermehrung: Adventivpflanzen.

Verwendung: Prächtige Solitärpflanze im Mittelgrund.

Beurteilung: Robuste Züchtung mit guten Wuchseigenschaften.

Erwerb: Seit 2003 im Handel.

Besonderheiten: Züchter Tomas Kaliebe, ZOOLogiCa.

Echinodorus schlueteri
Schlüters Schwertpflanze
Alismataceae, Froschlöffelgewächse

Vorkommen: Nicht bekannt.
Merkmale: Kleine bis mittelgroße Rhizompflanze. Blätter in einer Rosette. Submerse Blattspreite bis 10 cm gestielt, eiförmig bis herzförmig, bis 16 cm lang, 10 cm breit, meistens kleiner, grün mit hellbraunen Flecken. Blütenstände submers häufig.
Haltung: Sehr dekorative, etwas licht- und nährstoffbedürftige Schwertpflanze. Zeigt gelegentlich Eisenmangel, weiches bis hartes, auch alkalisches Wasser.
Vermehrung: Adventivpflanzen.
Verwendung: Als Solitär oder kleine Gruppe im Vorder- und Mittelgrund.
Beurteilung: Gutwüchsige, anpassungsfähige, empfehlenswerte Pflanze.
Erwerb: Standardsortiment.
Lebensraum: Nicht bekannt.
Besonderheiten: Vermutlich kleine Form von *E. cordifolius*.

5–25 cm		5–25 cm
60 l		60 l
mittel		mittel
22–25 °C		22–25 °C
6,0–8,0	pH	6,0–8,0

Echinodorus schlueteri 'Leopard'
Schlüters Leopard-Schwertpflanze
Alismataceae, Froschlöffelgewächse

Vorkommen: Nicht natürlich verbreitet.
Merkmale: Mutierte Pflanze von *E. schlueteri*. Merkmale wie die Stammform, Blattspreite jedoch mit stärkerer Fleckung, zudem etwas breiter und deutlich herzförmiger, kleiner bleibend. Blütenstände gelegentlich auch im Aquarium.
Haltung: Wie die Stammform sehr dekorativ und wüchsig, aber lichtbedürftiger und etwas anspruchsvoller, insgesamt langsamer im Wachstum und in der Vermehrung.
Vermehrung: Durch Adventivpflanzen, kommerziell auch durch Samen und Gewebekultur.
Verwendung: Als Solitärpflanze oder in einer kleinen Gruppe im Vordergrund.
Beurteilung: Sehr schöne, auffällige, etwas anspruchsvolle Sorte.
Erwerb: Gelegentlich im Fachhandel.

Echinodorus 'Spidernet'

Alismataceae, Froschlöffelgewächse

Merkmale: Kreuzung aus den Sorten 'Großer Bär' und 'Kleiner Bär'. Mittelgroße Rhizompflanze. Submerse Spreite bis 10 cm gestielt, linealisch, bis 15 cm lang, 1–2 cm breit, auf olivgrüner Grundfläche weinrot geflammt, mit auffälligen dunkelroten Quernerven (spidernet = Spinnennetz). Blütenstände emers mit Adventivpflanzen.
Haltung: Gutwüchsige Sorte, bildet Rosetten mit wenigen, aufrechten Blättern, benötigt intensives Licht und gute Nährstoffversorgung. Weiches bis hartes Wasser.
Vermehrung: Adventivpflanzen.
Verwendung: Solitärpflanze auch für kleine Aquarien.
Beurteilung: Durch die spinnennetzartige Blattzeichnung eine beispiellose Sorte.
Erwerb: Seit 2002 im Handel.
Besonderheiten: Züchter Tomas Kaliebe, ZOOLogiCa.

10–25 cm		30–50 cm
60 l		100 l
mittel bis schnell		mittel
22–28 °C		22–28 °C
6,0–7,5	pH	6,0–7,8

Echinodorus subalatus

Geflügelte Schwertpflanze
Alismataceae, Froschlöffelgewächse

Vorkommen: Mittel- und Südamerika.
Merkmale: Mittelgroße Rhizompflanze, Blätter rosettig, Blattstiel geflügelt. Submerse Blätter bis 30 cm gestielt, Spreite linealisch bis bandförmig, bis 20 cm lang, 2,5 cm breit, hellgrün. Blütenstände emers mit oder ohne Adventivpflanzen.
Haltung: Die „echte" *E. subalatus* ist eine anspruchsvolle Art, die das Bestreben hat, Luftblätter zu bilden. Benötigt mittlere Beleuchtungsintensität und weiches bis mittelhartes Wasser.
Vermehrung: Adventivpflanzen.
Verwendung: Solitärpflanze.
Beurteilung: Lockere Rosetten bildende Art mit mittleren Ansprüchen.
Erwerb: Selten im Handel; unter diesem Namen werden oft andere Arten angeboten.
Lebensraum: Als Landpflanze an sumpfigen Standorten.

Echinodorus 'Tanzende Feuerfeder'

Alismataceae, Froschlöffelgewächse

Merkmale: Künstliche Hybride. Großwüchsige Rhizompflanze. Submerse Spreite bis 40 cm gestielt, sehr schmal elliptisch, am Rand leicht gewellt, bis 30 cm lang, 7 cm breit, von olivgrün bis weinrot geflammt mit vielen Flecken, ältere Blätter vergrünend. Blütenstände häufig submers mit Adventivpflanzen.
Haltung: Imposante, schnellwüchsige Sorte, am schönsten bei intensivem Licht. Nährstoffliebend, besonders wüchsig in hartem, alkalischem Wasser.
Vermehrung: Adventivpflanzen.
Verwendung: Solitärpflanze im Mittel- und Hintergrund.
Beurteilung: Wertvolle, herrliche Züchtung für größere Aquarien mit hervorragenden Wachstumseigenschaften.
Erwerb: Seit 2002 gelegentlich im Fachhandel.
Besonderheiten: Züchter Tomas Kaliebe, ZOOLogiCa.

Echinodorus tenellus

Grasartige Schwertpflanze
Alismataceae, Froschlöffelgewächse

Vorkommen: Nord- bis Südamerika.
Merkmale: Kleine Ausläufer bildende Rosettenpflanze, submerse Blätter linealisch, bis 10 cm lang, 0,3 cm breit, eine Form mit hellgrüner, eine mit dunkelgrün bis bräunlicher Färbung. Blütenstände an Landpflanzen, 9 Staubblätter.
Haltung: Kleinste Schwertpflanze mit schneller Vermehrung, lichthungrig. Feinkörnigen, nährstoffreichen Bodengrund verwenden. Bevorzugt weiches bis mittelhartes, CO_2-reiches Wasser.
Vermehrung: Ableger.
Verwendung: Rasen bildende Vordergrundpflanze.
Beurteilung: Empfehlenswerte, wirkungsvolle Art. Hellgrüne Form deutlich schwieriger.
Erwerb: Dunkelgrüne Farbform häufig, hellgrüne selten.
Lebensraum: An Flussufern zumeist in voller Sonne.

30–70 cm		2–5 cm
300 l		20 l
schnell		mittel bis schnell
22–28 °C		18–28 °C
6,5–8,0	pH	6,0–7,8

Echinodorus 'Tricolor'

Alismataceae, Froschlöffelgewächse

Merkmale: Künstliche Hybride. Submerse Spreite bis 15 cm gestielt, lanzettlich mit gestutzter Basis, 10–15 cm lang, 5–8 cm breit, Herzblätter hellgrün mit kleinen, bräunlichen Flecken und leicht gewelltem Blattrand sowie noch helleren Blattnerven, ältere Blätter dunkler grün. Blütenstände emers mit Adventivpflanzen.
Haltung: Eine der wenigen hellgrünen Sorten, dekorativ und schnellwüchsig, wenig anspruchsvoll. Für kräftige Exemplare nährstoffreichen Bodengrund verwenden, mittlere Lichtansprüche, weiches bis hartes Wasser.
Vermehrung: Adventivpflanzen.
Verwendung: Als Solitärpflanze im Mittelgrund.
Beurteilung: Empfehlenswerte, ungewöhnliche Hybride.
Erwerb: Gelegentlich im Handel.
Besonderheiten: Entstand in der tschechischen Gärtnerei Rataj.

20–30 cm		50–70 cm
80 l		200 l
schnell		mittel bis schnell
22–28 °C		18–24 °C
6,0–8,0	pH	6,5–8,4

Echinodorus uruguayensis

Uruguay-Schwertpflanze
Alismataceae, Froschlöffelgewächse

Vorkommen: Südliches Südamerika.
Merkmale: Mittelgroße bis große Rhizompflanze, Blätter rosettig. Submerse Spreite bis 30 cm gestielt, bandförmig, bis 45 cm lang, 4 cm breit, Stammform grün, Farbformen auch dunkelrot. Blütenstände submers und emers mit Adventivpflanzen.
Haltung: Seit vielen Jahren beliebte Wasserpflanze. Schnellwüchsig, anspruchslos, mittlere Lichtintensität, nährstoffbedürftig, gutes Wachstum auch in hartem, alkalischem Wasser.
Vermehrung: Rhizomteilung, Adventivpflanzen.
Verwendung: Solitärpflanze für Mittel- und Hintergrund.
Beurteilung: Empfehlenswerte Art für geräumige Aquarien.
Erwerb: Standardsortiment.
Lebensraum: Vorwiegend aquatische Lebensweise in schnell fließenden Gewässern.

Echinodorus 'Yellow Sun'

Alismataceae, Froschlöffelgewächse

Merkmale: Künstliche Hybride, großwüchsige Rhizompflanze. Submerse Spreite mehr oder weniger lang gestielt, breit eiförmig mit herzförmiger Basis, bis 20 cm lang, 15 cm breit, gelblich grün mit bräunlichem Anflug, undeutlich hellbraun gefleckt, junge Blätter mit schwach rötlichen Adern. Blütenstände emers mit Adventivpflanzen.
Haltung: Ungewöhnlich schnellwüchsige, *E. cordifolius*-ähnliche Sorte mit bräunlicher Färbung, bildet eine breit ausladende Rosette. Intensives Licht und nährstoffreicher Bodengrund begünstigen das Wachstum. Weiches bis hartes Wasser.
Vermehrung: Adventivpflanzen.
Verwendung: Als Solitärpflanze für geräumige Aquarien.
Beurteilung: Wüchsige Sorte; neigt dazu, Luftblätter zu bilden.
Erwerb: Seit etwa 2003 gelegentlich im Fachhandel.

Echinodorus 'Yellow Sun'		Egeria densa
20–50 cm		40–60 cm
200 l		80 l
schnell		schnell
22–28 °C		20–24 °C
6,0–8,0	pH	5,8–9,2

Egeria densa

Argentische Wasserpest
Hydrocharitaceae, Froschbissgewächse

Vorkommen: Weltweit.
Merkmale: Flutende Stängelpflanze. Blätter sitzend, gegen- oder quirlständig, länglich, bis 3 cm lang, 0,4 cm breit, transparent, dunkelgrün. Blüten zweihäusig.
Haltung: Anpassungsfähige, echte Wasserpflanze für niedrig temperierte Aquarien. Mittlere bis hohe Lichtintensität, nährstoffbedürftig, bestes Wachstum in hartem, alkalischem Wasser.
Vermehrung: Stecklinge.
Verwendung: Frei schwimmend oder als Büschel auf dem Bodengrund verankert.
Beurteilung: Schnellwüchsige, bewährte Kaltwasserpflanze, guter Sauerstoffspender.
Erwerb: Standardsortiment.
Lebensraum: Stehende und fließende Gewässer von sehr unterschiedlicher chemischer Beschaffenheit.

Eichhornia azurea

Dünnstielige Eichhornie
Pontederiaceae, Pontederiagewächse

Vorkommen: Tropisches Amerika.
Merkmale: Submers aufrecht (Jugendform), emers als Schwimmpflanze. Wasserblätter zweizeilig wechselständig, linealisch, bis 25 cm lang, 1 cm breit, hellgrün. Scheinähren mit blauen, violetten oder weißen Einzelblüten.
Haltung: Unvergleichlich schöne, palmwedelähnliche Pflanze mit hohen Lichtansprüchen, nährstoffbedürftig. Einkürzen vor Erreichen der Wasseroberfläche wegen Schwimmblattbildung erforderlich. Bevorzugt weiches, saures Wasser.
Vermehrung: Stecklinge.
Verwendung: Solitärpflanze.
Beurteilung: Anspruchsvolle, empfehlenswerte Pflanze.
Erwerb: Durch Pflanzenliebhaber, selten im Fachhandel.
Lebensraum: Sonnige Standorte in schnell fließenden oder nahezu stehenden Gewässern.

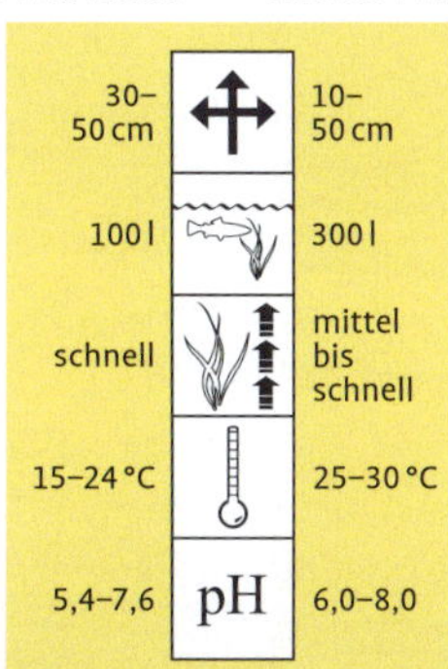

Eichhornia crassipes

Dickstielige Wasserhyazinthe
Pontederiaceae, Pontederiagewächse

Vorkommen: Weltweit.
Merkmale: Blätter in einer Rosette, Blattstiele schwammig aufgeblasen. Spreite rundlich bis rhombisch, bis 25 cm, mittelgrün. Scheinähre mit blassvioletten Blüten.
Haltung: Imposante Schwimmpflanze. Für Normalaquarien wenig geeignet, da extrem lichthungrig. Nährstoffbedürftig, wärmeliebend, benötigt hohe Luftfeuchte, weiches bis hartes Wasser.
Vermehrung: Ableger.
Verwendung: Für offene, stark beleuchtete Aquarien, in Gewächshäusern, an vollsonnigen Plätzen im Gartenteich.
Beurteilung: Degeneriert in Normalaquarien, geeignet nur für spezielle Zwecke.
Erwerb: Im Sommer im Handel.
Lebensraum: Stehende und langsam fließende, vollsonnige, warme Standorte.

Eichhornia diversifolia

Verschiedenblättrige Eichhornie
Pontederiaceae, Pontederiagewächse

Vorkommen: Mittel- und Südamerika.
Merkmale: Stängelpflanze, Blätter wechselständig bis rosettig, linealisch, zart, bis 9 cm lang, 0,5 cm breit. Blauviolette Blüten nach Bildung von herzförmigen Schwimmblättern.
Haltung: Empfindliche, anspruchsvolle Wasserpflanze. Sprosse einzeln pflanzen, da lichtbedürftig, wärme- und stickstoffliebend, benötigt freies CO_2, weiches bis mittelhartes Wasser.
Vermehrung: Stecklinge.
Verwendung: Als Gruppe im Mittelgrund.
Beurteilung: Wirkungsvolle, anmutige, ausgefallene Pflanze für Fortgeschrittene.
Erwerb: Durch Pflanzenliebhaber, selten im Fachhandel.
Lebensraum: Stehende, sehr weiche Habitate in voller Sonne.
Besonderheiten: Ähnlich *Heteranthera*, aber größer.

Eichhornia diversifolia		Eleocharis acicularis
20–40 cm		5–20 cm
60 l		30 l
mittel		langsam bis mittel
20–28 °C		20–25 °C
5,5–7,3	pH	6,3–8,5

Eleocharis acicularis

Nadelsimse
Cyperaceae, Zypergrasgewächse

Vorkommen: Weltweit.
Merkmale: Grasartige Rhizompflanze. Halme fadenförmig, einzeln oder rosettig, submers bis 20 cm lang, grün. Ähren in flachem Wasser oder emers.
Haltung: Anspruchslose, zarte Pflanze. Benötigt mittlere bis hohe Lichtintensität. Feinkörniger Bodengrund für Vermehrung am besten geeignet. Nur für Aquarien ohne Fadenalgen, weiches bis hartes Wasser.
Vermehrung: Durch Teilung der zarten Rhizome.
Verwendung: Als Rasen im Vordergrund, auch als winterharte Teichrandpflanze.
Beurteilung: Bei nicht zu hohen Temperaturen einfach zu kultivierende, empfehlenswerte Vordergrundpflanze.
Erwerb: Standardsortiment.
Lebensraum: Ufer mäßig nährstoffreicher Gewässer.

Eichhornia diversifolia mit *Pterophyllum altum* (Skalar)

Eleocharis vivipara

Regenschirmsimse
Zyperaceae, Zypergrasgewächse

Vorkommen: USA.
Merkmale: Grasartige Rhizompflanze. Halme in einer Rosette, fadenförmig, submers bis 100 cm lang, grün. Ähren mit Adventivpflanzen bei emerser Kultur.
Haltung: Leicht zu kultivierende, bizarre Pflanze, die durch lebend gebärende Fortpflanzung an den Halmspitzen an Regenschirme erinnert. Mittlere Lichtintensität, nicht zu warm halten, weiches bis hartes Wasser.
Vermehrung: Produktiv durch Adventivpflanzen.
Verwendung: Am schönsten als solitäre Gruppe in hohen Aquarien, gut für Zuchtaquarien geeignet.
Beurteilung: Empfehlenswerte, aparte, sehr zarte Pflanze.
Erwerb: Selten im Handel, Bezug durch Pflanzenliebhaber oder spezielle Vereine.
Lebensraum: An Gewässerrändern im Sand.

Eleocharis vivipara		Glossostigma elatinoides
50–100 cm		2–5 cm
40 l		20 l
mittel		schnell
20–27 °C		22–26 °C
6,0–8,0	pH	6,0–7,5

Glossostigma elatinoides

Australisches Zungenblatt
Scrophulariaceae, Rachenblütler

Vorkommen: Australien.
Merkmale: Sehr kleine Pflanze mit kriechendem Stängel. Blätter gegenständig, kurz gestielt, Spreite spatelförmig, submers bis 0,8 cm lang, 0,4 cm breit, hellgrün. Unscheinbare Blüten über Wasser.
Haltung: Lichthungrige Vordergrundpflanze. Zum Einpflanzen feinkörnigen Bodengrund verwenden, benötigt viel freies CO_2. Am schönsten bei nicht zu hohen Temperaturen und in weichem, schwach saurem Wasser.
Vermehrung: Durch Seitensprosse.
Verwendung: Prächtige Vordergrundpflanze für algenfreie Aquarien.
Beurteilung: Anspruchsvolle, rasenbildende Pflanze für fantastische Blickfänge.
Erwerb: Gelegentlich im Handel.
Lebensraum: In flachem Wasser von Flüssen und Seen.

Gymnocoronis spilanthoides

Falscher Wasserfreund
Asteraceae, Korbblütengewächse

Vorkommen: Südliches Südamerika.
Merkmale: Kräftige Stängelpflanze. Blätter bis 9 cm gestielt, gegenständig, submerse Spreite lanzettlich, bis 12 cm lang, 4,5 cm breit, hellgrün. Blütenstand mit vielen weißen Röhrenblüten über Wasser.
Haltung: Sehr wuchsfreudige Stängelpflanze, häufiges Einkürzen erforderlich, was manchmal lästig ist. Bei hoher Lichtintensität und nicht zu hohen Temperaturen kultivieren, damit die Internodien kurz bleiben. Am schönsten in weichem bis mittelhartem, schwach alkalischem Wasser.
Vermehrung: Stecklinge.
Verwendung: Als Gruppe.
Beurteilung: Etwas lichtbedürftige, sonst anspruchslose, empfehlenswerte Pflanze.
Erwerb: Gelegentlich im Handel.
Lebensraum: Stehende bis schnell fließende, voll besonnte Gewässer.

Hedyotis salzmanii

Ohrkraut, Süßohr
Rubiaceae, Rötegewächse

Vorkommen: Südliches Südamerika.
Merkmale: Im Aquarium aufrechte, kleinblättrige Stängelpflanze. Blattspreiten kreuzgegenständig, breit eirund, bis 1,2 cm lang, 0,8 cm breit, hellgrün. Weiße, meistens vierzählige Blüten über Wasser.
Haltung: Schnellwüchsige, etwas lichtbedürftige Art. Anpassungsfähig an Temperatur und Wasserhärte; bevorzugt aber niedrige Temperaturen und weiches, schwach saures, CO_2-reiches Wasser.
Vermehrung: Stecklinge.
Verwendung: Als Gruppe im Vorder- und Mittelgrund.
Beurteilung: Vitale, genügsame, empfehlenswerte Art.
Erwerb: Seit 2004 im Handel.
Lebensraum: In fließenden, sehr mineralarmen Gewässern in voller Sonne.
Besonderheiten: Einfuhr von der Autorin aus Argentinien.

40–60 cm		20–50 cm
200 l		60 l
schnell		mittel bis schnell
15–28 °C		10–25 °C
6,5–8,0	pH	6,0–7,5

Hemianthus callitrichoides

Callitriche-ähnliches Perlenkraut
Scrophulariaceae, Rachenblütler

Vorkommen: Kuba.
Merkmale: Sehr kleine, kriechend wachsende Stängelpflanze. Blätter gegenständig, kurz gestielt, breit elliptisch, sehr zart, bis 0,4 cm lang, 0,3 cm breit, hellgrün.
Haltung: Dekorative, neue Vordergrundpflanze mit hervorragenden Wuchseigenschaften. Breitet sich bei guter Beleuchtung kriechend schnell aus. Regelmäßig düngen, nur in algenfreien Aquarien haltbar. Anspruchsloser als das ähnliche *Glossostigma*, weiches bis hartes, CO_2-reiches Wasser.
Vermehrung: Seitensprosse.
Verwendung: Als Gruppe.
Beurteilung: Lichtbedürftige, gutwüchsige Art.
Erwerb: Von der Gärtnerei Tropica aus Kuba eingeführte Art, seit 2004 gelegentlich im Fachhandel.
Lebensraum: Feuchte und nasse Standorte.

1–4 cm		10–35 cm
20 l		30 l
mittel bis schnell		schnell
22–26 °C		24–26 °C
6,0–7,5	pH	6,0–7,5

Hemianthus micranthemoides

Zierliches Perlenkraut
Scrophulariaceae, Rachenblütler

Vorkommen: Östliche USA.
Merkmale: Kleine Stängelpflanze. Blätter kreuzgegenständig oder in Quirlen, sitzend, lanzettlich bis elliptisch, bis 0,9 cm lang, 0,4 cm breit, hellgrün. Unscheinbare, weiße Blüten über Wasser.
Haltung: Zierliche Stängelpflanze, bildet bei intensivem Licht prächtige Blickfänge. Regelmäßiges Schneiden (am besten mit einer Schere) und Neupflanzen notwendig, benötigt viel freies CO_2, weiches bis hartes Wasser.
Vermehrung: Stecklinge.
Verwendung: Als Gruppenpflanze im Vordergrund. Sehr dekorativ als Pflanzenstraße.
Beurteilung: Lichtbedürftige, ansonsten anspruchslose und anpassungsfähige, wuchsfreudige Art.
Erwerb: Standardsortiment.
Lebensraum: Flussufer; Details unbekannt.

Hemianthus micranthemoides

Heteranthera zosterifolia

Seegrasblättriges Trugkölbchen
Scrophulariaceae, Rachenblütler

Vorkommen: Südliches Südamerika.
Merkmale: Mittelgroße, zartblättrige Stängelpflanze. Blätter wechselständig, schraubig, sitzend, linealisch bis spatelförmig, bis 5 cm lang, 0,7 cm breit, hellgrün. Blauviolette Blüten nach Bildung von Schwimmblättern auch im Aquarium.
Haltung: Etwas lichtbedürftige, sonst anpassungsfähige, anspruchslose Art, schwierig bei dauerhaft hohen Temperaturen, regelmäßiges Kürzen erforderlich, weiches bis hartes Wasser.
Vermehrung: Stecklinge.
Verwendung: Als Gruppe.
Beurteilung: Bei guten Lichtverhältnissen wirkungsvolle, wuchsfreudige Pflanze von hohem dekorativem Wert.
Erwerb: Standardsortiment.
Lebensraum: In subtropischen Regionen in stehenden und fließenden Gewässern.

Heteranthera zosterifolia		Hottonia palustris
20–50 cm		10–25 cm
40 l		60 l
schnell		mittel
23–27 °C		18–25 °C
6,0–7,5	pH	6,0–7,8

Hottonia palustris

Wasserprimel
Primulaceae, Schlüsselblumengewächse

Vorkommen: Europa, Nordasien.
Merkmale: Kleine bis mittelgroße Stängelpflanze, Blätter wechselständig, kammförmig, bis 6 cm lang, 3 cm breit, hellgrün. Blassviolette Blüten in einer Traube bei niedrigem Wasserstand.
Haltung: Lichtbedürftige, anspruchsvolle Pflanze für niedrig temperierte Aquarien. CO_2-Zufuhr förderlich, weiches bis hartes Wasser.
Vermehrung: Stecklinge.
Verwendung: Als Gruppe im Vordergrund, auch als Teichrandpflanze.
Beurteilung: Empfehlenswert nur für nicht zu warme, gute beleuchtete Aquarien.
Erwerb: Gelegentlich im Fachhandel, oft falsch als *Hottonia inflata* bezeichnet.
Lebensraum: Voll besonnte, stehende oder langsam fließende Gewässer, winterhart.

Hydrilla verticillata
Grundnessel
Hydrocharitaceae, Froschbissgewächse

Vorkommen: Weltweit.
Merkmale: Stängelpflanze mit geringer Wurzelbildung. Blätter sitzend, transparent, gegenständig oder in Quirlen, linealisch bis lanzettlich, bis 2 cm lang, 0,3 cm breit, hell- bis dunkelgrün. Blütenbildung selten.
Haltung: Anspruchslose, schnellwüchsige, zerbrechliche Wasserpflanze, bestes Wachstum in hartem Wasser.
Vermehrung: Stecklinge.
Verwendung: Frei flutend oder eingepflanzt als Gruppe; ideal für Zuchtaquarien.
Beurteilung: Empfehlenswerte, etwas unscheinbare Art.
Erwerb: Durch Pflanzenliebhaber, nicht im Handel.
Lebensraum: Vollsonnige Plätze in sehr unterschiedlichen Gewässern.
Besonderheiten: Es gibt eine abweichende Wuchsform in den ostafrikanischen Grabenseen.

Hydrilla verticillata		Hydrocleys nymphoides
50–200 cm		30–100 cm (und mehr)
60 l		200 l
schnell		mittel
20–27 °C		18–25 °C
6,5–8,5	pH	5,5–7,0

Hydrocleys nymphoides
Nymphaea-ähnlicher Wasserschlüssel
Limnocharitaceae, Sumpfliebgewächse

Vorkommen: Von Nord- bis Südamerika.
Merkmale: Ausläufer bildende Wasserpflanze. Entwickelt im Aquarium nach linealischen Jugendblättern lang gestielte, breit eirunde, bis 12 cm große Schwimmblätter. Bildet große, hellgelbe Blüten.
Haltung: Imposante, gutwüchsige Art mit dekorativen Schwimmblättern. Benötigt nahrhaften Bodengrund und mittlere Lichtintensität, auch bei niedrigen Temperaturen gut haltbar. Am besten weiches, schwach saures Wasser.
Vermehrung: Ableger.
Verwendung: In Paludarien und in geräumigen Aquarien.
Beurteilung: Früher sehr beliebte, heute nur wenig kultivierte Pflanze mit prächtigen Blüten.
Erwerb: Durch botanische Gärten, selten im Handel.
Lebensraum: Weiche, oft verschlammte Gewässer.

Hydrocotyle leucocephala

Brasilianischer Wassernabel
Apiaceae, Doldengewächse

Vorkommen: Mittel- und Südamerika.
Merkmale: In Aquarien aufrechte oder flutende Stängelpflanze. Blätter bis 15 cm gestielt, wechselständig, Spreite rundlich bis nierenförmig, tief eingeschnitten (Nabel), hellgrün. Einzelne, weißblütige Dolden häufig an flutenden Sprossen.
Haltung: Anpassungsfähige Aquarienpflanze. Bestes Wachstum bei flutenden Sprossen. Bei schwachem Licht faulen die unteren Blätter. Weiches bis hartes Wasser.
Vermehrung: Stecklinge.
Verwendung: An gut beleuchteten Stellen im Mittelgrund, schön als Randbepflanzung.
Beurteilung: Ausgefallener, wuchsfreudiger Wassernabel.
Erwerb: Standardsortiment.
Lebensraum: Besiedelt sehr unterschiedliche Habitate; bevorzugt an feuchten Stellen zu finden, auch als Urwaldpflanze.

30–50 cm (und mehr)		15–40 cm
100 l		60 l
schnell		langsam bis mittel
20–28 °C		22–27 °C
6,0–8,0	pH	6,5–7,5

Hydrocotyle sibthorpioides

Kleinblättriger Wassernabel
Apiaceae, Doldengewächse

Vorkommen: Natürlich im tropischen Asien.
Merkmale: Im Aquarium aufrechte oder flutende zarte Stängelpflanze. Blätter bis 11 cm gestielt, wechselständig. Spreite fast rund, tief eingeschnitten, am Rand gelappt, hellgrün. Weißblütige Dolden an Landpflanzen.
Haltung: Anspruchsvolle, grazile Aquarienpflanze. Benötigt viel Licht (sonst faulen die unteren Blätter) sowie nahrhaften Bodengrund. Bestes Wachstum bei flutenden Sprossen, weiches bis hartes Wasser.
Vermehrung: Stecklinge.
Verwendung: Als Gruppe im Vorder- und Mittelgrund. Dekorativ als Randbepflanzung, dann aber ebenfalls gut beleuchten.
Beurteilung: Schwierig, nur für Fortgeschrittene.
Erwerb: Gehört trotz schwieriger Kultur zum Standardsortiment.
Lebensraum: Feuchte Standorte, auch ganz submers.

Hydrocotyle verticillata
Amerikanischer Wassernabel
Apiaceae, Doldengewächse

Vorkommen: Amerikanische Subtropen.
Merkmale: Stängel kriechend, Blattstiel bis 20 cm lang. Blattspreite rund, submers bis 2,5 cm groß, hellgrün. Blütenstand mit mehreren 3- bis 5-blütigen Dolden.
Haltung: Durch schirmähnliche Blätter sehr apart wirkende Pflanze für niedrig temperierte Aquarien. Lichtbedürftig, feinkörnigen Bodengrund zum Einpflanzen verwenden, weiches bis hartes Wasser.
Vermehrung: Durch Teilung.
Verwendung: Im Vordergrund.
Beurteilung: Ausgefallene, zarte, nicht immer zufriedenstellend wachsende Pflanze.
Erwerb: Standardsortiment, mehrere Töpfe erwerben.
Lebensraum: Im Sumpf, gelegentlich auch submers.
Besonderheiten: *Hydrocotyle vulgaris* ähnlich, diese jedoch nur mit 1–2 Dolden.

5–10 cm		25–70 cm
40 l		120 l
langsam		schnell
18–23 °C		24–28 °C
6,5–7,5	pH	6,5–8,0

Hygrophila corymbosa
Breitblättriger Riesenwasserfreund
Acanthaceae, Bärenklaugewächse

Vorkommen: Südostasien.
Merkmale: Großblättrige, variable Stängelpflanze. Blätter kreuzgegenständig, Spreite kurz gestielt, schmal eiförmig bis elliptisch, submers bis 20 cm lang, 7 cm breit. Eine Farbform mit olivgrünen, eine mit rötlich braunen Blättern. Blaue Einzelblüten über Wasser.
Haltung: Bewährte Stängelpflanze für geräumige Aquarien. Anspruchslos, gutwüchsig, geringe Lichtansprüche, bevorzugt hartes Wasser.
Vermehrung: Stecklinge.
Verwendung: Mittel- und Hintergrundbepflanzung.
Beurteilung: Anspruchslose, sehr empfehlenswerte Pflanze.
Erwerb: Standardsortiment.
Lebensraum: Im Sumpf und in schnell fließendem Wasser.
Besonderheiten: Auch als *H. stricta* und *H. corymbosa* var. „*glabra*" im Handel.

Hygrophila corymbosa „Aroma“

Behaarter oder Aromatischer Wasserfreund
Acanthaceae, Bärenklaugewächse

Vorkommen: Südostasien.
Merkmale: Im Aquarium langblättrige, große Stängelpflanze. Emerse Blätter flaumig behaart, stark aromatisch. Wasserblätter linealisch, bis 30 cm lang, 1,5 cm breit, hellgrün.
Haltung: Gutwüchsige Stängelpflanze mit mittleren bis hohen Lichtansprüchen für große Aquarien, weiches bis hartes Wasser.
Vermehrung: Stecklinge.
Verwendung: Als Solitär oder in einer kleinen Gruppe im Mittel- und Hintergrund.
Beurteilung: Empfehlenswerte, anspruchslose Wuchsform.
Erwerb: Standardsortiment.
Lebensraum: Wie bei der Stammform angegeben.
Besonderheiten: Landpflanzen besitzen einen stark aromatischen Geruch. Diese Form wird auch fälschlich als *H. salicifolia* bezeichnet.

„Aroma“		„Kompakt“
30–50 cm		5–30 cm
80 l		60 l
mittel		langsam
22–28 °C		22–28 °C
6,5–8,0	pH	6,5–7,5

Hygrophila corymbosa „Kompakt“

Kompakter Riesenwasserfreund
Acanthaceae, Bärenklaugewächse

Vorkommen: Keine natürliche Verbreitung.
Merkmale: Unterscheidet sich von der Stammform durch sehr kurze Internodien, wodurch ein gestauchter Wuchs entsteht.
Haltung: Sehr langsames, aber kontinuierliches Wachstum, bei dem mit zunehmendem Alter die Stängel ihre unteren Blätter verlieren. Intensives Licht erforderlich, Sprosse einzeln pflanzen. Durch starke Verzweigung entstehen dicht belaubte Sprosse.
Vermehrung: Stecklinge.
Verwendung: Als Gruppe anfangs im Vordergrund, später im Mittelgrund.
Beurteilung: Empfehlenswerte, extrem langsam wachsende, dekorative Form.
Erwerb: Gelegentlich im Fachhandel.
Besonderheiten: Diese Wuchsform soll aus der niederländischen Gärtnerei Aqua Flora kommen.

Hygrophila corymbosa „siamensis“

Acanthaceae, Bärenklaugewächse

Vorkommen: Südostasien.
Merkmale: Wie bei *Hygrophila corymbosa* „Thailand“ angegeben, submerse Blattspreite jedoch rötlich braun gefärbt.
Haltung: Viel seltener in Kultur als der im Habitus sehr ähnliche Thailändische Wasserfreund. Ebenfalls gutwüchsig und anspruchslos, aber etwas lichtbedürftiger als dieser.
Vermehrung: Stecklinge.
Verwendung: Als stufig gepflanzte Gruppe an einem gut beleuchteten Platz im Mittelgrund.
Beurteilung: Empfehlenswerte, durch bräunliche Färbung dekorative Farbform mit mittleren Lichtansprüchen.
Erwerb: Gelegentlich im Fachhandel.
Lebensraum: Wie bei der Stammform angegeben.
Besonderheiten: Auch unter der Bezeichnung *H. stricta* im Vertrieb.

30–40 cm		30–50 cm
60 l		60 l
mittel		mittel bis schnell
22–28 °C		22–28 °C
6,5–7,5	pH	6,5–8,0

Hygrophila corymbosa „Thailand“

Thailändischer Wasserfreund
Acanthaceae, Bärenklaugewächse

Vorkommen: Südostasien.
Merkmale: Mittelgroße bis große Stängelpflanze. Blätter kreuzgegenständig, submerse Blattspreite schmal lanzettlich, bis 20 cm lang, 2 cm breit, hellgrün.
Haltung: Seit vielen Jahren bewährte und beliebte Aquarienpflanze. Bekanntester Wasserfreund, auch gutwüchsig bei geringer Lichtintensität und in hartem, alkalischem Wasser.
Vermehrung: Stecklinge.
Verwendung: Als stufig gepflanzte Gruppe im Mittel- und Hintergrund.
Beurteilung: Anspruchslose, sehr empfehlenswerte Pflanze für jedes Aquarium.
Erwerb: Standardsortiment.
Lebensraum: Wie bei der Stammform angegeben.
Besonderheiten: Auch unter den Bezeichnungen *H. stricta* und *H. „siamensis“* im Handel.

Hygrophila difformis

Indischer Wasserwedel
Acanthaceae, Bärenklaugewächse

Vorkommen: Südasien.
Merkmale: Mittelgroße, vielgestaltige Stängelpflanze. Wasserblätter kreuzgegenständig, gefiedert, bis 15 cm lang, 10 cm breit, meistens kleiner, hellgrün. Einzelne blaue Blüten über Wasser.
Haltung: Seit vielen Jahren beliebte und wuchsfreudige Pflanze, die durch Fiederblätter dekorative Blickfänge bildet. Besonders schön bei hellem Stand. Weiches bis hartes Wasser, auch gutwüchsig in alkalischem Milieu.
Vermehrung: Stecklinge.
Verwendung: Als Gruppe vom Vorder- bis Hintergrund.
Beurteilung: Anspruchslose, bewährte Aquarienpflanze.
Erwerb: Standardsortiment.
Lebensraum: Im Sumpf, genaue Daten nicht bekannt.
Besonderheiten: *Synnema triflorum* ist ein Synonym.

15–50 cm		15–50 cm
80 l		80 l
schnell		schnell
24–28 °C		24–28 °C
6,0–8,0	pH	6,0–8,0

Hygrophila difformis 'Weiß-Grün'

Weiß-grüner Wasserwedel
Acanthaceae, Bärenklaugewächse

Vorkommen: Keine natürliche Verbreitung.
Merkmale: Mutation oder Virusinfektion der Normalform. Im Habitus wie diese, jedoch mit weißer Äderung oder weißer Blattzeichnung, die aber nicht konstant sind.
Haltung: Im Jahre 1976 eingeführte Farbform aus dem Fachhandel, mit der sich auffällige Blickfänge gestalten lassen. Kann bei guten Licht- und Nährstoffverhältnissen ebenso rasch wachsen wie die Stammform, hat sich aber dennoch nicht durchgesetzt (vermutlich aufgrund der Veränderlichkeit der weißen Zeichnung bei der Kultur im Gewächshaus, die nicht durch Kulturbedingungen gesteuert werden kann).
Vermehrung: Stecklinge.
Verwendung: Als Gruppe vom Vorder- bis Hintergrund.
Beurteilung: Empfehlenswerte, sehr schöne Sorte.
Erwerb: Selten im Handel.

Hygrophila difformis

Hygrophila guianensis
Guyanischer Wasserfreund
Acanthaceae, Bärenklaugewächse

Vorkommen: Guyana, Venezuela, Bolivien.
Merkmale: Mittelgroße bis große Stängelpflanze. Blätter kreuzgegenständig, Blattspreite kurz gestielt, schmal elliptisch, bis 15 cm lang, 2,3 cm breit, mittelgrün. Zahlreiche weiße Blüten bei Landpflanzen.
Haltung: Die „echte" *H. guianensis* ist eine schwierige Aquarienpflanze mit sehr langsamem Wachstum. Intensives Licht und weiches Wasser sind die Voraussetzung. Kultur im Gewächshaus schnell und unproblematisch.
Vermehrung: Stecklinge.
Verwendung: Als kleine Gruppe im Mittelgrund.
Beurteilung: Anspruchsvolle Pflanze mit geringer Anpassungsfähigkeit an das Leben im Aquarium.
Erwerb: Gelegentlich im Handel, oft falsch bestimmt.
Lebensraum: Meistens halbemers im Sumpf.

30–50 cm		15–50 cm
80 l		40 l
langsam		schnell
18–28 °C		22–28 °C
6,5–7,6	pH	6,5–7,9

Hygrophila polysperma
Indischer Wasserfreund
Acanthaceae, Bärenklaugewächse

Vorkommen: Indien, Bhutan, Sri Lanka?
Merkmale: Mittelgroße, variable Stängelpflanze. Blätter kreuzgegenständig, Blattspreite sitzend oder kurz gestielt, sehr schmal elliptisch, bis 7 cm lang, 1,5 cm breit, hellgrün bis bräunlich. Blütenbildung selten an Landsprossen, Blüten einzeln, weiß oder bläulich.
Haltung: Bewährter und beliebter Wasserfreund, gutwüchsig, bevorzugt mittlere bis hohe Lichtintensität, bestes Wachstum in hartem Wasser.
Vermehrung: Stecklinge.
Verwendung: Als Gruppe im Vorder- und Mittelgrund.
Beurteilung: Anspruchsloser, sehr empfehlenswerter Wasserfreund, besonders schön bei guten Lichtverhältnissen.
Erwerb: Standardsortiment.
Lebensraum: Beschreibungen von natürlichen Standorten wurden bislang nicht publiziert.

Hygrophila polysperma 'Rosanervig'

Rosanerviger Wasserfreund
Acanthaceae, Bärenklaugewächse

Vorkommen: Keine natürliche Verbreitung; möglicherweise durch einen Virus infizierte Pflanze.
Merkmale: Wie bei der Stammform angegeben. Blattspreite jedoch mit weiß oder rosa gefärbten Blattadern, Blätter bei intensivem Licht zudem bronzefarben.
Haltung: Wie die Stammform eine schnellwüchsige, empfehlenswerte Sorte, die bei intensivem Licht am schönsten wird.
Vermehrung: Stecklinge.
Verwendung: Als Gruppe im Vorder- und Mittelgrund.
Beurteilung: Ansprechende Sorte für ungewöhnliche Blickfänge.
Erwerb: Unter verschiedenen Sortennamen wie 'Sunset' und 'Marmor' im Fachhandel.
Besonderheiten: Nur die Sortenbezeichnung 'Rosanervig' ist korrekt, da alle anderen später eingeführt wurden.

15–50 cm		20–50 cm
40 l		60 l
schnell		schnell
22–28 °C		22–28 °C
6,5–7,9	pH	6,0–8,0

Hygrophila polysperma „Sri Lanka“

Schmalblättriger Indischer Wasserfreund
Acanthaceae, Bärenklaugewächse

Vorkommen: Sri Lanka.
Merkmale: Wie bei der Stammform angegeben, submerse Blattspreite jedoch bandförmig, bis 10 cm lang, 0,6 cm breit, hellbraun bis rötlich gefärbt.
Haltung: Bei guten Licht- und Nährstoffverhältnissen schnellwüchsige Pflanze. Stickstoff liebend, gutes Wachstum in weichem bis hartem Wasser.
Vermehrung: Stecklinge.
Verwendung: Als Gruppe im Vorder- und Mittelgrund.
Beurteilung: Empfehlenswerte, sehr dekorativ gefärbte Wuchsform, aber lichtbedürftiger und insgesamt schwieriger zu kultivieren als die Stammform.
Erwerb: Gelegentlich im Handel.
Lebensraum: Nicht bekannt.
Besonderheiten: Die Herkunft Sri Lanka konnte nicht überprüft werden.

Isoetes velata

Verschleiertes Brachsenkraut
Isoetaceae, Brachsenkräuter

Vorkommen: Sizilien, Sardinien.
Merkmale: Mittelgroße, farnähnliche Pflanze mit kurzem Rhizom. Blätter in einer Rosette, pfriemförmig, bis 30 cm lang, 0,3 cm breit, grasgrün. Weibliche und männliche Sporen getrennt voneinander an den Blattbasen.
Haltung: Seit vielen Jahren kultivierte, anspruchslose, bewährte, seltene Aquarienpflanze. Wächst langsam, aber stetig, mittlere bis hohe Lichtintensität empfehlenswert, an Wasserwerte anpassungsfähig.
Vermehrung: Reife männliche und weibliche Sporen mischen und auf feuchter Erde aussäen.
Verwendung: Als Solitär oder Gruppe im Mittelgrund.
Beurteilung: Empfehlenswerte, recht ungewöhnliche Pflanze. Rarität.
Erwerb: Bezug durch spezielle Vereine; selten im Handel, da die Vermehrung sehr aufwändig ist.

Isoetes velata		Lagenandra meeboldii
15–30 cm		15–30 cm
60 l		100 l
langsam		langsam
22–26 °C		22–28 °C
6,0–8,0	pH	6,5–7,5

Lagenandra meeboldii

Meebolds' Lagenandra
Araceae, Aronstabgewächse

Vorkommen: Indien.
Merkmale: Mittelgroße Rhizompflanze. Blätter rosettig, submerse Spreite bis 12 cm gestielt, lanzettlich mit wenig herzförmiger Basis, bis 20 cm lang, 8 cm breit, olivgrün bis rötlich braun. Blütenstände emers.
Haltung: Entgegen der allgemeinen Meinung geeignete, langsam wachsende Aquarienpflanze. Gutes Wachstum bei mittlerer Lichtintensität, in nährstoffreichem Bodengrund und in mittelhartem, auch alkalischem Wasser.
Vermehrung: Rhizomteilung.
Verwendung: Solitärpflanze.
Beurteilung: Empfehlenswerte Art mit mittleren Ansprüchen, Rarität.
Erwerb: Fast nicht im Handel, Bezug durch Pflanzenfreunde.
Lebensraum: Im Schatten eines sumpfigen Bachufers.
Besonderheiten: Es gibt auch rein grünblättrige Pflanzen.

Lagenandra thwaitesii

Thwaites' Lagenandra
Araceae, Aronstabgewächse

Vorkommen: Sri Lanka.
Merkmale: Mittelgroße Rhizompflanze. Blätter in einer Rosette, submerse Blattspreite bis 8 cm gestielt, schmal lanzettlich, bis 16 cm lang, 2,5 cm breit, mittelgrün, nur über Wasser mit weißem Rand. Blütenstände emers.
Haltung: Sehr langsam wachsende, aber – im Gegensatz zur allgemeinen Meinung – geeignete Aquarienpflanze. Nährstoffreichen Bodengrund verwenden, mittlere Beleuchtung ausreichend, mittelhartes, auch alkalisches Wasser.
Vermehrung: Rhizomteilung.
Verwendung: Als Gruppe im Vorder- oder Mittelgrund, auch als Randbegrünung.
Beurteilung: Nicht schwierig, aber viel Geduld nötig.
Erwerb: Gelegentlich im Handel, dann mehrere Töpfe erwerben.
Lebensraum: Schattige bis sonnige Standorte.

10–25 cm		5–10 cm
60 l		30 l
langsam		langsam
22–28 °C		23–28 °C
6,5–7,5	pH	6,5–8,0

Lilaeopsis mauritiana

Mauritius-Graspflanze
Apiaceae, Doldengewächse

Vorkommen: Mauritius.
Merkmale: Rasen bildende Pflanze mit sehr dünnem, kriechendem Rhizom. Bis zu 3 linealische, spatelförmige Blätter je Knoten, Blätter bis 9 cm lang, 1,3 cm breit, mit 4–9 Quernerven. Dolden über Wasser.
Haltung: Langsam wachsende, aber problemlose Graspflanze für die Aquarienkultur. Benötigt nur mittlere Lichtintensität, schwierig bei Fadenalgen, anpassungsfähig an Temperatur und Wasserwerte.
Vermehrung: Rhizomteilung.
Verwendung: Als Gruppe im Vordergrund.
Beurteilung: Von allen angebotenen Graspflanzen die beste für die submerse Kultur.
Erwerb: Regelmäßig im Fachhandel.
Lebensraum: Sowohl über als auch unter Wasser am Ufer eines langsam fließenden Flusses.

Limnobium laevigatum

Südamerikanischer Froschbiss
Hydrocharitaceae, Froschbissgewächse

Vorkommen: Tropen Amerikas.
Merkmale: Ausläufer bildende Schwimmpflanze. Blätter rosettig, im Aquarium bis 1 cm gestielt, Spreite fast rund, schwammig verdickt, bis 4 cm groß, grün. Blüten selten an Aquarienpflanzen.
Haltung: Früher häufige, heute nur noch gelegentlich im Aquarium kultivierte, dekorative Schwimmpflanze. Produktive Vermehrung bei intensivem Licht, hoher Luftfeuchtigkeit und viel Wärme sowie in weichem bis mittelhartem, CO_2-reichem Wasser.
Vermehrung: Ableger.
Verwendung: Als Schwimmpflanze, auch für kleine Aquarien geeignet.
Beurteilung: Nicht schwierig zu pflegen.
Erwerb: Gelegentlich im Fachhandel.
Lebensraum: Stehende oder langsam fließende, sonnige Gewässer.

2–5 cm		40–60 cm
20 l		120 l
mittel bis schnell		schnell
17–35 °C		22–28 °C
5,5–7,6	pH	6,0–7,8

Limnophila aquatica

Wasser-Sumpffreund
Scrophulariaceae, Rachenblütler

Vorkommen: Südostasien.
Merkmale: Mittelgroße bis große, veränderliche Stängelpflanze. Wasserblätter in 17- bis 22-zähligen Quirlen, bis 12 cm im Durchmesser, Fiederblätter mit vielen haarfeinen Segmenten, hellgrün. Weiß-purpurne Blüten in Trauben über Wasser.
Haltung: Licht- und nährstoffbedürftige, schnellwüchsige Stängelpflanze. Am schönsten in weichem bis mittelhartem, CO_2-reichem Wasser.
Vermehrung: Stecklinge.
Verwendung: Als Gruppe im Mittel- und Hintergrund.
Beurteilung: Bei guten Wuchsbedingungen prächtige, etwas anspruchsvolle Art.
Erwerb: Gelegentlich im Handel.
Lebensraum: Besiedelt feuchte Standorte im Sumpf; dort mit ungefiederten Blättern, aber auch als Wasserpflanze im Fließwasser.

Limnophila aromaticoides

Scrophulariaceae, Rachenblütler

Vorkommen: Taiwan, Japan?
Merkmale: Im Aquarium aufrechte, kleine bis mittelgroße Stängelpflanze. Blätter in 3- bis 8-zähligen Quirlen, schmal lanzettlich, bis 4 cm lang, 0,8 cm breit, gezähnt. Weiße bis pinkfarbene Blüten über Wasser.
Haltung: Licht- und nährstoffbedürftige, anspruchsvolle Aquarienpflanze, mittelschnell wachsend, benötigt weiches bis mittelhartes, CO_2-reiches Wasser.
Vermehrung: Stecklinge.
Verwendung: Als Gruppe an einem hellen Platz im Vorder- und Mittelgrund.
Beurteilung: Dekorative, nicht immer zufrieden stellend wachsende, zarte Stängelpflanze für den erfahrenen Aquarianer.
Erwerb: Gelegentlich im Handel.
Lebensraum: Vermutlich stehende Gewässer, Details sind nicht bekannt.

10–20 cm		40–70 cm
60 l		80 l
mittel		schnell
22–26 °C		24–30 °C
6,0–7,0	pH	6,0–8,0

Limnophila heterophylla

Verschiedenblättriger Sumpffreund
Scrophulariaceae, Rachenblütler

Vorkommen: Asien.
Merkmale: Mittelgroße, veränderliche Stängelpflanze. Wasserblätter in 8- bis 14-zähligen Quirlen, bis 11 cm im Durchmesser, meistens aber kleiner. Fiederblätter mit vielen haarfeinen Segmenten, mittelgrün. Einzelne, kaum gestielte Blüten über Wasser.
Haltung: Lichtbedürftige, strömungsliebende, schnellwüchsige Stängelpflanze. Bodengrund gelegentlich düngen. Gutes Wachstum in hartem, leicht alkalischem Wasser.
Vermehrung: Stecklinge.
Verwendung: Als Gruppe im Mittel- und Hintergrund.
Beurteilung: Bei guten Lichtverhältnissen empfehlenswerte, sehr schöne Stängelpflanze von hohem dekorativem Wert.
Erwerb: Standardsortiment.
Lebensraum: Klare Fließgewässer mit hohen Temperaturen, auch als Sumpfpflanze.

Limnophila indica

Indischer Sumpffreund
Scrophulariaceae, Rachenblütler

Vorkommen: Afrika, Asien, Australien.
Merkmale: Mittelgroße Stängelpflanze. Wasserblätter in 6- bis 20-zähligen Quirlen, bis 8 cm im Durchmesser. Fiederblätter mit vielen haarfeinen Segmenten, hellgrün bis bräunlich. Einzelne, gestielte Blüten über Wasser.
Haltung: Lichtbedürftige, strömungsliebende, gutwüchsige Pflanze. Sprosse bei intensivem Licht rötlich braun gefärbt. Hohe Temperaturen bei gleichzeitig wenig Licht fördern unerwünscht lange Internodien. Auch schön in hartem, leicht alkalischem Wasser.
Vermehrung: Stecklinge.
Verwendung: Als Gruppe im Mittel- und Hintergrund.
Beurteilung: Empfehlenswerte, wirkungsvolle Aquarienpflanze.
Erwerb: Standardsortiment.
Lebensraum: In klaren Fließgewässern in der Strömung oder als Landpflanze am Ufer.

40–80 cm		10–30 cm
80 l		40 l
schnell		langsam
25–28 °C		22–26 °C
6,0–8,3	pH	6,0–8,0

Lobelia cardinalis

Kardinalslobelie
Lobeliaceae, Lobeliengewächse

Vorkommen: Nordamerika.
Merkmale: Stängelpflanze. Wasserblätter wechselständig, bis 4 cm gestielt, länglich bis eiförmig, bis 11 cm lang, 4,5 cm breit, hellgrün. Scharlachrote Blüten in einer Traube an emersen Sprossen.
Haltung: Aufgrund des langsamen Wachstums ideale Art für die Anordnung von Pflanzenstraßen. Anpassungsfähig an Licht- und Wasserwerte, am schönsten bei intensivem Licht.
Vermehrung: Stecklinge.
Verwendung: Als größere Gruppe im Vorder- und Mittelgrund; auch als Teichrandpflanze geeignet.
Beurteilung: Anspruchslose, sehr empfehlenswerte Art. Durch hellgrüne, derbe Blätter dekorative Kontrastpflanze.
Erwerb: Standardsortiment.
Lebensraum: Gewöhnlich als Landpflanze an Flussufern und sumpfigen Plätzen.

Lobelia cardinalis

Ludwigia arcuata

Gebogenblättrige Ludwigie
Onagraceae, Nachtkerzengewächse

Vorkommen: USA.
Merkmale: Kleinblättrige Stängelpflanze. Wasserblätter kreuzgegenständig, schmal linealisch, bis 4 cm lang, 0,3 cm breit, manchmal leicht gebogen, je nach Lichtintensität grün bis rot gefärbt. Einzelne gelbe Blüten an Landpflanzen.
Haltung: Langsam wachsende, leicht brüchige Pflanze mit hohen Lichtansprüchen. Bestes Wachstum in weichem bis mittelhartem, CO_2-reichem Wasser. Wachstum als Landpflanze unproblematisch.
Vermehrung: Stecklinge.
Verwendung: Als Gruppe im Vorder- und Mittelgrund.
Beurteilung: Anspruchsvolle Pflanze für Fortgeschrittene.
Erwerb: Gelegentlich als Landpflanze im Handel.
Lebensraum: An sumpfigen Standorten; genaue Angaben sind nicht bekannt.

30–50 cm		10–40 cm
40 l		80 l
langsam		langsam
24–26 °C		22–25 °C
6,0–7,5	pH	6,0–7,5

Ludwigia glandulosa

Onagraceae, Nachtkerzengewächse

Vorkommen: Nordamerika.
Merkmale: Mittelgroße Stängelpflanze. Wasserblätter bis 2 cm gestielt, wechselständig, lanzettlich, bis 11 cm lang, 2 cm breit, olivgrün bis weinrot. Blüten an Landpflanzen.
Haltung: Anspruchsvolle, sehr lichtbedürftige und langsam wachsende Pflanze. Bevorzugt niedrige Temperaturen und weiches bis mittelhartes, CO_2-reiches Wasser.
Vermehrung: Stecklinge, besonders produktiv über Wasser.
Verwendung: Als Gruppe im Vorder- und Mittelgrund.
Beurteilung: Eindrucksvolle, prächtig gefärbte, aber häufig schwierige Pflanze, nur für den erfahrenen Aquarianer.
Erwerb: Regelmäßig im Handel, da die Vermehrung im Gewächshaus leicht ist.
Lebensraum: An den Rändern von Gewässern meist als Landpflanze.

Ludwigia inclinata
Gebogenblättrige Ludwigie
Onagraceae, Nachtkerzengewächse

Vorkommen: Mittel- und Südamerika.
Merkmale: Mittelgroße Stängelpflanze. Wasserblätter wechselständig, kurz gestielt, länglich bis eiförmig, bis 5,5 cm lang, 1,5 cm breit, Stammform mit mehr oder weniger intensiver Rotfärbung. Eine Farbform mit olivgrünen Blättern. Einzelne, gelbe Blüten an Landpflanzen.
Haltung: Schwierig zu kultivierende, lichthungrige und wärmeliebende Weichwasserpflanze. Wasserbewegung und CO_2 förderlich.
Vermehrung: Stecklinge.
Verwendung: Als größere Gruppe im Mittelgrund.
Beurteilung: Anspruchsvolle Pflanze für Fortgeschrittene, empfehlenswert nur bei intensivem Licht.
Erwerb: Gelegentlich als Landsprosse im Handel.
Lebensraum: Schnell fließende, weiche und warme Gewässer.

Ludwigia inclinata var. verticillata
Quirlblättrige Ludwigie
Onagraceae, Nachtkerzengewächse

Vorkommen: Venezuela, Kuba.
Merkmale: Wie bei der Stammform angegeben, submerser Stängel, jedoch fleischig und dicker. Wasserblätter mit bis zu 12 Blättern im Quirl, Blattspreite linealisch, ganzrandig (im Unterschied zur ähnlichen *Pogostemon stellatus*), bis 4 cm lang, 2,5 mm breit, bei viel Licht mit intensiver Rotfärbung. Blüten- und Fruchtbildung wie bei der Stammform.
Haltung: Anspruchsvolle, nährstoffliebende Varietät, am wüchsigsten in weichem, CO_2-reichem Wasser bei mittlerer bis hoher Lichtintensität.
Vermehrung: Stecklinge.
Verwendung: Als Gruppe.
Beurteilung: Bei gutem Wachstum prächtige neue Aquarienpflanze, nur für erfahrene Aquarianer.
Erwerb: Gelegentlich im Handel.
Lebensraum: Bekannt nur aus stehendem, weichem Wasser.
Besonderheiten: Einfuhr aus Kuba.

20–50 cm		20–50 cm
80 l		80 l
mittel		mittel
24–28 °C		24–28 °C
5,5–7,3	pH	5,5–7,3

Ludwigia palustris × L. repens
Breitblättrige Bastardludwigie
Onagraceae, Nachtkerzengewächse

Vorkommen: Künstliche Hybride, in Mexiko offenbar ausgesetzt.
Merkmale: Mittelgroße Stängelpflanze. Wasserblätter kreuzgegenständig, bis 1 cm gestielt, breit elliptisch, bis 5 cm lang, 3,5 cm breit, bei viel Licht kräftig rot gefärbt. Blüten an Landsprossen mit variierender Zahl von Kronblättern.
Haltung: Sehr dekorative, prächtig gefärbte, etwas lichtbedürftige, sonst recht anspruchslose, gutwüchsige Stängelpflanze. Weiches bis hartes Wasser.
Vermehrung: Sehr produktiv durch Stecklinge.
Verwendung: Als Gruppe im Mittel- oder Hintergrund.
Beurteilung: Sehr empfehlenswerte Hybride.
Erwerb: Durch spezielle Vereine. Diese Hybride war früher häufig im Handel; inzwischen ist sie nur selten vertreten.

Ludwigia repens
Kriechende Ludwigie
Onagraceae, Nachtkerzengewächse

Vorkommen: USA, Mexiko.
Merkmale: Mittelgroße Stängelpflanze. Wasserblätter gegenständig, kurz gestielt, elliptisch, bis 3,5 cm lang, 1,4 cm breit, verschiedene Formen von rein olivgrün bis rötlich gefärbt. Blütenbildung auch häufig submers.
Haltung: Anpassungsfähige, gutwüchsige und seit vielen Jahren bewährte Pflanze. Mittlere Lichtwerte, weiches bis hartes Wasser.
Vermehrung: Stecklinge.
Verwendung: Als größere Gruppe im Mittel- und Hintergrund.
Beurteilung: Ziemlich anspruchslose, schnell wachsende Aquarienpflanze für jedes Aquarium. Rötliche Farbformen benötigen höhere Lichtintensitäten.
Erwerb: Standardsortiment.
Lebensraum: Wächst an sumpfigen Standorten und Flussrändern, meistens in intensivem Sonnenlicht.

40–60 cm		40–60 cm
80 l		80 l
schnell		schnell
23–28 °C		22–26 °C
6,0–8,0	pH	6,0–8,0

Ludwigia repens „Rubin“

Onagraceae, Nachtkerzengewächse

Vorkommen: Natürliche Verbreitung nicht bekannt.
Merkmale: Mittelgroße Stängelpflanze. Wasserblätter wechsel- oder gegenständig, kurz gestielt, breit elliptisch, bis 4 cm lang, 3 cm breit, bei intensivem Licht rubinfarben. Blüten an Landsprossen.
Haltung: Durch das weinrote Laub besonders imposante Art. Lichtbedürftiger als die anderen Ludwigien, aber dennoch gutwüchsig. Weiches bis hartes Wasser.
Vermehrung: Stecklinge.
Verwendung: Als Gruppe im Vorder- bis Mittelgrund.
Beurteilung: Empfehlenswerte, etwas lichthungrige, eindrucksvolle Pflanze.
Erwerb: Im Handel als *Ludwigia* sp. „weinrot“ oder „Rubin“.
Besonderheiten: Eindeutig eine *L.-repens*-Form, eventuell Mutation mit veränderter Blattstellung.

20–40 cm		40–60 cm
80 l		80 l
mittel		schnell
22–26 °C		24–28 °C
6,0–7,5	pH	6,0–8,0

Ludwigia repens × L. arcuata

Schmalblättrige Bastardludwigie
Onagraceae, Nachtkerzengewächse

Vorkommen: Künstliche Hybride.
Merkmale: Mittelgroße Stängelpflanze. Wasserblätter gegenständig, kurz gestielt, schmal elliptisch, bis 5 cm lang, 1,5 cm breit, leicht gewellt, olivgrün bis blutrot gefärbt. Blüten an Landsprossen mit konstant 4 Kronblättern.
Haltung: Empfehlenswerte, im Allgemeinen anspruchslose, gutwüchsige Stängelpflanze. Bei intensivem Licht prächtig gefärbt, sehr gutes Wachstum in hartem Wasser.
Vermehrung: Produktiv durch Stecklinge.
Verwendung: Als Gruppe im Mittel- oder Hintergrund.
Beurteilung: Sehr empfehlenswerte, dekorative Pflanze für jedes Aquarium.
Erwerb: Regelmäßig im Fachhandel.
Besonderheiten: Etwas langsamer im Wachstum als *L. palustris* × *L. repens*.

Lysimachia nummularia

Pfennigkraut
Primulaceae, Primelgewächse

Vorkommen: Kosmopolit.
Merkmale: Submers aufrechte Stängelpflanze. Wasserblätter kurz gestielt, gegenständig, eirund, bis 3 cm lang, 2,7 cm breit, hellgrün. Gelbe Blüten an Landsprossen.
Haltung: Kaltwasserpflanze mit mäßiger Anpassungsfähigkeit an tropische Temperaturen. Lichtbedürftig, bei zu wenig Licht und zu hohen Temperaturen vergeilen die Sprosse, mittelschnelles Wachstum, weiches bis mittelhartes Wasser.
Vermehrung: Stecklinge.
Verwendung: Als Gruppe.
Beurteilung: Bedingt empfehlenswert, nur bei niedrigen Temperaturen auf Dauer haltbar. Gute Teichrandpflanze für schattige Plätze.
Erwerb: Standardsortiment.
Lebensraum: Besiedelt Feuchtbiotope, auch noch auf ziemlich trockenem Boden.

Lysimachia nummularia		Marsilea sp.
10–40 cm		2–5 cm
40 l		20 l
mittel		langsam
18–20 °C		20–26 °C
6,5–7,5	pH	6,5–7,5

Marsilea sp.

Zwergkleefarn
Marsileaceae, Kleefarngewächse

Vorkommen: Australien.
Merkmale: Kleine Farnpflanze mit dünnem Rhizom. Wasserblätter kurz gestielt, meistens einblättrig, emers auch bis vierblättrig. Sporokarpien über Wasser.
Haltung: Ziemlich anspruchsloser, Rasen bildender Farn mit guter Anpassung an die Aquarienbedingungen. Vermutlich Schattenpflanze, darf nicht zu warm kultiviert werden, weiches bis hartes Wasser.
Vermehrung: Rhizomteilung (Stücke mit mindestens 2 Knoten).
Verwendung: Als größere Gruppe im Vordergrund.
Beurteilung: Sehr langsam wachsende, ungewöhnliche Vordergrundpflanze.
Erwerb: Gelegentlich im Fachhandel, dann als *M. hirsuta* oder *M. exarata*.
Besonderheiten: Konnte bisher nicht sicher bestimmt werden.

Mayaca fluviatilis

Fluss-Mooskraut
Mayacaceae, Mooskrautgewächse

Vorkommen: Nord- bis Südamerika.
Merkmale: Im Aquarium aufrechte, zarte Stängelpflanze. Wasserblätter wechselständig, scheinbar in Quirlen, linealisch, bis 0,8 cm lang, 0,1 cm breit, hellgrün. Weiße oder hellviolette Blüten an Landpflanzen.
Haltung: Licht- und nährstoffbedürftige Weichwasserpflanze. Eisenmangel häufig, darf nicht zu warm gehalten werden, Wasserbewegung und CO_2-Düngung wachstumsfördernd.
Vermehrung: Stecklinge.
Verwendung: Als Gruppe im Mittelgrund.
Beurteilung: Anspruchsvolle, bei guten Wachstumsvoraussetzungen aber gutwüchsige, moosähnliche Aquarienpflanze. Für den erfahrenen Aquarianer.
Erwerb: Gelegentlich im Handel.
Lebensraum: Saure, sehr weiche Fließgewässer.

Micranthemum umbrosum

Rundblättriges Perlenkraut
Scrophulariaceae, Rachenblütler

Vorkommen: USA.
Merkmale: Kleine Stängelpflanze, Blätter gegenständig, sitzend, rundlich, bis 0,7 cm groß, hellgrün. Sehr zarte, weiße Blüten über Wasser.
Haltung: Anspruchsvolle, empfindliche Stängelpflanze, benötigt intensives Licht und viel freies CO_2. Nicht zu warm kultivieren, weiches bis mittelhartes Wasser.
Vermehrung: Stecklinge.
Verwendung: Als größere Gruppe im Vordergrund, auch als Pflanzenstraße geeignet.
Beurteilung: Lichtbedürftige, sehr schöne Gruppenpflanze, die *Hemianthus micranthemoides* ähnelt, aber schwieriger ist. Schöne Kontrastpflanze zu rotblättrigen Arten.
Erwerb: Gelegentlich im Handel.
Lebensraum: An feuchten Standorten.

Mayaca fluviatilis		Micranthemum umbrosum
20–60 cm		10–20 cm
60 l		60 l
mittel bis schnell		mittel bis schnell
23–25 °C		22–24 °C
5,5–7,0	pH	6,0–7,3

Microsorum pteropus
Javafarn
Lomariopsidaceae

Vorkommen: Tropisches Asien.
Merkmale: Farnpflanze mit langem, kriechendem Rhizom. Wasserblätter kurz gestielt, lanzettlich, meist ohne seitliche Lappen, bis 30 cm lang, 5,5 cm breit, oliv- bis dunkelgrün. Sporen auch submers.
Haltung: Beliebte, langsam wachsende, anpassungsfähige Farnpflanze, schattenliebend. Bestes Wachstum in weichem bis mittelhartem, leicht saurem Wasser in Filternähe.
Vermehrung: Rhizomteilung und Adventivpflanzen.
Verwendung: Als Dekorationspflanze auf Steinen und Wurzeln aufbinden, nicht in den Bodengrund pflanzen.
Beurteilung: Bewährter, empfehlenswerter, anspruchsloser Farn.
Erwerb: Standardsortiment.
Lebensraum: Schattige Fließgewässer sowie emers an Steinen oder im Bodengrund.

Microsorum pteropus		Microsorum pteropus „Philippine“
10–30 cm		20–30 cm
10 l		10 l
langsam bis mittel		langsam bis mittel
20–28 °C		20–28 °C
6,0–8,0	pH	6,0–8,0

Microsorum pteropus „Philippine“
Lomariopsidaceae

Vorkommen: Philippinen (Panay).
Merkmale: Mittelgroße Pflanze mit stark buckligen, blasigen Blattspreiten, die im Aquarium bis zu 15 cm lang und 3 cm breit werden. Färbung mittel- bis dunkelgrün.
Haltung: Schöne neue Wuchsform, zu behandeln wie die Stammform. Bestes Wachstum bei guten Lichtverhältnissen.
Vermehrung: Rhizomteilung und Adventivpflanzen.
Verwendung: Auf Dekorationsgegenständen wie Holz und Steinen aufbinden.
Beurteilung: Ausgefallene Pflanze, deren charakteristisches Merkmal der blasigen Blattspreiten nur an einer exponierten Stelle wirkungsvoll zur Geltung kommt.
Erwerb: Gelegentlich im Handel.
Lebensraum: Nach Auskunft der Gärtnerei Tropica im Tidebereich eines Flusses.

Microsorum pteropus „schmalblättrig“

Lomariopsidaceae

Vorkommen: Nicht bekannt.
Merkmale: Von der Stammform stark abweichende Wuchsform mit auffällig schmalen Blattspreiten, die im Aquarium bis zu 30 cm lang und 1,5 cm breit werden können (häufig schmaler und kürzer). Mittel- bis dunkelgrün.
Haltung: Eindrucksvolle Wuchsform, bestes Wachstum bei starker Wasserbewegung. Anspruchsvoller als andere Formen und Sorten.
Vermehrung: Rhizomteilung, Adventivpflanzen.
Verwendung: Auf Dekorationsmaterial festbinden. Kleine Pflanzen auch für die Begrünung von Seitenwänden geeignet.
Beurteilung: Empfehlenswerte, sehr dekorative Rarität.
Erwerb: Selten im Handel aufgrund langsamer Vermehrung, auch mit der Bezeichnung *Microsorum* „narrow“.
Lebensraum: Nicht bekannt.

15–30 cm		30–40 cm
40 l		80 l
langsam		langsam bis mittel
20–28 °C		20–28 °C
6,0–7,5	pH	6,0–8,0

Microsorum pteropus ‘Tropica’

Lomariopsidaceae

Vorkommen: Java.
Merkmale: Großblättrige Sorte mit fiederteiligen, am Rand tief gebuchteten Blättern, Spreite bis 30 cm lang, 15 cm breit, im Aquarium meistens kleiner.
Haltung: Wirkungsvolle Sorte für geräumige Aquarien, problemlos wie die Stammform, bestes Wachstum bei guten Lichtverhältnissen an einem freien Platz.
Vermehrung: Rhizomteilung und Adventivpflanzen.
Verwendung: Auf Dekorationsgegenständen wie Holz und Steinen aufbinden.
Beurteilung: Ausgefallene, imposante, empfehlenswerte Sorte.
Erwerb: Gelegentlich im Handel.
Lebensraum: Es sind keine Informationen bekannt.
Besonderheiten: Benannt nach der dänischen Wasserpflanzengärtnerei Tropica.

Microsorum pteropus „undulata“
Lomariopsidaceae

Vorkommen: Thailand.
Merkmale: Großwüchsige Pflanze mit leicht gewellten (undulatus) Blatträndern. Blattspreite bis 30 cm lang, 5 cm breit. Im Aquarium deutlich kleiner, heller als die Stammform.
Haltung: Dekorative, vitale, neue Wuchsform; zu kultivieren wie die Stammform. Bestes Wachstum bei einer mittleren bis hohen Lichtintensität.
Vermehrung: Rhizomteilung und Adventivpflanzen.
Verwendung: Aufgebunden auf Steinen und Holz, am wirkungsvollsten als Blickfang an eine gut sichtbare Stelle platzieren.
Beurteilung: Stattliche, empfehlenswerte, anspruchlose Wuchsform für größere Aquarien.
Erwerb: Gelegentlich im Handel.
Lebensraum: Genaue Informationen fehlen.

Microsorum pteropus ‘Windeløv’
Lomariopsidaceae

Vorkommen: Java.
Merkmale: Kleinblättrige Sorte mit mehrfach gegabelter Blattspitze. Blattspreite bis 15 cm lang, 1,8 cm breit, Blattspitze bis 5 cm lang, 8 cm breit, meistens kleiner.
Haltung: Imposante, beliebte Sorte, gutwüchsig und ebenso anpassungsfähig wie die Stammform, aber etwas lichtbedürftiger.
Vermehrung: Rhizomteilung und Adventivpflanzen.
Verwendung: Auf Dekorationsgegenständen aufbinden oder an Rückwänden heften. Am schönsten an einem freien, gut beleuchteten Standplatz.
Beurteilung: Fantastische, sehr empfehlenswerte Sorte.
Erwerb: Standardsortiment.
Lebensraum: Details unbekannt.
Besonderheiten: Benannt nach dem Gründer der dänischen Gärtnerei Tropica.

20–30 cm		10–20 cm
60 l		20 l
langsam bis mittel		langsam bis mittel
20–28 °C		20–28 °C
6,0–8,0	pH	6,0–8,0

Monosolenium tenerum
Monosoleniaceae

Vorkommen: Süd- und Südostasien.
Merkmale: Lebermoos mit gabelig verzweigten, transparenten Vegetationsorganen, gut erkennbar an der breiten Mittelrippe, mittel- bis dunkelgrün. Sporenbildung bei Landpflanzen.
Haltung: Bei guten Wuchsbedingungen ungewöhnlich rasch wachsendes, Polster bildendes Lebermoos. Benötigt mittlere Lichtintensität, hohe Nährstoffgaben (Stickstoff und Phosphat) sowie weiches bis hartes, CO_2-reiches Wasser.
Vermehrung: Verzweigung.
Verwendung: Mit Nylongarn oder Haarnetzen aufbinden oder zwischen die Pflanzen legen.
Beurteilung: Prächtiges, neues Lebermoos für imposante Blickfänge, häufig schwierig.
Erwerb: Gelegentlich im Handel, früher als „Pellia“.
Lebensraum: Feuchte Standorte.

2–5 cm		40–60 cm
10 l		100 l
mittel bis schnell		mittel bis schnell
22–26 °C		15–25 °C
6,0–7,0	pH	6,0–7,5

Myriophyllum aquaticum
Brasilianisches Tausendblatt
Haloragaceae, Seebeerengewächse

Vorkommen: Südamerika.
Merkmale: Feingliedrige Stängelpflanze. 4–6 Fiederblätter im Quirl, bis 5 cm Durchmesser, Fiederblätter mit haarfeinen Segmenten, mittelgrün (siehe auch Bild S. 99). In Kultur fast nur weibliche Pflanzen. Blüten über Wasser.
Haltung: Lichtbedürftige, anspruchsvolle Stängelpflanze. Kultur misslingt oft, weil die Pflanzen meistens zu warm gehalten werden, weiches bis mittelhartes Wasser.
Vermehrung: Stecklinge.
Verwendung: Als Gruppe.
Beurteilung: Als Aquarienpflanze schwierig, dagegen hervorragend als Teichrandpflanze geeignet. Weibliche Pflanzen sind winterhart.
Erwerb: Regelmäßig im Handel, da die Vermehrung im Gewächshaus sehr produktiv ist.
Lebensraum: An den Ufern fließender Gewässer.

Myriophyllum mattogrossense

Mato-Grosso-Tausendblatt
Haloragaceae, Seebeerengewächse

Vorkommen: Südamerika (selten).
Merkmale: Feingliedrige Stängelpflanze. 3–4 Fiederblätter im Quirl, bis 5 cm im Durchmesser, Fiederblätter mit haarfeinen Segmenten, hellgrün. Sehr kleine, rote Blüten auch im Aquarium.
Haltung: Lichtbedürftige, etwas anspruchsvolle, zarte Stängelpflanze. Benötigt intensives Licht und hohe Nährstoffgaben. Wärmeliebend, bestes Wachstum in weichem bis mittelhartem, leicht saurem Wasser.
Vermehrung: Stecklinge.
Verwendung: Als Gruppe im Vordergrund.
Beurteilung: Sehr dekorative, zierliche, empfehlenswerte Vordergrundpflanze.
Erwerb: Selten im Handel, Bezug durch Pflanzenfreunde.
Lebensraum: Im schnell fließenden Wasser kleiner Flüsse an schattigen bis sonnigen Plätzen.

10–50 cm		30–60 cm
40 l		80 l
mittel bis schnell		mittel
24–28 °C		22–28 °C
6,5–7,5	pH	6,5–7,5

Myriophyllum tuberculatum

Rotes Tausendblatt
Haloragaceae, Seebeerengewächse

Vorkommen: Südasien.
Merkmale: Feingliedrige Stängelpflanze. 4–7 Fiederblätter im Quirl, bis 5 cm im Durchmesser, Fiederblätter mit haarfeinen Segmenten, braunrot. Kleine, purpurfarbene Blüten über Wasser.
Haltung: Anspruchsvolle Weichwasserpflanze mit hohen Licht- und Nährstoffbedürfnissen. Bestes Wachstum in weichem, CO_2-reichem Wasser.
Vermehrung: Stecklinge.
Verwendung: Als Gruppe im Mittel- und Hintergrund.
Beurteilung: Auffällig gefärbte, anspruchsvolle Kontrastpflanze.
Erwerb: Häufig im Handel.
Lebensraum: An nassen Habitaten in stehendem Wasser. Genaue Informationen fehlen.
Besonderheiten: Viele Jahre lang falsch als *M. mattogrossense* und *M. hippuroides* geführt.

Myriophyllum aquaticum

Najas conferta

Nixkraut

Najadaceae, Nixkrautgewächse

Vorkommen: Von Nord- bis Südamerika.
Merkmale: Steifblättrige Wasserpflanze mit wenigen Wurzeln, die der Verankerung dienen. Blätter in 3-zähligen Scheinquirlen, bis 2,5 cm lang, 1,3 mm breit, dunkelgrün. Blüten auch im Aquarium.
Haltung: Dekoratives und problemlos zu pflegendes Nixkraut. Benötigt nur geringe bis mittlere Lichtintensität. Gutwüchsig auch in hartem, alkalischem Wasser.
Vermehrung: Stecklinge.
Verwendung: Als Gruppe eingepflanzt oder frei flutend, ideal für Zuchtaquarien.
Beurteilung: Sehr empfehlenswert.
Erwerb: Bezug durch Pflanzenliebhaber; nicht im Handel, da Sprosse leicht brüchig und kommerzielle Vermehrung zu aufwändig.
Lebensraum: In Stillzonen von Flüssen und Seen, auch in größerer Tiefe.

Nesaea crassicaulis

Dickstängelige Nesaea

Lythraceae, Weiderichgewächse

Vorkommen: Afrika.
Merkmale: Stängelpflanze mit dickfleischigen, kräftigen Sprossen. Wasserblätter sitzend, kreuzgegenständig, lanzettlich, bis 11 cm lang, 1,6 cm breit, gelblich grün bis rötlich. Blütenstände über Wasser, Blüten mit 8 Staubblättern.
Haltung: Gutwüchsige, etwas steife Stängelpflanze. Lichthungrig, wärmeliebend, benötigt nährstoffreichen Bodengrund. Bestes Wachstum in weichem bis mittelhartem, schwach saurem Wasser.
Vermehrung: Stecklinge.
Verwendung: Als Gruppe im Mittel- und Hintergrund.
Beurteilung: Anspruchsvolle, aber empfehlenswerte, bei guten Bedingungen stattliche Aquarienpflanze.
Erwerb: Gelegentlich im Handel.
Lebensraum: Stehende, sumpfige, voll besonnte Gewässer.

30–50 cm		30–50 cm
30 l		120 l
mittel bis schnell		mittel
22–28 °C		22–28 °C
6,5–8,0	pH	6,5–7,8

Nesaea pedicellata

Gestielte Nesaea
Lythraceae, Weiderichgewächse

Vorkommen: Tansania, Mosambik.
Merkmale: Mittelgroße Stängelpflanze. Wasserblätter sitzend, gegenständig, wechsel- oder quirlständig, länglich, bis 9 cm lang, 1,5 cm breit, gelblich grün bis rötlich. Blütenstände über Wasser, Blüten mit 8 Staubblättern.
Haltung: Ausgefallene, etwas anspruchsvolle Stängelpflanze, lichtbedürftig, wärmeliebend, leichter zu pflegen als *N. crassicaulis*. Weiches bis hartes, leicht saures Wasser.
Vermehrung: Stecklinge.
Verwendung: Als Gruppe im Vorder- und Mittelgrund.
Beurteilung: Bei guten Kulturbedingungen wuchsfreudige, empfehlenswerte Art.
Erwerb: Selten im Handel, Bezug durch Pflanzenfreunde.
Lebensraum: In kleinen, stehenden, salzarmen und warmen Gewässern.

Nuphar japonica

Japanische Teichmummel, Teichrose
Nymphaeaceae, Seerosengewächse

Vorkommen: Japan.
Merkmale: Rhizompflanze mit kräftigem Wurzelstock. Wasserblätter gestielt, Spreite pfeilförmig, weich, bis 20 cm lang, 12 cm breit, hellgrün. Gelbe Blüten nach der Bildung von Schwimmblättern.
Haltung: Prächtige Solitärpflanze für geräumige Aquarien mit hohem Bodengrund und intensiver Beleuchtung. Schwimmblätter entfernen, weiches bis hartes Wasser.
Vermehrung: Rhizomteilung.
Verwendung: Solitärpflanze für Schauaquarien. Auch als Gartenteichpflanze geeignet, in mindestens 40 cm Tiefe überwintern.
Beurteilung: Wüchsige Art.
Erwerb: Im Sommer im Handel.
Lebensraum: Stehende oder langsam fließende Gewässer.
Besonderheiten: Die rotbraune *N. japonica* var. *rubrotincta* ist selten.

30–50 cm		40–50 cm
100 l		150 l
mittel bis schnell		mittel bis schnell
22–28 °C		20–28 °C
5,7–7,5	pH	6,0–8,0

Nymphaea glandulifera

Nymphaeaceae, Seerosengewächse

Vorkommen: Tropische Zonen Amerikas.
Merkmale: Kleinwüchsige Seerose mit kurzem Rhizom. Blattspreite kreisförmig, tief eingeschnitten, mit weit gespreizter Basis, im Aquarium bis 8 cm groß, hellgrün. Blüten weiß.
Haltung: Ungewöhnliche Seerose mit produktiver Vermehrung und geringer Neigung zur Bildung von Schwimmblättern. Bestes Wachstum in nährstoffreichem Boden bei guten Lichtverhältnissen und in weichem bis mittelhartem, CO_2-reichem Wasser.
Vermehrung: Durch kurze, zarte Ausläufer.
Verwendung: Im Vordergrund.
Beurteilung: Empfehlenswerte Seerose mit horizontaler Ausbreitung, gut geeignet auch für kleine Aquarien.
Erwerb: Bezug durch Pflanzenliebhaber, nicht im Handel.
Lebensraum: Stehende bis fließende, sonnige Gewässer.

5–10 cm	✥	10–50 cm
100 l		120 l
mittel		schnell
24–28 °C		22–28 °C
6,0–7,5	pH	5,5–7,5

Nymphaea lotus 'Grün'

Grüner Tigerlotus
Nymphaeaceae, Seerosengewächse

Vorkommen: Kamerun.
Merkmale: Mittelgroße bis große Seerose. Wasserblätter normalerweise deutlich kleiner als beim Roten Tigerlotus, kräftig hellgrün gefärbt mit bräunlichen Flecken.
Haltung: Bewährte, gutwüchsige Sorte, nicht so lichtbedürftig wie der Rote Tigerlotus. Zur Begrenzung des Wuchses nährstoffarmen Sand verwenden, liebt Wasserbewegung und keine dauerhaft hohen Temperaturen. Bestes Wachstum in weichem bis mittelhartem, CO_2-reichem Wasser.
Vermehrung: Tochterknollen.
Verwendung: Im Mittel- und Hintergrund.
Beurteilung: Empfehlenswerte, sehr dekorative Seerose.
Erwerb: Gelegentlich im Handel, unkorrekt als *N. lotus* var. *viridis*.
Lebensraum: An Lichtungen kleiner Urwaldflüsse in weichem, saurem Milieu.

Nymphaea lotus 'Rot'

Roter Tigerlotus
Nymphaeaceae, Seerosengewächse

Vorkommen: Tropisches Afrika, in vielen Ländern eingebürgert.
Merkmale: Großwüchsige Seerose. Wasserblätter fast rund, tief eingeschnitten, bis 25 cm groß, weinrot mit dunklen Flecken. Weiße Blüten nach Schwimmblattbildung auch im Aquarium (Nachtblüher).
Haltung: Beliebte Seerose, die nur in ihrer Jugendform gepflegt wird. Wenn Blüten nicht erwünscht, Schwimmblätter entfernen. Für kräftige Exemplare nährstoff- und humusreichen Bodengrund verwenden sowie gut beleuchten. Weiches bis hartes Wasser.
Vermehrung: Tochterknollen.
Verwendung: Mittel- oder Hintergrund.
Beurteilung: Wertvoll.
Erwerb: Gelegentlich im Handel, unkorrekt als *N. lotus* var. *rubra*.
Lebensraum: Stehende, auch temporäre Gewässer.

10–60 cm		20–40 cm
120 l		60 l
schnell		mittel
22–28 °C		23–28 °C
6,0–8,0	pH	6,5–8,0

Nymphaea micrantha „gefleckt"

Gefleckte Kleinblütige Seerose
Nymphaeaceae, Seerosengewächse

Vorkommen: Westafrika.
Merkmale: Kleinblättrige Seerose. Wasserblätter bis 10 cm groß, Basislappen wenig gespreizt, hellgrün mit rotbraunen Flecken. Weiße oder bläuliche Blüten.
Haltung: Auffällig gefleckte Seerose. Bestes Wachstum bei guter Beleuchtung, Wärme und nährstoffreichem, etwas verschlammtem Bodengrund. Verträgt keine Überdüngung mit Spurenelementen. Weiches bis mittelhartes, auch alkalisches Wasser.
Vermehrung: Produktiv durch Adventivpflanzen.
Verwendung: Als Solitärpflanze im Vordergrund.
Beurteilung: Herrliche Seerose, etwas anspruchsvoll an die Nährstoffverhältnisse.
Erwerb: Durch Vereine, nicht im Handel, da kommerzielle Vermehrung zu aufwändig.
Lebensraum: Nicht bekannt.

Ottelia ulvifolia

Meersalatblättrige Ottelie
Hydrocharitaceae, Froschbissgewächse

Vorkommen: Afrika, Herkunft dieser Farbform nicht bekannt.
Merkmale: Wasserpflanze mit kurzem Rhizom. Blätter in einer Rosette, Blattspreite bis 30 cm gestielt, bandförmig, gewellt, bis 45 cm lang, 10 cm breit, hellgrün mit braunroten Flecken und Strichen. Blüten und Früchte auch im Aquarium.
Haltung: Fantastische, leicht zerbrechliche Wasserpflanze mit mittleren Ansprüchen. Bei intensivem Licht und hohem Nährstoffangebot schnellwüchsig und blühwillig, weiches bis mittelhartes, CO_2-reiches Wasser.
Vermehrung: Teilung des Rhizoms, Samen.
Verwendung: Solitärpflanze.
Beurteilung: Imposante, empfehlenswerte Art für prächtige Blickfänge.
Erwerb: Bezug durch spezielle Vereine, selten im Handel.

Ottelia ulvifolia		Phyllanthus fluitans
50–75 cm		1–2 cm
150 l		10 l
schnell		mittel bis schnell
22–28 °C		25–28 °C
6,0–7,5	pH	6,5–7,5

Phyllanthus fluitans

Schwimmende Wolfsmilch
Euphorbiaceae, Wolfsmilchgewächse

Vorkommen: Mittel- und Südamerika.
Merkmale: Schwimmpflanze. Blattspreiten zweireihig wechselständig, rundlich, bis 2 cm groß, hellgrün bis rotbraun. Unscheinbare Blüten auch im Aquarium.
Haltung: Interessante, nicht lästig werdende Schwimmpflanze, braucht viel Licht, Wärme und gute Nährstoffversorgung. Oberflächenbewegung darf nur gering sein, weiches bis mittelhartes Wasser.
Vermehrung: Seitensprosse.
Verwendung: Schwimmend.
Beurteilung: Bei gutem Wuchsklima schnell wachsende und vermehrungsfreudige, ungewöhnliche Schwimmpflanze. Kultur ist oftmals schwierig; dennoch sollte ein Versuch gemacht werden.
Erwerb: Durch Vereine, gelegentlich auch im Handel.
Lebensraum: In Stillzonen großer Flüsse.

Pistia stratiotes

Muschelblume
Araceae, Aronstabgewächse

Vorkommen: Weltweit in den Tropen.
Merkmale: Ausläufer bildende Schwimmpflanze. Blätter in einer Rosette, verkehrt eiförmig bis spatelförmig, samtig behaart, bis 25 cm lang, 12 cm breit, meistens viel kleiner, hellgrün. Unscheinbare Blütenstände an kräftigen Pflanzen.
Haltung: Im Aquarium normalerweise aufgrund schlechter Lichtverhältnisse degenerierend. Liebt Wärme sowie hohe Stickstoff- und Phosphatgaben, dann zügiges Wachstum, weiches bis hartes Wasser.
Vermehrung: Ableger.
Verwendung: Als Schwimmpflanze, bei viel Wärme auch im Teich.
Beurteilung: Bei zusagenden Bedingungen gutwüchsig und dekorativ.
Erwerb: Im Frühjahr im Handel.
Lebensraum: In den Tropen häufig ein lästiges Unkraut.

Pistia stratiotes		Pogostemon stellatus
10–25 cm		20–50 cm
40 l		100 l
mittel bis schnell		mittel bis schnell
22–30 °C		22–28 °C
5,9–8,4	pH	6,0–7,5

Pogostemon stellatus

Sternpflanze
Lamiaceae, Lippenblütler

Vorkommen: Ostasien, Australien.
Merkmale: Mittelgroße Stängelpflanze. 3–10 Blätter im Quirl, lanzettlich bis linealisch, schwach gezähnt bis gesägt, bis 9 cm lang, 0,6 cm breit, hellgrün bis rotlila. Ähren mit rosa bis purpurnen Blüten.
Haltung: Lichthungrige und wärmeliebende Pflanze, benötigt viel freies CO_2 und nährstoffreichen Bodengrund. Für kräftige Stängel Seitensprosse reduzieren. Bevorzugt weiches bis mittelhartes, saures Wasser.
Vermehrung: Stecklinge.
Verwendung: Als Gruppe, Sprosse einzeln pflanzen.
Beurteilung: Anspruchsvolle, prächtige Pflanze von hohem dekorativen Wert.
Erwerb: Verschiedene Wuchsformen; oft noch unter dem Synonym *Eusteralis stellata* im Handel.
Lebensraum: Im Sumpf, Details unbekannt.

Potamogeton gayi

Gays Laichkraut

Potamogetonaceae, Laichkrautgewächse

Vorkommen: Südamerika.
Merkmale: Ausläufer bildende Stängelpflanze mit dünnem Rhizom. Blätter wechselständig, sitzend, linealisch, zweizeilig, zart, bis 12 cm lang, 0,5 cm breit, grün bis bräunlich. Ähren selten im Aquarium.
Haltung: Seit vielen Jahren bewährtes, anspruchsloses Laichkraut, nach Anwachsphase gutes Wachstum und zügige Vermehrung, geringe bis mittlere Beleuchtung. Liebt niedrige Temperaturen. Bestes Wachstum in alkalischem Wasser.
Vermehrung: Ableger.
Verwendung: Besonders gut für kleine Aquarien.
Beurteilung: Anpassungsfähige, sehr empfehlenswert Art.
Erwerb: Bezug durch Vereine, selten im Fachhandel.
Lebensraum: Sehr weiches, alkalisches Wasser (bisher nur an einem Standort untersucht).

40–100 cm		20–40 cm
40 l		40 l
langsam bis mittel		langsam bis mittel
18–26 °C		18–25 °C
6,5–8,0	pH	6,0–7,5

Proserpinaca palustris

Kammblatt

Haloragaceae, Seebeerengewächse

Vorkommen: Nord- und Mittelamerika.
Merkmale: Mittelgroße Stängelpflanze. Blätter wechselständig, submers von ganzrandig bis gezähnt bis mehr oder weniger kammförmig, bis 4 cm lang, 3 cm breit, je nach Lichtintensität hellgrün bis kräftig rot. Unscheinbare Blüten an Landpflanzen.
Haltung: Langsam wachsende, licht- und nährstoffbedürftige Pflanze für nicht zu hoch temperierte Aquarien, CO_2-Düngung wichtig, weiches bis mittelhartes Wasser.
Vermehrung: Stecklinge.
Verwendung: Als Gruppe im Vorder- oder Mittelgrund.
Beurteilung: Anspruchsvolle, häufig nicht zufrieden stellend wachsende Pflanze.
Erwerb: Gelegentlich im Handel, Pflanzen stammen aus Kuba (Einfuhr durch Tropica).
Lebensraum: Stehende und langsam fließende Gewässer.

Riccia fluitans

Teichlebermoos
Ricciaceae, Sternlebermoosgewächse

Vorkommen: Weltweit.
Merkmale: Variables Lebermoos, das gabelig verzweigte Vegetationsorgane bildet. Sporenentwicklung bei Landpflanzen.
Haltung: Licht- und nährstoffliebendes Lebermoos. Gutwüchsig nur bei geringer Wasserbewegung. Anpassungsfähig an Temperatur und Wasserwerte. Von Wasserlinsen getrennt kultivieren. „Lebende Steine“ regelmäßig mit einer Schere beschneiden.
Vermehrung: Produktiv durch Verzweigung.
Verwendung: Frei flutend oder mit Haarnetzen zu „lebenden Steinen“ aufgebunden, dann intensiv beleuchten (Element der Japanischen Naturaquarien).
Beurteilung: Sehr empfehlenswertes Moos für imposante Blickfänge.
Erwerb: Standardsortiment.
Lebensraum: Nährstoffreiche Gewässer.

0,5–3 cm		0,5–3 cm
10 l		10 l
schnell		schnell
20–27 °C		20–27 °C
6,0–7,5	pH	6,0–7,5

Riccia fluitans „Dwarf“

Zwerg-Teichlebermoos
Ricciaceae, Sternlebermoosgewächse

Vorkommen: Nicht bekannt.
Merkmale: Kleine Wuchsform. Vegetationsorgane deutlich kürzer und schmaler als bei der Stammform, aber mit gleichem Gabelungswinkel.
Haltung: Lichtbedürftiger und langsamer wachsend als die Stammform, lässt sich aber ebenso gut mit Haarnetzen aufbinden. Als „lebende Steine“ nur bei intensivem Licht (z. B. T-5-Lampen) haltbar.
Vermehrung: Verzweigung.
Verwendung: Frei flutend oder als Polster aufgebunden.
Beurteilung: Etwas anspruchsvoller als die Stammform, aber pflegeleichter aufgrund des langsameren Wachstums.
Erwerb: Gelegentlich im Fachhandel.
Lebensraum: Nicht bekannt.
Besonderheiten: Handelsname „Dwarf“ = Zwerg.

Rotala macrandra

Dichtblättrige Rotala
Lythraceae, Weiderichgewächse

Vorkommen: Südindien.
Merkmale: Mittelgroße Stängelpflanze. Wasserblätter kreuzgegenständig, sitzend, lanzettlich bis breit eirund, bis 4 cm lang, 2,5 cm breit, olivgrün bis kräftig braunrot. Blütenstände an Landpflanzen.
Haltung: Imposante, anspruchsvolle Art. Wachstumsvoraussetzungen sind intensives Licht, Wärme, hohe Nährstoffgaben, gute Wasserbewegung und weiches, CO_2-reiches Wasser.
Vermehrung: Stecklinge.
Verwendung: Als kleine Gruppe im Mittelgrund.
Beurteilung: Häufig schwierig in der Kultur, bei zusagenden Lebensbedingungen aber herrlich gefärbte Stängelpflanze. Nur für Fortgeschrittene.
Erwerb: Standardsortiment.
Lebensraum: Häufig als Wasserpflanze in Fließgewässern.

30–60 cm		40–70 cm
100 l		120 l
mittel		schnell
24–28 °C		24–28 °C
6,0–7,0	pH	6,0–8,0

Rotala rotundifolia

Rundblättrige Rotala
Lythraceae, Weiderichgewächse

Vorkommen: Südostasien.
Merkmale: Mittelgroße Stängelpflanze. Wasserblätter gegenständig oder in 3- bis 4-zähligen Quirlen, Spreite lanzettlich bis rundlich, bis 2,2 cm groß, olivgrün bis rötlich. Blütenstände an Landpflanzen.
Haltung: Wuchsfreudige Stängelpflanze. Sehr anpassungsfähig an Licht und Wärme, aber am schönsten gefärbt bei intensiver Beleuchtung. Sprosse müssen regelmäßig gekürzt werden. Weiches bis hartes Wasser.
Vermehrung: Produktiv durch Stecklinge.
Verwendung: Als Gruppe im Mittel- und Hintergrund.
Beurteilung: Sehr empfehlenswerte, dekorative Art für jedermann.
Erwerb: Standardsortiment.
Lebensraum: Im Sumpf, auch in kühlen, hohen Bergregionen. Details sind unbekannt.

Rotala sp. „Grün"

Lythraceae, Weiderichgewächse

Vorkommen: Asien (?).
Merkmale: Mittelgroße Stängelpflanze. Wasserblätter kreuzgegenständig, ungestielt, sehr schmal elliptisch, bis 1,7 cm lang, 1,3 cm breit, hellgrün. Blüten nicht gesehen.
Haltung: Gutwüchsige Stängelpflanze, ähnlich *Rotala rotundifolia*, aber rein grün gefärbt und langsamer im Wachstum. Optimal bei viel Licht sowie weiches bis hartes, CO_2-reiches Wasser.
Vermehrung: Produktiv durch Stecklinge.
Verwendung: Als Gruppe im Vorder- und Mittelgrund.
Beurteilung: Empfehlenswerte, ziemlich anspruchslose Art.
Erwerb: Gelegentlich im Fachhandel.
Lebensraum: Nicht bekannt.
Besonderheiten: Noch unbestimmt, möglicherweise Form von *Rotala rotundifolia*.

20–40 cm		30–50 cm
80 l		60 l
mittel bis schnell		mittel bis schnell
22–26 °C		20–28 °C
6,0–7,5	pH	6,0–7,5

Rotala sp. „Nanjenshan"

Taiwan-Rotala
Lythraceae, Weiderichgewächse

Vorkommen: Taiwan (nur 1 Fundort), möglicherweise Naturhybride.
Merkmale: Zartblättrige Stängelpflanze. Wasserblätter in 3- bis 6-zähligen Quirlen, sehr schmal linealisch, bis 2 cm lang, 0,1 cm breit, hellgrün. Einzelne Blüten an Landpflanzen, Früchte unbekannt.
Haltung: Anmutige, etwas empfindliche Pflanze mit mittleren bis hohen Lichtansprüchen, auch bei niedriger Temperatur gutwüchsig. Weiches bis mittelhartes, CO_2-reiches Wasser.
Vermehrung: Stecklinge.
Verwendung: Als Gruppe im Mittelgrund, auch als Teichpflanze, bedingt winterhart.
Beurteilung: Etwas anspruchsvolle, aber empfehlenswerte Aquarienpflanze.
Erwerb: Gelegentlich im Handel, früher als *Mayaca sellowiana*.
Lebensraum: Unbekannt.

Rotala wallichii

Wallichs Rotala
Lythraceae, Weiderichgewächse

Vorkommen: Tropisches Südostasien.
Merkmale: Zartblättrige, mittelgroße Stängelpflanze. Wasserblätter in vielzähligen Quirlen, fadenförmig, bis 2,5 cm lang, olivgrün bis rötlich braun gefärbt. Blütenstände an Landpflanzen.
Haltung: Eindrucksvolle, sehr zarte, empfindliche Weichwasserpflanze, fast immer problematisch in der Kultur. Benötigt intensives Licht, Wärme, gute Nährstoffversorgung, bewegtes sowie weiches, CO_2-reiches Wasser.
Vermehrung: Stecklinge.
Verwendung: Als Gruppe im Vorder- und Mittelgrund.
Beurteilung: Sehr anspruchsvolle Art, bei guten Wachstumsvoraussetzungen aber wunderschöne Stängelpflanze. Nur für Fortgeschrittene.
Erwerb: Standardsortiment.
Lebensraum: Unbekannt.

Rotala wallichii		Sagittaria subulata
20–40 cm	✥	5–7 cm (selten mehr)
100 l	Aquarium	30 l
mittel	Wachstum	schnell
24–28 °C	Temperatur	18–28 °C
6,0–7,0	pH	6,5–8,0

Sagittaria subulata

Kleines Pfeilkraut
Alismataceae, Froschlöffelgewächse

Vorkommen: USA, Südamerika.
Merkmale: Ausläufer bildende Rosettenpflanze. Blattspreiten bandförmig, bis 60 cm lang, gewöhnlich aber viel kürzer, 0,6 cm breit, hellgrün. Schwimmblätter und Blütenstände gelegentlich im Aquarium.
Haltung: Wachstumsfreudige, Rasen bildende Vordergrundpflanze. Lichtbedürftig, bester Wuchs bei niedrigen Temperaturen, bildet bei dichtem Stand lange Blätter und gelegentlich Blütenstände, mittelhartes bis hartes Wasser.
Vermehrung: Produktiv durch Ableger.
Verwendung: Bei niedrigem Wuchs als Gruppe im Vordergrund, auch im Kaltwasser.
Beurteilung: Seit vielen Jahren bewährte, schöne Art.
Erwerb: Standardsortiment.
Lebensraum: Submers in schnell fließenden Gewässern.

Salvinia molesta

Lästiger Schwimmfarn
Salviniaceae, Schwimmfarngewächse

Vorkommen: Brasilien, weltweit eingeschleppt.
Merkmale: Schwimmfarn. Blätter in dreizähligen Quirlen, zwei als Schwimmblätter, eines als Tauchblatt ausgebildet. Schwimmblätter bootförmig, auf der Oberfläche mit Papillen und 3–4 verwachsenen Haaren (Lupe). Sporen an kräftigen Pflanzen.
Haltung: Intensives Licht, viel Wärme und hohe Nährstoffgaben (vor allem Stickstoff). Im Aquarium degenerierend, mag keine starke Wasserbewegung.
Vermehrung: Seitensprosse.
Verwendung: Schwimmend.
Beurteilung: Im Aquarium kleinwüchsig, nicht lästig. Unter Tropensonne viel kräftiger.
Erwerb: Gelegentlich im Handel, fast immer falsch mit *S. auriculata* bezeichnet.
Lebensraum: Stehende, sonnige Gewässer, gilt als lästig.

1–2 cm		5–15 cm
20 l		40 l
schnell		langsam
24–28 °C		22–26 °C
6,0–8,0	pH	7,0–8,5

Samolus valerandi

Salzbunge
Primulaceae, Primelgewächse

Vorkommen: Weltweit.
Merkmale: Kleine bis mittelgroße Rosettenpflanze. Blattspreite verkehrt lanzettlich bis eiförmig, bis 9,5 cm lang, 3,7 cm breit, gelblich bis hellgrün. Blütenstände selten auch bei Aquarienpflanzen.
Haltung: In hartem, salzreichem, alkalischem Wasser vitale Rosettenpflanze. Benötigt längere Anwachsphase und wächst langsam, braucht Wärme und viel Licht.
Vermehrung: Rhizomteilung, Adventivpflanzen am Blütenstand.
Verwendung: Als Gruppe im Vordergrund.
Beurteilung: Optimal in hartem Wasser wachsende Art, dann genügsam und von hohem dekorativen Wert.
Erwerb: Gelegentlich im Handel.
Lebensraum: Stehende bis langsam fließende, salzreiche Gewässer.

Saururus cernuus

Amerikanischer Eidechsenschwanz
Saururaceae, Eidechsenschwanzgewächse

Vorkommen: Natürlich in Nordamerika.
Merkmale: Als Landpflanze mit kräftigem Rhizom. Im Aquarium mit wechselständigen, gestielten Blättern, Spreite eiförmig bis eirund, herzförmig, bis 10 cm lang, 8 cm breit, mittelgrün. Ährenähnliche Blütenstände an Landpflanzen.
Haltung: Anpassungsfähige, aufgrund langsamen Wachstums ideale Art für Pflanzenstraßen. Lichthungrig, optimal bei niedrigen Temperaturen, weiches bis hartes Wasser.
Vermehrung: Rhizomteilung, Stecklinge.
Verwendung: Als Gruppe von Vorder- bis Mittelgrund, am Teichrand (winterhart).
Beurteilung: Anspruchsvolle, robuste, beispiellose Art.
Erwerb: Gelegentlich im Handel.
Lebensraum: Im Sumpf oder in langsam fließendem Wasser.

5–15 cm		40–70 cm
80 l		100 l
langsam		schnell
20–25 °C		18–30 °C
6,0–8,0	pH	6,0–8,0

Shinnersia rivularis

Mexikanisches Eichenblatt
Asteraceae, Korbblütengewächse

Vorkommen: Nordmexiko, Texas.
Merkmale: Mittelgroße bis große Stängelpflanze. Wasserblätter kreuzgegenständig, verkehrt lanzettlich, am Rand gebuchtet, bis 7,5 cm lang, 3,5 cm breit, je nach Licht hellgrün bis rötlich braun. Blütenstand mit Röhrenblüten an Landpflanzen.
Haltung: Sehr wuchsfreudige, anpassungsfähige, Eichenlaub ähnliche Aquarienpflanze. Am schönsten und mit kurzen Internodien bei viel Licht, weiches bis hartes Wasser.
Vermehrung: Stecklinge.
Verwendung: Als Gruppe im Mittel- und Hintergrund.
Beurteilung: Aufgrund des raschen Wachstums nicht immer beliebt, nur bei viel Licht dekorativ.
Erwerb: Standardsortiment.
Lebensraum: Submers und emers in langsam fließenden Gewässern.

Shinnersia rivularis ‘Weiß-Grün’

Weiß-grünes Mexikanisches Eichenblatt
Asteraceae, Korbblütengewächse

Vorkommen: Nicht natürlich verbreitet.
Merkmale: Wie bei der Stammform angegeben. Die Wasserblätter besitzen jedoch eine unterschiedlich ausgeprägte und nicht konstante weißliche Äderung aufgrund von Chlorophyllmangel.
Haltung: Ebenso gutwüchsig wie die Normalform, weiß-grüne Zeichnung jedoch nur bei intensivem Licht und nährstoffarmem Bodengrund gut ausgeprägt.
Vermehrung: Stecklinge.
Verwendung: Am besten auf der Wasseroberfläche fluten lassen, damit sich kompakte, kräftige Sprosse bilden, die man als Stecklinge verwenden kann.
Beurteilung: Dekorative Sorte, die möglicherweise durch eine Virusinfektion in der Gärtnerei Dennerle entstand.
Erwerb: Gelegentlich im Fachhandel.

40–70 cm		20–40 cm
100 l		60 l
schnell		langsam
18–30 °C		22–27 °C
6,0–8,0	pH	3,9–6,0

Tonina fluviatilis

Eriocaulaceae, Wollstängelfamilie

Vorkommen: Mittel- und Südamerika.
Merkmale: Im Aquarium aufrechte, mittelgroße Stängelpflanze. Wasserblätter wechselständig in Rosetten, schmal lanzettlich, nach unten gebogen, bis 1,5 cm lang, 2,5 mm breit. Blütenstände an Landpflanzen.
Haltung: Schwierige, aus sauren Gewässern stammende, neue Weichwasserpflanze. Lichtbedürftig, bei guten Wuchsbedingungen mittelschnell wachsend, benötigt unbedingt weiches, saures, bewegtes Wasser.
Vermehrung: Stecklinge.
Verwendung: Als Gruppe im Vordergrund.
Beurteilung: Anspruchsvolle, selten zufrieden stellend wachsende, sehr dekorative Art für Pflanzenkenner.
Erwerb: Gelegentlich im Fachhandel.
Lebensraum: Fließende Schwarzwasserbiotope.

Utricularia stellaris

Wasserschlauch
Utriculariaceae, Wasserschlauchgewächse

Vorkommen: Afrika, Asien, Australien.
Merkmale: Wurzellose Stängelpflanze, Fiederblätter bis 10 cm lang, Fangblasen bis 2 mm groß. Blütenstände mit gelben Blüten auch im Aquarium, am Grunde mit weißen Schwimmkörpern.
Haltung: Hervorragend geeignete „Fleisch fressende Pflanze" für die Aquarienkultur. Liebt Licht und Wärme sowie ein ausgeglichenes Nährstoffangebot. Weiches bis hartes Wasser gleichermaßen geeignet. Bildung von Fangblasen wird durch Stickstoffmangel gefördert.
Vermehrung: Seitensprosse.
Verwendung: Frei flutend oder als Büschel auf dem Boden verankert.
Beurteilung: Wuchsfreudiger, dekorativer Wasserschlauch.
Erwerb: Bezug durch Vereine, nicht im Fachhandel.
Lebensraum: Temporäre, stehende, warme Gewässer.

50–150 cm		70–150 cm
200 l		300 l
schnell		schnell
24–30 °C		22–26 °C
6,5–8,0	pH	6,8–9,0

Vallisneria americana

Amerikanische Wasserschraube
Hydrocharitaceae, Froschbissgewächse

Vorkommen: Amerika, Asien.
Merkmale: Ausläufer bildende Wasserpflanze mit bandförmigen Blättern, schmale (bis 1 cm) und breite Wuchsformen (bis 2,3 m Länge, 2,5 cm Breite). Pflanzen zweihäusig.
Haltung: Wasserpflanze mit verschiedenen Wuchsformen. Seit vielen Jahren beliebt, anspruchslos, geringe Lichtwerte und Sandboden ohne Zusätze ausreichend. Bevorzugt hartes, alkalisches Wasser.
Vermehrung: Sehr produktiv durch Ableger.
Verwendung: Im Hintergrund geräumiger Aquarien.
Beurteilung: Gutwüchsige, sehr empfehlenswerte Art.
Erwerb: Standardsortiment.
Lebensraum: Stehende und schnell fließende Gewässer.
Besonderheiten: Ungültige Namen sind *V. gigantea*, *V. asiatica* und *V. neotropicalis*.

Vallisneria nana

Zwerg- oder Schmalblättrige Vallisnerie
Hydrocharitaceae, Froschbissgewächse

Vorkommen: Australien.
Merkmale: Wasserpflanze mit kurzem Rhizom, Ausläufer bildend. Blätter bandförmig, bis 80 cm lang, 2,5 mm breit, hellgrün. Blüten in der Kultur unbekannt.
Haltung: Auffällig schmalblättrige Vallisnerie. Benötigt eine längere Anwachsphase und ist etwas lichtbedürftiger als andere Vallisnerien, sonst aber ziemlich anspruchslos. Gut haltbar auch bei höheren Temperaturen und in karbonatreichem, alkalischem Wasser.
Vermehrung: Ableger.
Verwendung: Als Gruppe im Mittel- oder Hintergrund, dekorativ als Randbepflanzung.
Beurteilung: Anpassungsfähige, empfehlenswerte Art.
Erwerb: Durch Vereine, gelegentlich auch im Fachhandel.
Lebensraum: Wenig bekannt, wurde mit kurzen Blättern gefunden.

Vallisneria spiralis

Gewöhnliche Wasserschraube
Hydrocharitaceae, Froschbissgewächse

Vorkommen: Europa, Südwestasien.
Merkmale: Wasserpflanze mit kurzem Rhizom, Ausläufer bildend. Blätter in einer Rosette, bandförmig, glatt oder gedreht, bis 1 m lang, 1 cm breit, mittelgrün. Pflanzen zweihäusig.
Haltung: Seit Jahrzehnten bewährte, anspruchslose, schnellwüchsige Art. Wenig licht- und nährstoffbedürftig, gut haltbar auch bei niedrigen Temperaturen. Bestes Wachstum in karbonatreichem, alkalischem Wasser.
Vermehrung: Ableger.
Verwendung: Im Hintergrund oder als Randbegrünung.
Beurteilung: Wuchsfreudige, sehr empfehlenswerte Pflanze.
Erwerb: Standardsortiment.
Lebensraum: Stehende oder langsam fließende Gewässer.
Besonderheiten: Mehrere Wuchsformen.

40–80 cm		50–100 cm
120 l		100 l
mittel bis schnell		schnell
24–29 °C		20–28 °C
6,8–8,0	pH	6,8–9,5

Vallisneria spiralis „Tiger“

Hydrocharitaceae, Froschbissgewächse

Vorkommen: Herkunft nicht bekannt, vermutlich Asien.
Merkmale: Im Habitus wie bei der Stammform angegeben; die Farbform „Tiger“ jedoch mit mehr oder weniger deutlich ausgeprägten braunschwarzen, kleinen Querstrichen sowie kürzeren Blättern.
Haltung: Eine neue, dekorative Farbform, deren Querzeichnung bei geringer Lichtintensität auch ganz verschwinden kann. Ebenso anspruchslos und gutwüchsig wie die Stammform.
Vermehrung: Ableger.
Verwendung: Auch für kleinere, nicht so hohe Aquarien geeignet.
Beurteilung: Sehr empfehlenswerte, schöne Neueinführung.
Erwerb: Gelegentlich im Fachhandel.
Lebensraum: Genaue Informationen über den Lebensraum dieser Wuchsform fehlen.

50–100 cm		30–50 cm
100 l		60 l
schnell		mittel bis schnell
20–28 °C		23–28 °C
6,8–9,5	pH	6,8–9,5

Vallisneria spiralis „tortifolia“

Gedrehtblättrige Wasserschraube
Hydrocharitaceae, Froschbissgewächse

Vorkommen: Nordamerika.
Merkmale: Im Habitus wie bei der Stammform angegeben, die Wuchsform „tortifolia“ jedoch mit spiralig gedrehter Blattfläche sowie nur bis 50 cm langen Blättern, Blattrand deutlich gezähnt.
Haltung: Sehr beliebte und seit vielen Jahren kultivierte Wuchsform. Etwas anspruchsvoller als die Stammform, benötigt mehr Wärme und Licht, manchmal auch mit rötlichen Blättern.
Vermehrung: Ableger.
Verwendung: An einer gut beleuchteten Stelle im Mittelgrund, auch für kleinere Aquarien hervorragend geeignet.
Beurteilung: Sehr empfehlenswerte, dekorative Wuchsform.
Erwerb: Regelmäßig im Fachhandel.
Lebensraum: Soll auch in salzhaltigem Wasser vorkommen.

Vesicularia dubyana

Javamoos
Hypnaceae, Schlafmoosgewächse

Vorkommen: Sundainseln, Philippinen.
Merkmale: Dunkelgrüne Polster bildendes Moos. Stängel stark verzweigt, bis 17 cm lang, häufig mit rötlichen Wurzelhaaren (Rhizoide). Sporenbildung gelegentlich auch unter Wasser zu beobachten.
Haltung: Hervorragend für die Kultur geeignetes Moos. Schattenpflanze, relativ langsam wachsend, anpassungsfähig an Temperatur und Wasserwerte.
Vermehrung: Verzweigung.
Verwendung: Auf Dekorationsmaterial befestigen, wächst auf der Unterlage fest.
Beurteilung: Anspruchsloses, für jedes Aquarium empfehlenswertes Moos.
Erwerb: Gelegentlich im Handel.
Lebensraum: An feuchten Flussufern.
Besonderheiten: Wird häufig mit anderen Moosen verwechselt.

Zosterella dubia

Grasblättriges Trugkölbchen
Pontederiaceae, Pontederiagewächse

Vorkommen: Nord- und Mittelamerika.
Merkmale: Grasartige Stängelpflanze. Blätter wechselständig, linealisch, bis 15 cm lang, 0,6 cm breit, grün. Gelbe Blüten an flutenden Sprossen auch im Aquarium.
Haltung: Schnell wachsende, anspruchslose, etwas unauffällige Stängelpflanze, die häufig gekürzt werden muss. Sehr genügsam in Bezug auf Licht- und Wasserwerte, bestes Wachstum aber bei guter Beleuchtung in hartem, alkalischem Wasser.
Vermehrung: Stecklinge.
Verwendung: Im Mittel- und Hintergrund, für die Randgestaltung, in Zuchtaquarien und als Kaltwasserpflanze.
Beurteilung: Wuchsfreudige, robuste Art.
Erwerb: Gelegentlich im Fachhandel.
Lebensraum: Bevorzugt schnell fließende, harte Gewässer.

0,5–3 cm		50–100 cm
10 l		100 l
langsam bis mittel		schnell
15–30 °C		15–27 °C
6,0–8,0	pH	6,5–8,9

Aquarienpraxis

Technik – Einrichtung – Pflege

Vorwort zur Aquarienpraxis

Dieser Band ist in erster Linie für den Anfänger geschrieben, der angesichts einer unüberschaubaren Vielzahl von Geräten und Produkten in den Regalen der Fachhändler sich kaum eine Übersicht verschaffen kann. Die Kapitel zur Technik und zur Wasserchemie beschränken sich auf das, was man wirklich braucht. Dafür gibt es als Ergänzung aber ein Techniklexikon als eigenständigen zweiten Teil, in dem von A bis Z alles mit dem jeweiligen Einsatzgebiet und Eigenschaften samt Vor- und Nachteilen vorgestellt und erklärt wird, so dass sich leichter beurteilen lässt, ob der entsprechende Filter oder Heizer nützlich oder vielleicht sogar erforderlich ist.

Daneben ist das Buch aber auch für Aquarianer gedacht, die den Kinderschuhen des Anfängeraquariums schon ein bisschen entwachsen sind und mehr wissen wollen, eventuell schon mit dem Gedanken an ein zweites, größeres Aquarium spielen. Deshalb finden sich im Techniklexikon auch solche Apparaturen wie Süßwasserabschäumer, HQI-Lampen oder UV-Strahler, die zum erfolgreichen Betrieb eines 60-Zentimeter-Aquariums meist nicht unbedingt nötig sind und den Rahmen dort sprengen würden.

Außerdem ist das Buch noch aus einem anderen Grund keine ganz gewöhnliche Grundkurslektüre, denn die Einrichtung eines Aquariums wird hier nicht nur wie üblich als Arbeitsablauf geschildert und erklärt, es geht etwas ausführlicher als sonst auch um die Möglichkeiten bei der Gestaltung und Dekoration. Es gibt eine ganze Reihe zusätzlicher Informationen, die bei der Planung einer ansehnlichen Aquarieneinrichtung hilfreich sein können und die man sich sonst mühsam aus anderen Büchern oder sogar fachfremder Literatur zusammensuchen muss.

Für das Techniklexikon, den zweiten Teil des Bandes, habe ich mich der Mittäterschaft von Andreas Raschke versichert. Er lebt nicht nur seit Kindesbeinen mit Aquarien, sondern hat seine Leidenschaft auch zum Beruf gemacht und vergießt Tag für Tag in unzähligen Beratungsgesprächen als Zoofachhändler sein Herzblut. Er kennt alle Fragen von Anfängern wie alten Hasen und hat zugleich den Überblick über die Sortimente der Hersteller und Großhändler. Damit war er die Idealbesetzung für die Rolle des Ideengebers und Mitautors.

Claus Schaefer

Ein schwerwiegender Anfang

Wohin mit dem Aquarium?

Ein Aquarium ist ein Möbelstück. Selbst kleinere Behälter benötigen einen soliden Unterbau und können nicht arglos auf irgendeinem Regalbrettchen untergebracht werden. Aber das Aquarium mitsamt seinem Unterbau selbst sind meist das kleinste Problem, viel wichtiger sind zu Anfang die Überlegungen, wo und wie man es in der Wohnung aufstellen möchte. Ein Platz im finsteren Flur ist ungeeignet, erstens weil man sich dort nicht gerne hinsetzt und den Fischen zuschauen möchte und zweitens, weil der Durchgangsverkehr empfindlichere Fische in Dauerstress versetzen würde, was viel zu deren vorzeitigem Ableben beitragen würde. Sonnig darf es auch nicht sein, denn in unseren Sommern heizt es sich sonst unerträglich auf. Dazu kommt die Lichtfülle, die weniger die Pflanzen, vielmehr zuerst das Algenwachstum begünstigt. Im Winter ist es ähnlich: Algen stellen sich nun einmal schneller auf Veränderungen ein und haben den langsameren höheren Pflanzen gegenüber schon einen Vorsprung gewonnen, bevor die richtig mit dem Wachstum loslegen können. Aber dazu mehr im Kapitel „Katastrophen".

Ein günstiger Stellplatz für ein Aquarium ist eine nicht zu helle Ecke im Zimmer, die man ohne Not erreichen kann, in deren Nähe sich eine Steckdose befindet und die auch noch Platz für einen gemütlichen Sessel davor bietet.

Steht dort auch noch ein stabiles Möbel, eine massive Kommode etwa, braucht man sich um einen passenden Unterbau kaum Gedanken zu machen. Hat man hingegen kein Zutrauen zu den vorhandenen Schränkchen und Regalen, gibt es für nahezu jeden Geschmack etwas passendes im Fachhandel, machmal sogar als Aquarienkombination, die neben Behälter und Unterbau auch sämtliche erforderlichen Gerätschaften enthält.

Der Platz ist gefunden, und er entspricht allen Bedingungen. Mit dem Maßband in der Hand stellen wir fest, wie groß unser neues Aquarium sein darf und richten uns danach beim Besuch im Fachgeschäft. Geht man den umgekehrten Weg, riskiert man einigen häuslichen Unfrieden. Der Protest, der sich erhebt, wenn man das neue zwei Meter lange Aquarium präsentiert und nebenbei verkündet, dass dafür allerdings Fernsehgreät und Videorecorder fortan nur noch im Keller zu benutzen seien, lässt sich zumindest leicht vorstellen.

Bleiben wir noch einen Moment beim Unterbau, denn man kann sich fragen, wozu eine besondere Konstruktion überhaupt dafür notwendig sein sollte. Es ist eine Frage des Gewichts. Wasser wiegt pro Liter exakt ein Kilogramm. Wenn wir jetzt den Rauminhalt eines Aquarium mit unseren noch vorhandenen Geometriekenntnissen nach der Formel Länge × Höhe × Breite berechnen und bei dem am weitesten verbreiteten Modell mit den Maßen 60 × 30 × 30 Zentimeter auf 54 Liter kommen, wird uns schnell klar, dass da etwas Stabiles drunter stehen muss, für das dieses Gewicht auch auf längere Sicht kein Problem darstellt. Nun sind 54 Kilogramm zwar etwas mehr als ein Zentner, aber immer noch keine Herausforderung für ein stabiles Möbelstück. Anders verhält es sich da schon bei größeren Aquarien, wo es sich schnell zu erstaunlichen Beträgen multipliziert. Nehmen wir ein durchaus nocht nicht als riesig zu bezeichnendes Becken mit den Außenmaßen 100 × 50 × 50 Zentimeter, landen wir schon bei 250 Kilogramm, und die immer noch fast wohnzimmertaugliche Größe von 150 × 60 × 60 Zentimeter bringt dann schließlich sogar 540 Kilogramm auf die Waage – eine Belastung auch für den Zimmerboden, mit der der Architekt des Hauses vermutlich nicht gerechnet hat. Bei großen Behältern empfiehlt sich daher die Konsultation eines Statikers, der allerdings in den meisten Fällen und unter gewissen Auflagen grünes Licht geben wird. Kleine Aquarien dürfen wir selbstredend auch ohne Hinzuziehung der Baupläne oder des Vermieters aufstellen.

Die Aquarienkombination und das massive Möbelstück, das bereits vorhanden ist, hatten wir schon angesprochen. Andere Möglichkeiten sind ein gemauerter Sockel, den es vielleicht schon gibt, die geldbeutelschonende Variante mit der Aufstellung auf Gasbetonsteinen, über die man eine Spanplatte gelegt hat – eher etwas für das studentische Ambiente – oder der Auftrag an den Schreiner, passend zur Eichenschrankwand zu arbeiten – das wird dann teuer.

Wohnzimmertaugliche Kombination mit moderner Technik.

Was kostet das?

Apropos Geld: Wie teuer ist unser Steckenpferd eigentlich? Vor 50, vielleicht auch noch vor 30 Jahren war das etwa so: Wenn sie das Aquarium vom Sperrmüll bezogen haben, Ihren Kindern den Bodengrund aus dem Sandkasten gestohlen haben, ein paar Ranken Wasserpest und Hornkraut heimlich aus einem Teich mitgehen ließen und das Futter immer eigenhändig aus Tümpeln und Weihern gefangen haben, mussten Sie für ein Pärchen Makropoden vielleicht drei oder auch vier Deutsche Mark als Anschaffungskosten einplanen. Auf dem Balkon oder der Terrasse fand sich ein helles, aber nicht zu sonniges Plätzchen, das Heizung und Beleuchtung überflüssig machte. Zum

Strom und Wasser kosten auch Geld

Mit der Anschaffung alleine ist es nicht getan. Wir installieren Beleuchtung, Heizer und Filter als Stromverbraucher, und wir wechseln jedes Wochenende die Hälft des Aquarienwassers gegen frisches aus. Folglich kommen laufende Energiekosten auf uns zu.

Ein 60-Zentimeter-Aquarium mit einer Leuchtstoffröhre von 30 Watt verbraucht also während der täglichen Beleuchtungsdauer von zehn Stunden 300 Watt. Das eingebaute Vorschaltgerät ist für weitere etwa 100 Watt verantwortlich, falls es sich nicht um ein moderneres elektronisches Vorschaltgerät handelt, das wesentlich sparsamer arbeiten würde. Der Heizer hat eine Leistung von 50 Watt, muss aber je nach Raumtemperatur nur durchschnittlich zehn Stunden pro Tag arbeiten, immerhin sind das wieder 500 Watt. Am sparsamsten ist der Innenfilter, der zwar ununterbrochen läuft, aber nur 5 Watt pro Stunde, in 24 Stunden also 120 Watt verbraucht. Addieren wir, erhalten wir als Ergebnis einen täglchen Stromverbrauch von 1020 Watt oder 1,2 KW. Multiplizieren wir mit 365, bekommen wir den Jahresverbrauch von 438 KW. Nehmen wir der Einfachheit halber einen Strompreis von 20 Cent für eine Kilowattstunde an, müssen wir bei diesem Tarif mit 87,60 Euro pro Jahr rechnen.

Wasser ist preiswerter. Wir gehen von einem Verbrauch von 25 Liter pro Woche aus, multiplizieren mit 52 Wochen und erhalten als Ergebnis 1300 Liter beziehungsweise 1,3 Kubikmeter. Je nach Tarif werden Sie zwischen fünf und zehn Euro pro Jahr für das Aquarienwasser veranschlagen müssen.

Ein kleineres Aquarium verursacht also Betriebskosten von weniger als 100 Euro im Jahr.

Befüllen griff man obendrein immer auf den Inhalt der Regentonne zurück, so fielen noch nicht einmal Wasserkosten an.

Aber heute funktioniert das nicht mehr. Die Mitnahme von Pflanzen und selbst von Wasserflöhen aus fremden Gewässern ist mindestens genehmigunspflichtig, andernfalls strafbar. Außerdem müssen Sie solche Teiche heute suchen. Im Winter wird es draußen selbst den Makropoden zu kalt, und im Haus muss dann doch eine Beleuchtung brennen, weil die Pflanzen sonst eingehen würden und das dunkle Becken auch überhaupt kein schöner Anblick wäre. Außerdem hat Ihre Mietwohnung weder einen Balkon noch gar einen Zugang zu Regenwasser. Und schließlich und endlich wollen wir keine Minimalaquaristik betreiben, sondern stolz unseren üppigen Unterwassergarten vorweisen können.

Trotzdem fangen wir vorsichtshalber eher etwas bescheiden an und erstehen in der sonderangebotsreichen Vorweihnachtszeit ein Komplett-Set mit einem 54-Liter-Aquarium und allem Drum und Dran. Dafür sind zwischen 40 und 60 Euro zu bezahlen, mal mehr, selten sogar noch weniger. Aber wir brauchen noch: Bodengrund, Pflanzen, eventuell eine Unterlage, wenn sie nicht im Paketpreis enthalten ist. Später kommen die Fische hinzu, und die verursachen Folgekosten, weil sie frisches Wasser und ihr Futter nicht selbst bezahlen können. Für Sand oder Kies setzen wir 5 bis 15 Euro an, die Pflanzen sind teuer und reißen mit 40 bis 80 Euro das größte Loch in unseren Etat. Rechnen wir noch einen Zwanziger für die eine oder andere Kleinigkeit hinzu, weil wir noch den Nitrit-Test, eine schöne Wurzel und einen Depotdünger mitnehmen wollen, verlassen wir das Geschäft um 105 bis 175 Euro ärmer als zuvor. Dabei haben wir noch keinen einzigen Fisch gekauft, denn das kommt erst später, viel später. Aber für einen Fischbesatz lassen sich sowieso keine Durchschnittspreise angeben, denn da ist vom geschenkten Guppy bis zum beinahe unbezahlbaren Erstimport alles möglich. Mit den Fischen befassen wir uns allerdings weiter hinten im Buch noch ausführlicher.

Der Glaskasten und seine Unterlage

In aller Regel ist ein Aquarium ein oben offener Glaskasten. Andere Bauformen und Materialien sind Angelegenheiten für Spezialisten und verhinderte Ingenieure, die letztlich mehr Geld für ihren Selbstbau ausgegeben haben werden als die komplizierteste Sonderanfertigung durch den Fachmann gekostet hätte.

Worauf man bei Planung und Einkauf achten sollte, lässt sich im Techniklexikon im hinteren Teil des Buches nachlesen. Was man aber doch häufig vergisst, ist die Empfindlichkeit des Materials. Auch wenn es sich physikalisch betrachtet bei Glas um eine Flüssigkeit handelt, ist es doch sehr starr und lässt sich durch plötzliche Temperaturwechsel ebenso schnell zum Platzen bringen wie durch starke ungleichmäßige Belastungen.

Dass es bei Benutzung im Laufe der Zeit unweigerlich Kratzer bekommt, ist zwar unschön, aber nicht gefährlich. Ist uns etwa die Frontscheibe nach Jahren zu hässlich geworden, nehmen wir eine größere Umbauaktion zum Anlass und drehen das Becken einfach um, so dass die noch unversehrte Rückscheibe nun nach vorne zeigt. Besonders die ungleichmäßige Belastung müssen wir aber auf jeden Fall vermeiden, denn eine geplatzte oder gerissene Bodenscheibe lässt das gesamte Wasser in sehr kurzer Zeit auslaufen. Wem schon einmal ein Zehn-Liter-Eimer umgekippt ist, der kann sich ausmalen, wie 50 oder 100 Liter Wasser wirken.

Außerdem achten wir auf einen absolut waagerechten Stand des Aquariums. Nicht dass ein winziger Schiefstand sofort gefährlich wäre, aber der ewig anklagende gerade Wasserstand im schrägen Aquarium fällt unter Garantie jedem Betrachter auf und stört umso mehr, je länger man ihn vor Augen hat. Deshalb greift man prophylaktisch zur Wasserwaage und sorgt für absolutes Ebenmaß. Ganz auf Nummer Sicher geht, wer das Aquarium ohne Einrichtung mit Wasser füllt und dann kontrolliert, denn das respektable Gewicht zwingt häufig doch den Boden oder den Unterbau um einige Millimeter zum Nachgeben.

Um kleine, vielleicht nicht einmal spürbare Unebenheiten auszugleichen und auch dem kleinsten Sandkorn nicht die Chance zu geben, Ursache für eine riesige Katastrophe zu werden, legen wir unter das Aquarium eine weiche, aber nicht zu nachgiebige Unterlage. Man bekommt sie in allen erdenklichen Maßen im Fachhandel, kann aber auch eine Iso-Matte aus Jugendzeiten zurechtschneiden, wobei man eine bereits vorhandene gerade Kante immer als Sichtkante nutzen sollte, denn das beste Augenmaß verhindert kleinere Ausreißer nicht. Styropor eignet sich ebenfalls, wenn auch die weiße Kante schnell stört und entweder einen passenden farblichen Überzug oder eine andersartige Blende bekommen sollte.

Komplettset – ja oder nein?

Wer einen Versuch mit der Aquaristik wagen will, der nicht zu viel kostet, wer eine Baulücke von exakt 60, 80 oder 100 Zentimeter im Wohnzimmer füllen möchte, der ist mit einem Komplett-Set bestens bedient. Auch ganze Zuchtanlagen aus 60-Zentimeter-Kombinationen sind gar nicht so übel. Man bekommt alle notwendigen Teile zu einem angenehmen Gesamtpreis und kann alles in einem Karton getrost nach Hause tragen.

Kombinationen aus Aquarien, zugehöriger Technik und einem passgerechten Unterschrank gibt es auch mit erheblich größeren Becken und sogar in unterschiedlichen Formen. Sogenannte Panorama- und Deltaaquarien sind in vielen Geschäften zu besichtigen.

Nicht nur für den Einsteiger geeignet: Komplett-Set mit allem Drum und Dran.

Schwieriger wird es, wenn partout ein krummes Maß gefüllt werden soll oder sogar eine extravagantere Geometrie in Frage kommt. Sonderanfertigungen von Aquarien sind aber selbst dann erschwinglich, wenn es sich bei der Grundfläche um ein unregelmäßiges Fünfeck handeln sollte. Nur Abdeckleuchte und Unterschrank sind dann Angelegenheiten, die erheblich ins Geld gehen können. Die Kosten der Abdeckung kann man aber immerhin umgehen, indem man sich für eine Hängeleuchte entscheidet.

Technik

Da wir in unseren Aquarien fast ausschließlich Fische aus Weltregionen pflegen, in denen ein völlig anderes Klima herrscht als hierzulande, müssen wir mit technischen Hilfsmitteln ähnliche Gegebenheiten im Aquarium herstellen. Das betrifft zwar in erster Linie die Temperaturen, aber nicht nur. Auch die Lichtverhältnisse sind in Dauer und Intensität des Sonnenscheins völlig anders.

Und nicht zuletzt herrschen auch in den Tropen Jahreszeiten, was in der Aquaristik allerdings noch viel zu wenig Beachtung findet. Diese Jahresrhythmik äußert sich nicht wie bei uns in unterschiedlichen Tageslängen und Wärmeunterschieden, sondern vor allem in einer auf wenige Monate konzentrierten wesentlich stärkeren Niederschlagsmenge, die die Wasserstände der Flüsse und Seen stark steigen lässt und auch kleinere Veränderungen des Wasserchemismus mit sich bringt. Vor allem in der Fortpflanzungsbiologie vieler Tropentiere spielt diese für uns andersartige Jahresrhythmik die beherrschende Rolle, weil steigendes Wasser für viele Fischarten der entsprechende Signalgeber ist.

Aber kehren wir von unserem Jahreszeitenexkurs, der erst im Kapitel über die Fortpflanzung der Fische wieder interessant wird, zu den Verhältnissen zurück, die wir herstellen und aufrecht erhalten müssen, um unseren Tieren Bedingungen zu bieten, unter denen sie sich quasi im Alltag wohlfühlen.

Heizung

Um eine konstante Wärme zu gewährleisten, wie sie nun einmal in den meisten tropischen und subtropischen Gewässern herrscht, genügt ein Regelheizer entsprechender Leistung.

Spielen Pflanzen eine wichtige Rolle in unserem Aquarium, können wir als begeisterter Unterwassergärtner mit einer Bodenheizung für zusätzliche Wachstumsunterstützung sorgen. Die Wärme selbst ist nicht das ausschlaggebende Kriterium; der Effekt des durch die Erwärmung im Boden ausfsteigenden Wassers ist das erstrebenswerte. Durch diese Strömung gelangen immer wieder frische Nährstoffe und Sauerstoff zu den Wurzeln der Pflanzen, was deren Versorgung erheblich verbessert. Zu stark sollte eine solche Bodengrundheizung aber nicht sein, denn eine zu große Erhitzung kann nicht nur direkt hemmend bis schädigend wirken, sondern allein die zu starke Konvektionsströmung schafft schon ungünstige Verhältnisse für die Wurzeln. Wenn es um die Unterstützung der Flora geht, kann also eine milde Bodenheizung in Kombination mit einem Regelheizer sinnvoll sein.

Oft wird eine Absenkung der Temperatur über Nacht um ein oder zwei Grad Celsius empfohlen, allerdings lässt sich das anhand der natürlichen Gegebenheiten nur in wenigen Fällen nachvollziehen. Größere Wasserkörper – und dazu zählt schon ein Bach mit einer durchschnittlichen Tiefe von etwa einem Meter – sind außerordentlich temperaturstabil, denn Wasser ist ein sehr viel aufnahmefähigerer und zugleich trägerer Wärmespeicher als Luft. Dazu kommen die nicht so krassen Temperaturunterschiede zwischen Tag und Nacht in den Tropen und Subtropen. Natürlich heizen sich flache, unbeschattete Restgewässer während der Sonneneinstrahlung vergleichsweise extrem auf, doch ist das kein für die Aquaristik zitierbares, geschweige denn nachzuahmendes Beispiel. Betrachten wir als Heimat vieler Aquarienfische exemplarisch den Einzug des Amazonas in Brasilien, so fällt auf, dass die großen Flüsse im Jahreslauf Unterschiede von höchstens einem halben bis einem Grad Celsius aufweisen und nirgends Temperaturen über 30 oder unter 28 °C gemessen werden. Demgegenüber sind schmalere Flüsschen und Bäche, die durch hohe Ufervegetation den größten Teil ihres Laufs im Schatten liegen, mit etwa 24 °C generell deutlich kühler. Diese Unterschiede verlieren aber wieder an Bedeutung, wenn man die Fauna beider Gewässer miteinander vergleicht und feststellt, dass ein erheblicher Anteil der Bewohner in beiden Systemen zugleich vorkommt, während der jeweils nur auf einen Temperaturbereich begrenzte Ausschnitt aus der Fauna meist erheblich kleiner ist. Für die Pflege reiner Tropenpenbewohner ist eine Tagesrhythmik also zumindest ebenso überflüssig wie ein Schwanken der Temperatur im Jahresverlauf. Für Hochlandbewohner mag das anders aussehen, doch haben hier verhältnismäßig wenige aquarientaugliche Fische ihre Heimat.

Bodengrundaufbau mit Heizkabel, Depotdünger und sauber gewaschener Deckschicht.

Erheblich anders verhält es sich in den Subtropen und gemäßigten Breiten, wo der Wechsel der Jahreszeiten mit unterschiedlichen Tageslängen und Temperaturschwankungen einhergeht und auch das Leben im Wasser bestimmt. Diesem beständigen Wechsel ist nicht nur der Haushalt sämtlicher Körperfunktionen angepasst, vielmehr gibt das Klima auch den günstigsten Zeitpunkt für die erfolgreiche Fortpflanzung vor, die nämlich dann einsetzt, wenn das Nahrungsangebot für die Jungfische größer wird als in der übrigen Zeit. Es ist also für die Gesundheit vieler Fische, die wir bedauerlicherweise unter eher gleichwarmen Bedingungen pflegen, ausgespochen förderlich, eine kühlere Überwinterung zu durchleben. Je weiter die Heimat der Fische vom Äquator entfernt ist, desto wichtiger wird eine solche Maßnahme. So kommen beispielsweise Grundeln aus Südchina genauso

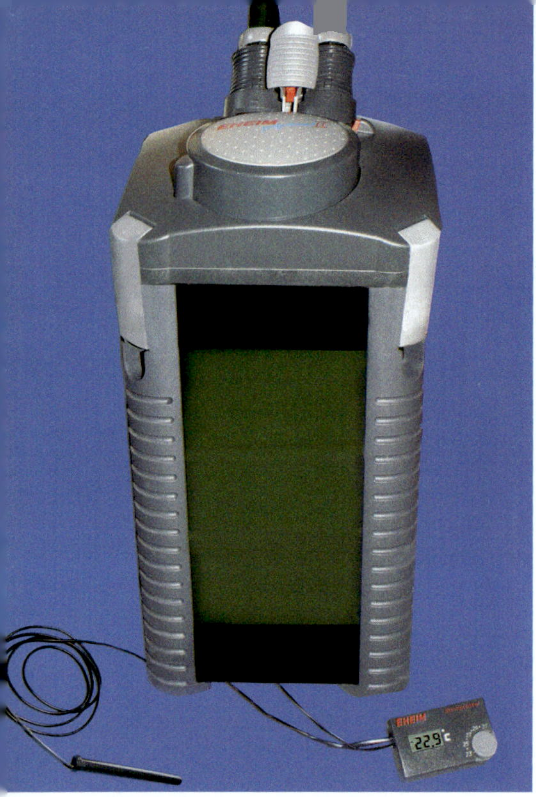

Komfortabel: Großer Außenfilter mit eingebauter, elektronisch regelbarer Heizung.

wenig in Laichstimmung wie Sonnenbarsche aus Nordamerika, wenn sie das ganze Jahr über bei gleichbleibender Wärme gehalten werden. Panzerwelse aus dem klimatisch abwechslungsreicheren Süden Südamerikas lassen sich durch Wasserwechsel mit erheblich kälterem Frischwasser nahezu zum Ablaichen kommandieren, während ihre Gattungsgenossen aus Amazonien dieselbe Maßnahme als erhebliche Beeinträchtigung ihres Wohlbefindens betrachten würden.

Es empfiehlt sich also nicht nur zum Wohl der Fische, sondern auch im Hinblick auf mögliche Nachzuchterfolge, das Klimaprofil der Herkunftsgebiete zu kennen. Ein anderer, ebenso richtiger Schluss aus alledem lautet, dass die am einfachsten beziehungsweise bequemsten zu pflegenden Fische aus Regionen und Gewässern stammen, die den geringsten Schwankungen unterworfen sind. Hierbei muss einem nicht nur der Malawisee einfallen, das trifft für viele Fische aus den großen Flüssen Südamerikas in ähnlicher Weise zu und lässt sich auf nahezu alle Arten übertragen, deren Heimatbiotope ebenfalls nur geringen Veränderungen unterliegen.

Wollen wir es uns also mit unserem Aquarium möglichst bequem machen und verzichten auf diffizile jahreszeitliche Veränderungen, schauen wir uns unter solchen Arten um. Den Fischen ist es recht, und wir haben weniger Arbeit.

Sind wir außerdem bereit, etwa mehr auszugeben, lohnt sich unter Umständen die Anschaffung eines Außenfilters, der über eine eingebaute Heizung verfügt. So haben wir weder das Problem, den hässlichen Regelheizer notdürftig hinter Pflanzen zu verstecken, noch müssen wir bei Arbeiten und Wasserwechseln besonders Acht auf ein zerbrechliches Gerät geben.

Beleuchtung

Die Bedeutung des Lichts im Aquarium lässt sich von drei Seiten betrachten: Beobachter, Fisch und Pflanze. Der **Beobachter** stellt an die Qualität des Lichtes geringe Ansprüche, Dauer und Intensität sind von untergeordneter Bedeutung. Oder etwas einfacher formuliert: Wenn wir ins Aquarium schauen, wollen wir etwas erkennen können. Das Licht spielt für uns in erster Linie eine ästhetische Rolle.

Was sind die Tropen?

Tropisch und subtropisch sind häufig gebrauchte Begriffe, aber was bedeuten sie eigentlich?

Neben einigen anderen Definitionen unterschiedlicher Wissenschaftsdisziplinen sind für uns folgende Kennzeichen der Tropen besonders wichtig: Geografisch betrachtet liegen die Tropen als Gürtel zwischen dem nördlichen und dem südlichen Wendekreis, der Äquator bezeichnet die Mittellinie. Die Tageslänge bleibt während des Jahres mit etwa zwölf Stunden direkt am Äquator und 10,5 bis 13,5 Stunden am Rand der Tropen nahezu gleich. Jahreszeiten mit ausgeprägten Temperaturunterschieden und dementsprechenden Vegetationspausen gibt es nicht; die Temperaturschwankungen während eines Tages sind größer als während des ganzen Jahres. Es treten keine Temperaturen unterhalb von 20 °C auf. Das alles bezieht sich auf Bedingungen in Meereshöhe, denn auch einige Andengipfel liegen mitten in den Tropen. Die Subtropen sind eine etwas ungefähre Angelegenheit ohne exakte Begriffsbestimmung, doch lassen sie sich mit folgenden Angaben charakterisieren: Thermische, also deutlich temperaturunterschiedliche Jahreszeiten mit unterschiedlichen Tageslängen treten auf, allerdings fällt das Thermometer nie unter +5 °C, es gibt folglich keinen Frost, der die Flora zu einer Wachstumspause zwingen würde.

Daran schließen sich die gemäßigten Breiten an, in denen wir leben und deren Jahreszeiten mit kalten Kurztagwintern und warmen Langtagsommern wir gut kennen.

Das klimatische wie geografische Ende bilden die Polarzonen, die für die herkömmliche Aquaristik nur sehr wenig Interesse beanspruchen können.

Fische nehmen die Welt ebenfalls oft durch ihren Augensinn wahr, stellen aber, soweit wir das beurteilen können, keine besonderen Ansprüche. Zuzugeben ist dabei allerdings, dass dieses Feld kaum bearbeitet ist. Möglicherweise spielen auch Tageslängen in der Fortpflanzungsrhythmik einiger Aquarienfische eine Rolle. Ein bisschen anders sieht es aus, wenn wir dämmerungs- oder nachtaktive Tiere im Aquarium pflegen. Gerade die beliebten Welse sind eher lichtscheu und in der Dunkelheit unterwegs. Zwar treten im Lauf der Zeit individuelle Anpassungen auf, etwa wenn tagsüber gefüttert wird und auch die Welse aus ihren Verstecken zum Fressen kommen, doch ist das ein Dressureffekt. Käme es darauf an, die Beobachtung möglichst nah am natürlichen Verhalten anzustellen, wäre es logisch, grundsätzlich auch nur nachts zu füttern und eventuell eine in der Meeresaquaristik schon lange verbreitete Beleuchtung zu nutzen: Blaulicht als Simulation des Mondscheins.

Aber auch andere, durchaus tagaktive Fische reagieren auf zu helles Licht und zeigen dann häufig ein Verhalten, das von uns als Unbehagen interpretiert wird: Sie meiden die hellsten Bereiche, und ihre Farben verblassen. Allerdings trifft das auf Bewohner stark sonnenbestrahlter Gewässer aber nicht zu. Regenbogenfische oder Lebendgebärende zeigen keine Scheu bei starker Beleuch-

In den Randbereichen größerer Gewässer und in kleineren Waldbächen dringt kaum Sonnenlicht ins Wasser.

tung. Auffällig wird es meistens bei Schwarzwasserbewohnern. Aber wenn wir uns vor Augen halten, dass Sichtweite und Farbwahrnehmung in tropischen Schwarzwässern schon in geringer Tiefe stark beeinträchtig beziehungsweise verändert werden, ist das nicht mehr allzu verwunderlich. Das Wasser dort ist zwar klar, aber auffällige Farben wirken nur noch in nächster Nähe.

Vermutlich ist darin auch ein Grund für den immer wieder propagierten dunklen Bodengrund im Aquarium zu suchen, der die Lichtverhältnisse durch Absorption im unteren Bereich stark verändert, während heller Boden das Licht durch Reflektion zusätzlich verstärkt. Die strenge Nachahmung von Schwarzwasserbiotopen wird in der Aquaristik aber wohl nicht sehr viele Freunde finden, weil das Ergebnis dem Bild vom grünen Gesellschaftaquarium total widerspräche. Allerdings existieren solche Aquarien schon lange bei Killifischpflegern, die außer einer Torflage als Bodengrund kaum noch weitere Einrichtungsgegenstände verwenden. Und auch bei der Zucht von früher immer als Problemfische bezeichneten Wasserspezialisten kommt man mit einer solchen Umgebung – bei entsprechenden Wasserbedingungen natürlich – meistens am weitesten.

Pflanzen sind in jeder Hinsicht die kritischsten Lichtkonsumenten, da ihre Existenz ja völlig von der Sonne abhängt. Durch den technischen Fortschritt ist es allerdings heutzutage kein Problem mehr, auch die kapriziösesten Gewächse unter einer angemessenen Beleuchtung zu kultivieren. Oft wird dabei aber vergessen, dass einige der beliebtesten Aquarienpflanzen nicht direkt aus den Tropen stammen, sondern Bewohner der Subtropen, wenn nicht sogar der gemäßigten Breiten sind. Abgesehen vom Temperaturverlauf während eines Jahres haben sie sich den unterschiedlichen Tageslängen mit jeweils entsprechenden Vegetationsperioden angepasst. Viele *Echinodorus*-Arten aus dem schon weit vom Äquator entfernten südlichen Südamerika etwa lassen sich nur durch die Nachahmung unterschiedlicher Tageslängen zum Blühen bringen – oder durch eine immer gleichlange Beleuchtungsdauer daran hindern.

Schon fast jahrzehntelang war eines der heißesten Diskussionsthemen unter Aquarientheoretikern die möglichst günstige Spektralverteilung des künstlichen Lichtes. Dabei ist die Antwort inzwischen auch hier dank des Fortschritts einfach geworden, denn inzwischen ist es kein Problem mehr, ein im sichtbaren Bereich, der für die Pflanzen im Aquarium von alleiniger Bedeutung ist, sehr sonnennahes Spektrum anzubieten. Lediglich die Frage, ob Dreibanden- oder Vollspektrumröhren etwa vorzuziehen seien, beschäftigt die aquaristischen Stammtische derzeit noch, doch vermutlich wird sich auch das mit der Weiterentwicklung der Lichttechnik ebenfalls von selbst erledigen. Die praktische Konsequenz für ein Aquarium mit Pflanzen beschränkt sich also fast nur noch auf die Auswahl der entsprechenden Röhren- respektive Brennertypen, wo eine gewisse Freiheit auch noch im Bereich der Farbtemperatur liegt, wobei eine höhere Kelvinzahl einen höheren Blauanteil bedeutet. Allerdings empfiehlt sich hier die Nachahmung der Natur ebenso wenig wie bei der Lichtstärke, deren Werte über 100 000 Lux wir sowieso kaum erreichen könnten. Schon wenige Zentimeter unterhalb der Wasseroberfläche hat die schönste Theorie ihr Ende, weil wir als Nichtphysiker nicht mehr in der Lage sind, Reflektion, Streuung, Wasserfärbung und -trübung mit exakten Werten in den Griff zu bekommen. Es bleibt also wie bei vielen Aspekten in der Aquaristik der gangbarste Weg der der Nachahmung bewährter Rezepte. Der wird uns als Anfänger von unserem Komplett-Set vorgegeben, in dessen Abdeckung eben nur eine oder zwei Leuchtstoffröhren einer bestimmten Bauart eingesetzt werden können. Fortgeschrittene verlassen sich aber ebenfalls auf erprobte Praxiswerte erfolgreicher Hobbykollegen und fangen selten an, komplizierte lichttechnische Berechnungen anzustellen. Ein allgemeingültiges Rezept lässt sich allerdings nicht geben, denn zuviel hängt von anderen Faktoren ab. So wird auch eine starke Beleuchtung wenig Gutes bewirken, wenn wir alle anderen Bedürfnisse der Pflanzen nicht vollständig erfüllen und keine lückenlose Versorgung mit Nährstoffen, Spurenelementen und CO_2 gewährleisten. Legt man Wert auf üppige Vegetation und hat die Wahl, sollte man das Set mit zwei Röh-

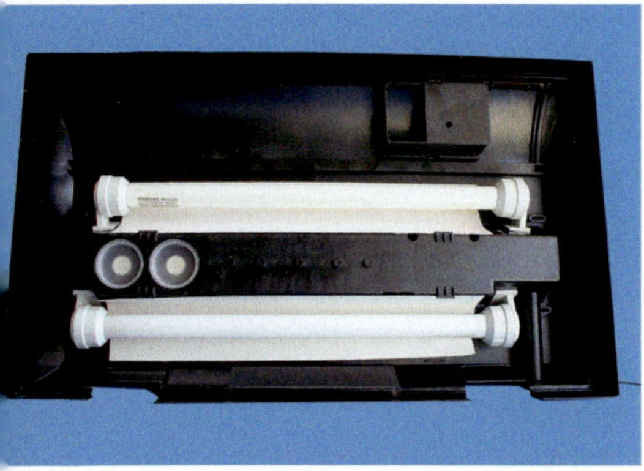

Zwei Röhren sind meistens besser als eine.

ren anstatt nur einer kaufen. Ist ein großes Aquarium höher als 50 Zentimeter, lässt sich über die Anschaffung einer HQI-Beleuchtung nachdenken, wobei die Wattstärken, die üblicherweise über Meerwasseraquarien eingesetzt werden, für unsere Bedürfnisse und die der Pflanzen nicht erforderlich sind. Auch 60 Zentimeter hohe Behälter lassen sich mit 70-Watt-Brennern mehr als zufriedenstellend ausleuchten, bei längeren Aquarien ist es vielleicht nötig, mehrere davon nebeneinander zu installieren.

Seit einiger Zeit wird eine tägliche Beleuchtungspause von einigen Stunden empfohlen. Begründet wird das mit den natürlichen Gegebenheiten und als Vorbeugung gegen Algenwuchs empfohlen. Die natürlichen Gegebenheiten sind natürlich nicht überall so, dass es täglich zu einer Dunkelphase während der Mittagszeit kommt. Zwar kann man an manchen Stellen in den Tropen die Uhr nach dem täglichen Regenguss stellen, 100 Kilometer weiter scheint aber schon seit Wochen jeden Tag ununterbrochen die Sonne. Als Algenprophylaxe mag es in Betracht kommen, einige Erfahrungen sprechen dafür. Letztendlich muss es jeder selbst ausprobieren und sowohl Zeitpunkt und Dauer möglicherweise einige Male variieren, bis er den für sein Aquarium günstigsten Wert gefunden hat. Unbedingt nötig ist eine solche Mittagsverdunklung nicht, sehr viel wichtiger ist die Einhaltung konstanter Beleuchtungszeiten mit immer denselben Ein- und Ausschaltzeiten, da Pflanzen immer eine gewisse Zeit brauchen, um sich dem Helldunkelrhythmus anzupassen. Man kann das ausgezeichnet am Einklappen der Blätter bei vielen Stängelpflanzen beobachten, das nach der Eingewöhnung immer bereits einige Zeit vor dem Verlöschen der Beleuchtung einsetzt.

Als tägliche Beleuchtungsdauer werden meist zehn bis zwölf Stunden mit der Begründung empfohlen, dass während des immer gleichlangen Tropentags die Sonne eben zwölf Stunden schiene. Das stimmt aber so nur direkt am Äquator, und in den Morgen- und Abendstunden ist es im Wasser aufgrund des flacheren Einstrahlwinkels der Sonne schon wesentlich dunkler als etwa in der Mittagszeit. Eine Beleuchtungsdauer von acht bis zwölf Stunden lässt sich also ebenso ins Versuchsprogramm aufnehmen.

Zum Schluss noch eine Bemerkung über die natürliche Wirkung von Aquarienbeleuchtungen. Ein nicht geringer Reiz geht vom Licht- und Schattenspiel unter Wasser aus, und auch im Aquarium wirkt das einfach schön, weil natürlich. Mit einer flächigen Ausleuchtung ist ein solcher Effekt nicht zu erzielen, das funktioniert nur mit punktförmigen Lichtquellen. Von Hause aus liefern

HQI- und HQL-Strahler diese Wirkung. Aber auch mit kleineren Spots, die zusätzlich installiert werden, lassen sich wenigstens stellenweise solche Effekte erreichen. Dazu muss man allerdings ein bisschen herumprobieren und kann sich nicht auf ein vorgefertigtes System verlassen.

UV-Licht

Im Vergleich zu den Heimatbiotpen unserer Aquarienfische ist das heimische Aquarium ein belastetes Gewässer, das immer auch eine um ein Vielfaches höhere Keimzahl aufweist. Das Vielfache drückt sich hier im größeren Exponenten und nicht nur in der einfachen Multiplikation aus, wir haben es also mit völlig anderen Dimensionen zu tun. In schwach besetzten Aquarien treten demzufolge auch weniger Probleme auf, als das bei höherer Fischdichte der Fall ist. Außerdem wird durch einen regelmäßigen Wasserwechsel die Keimzahl ebenfalls verringert, wenn auch nicht mit dauerhafter Wirkung. Eine Maßnahme zur Erreichung gleichbleibender niedriger Keimzahlen ist der Einsatz von UV-Licht. Die oft gehörte Meinung, dass dadurch das Immunsystem der Fische nicht mehr in der Lage sei, höheren Belastungen standzuhalten und etwa nach einem Umsetzen besonders schnell zu erkranken, entbehrt jeglicher Grundlage. Vielmehr ist es so, dass eine geringere Keimzahl den Bedürfnissen der Fische ebenso entgegenkommt wie entprechende Wasserwerte. Wir wollen ja auch weder eine Bachforelle bei 25 °C noch einen Malawisee-Buntbarsch bei pH 5 abhärten. Durch eine Verringerung der bakteriellen Belastung reduziert sich der Stress, der aquarienbedingt auf dem Immunsystem der Fische lastet, erheblich, was die Gesundheit der Tiere deutlich fördert.

Während im Gartenteichsektor UV-Anlagen schon seit längerem vor allem zur Algenprophylaxe eingesetzt werden, findet man sie in der Süßwasseraquaristik bisher kaum. Zur merklichen Keimveringerung sind allerdings we-

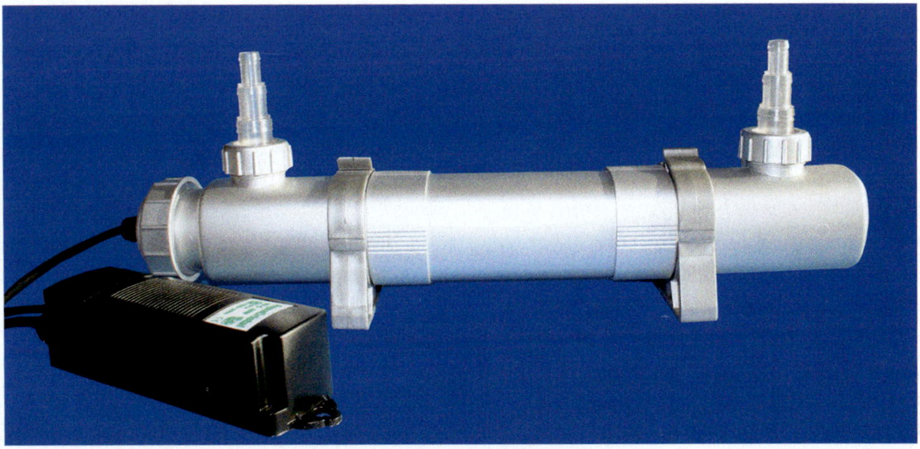

Leistungsfähiges Gerät mit 36-Watt-UV-C-Brenner.

sentlich stärkere Leistungen erforderlich als sie die zur Algenabwehr konzipierten Geräte erbringen. Erst mit deutlich höheren Wattzahlen lässt sich eine merkliche Senkung der Keimdichte erreichen. Immer muss auch berücksichtigt werden, dass die Durchflussrate der Stärke des Brenners anzupassen ist. Als Richtwert sei hier die Empfehlung eines renommierten Herstellers angegeben, der für Aquarien bis etwa 350 Liter Inhalt und einem UV-Brenner mit einer Leistung von 30 Watt bei einem Durchfluss von 300 Liter pro Stunde eine 90-prozentige, bei 175 Liter pro Stunde eine 99-prozentige Entkeimung angibt. Das durchströmende Wasser muss möglichst klar und sauber sein, da jede Trübung den Wirkungsgrad der UV-Strahlen drastisch herabsetzt. Die substratsiedelnden Bakterien im Filter etwa werden nicht in Mitleidenschaft gezogen, da sich das UV-Licht ja nur auf die frei im Wasser treibenden und in direkten Kontakt mit dem Licht geratenen Keime auswirken kann.

CO_2-Systeme

Kohlendioxid – chemisch und bequemer immer als CO_2 bezeichnet – ist ein Gas und für Pflanzen über wie unter Wasser ein unverzichtbarer Nährstoff. Aber während der CO_2-Gehalt in der Luft mehr oder weniger konstant bei 0,03 Prozent liegt, kann er im Wasser stark schwanken und ist von unterschiedlichen Faktoren abhängig. In vielen Aquarien liegt ein Mangelzustand vor, denn die Pflanzen könnten sehr viel schneller und üppiger wachsen, wenn die CO_2-Konzentration höher wäre.

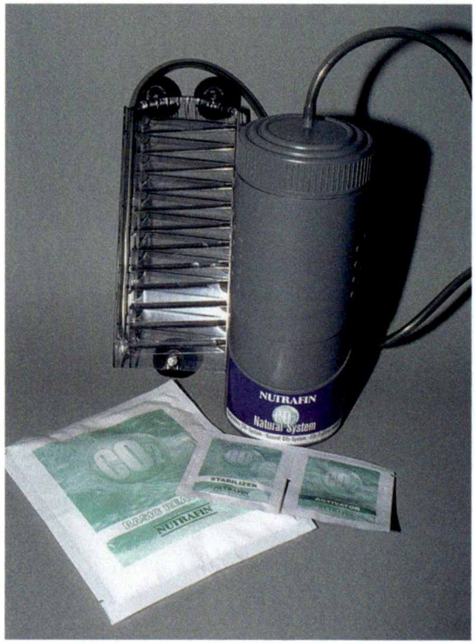

Gärbehälter mit CO_2-Wendel und den nötigen Zutaten.

Die Produktion der Fische und auch der Pflanzen während der Nacht reicht also ebensowenig aus wie der Eintrag über die Luft. Eine zusätzliche Zufuhr ist mit den heute zur Verfügung stehenden Mitteln kaum noch ein Problem und bei kleinen Aquarien auch schon mit geringem finanziellem Aufwand zu bewerkstelligen.

Um Erfahrungen zu sammeln, ist bei kleineren Aquarien die Anschaffung einer Anlage auf Gärbasis kein so großes finazielles Risikio. Noch günstiger ist der Selbstbau, wozu man einige haushaltsübliche Zutaten – Zucker, Hefe, eventuell Gelatine – und einen größeren Behälter – Flasche oder Kanister – sowie einen Schlauch benötigt. Detaillierte Anleitungen dazu finden sich in Zeitschriften und auch im Internet zu-

CO_2-Anlage mit Gasflasche, Armaturen, Zugabegeräten und elektronischer Steuerung.

Filter sind unverzichtbare Helfer bei der Gesunderhaltung des Aquarium.

hauf. Schalten Sie aber bitte auf jeden Fall eine Waschflasche als Filter vor, sonst kommt es zu den übelsten Bakterienblüten, falls etwas von der gärenden Brühe ins Aquarium gerät.

Bei größeren Wassermengen ist diese Methode kaum ausreichend, und eine umfangreichere Investition wird unumgänglich. Zwar schlagen qualitativ hochwertige Armaturen und Zugabegeräte finanziell erheblich zu Buche, aber dafür arbeiten sie auch zuverlässig und dauerhaft. Ob man die Anlage perfektionieren und eventuell sogar über eine elektronische pH-Wertmessung und -regelung automatisieren will, ist dann in erster Linie wiederum eine Frage des Geldbeutels.

Nützlich ist auf jeden Fall eine automatische Nachtabschaltung, die ein Absinken des pH-Wertes während der Dunkelphase verhindert, in der sowohl Fische als auch Pflanzen zugleich Sauerstoff verbrauchen und Kohlendioxid abgegeben. Dann braucht es keine zusätzliche CO_2-Zufuhr. Die kann zu einer Überdosierung führen und die Fische in Schwierigkeiten bringen. Dass in gut bepflanzten, aber auch stark besetzten Aquarien die Fische morgens japsend an der Oberfläche hängen, ist kein so ganz seltenes Phänomen.

Hingewiesen sei am Schluss noch auf die Tatsache, dass die beste CO_2-Versorgung nichts nützt, wenn die Versorgung der Pflanzen mit allen anderen Nährstoffen und Spurenelementen nicht lückenlos und kontinuierlich garantiert ist oder auch zu wenig Licht zur Verfügung steht, um die höheren

Ammonium, Nitrit, Nitrat

Wasserlebende Tiere wie unsere Fische und Schnecken scheiden **Ammonium** aus. Ammonium wäre ein sehr wertvoller Pflanzennährstoff, wenn er länger in seiner Form stabil bliebe und nicht etwa bei alkalischen pH-Werten zum stark giftigen Ammoniak würde. Eine erste Bakterie übernimmt das Ammonium aber sehr viel schneller, als das jede Pflanze könnte, als Nahrung und verstoffwechselt es zu Nitrit oder etwas anschaulicher: Die Bakterie frisst Ammonium und scheidet Nitrit aus.

Nitrit ist ein außerordentlich starkes Gift für Fische. Doch gelangt das Nitrit gar nicht zum Fisch, weil sich die nächste Bakterie direkt davon ernährt und **Nitrat** abgibt.

Fische sind zwar unterschiedlich empfindlich gegenüber Nitrat, besonders Spezialisten aus sehr salzarmem Wasser und Jungfische sind da heikel. Aber Nitrat ist selbst in vielfach höheren Konzentrationen noch nicht so gefährlich wie Nitrit. Das Nitrat wiederum wird von den Pflanzen als Nährstoff aufgenommen. Da aber fast alle Aquarien im Vergleich zu natürlichen Verhältnissen ein zu starkes Übergewicht von Fischen gegenüber Pflanzen haben, reichert sich das Nitrat zwangsläufig mit der Zeit in immer höherer Konzentration an. Ebenso geschieht es mit anderen Endprodukten des Stoffwechsels. Diese ansteigende Wasserbelastung begrenzen wir durch den regelmäßigen Wasserwechsel.

Photosyntheseleistungen der Pflanzen überhaupt zu ermöglichen.

Filter

Der Begriff Filter beschreibt nur zum Teil, worum es bei einem Aquarienfilter wirklich geht. Versteht man unter Filter eine Vorrichtung, die wie ein Sieb Partikel bestimmter Größenordnung aus dem zu filternden Substrat zurückhält, damit man es später entnehmen kann, ist das im Aquarium nur eine Stufe. Grobe Schmutzpartikel werden sicherlich auch vom Innen- oder Außenfilter festgesetzt und können bei einer Reinigung ganz aus dem Wasserkreislauf entfernt werden. Für unbehinderte Sicht durch klares Wasser sorgt er also schon. Wertvoller für das System des Aquariums ist aber seine Arbeit als Bioreaktor. In den Filtermaterialien siedeln Bakterien, die die Ausscheidungen der Fische zu ungiftigen Produkten umbauen. Das geschieht in mehreren Stufen, die auch von unterschiedlichen Bakterienarten bearbeitet werden. Dieser Prozess ist nichts anderes als ein Stickstoffkreislauf, wie er auch die belebte Natur beherrscht. Im Kasten sind die einzelnen Schritte erklärt. Ginge es nur um das Nitrat, bestünde die Möglichkeit, mit zusätzlichen, außerhalb des eigentlichen Aquariums angelegten umfangreichen Pflanzenbereichen mit schnellwüchsige Arten, das Nitrat vollständig aus dem Wasser zu entfernen. Man kann Erfolge in dieser Richtung erzielen, wenn man die Wurzeln etwa von *Monstera* ins Wasser leitet, und anschließend das beschleunigte Wachstum verblüfft zur Kenntnis nehmen.

Das reibungslose Funtionieren dieser Kette ist für jedes Aquarium sehr wich-

Kleine Motor-Innenfilter, wie sie häufig in Komplett-Sets enthalten sind.

tig. Aber sie muss sich in jedem neu eingerichteten Aquarium erst langsam aufbauen und etablieren. Störend dabei ist vor allem, dass die Nitrithersteller unter den Bakterien wesentlich schneller ihre Arbeit aufnehmen als die Nitritfresser, die ja erst noch auf genügend Nitrit als Nahrung warten müssen, um sich entwickeln zu können. Wir müssen also zunächst mit einem deutlichen Anstieg des Nitritwertes rechnen, der weit über der Verttäglichkeitsgrenze für Fische liegt.

Aus alledem ziehen wir zwei wichtige Konsequenzen:

1. Fische dürfen wir nicht gleich zu Anfang einsetzen, sie würden an einer Nitritvergiftung sterben.
2. Wir kaufen mit unserem ersten Aquarium unbedingt einen Nitrittest.

Ein Aquarium braucht also eine **Einlaufzeit**, das heißt es muss ohne Fische, aber mit Pflanzen und arbeitenden Geräten betrieben werden, bis sich die Bakterien in genügend großer Zahl und dem richtigen Verhältnis zueinander vermehrt haben. Das lässt sich durch winzige (!) Zugaben von Trockenfutter in der Größenordnung von Salzprisen ein bisschen beschleunigen. Der Einsatz mittlerweile in größerer Zahl angebotener Starterbakterien kann ebenfalls die Einlaufzeit verkürzen, doch sind die Erfahrungen damit noch sehr unterschiedlich, so dass man sich nur auf das Urteil derer verlassen sollte, die glaubhaft eigene Erfahrungen damit vorweisen können. Man kann in den meisten Fällen damit rechnen, dass dieser so-

Links das Substratvolumen eines kleinen Außenfilters, rechts das eines Innenfilters.

genannte **Nitritpeak** nach drei Wochen vorüber ist, fest verlassen darf man sich darauf aber nicht.

Deshalb verschafft uns der **Nitrittest** Sicherheit, denn wenn wir über mehrere Tage kein Nitrit mehr nachweisen, ist es mittlerweile zuverlässig zur Beute der nitritabbauenden Bakterien geworden; es kann nur noch Nitrat auftreten.

Der Vollständigkeit halber sei hier auch noch der Nitratabbau erwähnt. Unter sauerstoffarmen Verhältnissen können wieder andere Bakterien das Nitrat zu Stickstoff und Sauerstoff verarbeiten. Das klingt zwar reizvoll, ist aber im Aquarium entweder mit nur schwer zu rechtfertigendem finanziellem Aufwand oder einem erheblichen Risiko verbunden. Immerhin gibt es mittlerweile fertig konfektionierte Packungen, die einen entsprechenden Erfolg möglich machen.

Die Entfernung von Nitrat mittels Ionentauscher ist eine andere Möglichkeit, kann den Wasserwechsel aber ebenfalls nicht überflüssig machen.

Was aber hat das alles mit dem Filter zu tun? Die für das Aquarium lebenswichtigen ammonium- und nitritabbauenden Bakterien brauchen unbedingt genügend Sauerstoff und eine geeignete Siedlungsmöglichkeit. Beides ist im Aquarium am besten im Filter vorhanden. Das stetig strömende Wasser transportiert immer wieder frischen Sauerstoff zu den Bakterien, und das Filtersubstrat, das eigens zu diesem Zweck vorhanden ist, bietet mit seiner möglichst kleingliedrigen, porösen Struktur die optimale Lebensmöglichkeit für die Bakterien.

Um zu verhindern, dass die Siedlungsräume der Bakterien allzu oft durch Auswaschen gestört werden, ist es sogar besser, den eigentlich sichtbaren Schmutz mit einem öfter und einfach zu reinigenden Vorfilter festzuhalten.

Ob wir mit dem zum Komplett-Set gehörigen kleinen Innenfilter auf Dauer glücklich werden, hängt von der Zahl oder besser der Biomasse der eingesetzten Fische und der Häufigkeit des Wasserwechsels ab. Zuverlässiger und stabiler funktioniert auch am 54-Liter-Aquarium ein Außenfilter. Es muss kein großes Modell sein, auch kleinere Geräte sind in bezug auf Volumen den Innenfiltern haushoch überlegen.

Läuft ein Filter ohne eigenen Vorfilter, muss er häufiger gereinigt werden, da sich seine Durchflussleistung sonst irgendwann Null annähert. Trotzdem wartet man damit, bis der Durchfluss schwächer geworden ist und geht dabei auch möglichst schonend vor. So verwendet man dazu Wasser, das weder wesentlich wärmer noch kälter als das Aquarienwasser ist.

Was man misst, was man messen sollte

Wasserchemie kann so langweilig sein, wenn man als Aquarianer mit ellenlangen theoretischen Erklärungen überschüttet wird, von denen man nicht einmal die Hälfte versteht und die andere Hälfte gar nicht wissen wollte. Außerdem sprechen die Experten nicht von Wasserchemie, sondern von der Chemie der wässrigen Lösungen, was es aber auch nicht besser macht.

Wir wollen uns hier kurz und knapp und wenn es geht ohne Formeln mit dem beschäftigen, was wir messen und beeinflussen können, auch ohne im Chemie-Leistungskurs brilliert zu haben.

Ammonium, Nitrit und Nitrat

Im Kapitel „Filter“ haben wir uns bereits mit Ammonium, Nitrit und Nitrat auseinandergesetzt und den Nitrittest als wichtigsten Wassertest schon gleich mit unserer aquaristischen Erstaustattung zusammen gekauft.

Ammonium als erste Abbaustufe des organischen Abfalls ist nicht sehr gefährlich und wird meistens auch schnell abgebaut. Höhere Werte als 0,5 mg/l sind in Aquarien kaum zu messen. Riskant wird es, wenn der pH-Wert über 8 liegt und vergleichsweise hohe Ammoniumkonzentrationen vorliegen. Dann wird aus dem ungiftigen Ammonium NH_4 der sehr gefährliche Ammoniak NH_3. Bei funktionierendem, also eingefahrenem und großzügig dimensioniertem Filter kann so etwas aber nicht passieren, weil wir es im neuen Aquarium erst einmal mit Nitrit zu tun bekommen haben.

Nitrit NO_2 ist für Fische ein starkes Gift , wenn Konzentrationen über 0,1 mg/l vorliegen. Bei den gängigen Tests kann man sich auf die Wasserqualität verlassen, wenn alles gelb bleibt und die Flüssigkeit nicht nach Orange oder sogar Rot umschlägt. Bei neu eingerichteten Aquarien heißt es abwarten, in bereits besetzten Becken muss man sofort mehrere großzügige Wasserwechsel veranstalten, um die Konzentration erst einmal zu senken, bevor man die Ursache erkundet und abstellt.

Nitrat NO_3 wird von Fischen auch in relativ hohen Konzentrationen vertragen, auch wenn es ihrem Wohlbefinden nicht förderlich ist. Es bildet die letzte unter Sauerstoffzehrung entstandene Abbaustufe, die die Bakterien im Filter produzieren, und wird am besten durch regelmäßige Wasserwechsel so verdünnt, dass keine kritischen Werte zustandekommen. Laut EU-Trinkwasserverordnung dürfen nicht mehr als 50 mg/l Nitrat aus der Leitung fließen, der Richtwert empfiehlt sogar nur 25 mg/l. Bei reichlich Planzenwuchs und spärlichem Fischbesatz kann es im Aquarium sogar zu einer Verringerung kommen. Da das Verhältnis oft aber umgekehrt ist, müssen wir ein zu starkes Ansteigen verhindern. Werte oberhalb von 100 mg/l sollten uns zu Maßnahmen bewegen, auch wenn die Tiere noch kein Unbehagen zeigen.

Empfindlich auf Nitrat reagieren vor allem Larven und Jungfische, weshalb man in Aufzuchtaquarien besonders häufig das Wasser wechseln muss.

Härte

Kaffee-, aber vor allem Teetrinker schätzen weiches Wasser, Waschmaschinenbenutzer ebenso, denn es spart Rohstoffe. In der Aquaristik spielt die Wasserhärte ebenso eine Rolle, aber hier sind es Tiere und Pflanzen und keine Materialien, die damit zurechtkommen müssen.

Trotzdem wird der Wasserhärte je nach herrschender Auffassung manchmal ein etwas zu großer Wert beigemessen; wichtig wird sie eigentlich oft erst dann, wenn es um die Vermehrung der Fische geht. Fast immer muss man sie dann reduzieren. Für ein funktionierendes Gesellschaftsaquarium spielt sie nur insofern eine Rolle, als man auf Weichwasserspezialisten verzichtet und Arten auswählt, die aus Gewässern mit entsprechenden Werten stammen. Will man also sein wirklich hartes Leitungswasser nicht mühselig enthärten und womöglich noch ansäuern, bleiben nicht nur mittelamerikanische Fische und solche aus dem Malawi- oder Tanganjikasee. Viele asiatische Flüsse führen auch gar nicht so weiches und saures Wasser, und selbst einige der robusteren Labyrinther lassen sich ebenso wie viele Regenbogenfische und Grundeln noch bei 20 °dGH nachzüchten.

Trotzdem sollten wir zumindest grundsätzlich über die beiden verschiedenen Wasserhärten Bescheid wissen, denn es gibt gleich zwei davon: Die deutsche – andere Länder messen anders – **Gesamthärte**, abgekürzt als dGH und angegeben in Grad und die **Karbonathärte**, ebenfalls in Grad und als KH bezeichnet. Eine hohe Gesamthärte bedeutet auch nicht nur viel Kalk im Wasser, sondern auch Magnesium, beides aber als gelöste Salze. Daneben spielen noch andere Erdalkalisalze eine Rolle, aber nur eine kleine und sind für uns nicht so wichtig.

Auch die Karbonathärte gibt einen Salzgehalt an, nämlich den der Salze der Kohlensäure, so heißen Karbonate – eigentlich richtig mit C als Carbonate geschrieben – auf deutsch. Hier ist es aber nicht nur der Salzgehalt, zu dem sich die Härten mit anderen Salzen addieren, sondern vor allem der Zusammenhang mit dem pH-Wert, der uns als Aquarianer interessiert. Besonders wichtig wird das bei der CO_2-Düngung. Und gefährlich wird es, wenn sie, die Karbonathärte, vollständig fehlt und im System des Aquariums zur Labilität des pH-Wertes führt, der nicht mehr ausreichend gepuffert ist und in Windeseile ins Bodenlose abstürzen kann.

Will man heute Wasser enthärten, setzt man am besten eine Umkehrosmoseanlage ein, über die man im zweiten Teil dieses Buches mehr erfährt. Zwar produziert eine solche Anlage immer noch erschreckend viel „Abwasser", aber der Umgang mit Ionenaustauschern birgt doch einige Unbequemlichkeiten mehr, wenn nicht sogar Risiken – auch für die Umwelt.

Eine Erhöhung der Karbonathärte ist mit Mitteln aus dem Zoohandel ebenso gut möglich wie mit Natriumhydrogencarbonat – „Natron". Drei Gramm erhöhen die Karbonathärte von 100 Liter Wasser um ein Grad.

Phosphat

Auch Phosphate sind Salze und zwar solche der Phosphorsäure. Ebenso wie Nitrate werden sie am häufigsten von der Landwirtschaft in Form von Düngemitteln verbreitet und sickern im Lauf der Zeit ins Grundwasser. Früher waren sie Hauptbestandteil von Waschmitteln und mitschuldig am elenden Zustand vieler Gewässer hierzulande. Im Aquarium sollte man also keine hohen Phosphatwerte tolerieren, in Spuren ist Phosphat allerdings lebenswichtig. Die Obergrenze lässt sich bei 0,4 mg/l ansetzen. Mehr ist ungünstig, wenn man kein Freund von Pinselalgen ist. Die bilden sich nämlich als wallender Teppich, wenn der Phosphatwert steigt.

Ins Aquarium bekommt man Phophate möglicherweise schon mit dem Leitungswasser, dem es als Korrosionsschutzmittel bisweilen zugesetzt wird, hauptsächlich aber entweder durch industriell hergestelltes Fischfertigfutter – ganz gleich, ob als Flocke, Granulat, Tablette oder Stick – oder auch mit einigen Ansäuerungsmitteln, die teilweise unter Verwendung von Phosphorsäure hergestellt werden, auch wenn Eichenrinde draufsteht.

Entfernen lassen sich Phosphate mit verschiedenen Ionentauschern, die auch als aquaristisch konfektionierte Ware erhältlich sind. Auch eine Umkehrosmoseanlage hält Phosphat zurück.

Leitfähigkeit

Der **Leitwert** gibt an, wie gut elektrischer Strom von dem zu messenden Wasser geleitet wird. Das hängt nämlich von der Menge der gelösten Salze ab. Je weniger im Wasser gelöst sind, desto schlechter wird die Leitfähigkeit. Destilliertes, also völlig salzfreies Wasser leitet gar nicht mehr, es isoliert. Nun lässt sich aber am Leitwert nicht ablesen, welche Salze in welchem Verhältnis zueinander vorliegen, weshalb Rückschlüsse auf die Härte mit Vorsicht zu genießen sind. Im Aquarium kann es ja durchaus auch vorkommen, dass ein sehr hoher Nitratwert am Gesamtsalzgehalt beteiligt ist.

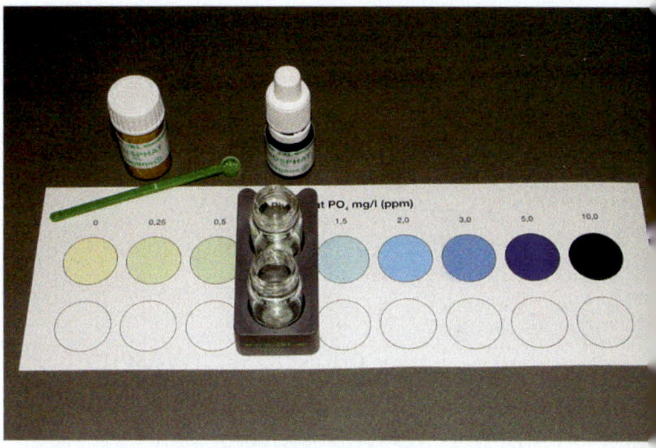

Wie die meisten wichtigeren Werte lässt sich auch der Phosphatgehalt mit erschwinglichen Tests relativ einfach bestimmen.

Gemessen wird der Stromfluss in µS/cm – Mikrosiemens pro Zentimeter – unter Angabe der Temperatur, beispielsweise 100 µS/cm bei 24 °C.

Die Salzkonzentration einer Flüssigkeit bestimmt deren osmostisches Druckverhältnis im Vergleich zu einer anderen. In der Aquaristik wird das wichtig, wenn Fische aus sehr salzarmen Wässern gepflegt, vor allem aber gezüchtet werden sollen, weil Ei- und Spermienzellen noch sehr viel empfindlicher auf osmotische Druckunterschiede reagieren als ein ganzer Fischorga-

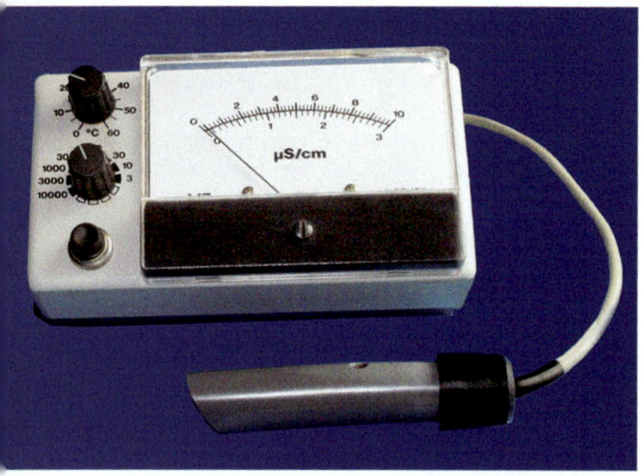

Die Leitfähigkeit wird mit einem solchen Gerät gemessen.

nismus. So lässt sich eine Art problemlos zu prächtigen Tieren heranziehen, die später auch ablaichen, doch entwickeln sich aus den Eiern keine Jungfische. Das kann unter anderem am Salzgehalt des Wassers liegen.

Die Leitfähigkeit senkt man mit denselben Methoden wie die Härte, also am besten mittels einer Umkehrosmoseanlage, deren salzloses Wasser wieder mit Leitungswasser verschnitten wird, bis der gewünschte Leitwert erreicht ist.

Eisen

Eisen ist zwar auch für alle Tiere lebenswichtig, doch wird der Bedarf im Aquarium schnell über das Futter gedeckt. Anders sieht es bei den Pflanzen aus, die erstens wesentlich mehr davon benötigen und es zweitens aus dem Wasser entnehmen müssen. Eisen oxydiert mit dem im Aquarium reichlich vorhandenen Sauerstoff aber schnell zu einer für Pflanzen unlöslichen Verbindung und muss daher in einer besser verfügbaren Form als Dünger zugeführt werden. Um festzustellen, wie hoch der Eisengehalt im Wasser ist, lassen sich wieder Tests aus dem Fachhandel einsetzen. Ist kein Eisen nachweisbar, werden auch die Pflanzen kaum gedeihen. 0,03 mg/l sollten es mindestens sein, wenn das Grün üppig sprießen soll.

Kupfer

Kupfer gelangt entweder unbeabsichtigt mit Leitungswasser, das durch neu verlegte Rohrleitungen geflossen ist, ins Aquarium und vergiftet zuerst die Wirbellosen und dann die Fische. Oder es ist Bestandteil eines Medikamentes und muss nach der Behandlung schleunigst wieder entfernt werden. Kupfer ist sehr giftig und wirkt auf Schnecken, Garnelen und ähnliche Tiere sehr schnell schon in geringeren Konzentrationen tödlich. Bei den Fischen sind es zuerst die Welse, die darunter leiden. In weichem und saurem Wasser ist es gefährlicher als in hartem, alkalischem, wo es sehr schnell ausgefällt wird.

Man muss Kupfer nicht messen, sondern verwendet bei neuen Wasserleitungen einen Wasseraufbereiter aus dem Zoofachhandel. Medikamente verdünnt man zunächst mit großzügigen Wasserwechseln und entfernt die Reste mit einer Filterung über Aktivkohle.

Sauerstoff

Obwohl freier Sauerstoff O_2 im Wasser für Tiere und Pflanzen absolut lebenswichtig ist, muss man ihn eigentlich nicht messen. Ist ein Aquarium weder überbesetzt noch überhitzt, atmen die Fische normal und zeigen damit an, dass genügend O_2 vorhanden ist. Die besten Anzeiger für einen ausreichenden Sauerstofgehalt sind also die Fische selbst.

Lediglich bei Problemfällen ist es manchmal hilfreich, den exakten Wert und den Verlauf während 24 Stunden zu kennen. Allerdings bleiben die Maßnahmen mit und ohne Messung dieselben: Belüften, stärkere Wasserbewegung, eventuell Temperatursenkung.

CO_2

Kohlendioxid als wichtiger Pflanzennährstoff wird häufig zusätzlich ins Wasser geleitet, weil die natürliche Menge nicht ausreicht. Ist man mit dem Pflanzenwuchs im Aquarium zufrieden, muss man auch den CO_2-Gehalt nicht messen. Möchte man ein üppigeres Wachstum erreichen und schließt deshalb eine CO_2-Anlage an, sollte man vor allem bei Druckgasanlagen zumindest einen Dauertest im Aquarium anbringen. Als Entscheidungshilfe kann man vorher eine Messung durchführen, doch wird man fast immer feststellen, dass die Konzentration zu niedrig ist. Unterhalb von 10 mg/l wächst alles nur noch langsam, 15 bis 20 mg/l sind meistens ausreichend. Zuviel CO_2 wirkt übrigens auch giftig und betäubt die Fische zunächst, bevor sie sterben.

Wie man mehr CO_2 ins Aquarium bekommt steht im Kapitel „Technik" unter „CO_2-Systeme".

pH-Wert

Es nützt uns wenig, wenn wir wissen, dass der pH-Wert den negativen dekadischen Logarithmus der Wasserstoffionenkonzentration angibt und die Abkürzung für pondus hydrogenii steht, was lateinisch ist und Gewicht des Wasserstoffs bedeutet. Immerhin können wir damit ein bisschen angeben, falls wir es uns richtig gemerkt haben. Ins Alltagsleben hat der pH-Wert Eingang gefunden, seit sich Seifen und Shampoos mit dem Aufdruck „pH 5,5" besser verkaufen lassen als solche ohne.

Der pH-Wert gibt an, ob in einem Material Säuren oder Laugen das Übergewicht haben oder als dritte Möglichkeit beide im Gleichgewicht sind und das Ergebnis als neutral bezeichnet wird. Die eingangs zitierte unverständliche Definition lässt uns zumindest ahnen, dass pH 6 nicht einfach pH 7 minus eins ist, sondern dass die Verhältnisse komplizierter liegen. Ähnlich wie der Leitwert zeigt uns der pH-Wert nur an, wieviel Säure oder Lauge generell vorhanden ist, aber nicht um welche und wieviele es sich dabei handelt. Wir merken uns vordringlich zweierlei:

1. Der pH-Wert wird mit einer Zahl zwischen 0 und 14 angegeben. Dabei ist 0 bis 6,9 sauer, 7 neutral und 7,1 bis 14 alkalisch. Man kann beliebig viele Stellen hinter dem Komma angeben, aber für unsere Zwecke reicht eine. Der für die Aquaristik interessante Bereich liegt zwischen 5 und 9.
2. Die Änderung um den Wert 1 vor dem Komma bedeutet eine Verzehnfachung des Säure- oder Laugenübergewichts; eine Änderung um den Wert 2 eine Verhundertfachung und so weiter. Zur Sicherheit zwei Beispiele: pH 9 ist zehnmal so alkalisch wie pH 8 und pH 10 hundertmal so alkalisch wie pH 8. Auf der anderen Seite ist pH 5 zehnmal so sauer wie

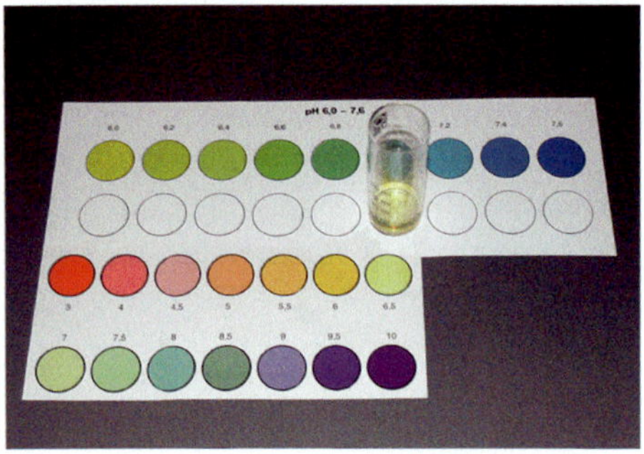

Flüssigindikatoren sind für die aquaristische Praxis fast immer ausreichend genau.

pH 6 und pH 4 hundertmal so sauer wie pH 6. pH 3 ist dann tausendmal so sauer wie pH 6.

Die Bedeutung des pH-Wertes liegt auf verschiedenen Gebieten. Für pflanzenbewusste Aquarianer kommt hier der Zusammenhang mit der Karbonathärte zum Tragen, denn der pH-Wert diktiert quasi zusammen mit der Karbonathärte den normalerweise vorliegenden CO_2-Gehalt des Wassers. Andersherum wird durch die Karbonathärte bestimmt, wieviel CO_2 zugegeben werden muss, um einen bestimmten pH-Wert zu erreichen.

Die früher immer als Problemfische apostrophierten Arten sind auf weiches und manche zudem noch mindestens ebenso stark auf saures Wasser angewiesen. Einige laichen gar nicht ab, wenn der pH-Wert nicht stimmt. Andere tun das zwar, aber das Gelege stirbt regelmäßig ab. Auch diesem Umstand kann man sich mit unterschiedlichen Erklärungen zu nähern versuchen. Sind es die Säuren selbst, die da wirken, oder ist es die niedrige, für die Eier damit ungefährlichere Keimzahl, die zwangsläufig bei niedrigen pH-Werten vorliegt? Oder spielen sich in weichen und sauren Gewässern noch weitere Prozesse ab, die wir bisher gar nicht durchschaut haben?

Sicher tut man nichts Falsches, wenn man den Fischen im Aquarium möglichst exakt die Wasserwerte bietet, in denen sie auch in der Natur umherschwimmen, nur sollte man keinen Fetischismus damit betreiben. Denn einmal sind auch die Wasserwerte im Verbreitungsgebiet einer bestimmten Fischart durchaus nicht immer dieselben, zum anderen spiegeln auch die wenigen Parameter, die wir normaler- und auch vernünftigerweise im Aquarium messen, nicht die gesamte Eigenschaftspalette der Ursprungswässer wider. Auch wird es nur sehr erfahrenen Aquarianern überhaupt möglich sein, in einem Aquarium ein stabiles und funktionierendes System bei extremen Wasserwerten zu etablieren und das Ganze auch noch unter ästhetischen Gesichtspunkten ansehnlich zu gestalten.

Das darf jetzt allerdings auch nicht als Freibrief dafür missverstanden werden, dass man einen Tanganjikasee-Buntbarsch bei pH 5 oder einen Roten Neonsalmler bei pH 9 halten kann.

Will man den **pH-Wert senken**, gibt es verschiedene Möglichkeiten. Grundsätzlich gilt, je weicher das Ausgangswasser, desto schneller und einfacher lässt es sich ansäuern. Wichtig ist dabei die Karbonathärte, die ja als Puffer den pH-Wert stabilisiert und erst einmal zerstört werden muss, bevor die Säure nicht mehr gebunden wird. Hartes Wasser sollte also erst einmal weicher gemacht werden.

Ein natürliches Material erledigt beides in einem Arbeitsgang: **Torf**. Er arbeitet als milder Ionentauscher, der die Härtebildner aufnimmt und mit seinen Gerbsäuren das Wasser ansäuert. Man verwendet am zuverlässigsten ein Produkt, das speziell für die Aquaristik angeboten wird, weil man damit vermeidet, mit Gartentorf aus Abbaugebieten, in denen die Landwirtschaft reichlich Dünger ausgebracht hat, den Nitrat- und Phophatwert zu erhöhen. Ausdrücklich für den Garten gedüngten Torf darf man keinesfalls verwenden, der könnte sogar Giftwirkung auf Fische entfalten. Entweder lässt sich Torf direkt im Wasserkreislauf des Aquariums einsetzen, indem man ihn in einem Netzbeutel verpackt in den Außenfilter steckt, oder man bearbeitet das Wasser, bevor es ins Aquarium gefüllt wird. Die zweite Möglichkeit bietet eine bessere Kontrolle, denn Torf erschöpft sich und muss entfernt oder ausgewechselt werden. Das vermeidet man, wenn ein großes Gefäß – ein großer Kübel, ein spezielles Aufbereitungsaquarium oder eine Regentonne vielleicht – mit weichem Wasser und Torf so lange steht, bis der gewünschte Wert erreicht ist und das fertige Wasser beim nächsten Wasserwechsel eingefüllt werden kann. Nachteile gibt es aber auch. Torf lässt sich nicht so exakt dosieren, dass man das Ergebnis hundertprozentig vorhersagen kann, und er färbt das Wasser braun, was zwar den natürlichen Gegebenheiten entsprechen mag, aber das Licht für die Pflanzen stark schwächt. Effektiver als das eher mild wirkende Fasermaterial ist Torfgranulat, kleine gepresste Torfkügelchen, die auf jeden Fall in einen Netzbeutel gehören.

Torffasern lassen sich nicht nur zur Wasserbearbeitung einsetzen, für manche Fische sind sie auch ein hervorragender Bodengrund.

Ein weiterer, sehr gut einzusetzender natürlicher Rohstoff sind **Erlenzäpfchen**, die man selbst sammeln, aber mittlerweile auch kaufen kann. Man lässt eine Handvoll in möglichst weichem Wasser mindestens 24 Stunden ziehen und setzt die dunkle Flüssigkeit so lange dem Aquarienwasser zu, bis der gewünschte Wert erreicht ist.

Beide Methoden sind bei kleineren zu bearbeitenden Wassermengen sehr zu empfehlen, bei Aquariengrößen von mehreren hundert Litern ergibt sich aber leicht ein Nachschub- beziehungsweise Kostenproblem. Hier bleibt die Möglichkeit, mit **Eichenrindenextrakt** zu arbeiten. Hier gibt es zwei Probleme: Entweder man stellt ihn selbst her. Dann müssen die Mitmenschen sehr tolerant gegenüber Dampf-, Schmutz- und Geruchsentwicklung sein. Oder man verwendet ein Fertigprodukt. Dann handelt man sich meistens ein gehöriges Quantum anorganischer Säuren ebenfalls mit ein. Das führt zu ei-

Stäbchen, Tröpfchen oder elektrisch?

Einige Wasserwerte lassen sich mit verschiedenen Methoden ermitteln. Im Fachhandel werden Teststäbchen oder -streifen, Flüssigtests und elektrische beziehungsweise elektronische Messgeräte angeboten. Zwei Kriterien liegen dabei immer im Widerstreit: der Preis und die Zuverlässigkeit.

Die Plastik- oder Pappstreifen, auf denen Inidikatorfelder manchmal gleich für mehrere Werte angebracht sind, kosten nicht viel, haben aber zwei gravierende Nachteile. Sie sind nicht sehr lange haltbar. Auch trocken und kühl gelagert sind sie nach wenigen Monaten schon nicht mehr unbedingt zuverlässig. Übergroße Eindeutigkeit kann man ihnen auch nicht bescheinigen. Zu groß sind die Schritte zwischen den einzelnen Vergleichswerten und zu groß ist auch die Ähnlichkeit der Rosa- und Rottöne.

Flüssigindikatoren, also Tröpfchentest, zu denen manchmal noch als drittes Reagenz ein Pulver gehört, haben auch genau da ihre Schwachstelle. Man muss Farben genau abschätzen und vergleichen, um ein einigermaßen exaktes Ergebnis ablesen zu können. Dazu braucht es ein bisschen Übung, aber nach einigen Versuchen bekommt man ausreichend genaue Messdaten für die aquaristische Praxis. Auch wenn sie preislich über den Stäbchen liegen, machen sie sich durch ihre längere Haltbarkeit bezahlt. Einige Firmen bieten außerdem Nachfüllpackungen an, so dass man nicht immer den kompletten Test nachkaufen muss, bloß weil ein Fläschchen leer ist.

Mit elektrischen und elektronischen Messgeräten bekommt man exakte und sehr zuverlässige Daten. Aber nur, wenn man Zeit und wieder Geld in die Pflege und Justierung der Apparate investiert. War die Anschaffung schon ein Hindernis, ist es der dauernde Nachkauf von Kalibrierungs- und Aufbewahrungsflüssigkeiten sicher ebenso. Dazu kommt, dass beispielsweise pH-Elektroden altern und nach etwa einem Jahr ausgewechselt werden müssen, was je nach Fabrikat wieder den Rang einer Investition bekommt. Das gilt auch für die in der Aquaristik weiter verbreiteten sogenannten Handmessgeräte, die zwar immer noch vergleichsweise teuer sind, aber sich unkomplizierter handhaben lassen und dafür vielleicht nicht den letzten Rest an Genauigkeit erbringen. Den wiederum braucht man am Aquarium aber gar nicht.

Fazit: Wer nur ein Aquarium sein eigen nennt, ist mit einer Auswahl von Flüssigtests am besten beraten. Praktisch, aber auch wieder nicht ganz billig sind die Messköfferchen, die ein ganzes Sortiment enthalten. Erst, wer täglich in zehn oder mehr Behältern messen muss, kann die Elektronik wirklich rentabel einsetzen. Ein Kompromiss wäre ein Handmessgerät für den pH-Wert in Kombination mit Flüssigtests für die anderen Parameter. Der Leitwert lässt sich allerdings überhaupt nur mit einem Gerät ermitteln.

ner Leitwerterhöhung, die vielleicht noch tolerabel bleibt. Diese Leitwerterhöhung kann aber gleichzeitig einen höheren Phosphatwert bedeuten, was zu unerwünschtem Algenwuchs führen kann.

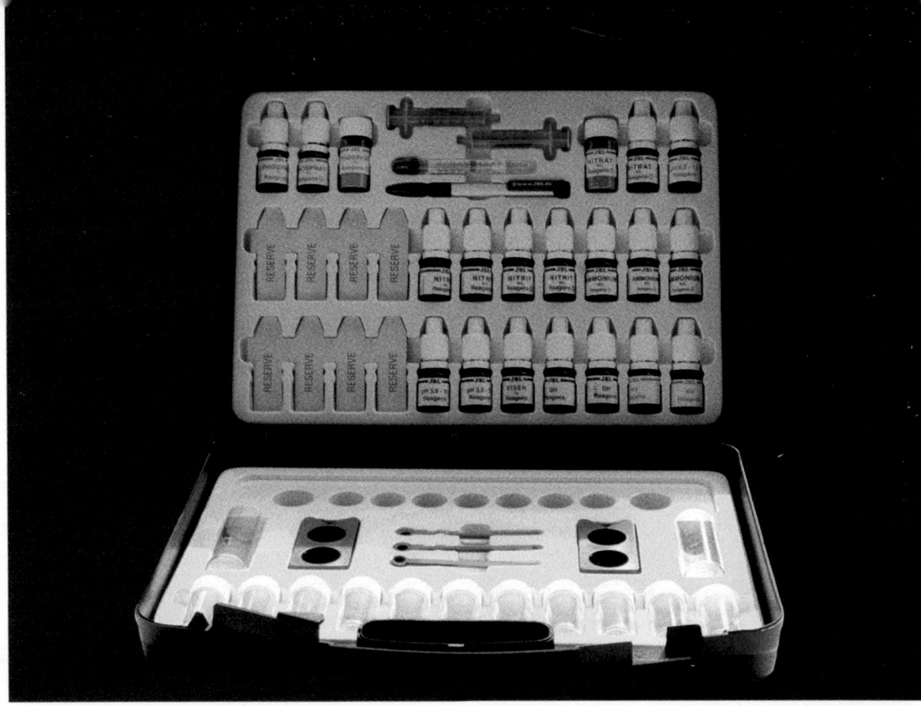

Mit einem solchen Messkoffer hat man alle wichtigen Tests zugleich zur Hand.

Aus denselben Gründen muss man beim Arbeiten mit reinen **anorganischen Säuren** Vorsicht walten lassen und verwendet statt Phosphorsäure besser Salzsäure, die den Leitwert nur über einen höheren NaCl-Gehalt steigen lässt – und das ist Kochsalz, das auch die Algen nicht wachsen lässt.

Sowohl Eichenrindenextrakt wie anorganische Säuren bewirken zwar ein Absinken des pH-Wertes, man begibt sich aber der angenehmen Nebenwirkungen von Torf und Erlenzäpfchen, die natürliche Gerbstoffe und eine ganze Vielfalt anderer Verbindungen mitbringen, die den Fischen offensichtlich wohltun. Überhaupt gehören Säuren nur in die Hände erfahrener Anwender, die damit ja nur ein bestimmtes Ziel im Zuchtaquarium kurzfristig erreichen wollen. Eine Absenkung im normalen Gesellschaftsaquarium sollte man damit keinesfalls versuchen.

Die dritte, wenn auch nur eingeschränkt einsetzbare Möglichkeit ist der **CO_2-Zusatz**. Hier handelt es sich aber eigentlich nur um einen Nebeneffekt, denn man darf CO_2 nicht so dosieren, dass man ohne Rücksicht auf den Gehalt einen bestimmten pH-Wert anstrebt. Höhere Konzentrationen wirken auf Tiere giftig.

Will man den **pH-Wert anheben**, verwendet man bei leichten Fällen zum Wasserwechsel unbearbeitetes Leitungswasser, das immer leicht alkalisch ist. Nachdrücklichere Wirkung erzielt man durch eine Erhöhung der Karbonathärte. Mit deren Klettern kann man einen gleichzeitigen Anstieg des pH-Wertes verbuchen. Wie man das anstellt, steht hier weiter oben unter „Härte“.

Die Pflanzen

Eine ganze Reihe von Argumenten spricht für die Verwendung möglichst vieler Pflanzen im Aquarium: Sie produzieren Sauerstoff, nehmen Nitrat und andere Abbauprodukte auf, produzieren sogar antibiotische Stoffe und halten so die Keime im Zaum, sie sind Versteckplatz und Laichgelegenheit für viele Fische. All das stimmt, und all das ist wichtig. Aber noch wichtiger ist der ästhetische Wert, den die grünen Insassen dem Gesamtbild verleihen. Ein Aquarium ohne Pflanzen wirkt immer ein bisschen trostlos; und selbst der kahlen Geröllhalde mancher Buntbarschbecken helfen ein paar Vallisnerien und eine Schwimmpflanzendecke im Auge des Betrachters schon ungeheuer auf. Zu unserer Vorstellung vom Aquarium gehören also untrennbar auch die Pflanzen. Dabei müssen wir uns aber darüber klar sein, dass es in der Natur fast nie so aussieht, wie wir uns das vielleicht vorstellen möchten. Ein Großteil der Heimatgewässer unserer Aquarienfische ist völlig frei von Pflanzen. Im Schwarzwasser wächst sowieso fast nichts, weite Strecken von Flüssen und Bächen zeigen kahlen Schlamm-, Sand- oder Kiesgrund, in flachen Waldgewässern leben die Fische zwischen Holzgewirr und manchmal meterdicken Laubschichten, und in den Stromschnellen und Abschnitten mit starker Strömung kann sich sowieso kaum ein größeres Gewächs halten. Aber sogar die natürlichen Vorkommen von Wasser- und Sumpfpflanzen entsprechen kaum unseren Vorstellungen von einer grünen Unterwasseridylle. Da hat sich entweder eine Art durchgesetzt und kommt über viele Meter ganz alleine vor. Viele Pflanzen wachsen gar nicht unter Wasser, sondern stehen die meiste Zeit nur mit ihren Füßen im sumpfigen Grund, und selbst die echten Wasserpflanzen wachsen häufig so, dass es nicht gerade einen dekorativen Eindruck macht.

Wir versuchen also – wie etwa die Parkarchitekten des 19. Jahrhunderts – ein natürlich und vor allem harmonisch wirkendes Bild zu schaffen, das aber so niemals in der Natur vorkommt. Mit diesem Gesichtspunkt müssen wir uns später noch im Kapitel „Einrichtung“ beschäftigen, hier geht es erst einmal nur um die Pflanzen, die geeignete Auswahl und den sachgerechten Umgang.

Über und unter Wasser

Die Ausdrücke „Wasser- und Sumpfpflanzen“ sind schon gefallen. Die bei weitem meisten Aquarienpflanzen wachsen nämlich nicht oder nur zeitweise untergetaucht. Manche leben sogar lediglich in zwar feuchter Umgebung, sind aber wie die anderen Sumpfpflanzen in der Lage, auch unter Wasser zu gedeihen. Diese Eigenschaft machen sich die Gärtnereien zunutze und kultivieren die Pflanzen über Wasser. Das geschieht aus dem einfachen Grund, dass Luft wesentlich kostengünstiger zu beheizen und zu beleuchten ist als Wasser, was gerade in Europa mit seinen hohen Energiekosten eine große Rolle spielt.

Als Überwasserpflanzen kommen sie dann in den Handel, und so kaufen wir sie auch. Deshalb müssen wir von vornherein mit einer gewissen Umstellungszeit rechnen, in der viele Exemplare ihre alten Blätter absterben lassen und neue Unterwasserblätter schieben – ein weiteres Argument für eine zunächst fischlose Einfahrzeit des Aquariums.

In der kommerziellen Kultur werden die natürlichen Vermehrungsmöglichkeiten der Pflanzen – in erster Linie Samen- und Ausläuferbildung – ebenso genutzt wie die Gewebekultur, bei der unter strengen labormäßigen Umweltbedingungen aus dazu geeignetem Pflanzengewebe ganze Gewächse herangezüchtet werden. Aufgrund der wesentlich günstigeren Personal- wie Energiekosten in Südostasien etwa haben es die hiesigen Betriebe zunehmend schwer, damit zu konkurrieren. Einer der hier noch erfolgversprechenden Wege ist die immer neue Züchtung attraktiver Kreuzungen, die häufig besonders starke Rotanteile aufweisen.

Die Bedürfnisse der Pflanzen

Um den Gewächsen ein möglichst üppiges und störungsfreies Wachstum zu ermöglichen, müssen wir ihre Bedürfnisse ebenso erfüllen wie die der Fische. In den vorangegangenen Kapiteln war ja schon öfter die Rede von den Anforderungen, die wir mit der technischen Ausstattung und den Wasserwerten zu erfüllen haben. Ebenso finden sich im Techniklexikon am Ende viele Informationen zu den Einzelheiten der notwendigen Geräte, so dass wir es hier straf-

In der Natur kommen meist nur wenige Pflanzenarten an einer Stelle vor. Ein Vallisnerienwald mit *Cabomba* als Hintergrund im Rio Tauari, Ostamazonien.

fer gefasst nur im Überblick behandeln wollen.

Als erstes wird ein **Depotdünger** in dünner Schicht eingebracht. Er gewährleistet eine Dauerversorgung mit Mineralien und Nährstoffen, die von den Pflanzen problemlos nicht nur über die Wurzeln aufgenommen werden können.

Der **Bodengrund** dient den Wurzeln zur Verankerung und als Nährstofflieferant für einen Teil der Pflanzen, die über die Wurzeln eben Nährstoffe aufnehmen. Viele Stängelpflanzen zum Beispiel tun das nämlich nicht. Bei einer gleichmäßigen Körnung ist auch feinerer Sand als Bodensubstrat möglich. Der Vorteil gegenüber groberem Kies liegt darin, dass Mulm und Abfallteile nicht in den Bodengrund sickern können und dort ebenso unbeachtete

Ein Gewächshaus für Aquarienpflanzen. Das meiste gedeiht über Wasser.

wie unkontrollierbare Prozesse ablaufen. Zwei bis drei Millimeter Durchmesser sollten vielleicht als gröbstmögliche Körnung verwendet werden, feineres Material ist problemlos verwendbar.

Um einen strörungsfreien Nährstoff- und Sauerstofftransport zu gewährleisten empfiehlt sich eine **Bodenheizung**, die mit der aufsteigenden Wärme auch das Wasser mit seinen Inhaltsstoffen bewegt.

Die **Wasserwerte** sind für viele Pflanzenarten nicht so kritisch zu betrachten wie für viele Fische, die hier besondere Ansprüche stellen. Allerdings besteht ein enger Zusammenhang zwischen pH-Wert, Karbonathärte und CO_2-Gehalt. Zu weiches Wasser birgt obendrein die Gefahr eines instabilen pH-Wertes, der durch geringe Anlässe ins Rutschen geraten kann. Eine gewise Mindest-Karbonathärte sollte man also nicht unterschreiten. Es fällt schwer, hier konkrete Werte anzuführen. Früher wurden 10 °KH empfohlen, heute kann man mit der verbesserter Überwachung und Technik auch etwas niedrigere Werte tolerieren. Ein für viele Pflanzen hervorragend geeignetes Wasser hat einen pH-Wert knapp unterhalb des Neutralpunktes.

Hier gehört auch die **CO_2-Versorgung** her, die ja durch Lösung eines Teils des Gases in Kohlensäure übergeht und damit den pH-Wert ebenfalls senkt. Unverzichtbar ist jedenfalls ein **Dauer-pH-Meter** oder **pH-Dauertest**, mit dessen Hilfe man in Verbindung mit einem Blasenzähler eine sehr exakte Dosierung erreichen kann.

Eisen ist einer der wichtigsten Mangelstoffe, da es von unseren Wasserwerken in den Leitungen nicht toleriert werden kann, weil es sonst schnell zu sehr hemmenden Ablagerungen kommen würde. Wir müssen es also regelmäßig und gut dosiert nachdüngen. Entsprechende Präparate sind in großer Zahl im Fachhandel vorrätig. Eisen muss in bestimmter molekularer Form vorliegen, damit es von den Pflanzen aufgenommen werden kann, ein häufigeres Nachdüngen ist deshalb ebenso wie bei den Spurenelementen notwendig.

Mindestens genauso wichtig ist die ebenso kontinuierliche wie lückenlose Versorgung mit allen **Spurenelementen**, die meist auch in zu geringen Mengen im Leitungswasser enthalten sind. Auch hierfür gibt es ausgezeichnete Erzeugnisse.

In sehr schwach mit Fischen besetzten, gleichzeitig aber stark bepflanzten Aquarien kann es sogar zu einem **Ammonium**- beziehungsweise **Nitratmangel** kommen. Ein gewisser Mindestwert sollte deshalb nicht unterschritten werden, gegebenenfalls kann man durch häufigere Wasserwechsel mit nitrathaltigem Leitungswasser den Wert wieder etwas erhöhen. Am besten lässt sich das am Wachstumg der Pflanzen ablesen, da absolute Werte nie exakt auf die jeweiligen Gegebenheiten abgestimmt sein können.

Die **Beleuchtung** dient in erster Linie den Pflanzen als Basis für die Photosynthese. Es handelt sich also um den wichtigsten Baustein für das pflanzliche Leben. Folgerichtig sollte man dem Licht über dem Aquarium auch die entsprechende Bedeutung beimessen und nicht am falschen Ende sparen, wenn man hier ausgezeichnete Ergebnisse ererreichen will. Zwei Leuchtstoffröhren sind besser als eine. Kann man hier selbst bestimmen, sind mehr Röhren immer von Vorteil.

All das muss schon bei der **Planung und Auswahl** der einzelnen Arten und Sorten berücksichtigt werden. Auch auf einen gemeinsamen Nenner sollte man achten, was den Lichtbedarf und die Ansprüche an Temperatur und Wasserwerte anbelangt. Hinzu kommt der Raumbedarf, den die einzelnen Exemplare oder Gruppen später einmal haben werden, wenn sie nach kurzer Zeit kräftig wachsen und eventuell den Nachbarpflanzen das Licht wegnehmen oder sie mit ihren Ausläufern förmlich überrennen.

Die Erstbepflanzung

Wieviele Pflanzen für ein Aquarium gebraucht werden, macht man sich am besten anhand einer kleinen Skizze klar. Der **Grundriss** wird mehr oder weniger maßstabsgerecht aufgezeichnet und die Einrichtung schon einmal mit dem Bleistift vorgenommen. Zu Anfang planen wir möglichst viele unkomplizierte, schnell wachsende Stängelpflanzen ein, die den Algen erst einmal gar keine Chance lassen, die Oberhand über die höheren Gewächse zu gewinnen. Aber auch Vallisnerien und viele *Echinodorus*-Arten wachsen rasch an und treiben neue Blätter. Lediglich bei Wasserkelchen (*Cryptocoryne*-Arten), die bei vielen Aquarianern sehr beliebt sind, sollten wir zunächst Zurückhaltung üben und jedenfalls nicht zu viele davon gleich zu Beginn einpflanzen, denn *Cryptocoryne* brauchen vergleichsweise lange, bis sie ein regeres Wachstumstempo vorlegen. Sie schießen allerdings nie so schnell ins Kraut wie viele andere Pflanzen.

Pflanzen werden heute wie Fische meistens in prall mit Luft gefüllte Plastiktüten **verpackt**, was ein Brechen der zarten Blätter und Stängel weitgehend verhindert. Lediglich beim Auspacken muss man dann etwas vorsichtig sein und vielleicht die Beutel unten aufschneiden, damit man die Pflanzen in der Richtung herausziehen kann, in der sie auch hineingesteckt worden sind. Das verhindert ebenfalls ein Brechen beim Umbiegen.

Stängelpflanzen werden meistens im Bund gehandelt und sind des besseren Zusammenhalts und der Verminderung des Auftriebs wegen sehr oft am Fuß mit Bleiband umwickelt, Rosettenpflanzen – das sind die, deren Blätter alle aus einem gemeinsamen Ursprung über der Wurzel herauswachsen – wurzeln oft schon länger in mit Steinwolle gefüllten Plastiktöpfchen, die zusätzlich

Nach dem Auffüllen bietet sich uns ein karges Bild (oben). Aber nach einer Woche sieht es schon wesentlich üppiger aus (unten).

oft noch mit kleinen Steinen beschwert sind. Blei ist giftig, Steinwolle feinfaserig und damit für die Kiemen und inneren Organe der Fische gefährlich, und die schwarzen Plastiktöpfe sehen überhaupt nicht gut aus im Aquarium.

Deshalb werden alle diese Materialien vorsichtig, sorgfältig und restlos entfernt. Dazu sortiert man den Einkauf auf einer Unterlage und nimmt auch schon einmal eine Schere zu Hilfe, um die Töpfchen zu zerschneiden, weil man sonst das Wurzelwerk ohne Beschädigungen nicht herausbekommt. Die Steinwolle, die oft obendrein mit einem Dünger getränkt ist, den wir erst einmal gar nicht im Aquarium haben wollen, wird vorsichtig mit den Fingern zwischen den Wurzeln herausgezupft, die Reste dann unter fließendem, lauwarmem Wasser gründlichst ausgespült.

Anschließend entfernen wir bei den Rosettenpflanzen die Wurzel mit der Schere ziemlich radikal und lassen nur soviel übrig, wie zum sicheren Halt im Boden nötig ist. Also bleibt ein ungefähr drei Zentimeter langer Wurzelbart stehen. Das tun wir deshalb, weil die alten Wurzeln unweigerlich absterben und die Pflanze neue entwickelt. Wir vermeiden so eine Belastung des Bodengrundes mit überflüssigem totem organischem Material.

Bei den Stängelpflanzen knipsen wir mit der Schere oder den Fingernägeln die unteren drei oder vier Blätter ab. Sollte der Stengel unten braun und weich sein, schneiden wir auch davon so viel ab, dass nur noch gesundes Gewebe erhalten bleibt. An den Punkten, an denen früher diese unteren Blätter gesessen haben, entwickelt die Pflanze Haltewurzeln. Deshalb setzen wir unsere Stecklinge auch mindestens so tief, dass diese Stellen alle im Bodengrund verschwinden.

Während unserer Arbeiten achten wir darauf, dass unser teuer erworbenes Grün nicht antrocknet. Brauchen wir länger, leistet eine Sprühflasche mit Wasser gute Dienste für zwischendurch.

Vor dem Einpfanzen füllen wir das Aquarium etwa zur Hälfte mit temperiertem Wasser. So lässt es sich leichter darin arbeiten, und man kann die Wirkung besser beurteilen. Außerdem lässt sich so vermeiden, dass beim Einfüllen nach einer Trockenpflanzung der Auftrieb viele Exemplare wieder aus dem Boden reißt. Wenn alle Arbeit getan und die gesamte Technik eingeschaltet ist, haben wir zunächst ein eher enttäuschendes Bild vor uns. Aber schon am nächsten Tag haben sich die Stängelpflanzen nach dem Licht ausgerichtet, und nach einer Woche spätestens entdecken wir auch die ersten neuen Blätter an den Rosettenpflanzen.

Wo wir welche Pflanzen am geschicktesten im Aquarium unterbringen, sehen wir im Kapitel „Einrichtung“.

Die Fische

Einleitende Worte über Fische sind überflüssig, denn wenn schon die Pflanzen unweigerlich zum Gesamtbild eines Aquariums gehören, um wieviel mehr dann erst die Fische?

Aber wenigstens wollen wir zu Beginn ein wenig die Herkunft und die Reisen der Aquarienfische betrachten. Nicht alles, was wir in den Aquarien des Fachhandels sehen, stammt aus einer Quelle. Zwar bezieht der Einzelhändler seine Tiere meistens nur von wenigen Großhändlern, aber schon da kommt alles mögliche zusammen.

Der kleinste Teil, den der Zoohändler manchmal auch direkt aufkauft, stammt von einheimischen Profi- oder Hobbyzüchtern, die aber nur einen winzigen Ausschnitt des Bedarfs decken können. Inländische Zuchtbetriebe haben es bei den hohen Gestehungskosten immer schwerer, profitabel zu arbeiten.

Leichter ist das in Billiglohnländern, die zudem vielleicht sogar noch mit dauerwarmem Klima wie in Südostasien aufwarten können. Eine Vielzahl der Fischarten im Standardsortiment stammt von hier. Allerdings hat auch da der Kostendruck inzwischen zu außerordentlich unschönen Begleiterscheinungen geführt. So werden leichter zu vermehrende und aufzuziehende Arten häufig unter Hormon- und Antibiotikaeinsatz besonders schnell zur Verkaufsgröße gebracht und in Besatzdichten gemästet, die mit tiergerechter Haltung nichts zu tun haben. Zwergfadenfische *Colisa lalia* und Schmetterlingsbuntbarsche *Mikrogeophagus ramirezi* sind besonders abschreckende Beispiele, aber auch viele Lebengebärende Zahnkarpfen, insbesondere Guppys und Platys, sind deshalb schon lange nicht mehr die robusten „Anfängerfische“, die sie jahrzehntelang waren.

Häufig scheiden sich die Geister an den sogenannten Wildfängen, also der Natur entnommenen Fischen. Einerseits werden schwierig oder gar nicht in Gefangenschaft züchtbare Arten so immer wieder eingeführt. So sind alle Schmerlen, viele Harnischwelse und auch einige Buntbarsch- und Labyrintherarten Wildfänge. Aber auch der weltweit meistverkaufte Aquarienfisch, der Rote Neonsalmler, stammt nahezu ausschließlich aus seinen eigentlichen Heimatgewässern. Bei ihm ist es ebenfalls eine Kostenfrage, denn die Fische bringen ihren Fängern nur in großen Stückzahlen einen merklichen Verdienst. Trotzdem spielt der Fischfang für die Aquaristik in diesen an Möglichkeiten zum Gelderwerb nicht eben reichen Gebieten eine nicht unwichtige Rolle.

Die gefangenen Fische werden möglichst schnell zu den Sammelstellen oder direkt zu den Exportstationen gebracht, wo sie je nach Bedarf nach längerer oder kürzerer Zwischenhälterung zu unterschiedlichen Stückzahlen erst in Plastiktüten gepackt werden. Der eigentliche Versand erfolgt in Styroporkisten mit jeweils mehreren Beuteln per Flugzeug zu den europäischen, nord-

Ein auf Diskusbuntbarsche spezialisierter Fischfänger auf dem Rio Tefé in Brasilien.

amerikanischen oder ostasiatischen Flughäfen. Dort holt sie der jeweilige Importeur ab. Nach einer mehr oder weniger langwierigen Eingewöhnungsprozedur entlässt er sie in die Aquarien seiner Anlage, wo sie vor dem Weiterverkauf an den Einzelhändler eine Quarantänefrist mit eventuell notwendiger Behandlung durchlaufen.

Auswahl und Vergesellschaftung

Wie viele? Und welche? Diese beiden Fragen bewegen die Gemüter vor allem der aquaristischen Neulinge. Es kursieren einige Formeln, die Fischanzahl oder -längen mit Aquarieninhalten, also Literzahlen oder Zentimetermaßen, in Verbindung bringen, doch haben sie alle denselben Nachteil. Sie sind viel zu pauschal, um auch in nur einem einzigen Aquarium auf nur eine einzige Fischart angewendet werden zu können.

Dass wir bei der Auswahl als erstes darauf achten, dass wir die **Nahrungsansprüche** der Fische auch befriedigen können, versteht sich von selbst. Nicht alle Arten fressen nämlich Futter aus der Dose. Zwar werden im Handel nur wenige Arten angeboten, die sich nur mit Frost- oder Lebendfutter ernähren lassen, aber es gibt sie. Wer solche Mühen nicht scheuen will, hat natürlich eine größere Auswahl, muss sich aber darüber im klaren sein, dass er das auch über Jahre hinaus durchhält und immer für Nachschub sorgen kann.

Fangen wir lieber anders an und fragen uns, welche Kriterien bei der Vergesellschaftung berücksichtigt werden müssen und wie wir sie am besten in die aquaristische Realität umsetzen.

Ganz zu Beginn müssen wir wissen, welche **Wasserwerte** wir in etwa in unserem Aquarium haben werden. Dabei geht es nicht um Stellen hinter dem Komma, sondern erst einmal um die grobe Richtung. Leitungswasser wird von den Versorgern immer so eingestellt, dass der pH-Wert im schwach alkalischen Bereich liegt. Lediglich die Härte wird vom Ausgangswasser bestimmt. Bis zu einer Gesamthärte von 10 °dGH bezeichnen wir es als weich, zwischen 10 und 20 °dGH als mittelhart und über 20 °dGH als hart. Wollen wir an der Härte nichts ändern, müssen wir uns in der Auswahl nach ihr richten. Dabei muss es aber auch nicht zu streng zugehen. Viele der als Weichwasserfische bezeichneten Arten benötigen lediglich zur erfolgreichen Vermehrung auch entsprechende Wasserwerte. Wenn wir nicht unbedingt Salmler aus tropischem Schwarzwasser züchten wollen, sondern zufrieden sind, wenn ihnen ein langes Leben in unserem Gesellschaftsaquarium beschieden ist, kommen wir bei fast allen Arten auch mit härteren Wässern zurecht. Andererseits gedeihen viele Lebendgebärenden Zahnkarpfen sehr viel besser in härterem Wasser, und auch Buntbarsche aus Mittelamerika, dem Malawi- und dem Tanganjikasee lassen sich bei aller Vorsicht über einen Leisten schlagen und besser in härterem, alkalischem Wasser pflegen, womit nicht gesagt sein soll, dass alle Wässer Mittelamerikas hart und alkalisch sind.

In den Anlagen des Großhandels geht es nach streng praktischen Regeln zu.

Überhaupt ist es nicht einfach, den Großregionen der Welt auch einheitliche Wasserwerte zuzuordnen. So finden sich allein in Südamerika vom extrem sauren und weichen Schwarzwasser bis zum mittelharten und leicht alkalischen Wasser mancher Küstenflüsse und vieler Gewässer westlich der Anden alle Zwischenwerte. Ähnlich sieht es auf den anderen Kontinenten aus. Und obendrein spielen ja durchaus noch andere Inhaltsstoffe eine wichtige Rolle; man denke nur an Belastungen durch Nitrate etwa einerseits und Spurenelemente wie beispielsweise Kalium andererseits.

Dazu kommt die Anpassungsfähigkeit jeder einzelnen Art, sei es in der Toleranzbreite des einzelnen Fisches oder der Anpassung an andere Werte über Generationen hinweg. Ein Beispiel dafür ist der Guppy, der in seiner Heimat in weichem und saurem Wasser lebt, im Laufe der Jahrzehnte in der Natur wie im Aquarium aber nahezu alle Wasserqualitäten erobert hat. Weniger extrem tritt das auch bei anderen Fischen auf, die in vielen Generationen in immer leicht vom Original abweichenden Wasserwerten gezüchtet wurden. Immerhin kann man so feststellen, welche Region mit dem eigenen Wasser am besten übereinstimmt und sich in der Auswahl danach richten.

Auch die immer als Schwarmfische angepriesenen Salmler kämpfen um kleine Reviere wie hier die beiden Zitronensalmler-Männchen.

Außerdem kennen wir die **Größe** unseres Aquariums und können mit den Raumansprüchen der einzelnen Fische kalkulieren. Es leuchtet ein, dass man keinen 30 Zentimeter langen Fisch in ein 60 Zentimeter langes Aquarium sperren wird, aber es müssen noch ein paar andere Gesichtspunkte berücksichtigt werden. So sind manche Arten nur dann einigermaßen zufriedenstellend unterzubringen, wenn sie ein Revier gründen und verteidigen können. **Revieransprüche** hängen entweder mit der Konkurrenz um einen Fortpflanzungspartner (Balzverhalten), dem Fressverhalten der Fische selbst (Nahrungsrevier) oder mit dem Schutz und dem Nahrungsbedarf der zu erwartenden Nachkommen (Brutrevier) zusammen. Viele Buntbarsche oder Labyrinthfische etwa leben außerhalb der Laichzeit entweder als Einzelgänger oder in Gruppen und behaupten erst dann ein Territorium, wenn sie um ein Weibchen balzen, das Gelege bewachen oder die Jungen führen. Das trifft in Abstufungen auch auf etliche andere Fischfamilien zu und kann von Art zu Art verschieden sein. Aber selbst viele der so häufig als Schwarmfisch bezeichneten Salmler leben überhaupt nicht in Schwärmen, sondern jahreszeitlich abhängig entweder in losen Gruppenverbänden und behaupten zur Fortpflanzungszeit kleine Männchenreviere, die manchmal auch nach dem Ablaichen noch verteidigt werden. Auch das ist eine Form der Brutpflege, wenn auch nicht so durchorganisiert und perfekt wie bei manchen Buntbarschen. Man sollte also auch bei den Salmlern, die uns der Verkäufer unbedingt in einem „Schwarm" von mindestens zehn Tieren mitgeben will, nur sechs Tiere für ein 60 Zenti-

Bei manchen Buntbarschen – wie hier bei *Tropheus moori* – verteilen sich die Aggressionen in der Gruppe so, dass einzelne Tiere nicht zu stark unter Druck geraten.

meter langes Aquarium kaufen, wobei man möglichst darauf achtet, mindestens drei Weibchen zu bekommen.

Und dann bleibt es bei der einen Salmlerart, womit wir schon beim nächsten Punkt wären: Fischarten mit zu ähnlichem **Platzbedarf** sollte man nicht zusammen im kleineren Aquarium halten, denn dort gehen sie sich nur nach Kräften auf die Nerven oder zeigen von ihrem möglichen Verhaltensrepertoire nur einen kleinen Ausschnitt. In der Praxis bedeutet das meist, dass sie lediglich ein bisschen umherschwimmen und fressen. Wem das genügt, der darf rücksichtslos das Sexualleben seiner Fische komplett unterdrücken. Wer mehr sehen möchte und in der Fortpflanzung der Fische erst die Bestätigung für seine aquaristischen Bemühungen findet, der beschränkt sich bei der Auswahl auf wenige Arten, wenn er nicht sogar nur eine einzige in seinem Aquarium pflegt. Hier bewährt sich eine alte Faustregel, die besagt, dass ein größeres Aquarium auch einfacher zu pflegen sei als ein kleines. War das zwar ursprünglich auf die Stabilität der Wasserwerte gemünzt, bewahrheitet es sich doch auch bei der Besatzdichte und der Artenzahl. Und auch weniger ist hier fast immer mehr. Teilt man den zur Verfügung stehenden Raum geschickt auf, weist der Oberfläche eine Art zu, nimmt einen Truppe klein bleibender Bodenbewohner und komplettiert das Ganze mit Fischen, die sich meistens in den mittleren Regionen aufhalten, hat man eine in aller Regel harmonische Gesellschaft beisammen, die trotzdem nicht nur eine Trophäensammlung des letzten Ladenbummels ist.

Zugegeben, als Forderung an einen Neuling ist das ein bisschen viel verlangt, aber das Aquarium wird zu einem ganz anderen Erlebnis, wenn man die Lebensabläufe der Tiere komplett geboten bekommt. Es stimmt fast immer: Je länger und intensiver man das Hobby betreibt, desto weniger Fische hat man in seinem Aquarium.

Manchmal gibt es natürlich Ausnahmen. In unserem Fall sind das die Buntbarsche aus dem **Malawisee**. Als sie und ihre Lebensumstände in der Natur noch niemand kannte, versuchte man zunächst, allein schon wegen der damals exorbitant hohen Preise, die paarweise Haltung. Einige hatten Glück, und das Weibchen überlebte die ständige Hetze. Schließlich kam man dann doch noch auf die rettende Idee, dass es hier die Masse macht. Setzt man unverhältnismäßig viele Fische derselben Art, dazu noch mit starkem Weibchenüberhang in ein Aquarium, verteilen sich die Aggressionen und Balzversuche der Männchen derart, dass der Stress für keinen Fisch mehr zu groß wird. Ähnlich handhabt man das mit *Tropheus moori*. Allerdings setzt man hier eine größere Weibchengruppe mit nur einem Männchen zusammen, da es bei mehreren Männchen nur ein dominantes Exemplar gibt, dass alle unterlegenen Geschlechtsgenossen permanent bis zu deren Tod jagen würde.

Eine zweite Ausnahme ist der sogenannte **Feindfisch**. Besonders bei paarbildenden Buntbarschen hat es sich bewährt, fremde Fische mit einzusetzen. Sonst findet die bei den brutpflegenden Buntbarschen stark erhöhte Aggressionsbereitschaft, die ja zum Schutz der Nachkommen gegen Fressfeinde dient, kein Ventil und richtet sich plötzlich gegen den Partner. Allerdings sollten die Feindfische nicht so empfindlich sein, dass sie von den Cichliden zu stark unter Druck gesetzt werden, und das Aquarium nicht so klein, dass sie keine ruhigeren Bereiche mehr finden.

Futter und Fütterung

Die Ernährung der Aquarienfische ist im Gegensatz zu früheren Zeiten heute kein Problem mehr und kaum noch mit Mühe verbunden. Als erstes merken wir uns aber, dass keinerlei hauhaltsübliche, für Menschen oder andere Säugetiere gedachte Nahrung ins Aquarium gehört. Fische sind Kaltblüter und können damit meistens überhaupt nichts anfangen. Auch wenn sie so etwas augenscheinlich gierig fressen, stellt es für Magen und Darm der Fische ein großes Risiko dar.

Gäbe es kein **industriell gefertigtes Futter** für Aquarienfische, stünden nicht in über drei Millionen deutscher Haushalte Aquarien. Das Angebot an verschiedenen Futtersorten, die auch auf unterschiedliche Nahrungsansprüche der Fische zugeschnittenen sind, ist riesig. Dazu kommt, dass die immer wieder erneuerten Rezepturen nicht ausschließlich nur der neu geschaffenen Lyrik der Werbeabteilungen zu verdanken sind, sondern wirklich auch Fortschritte zu verzeichnen sind. Das betrifft die an die Bedürfnisse immer besser angepassten Zusammensetzungen wie auch die Zusätze in Form von Vitaminen und anderen Stoffen sowie auch eine wesentlich verbesserte Haltbarkeit. Urahn aller dieser Sorten ist das immer noch meistverkaufte Flockenfutter. Im

Laufe der Zeit kamen Futtertabletten, Sticks und Granulate hinzu.

Der Verlockung, für eine kleine Fischgesellschaft im heimischen 50-Liter-Aquarium eine Literdose zu erstehen, nur weil sie gerade konkurrenzlos günstig zu haben ist, sollte man aber widerstehen. Trotz allen Fortschritts hält sich auch das beste Flockenfutter nicht ewig, sondern zerkrümelt allein durch die häufige Handhabung der Dose allmählich zu Staub, bevor man auch nur einen wesentlichen Teil davon verfüttert hat. Außerdem ist eine solche Menge ein Magnet für allerlei unerwünschte Gäste. Das können Hausstaubmilben ebenso wie Schimmelpilze sein, die dann das Hobby für empfindliche Menschen oder ausgewiesene Allergiker zum Problem machen können. Im Verhältnis und auf längere Sicht betrachtet kostet auch eine kleinere Menge nicht die Welt und rentiert sich – aufs Ganze gesehen – eher. Überflüssig ist auch das sogenannte Ferienfutter, doch dazu später mehr.

Die meisten Fachgeschäfte führen heute auch **Frostfutter** in vielfältigen Variationen. Dabei handelt es sich um speziell gezüchtete oder gefangene kleinere Futtertiere, die dem natürlichen Nahrungsspektrum der meisten Fische entsprechen und – die richtige Behandlung vorausgesetzt – alle ursprünglichen Inhaltsstoffe auch noch enthalten. Zudem sind mit den Schalen oder Panzern der Insektenlarven oder Kleinkrebse auch willkommene Ballaststoffe enthalten. Achten sollte man auf eine ununterbrochene Kühlkette, also für einen schnellen und kalten Transport in die heimische Gefriertruhe sorgen. Aber auch beim Einkauf muss man ein bisschen Achtsamkeit walten lassen, um keine Ware mit Frostbrand zu bekommen. Auch stark verformte Packungen lassen auf zwischenzeitliches Auftauen schließen und sollten liegen gelassen werden. Besonders empfehlenswert für kleinere Fische sind *Cyclops*, *Artemia* und verschiedene Mückenlarven. Legt man sich je eine kleine Tafel

Flockenfutter wird auf beeindruckenden Walzentrocknern hergestellt.

Die Vielfalt des Fertigfutterangebots ist beinahe unüberschaubar.

davon auf Vorrat ins Gefrierfach, kann man auch auf dem Speiseplan der Fische für Abwechslung sorgen.

Futter mit Anteilen von **Rinderherz** ist für Fische eher schädlich, weil es mit den höheren Schmelzpunkten des Warmblüterfettes den Fischorganismus stark belastet und zu Krankheiten führen kann. Was sich wohl fast immer sehr gut eignet ist Fisch- und Muschelfleisch. Allerdings muss es für kleinere Arten schon fast zu Mus gehackt werden und sollte vor dem Verfüttern noch einmal in einem feinen Sieb gespült werden, damit keine kleinsten Partikel das Wasser unnötig belasten. Es ist kein Fehler, so auch mit der Tiefkühlkost zu verfahren, obwohl kaum Schädigungen beim Verfüttern noch gefrorener Ware zu erwarten sind. Das gilt zumindest für solche Fische, die nicht den ganzen Brocken verschlingen, sondern jeweils bereits durch das warme Aquarienwasser aufgetaute Bestandteile vom Tiefkühlwürfel abknabbern. Das Spülen würde aber auch hier verhindern, dass Zellflüssigkeit, die beim Auftauen zwangsläufig austritt, ins Aquarium gelangt und eine unnötige Schadstoffquelle bildet.

Lebendfutter ist heute ebenfalls in den meisten Fachgeschäften zu bekommen. In kleine Beutelchen abgepackt gibt es lebende Mückenlarven, *Artemia* oder Wasserflöhe. Der Vorteil liegt nicht nur in der Naturbelassenheit des Futters, sondern auch im zusätzlichen Bewegungsreiz, der die Fische wenigstens zeit- und teilweise wieder zu ihrem ursprünglichen Beuteverhalten zurückkehren lässt. Allerdings ist der Preis für die Ware angesichts der im Beutelchen vorhandenen Menge manchmal erbitternd hoch, so dass sich mancher Aquarianer schon auf die Wurzeln des Hobbys besonnen hat und wieder zum Tümpler geworden ist.

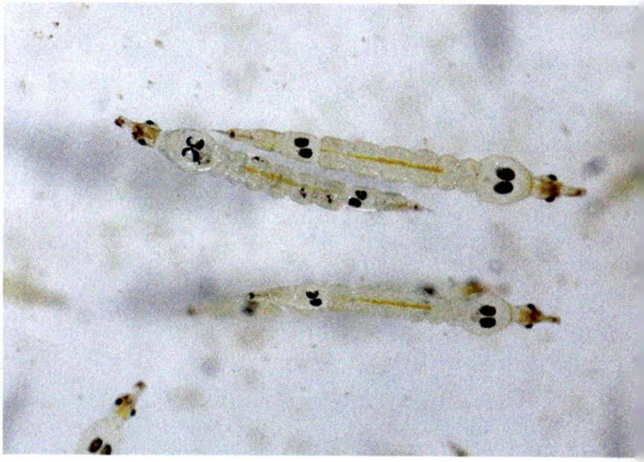

Weiße Mückenlarven sind für viele Fische ein Leckerbissen, leider aber nicht immer zu bekommen.

Tümpeln ist eine naturverbundene Tätigkeit, bei der der Aquarianer mittels feinmaschiger Netze kleine und kleinste Organismen aus Weihern und Tümpeln fischt und sie dann nach Hause trägt, um sie an seine Fische zu verfüttern. Vor 50 Jahren ging das noch gar nicht anders, denn die Aquarianerwelt wartete noch auf die Erfindung des Trockenfutters. Heute stehen dem undurchschaubare Naturschutzgesetze ebenso wie komplizierte Eigentums- und Pachtverhältnisse im Wege, weshalb man sich vorher gründlichst erkundigen sollte, was man wo darf, und sich besser eine schriftliche Erlaubnis erteilen lässt.

Harnischwelse, manche Buntbarsche und Schmerlen und etliche andere mögen Grünes. Einige Arten haben sich darauf so sehr spezielisert, dass sie fleischliche Nahrung kaum noch an-

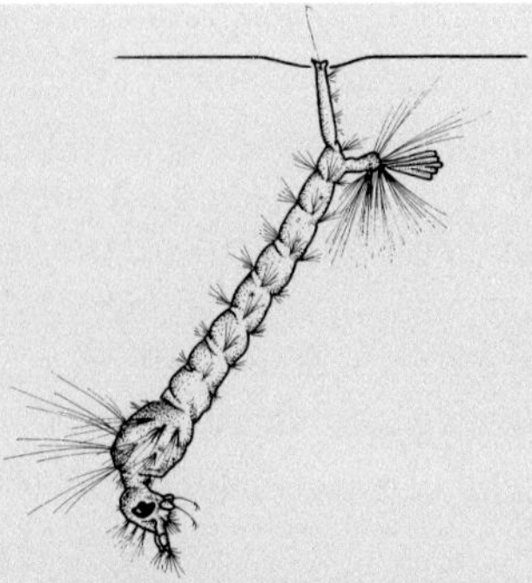

Schwarze Mückenlarven sind ein gutes Fischfutter, entwickeln sich jedoch bei Aquarientemperatur schnell zu Stechmücken.

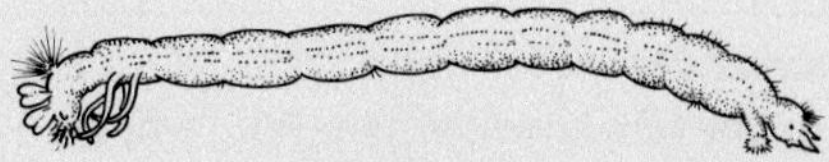

Rote Mückenlarven leben im Schlamm des Bodengrundes und sollten daher aus unbelasteten Gewässern stammen.

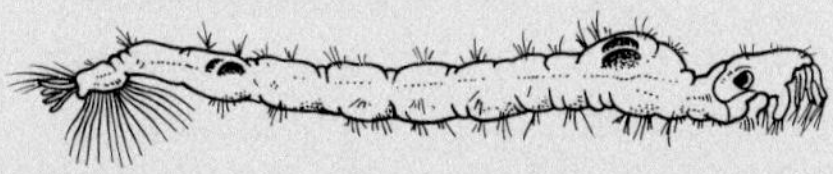

Weiße Mückenlarven werden von den Fischen gern gefressen, dürfen aber nicht in ein Aquarium mit gerade geschlüpften Jungfischen gelangen, da sie sich an ihnen vergreifen würden.

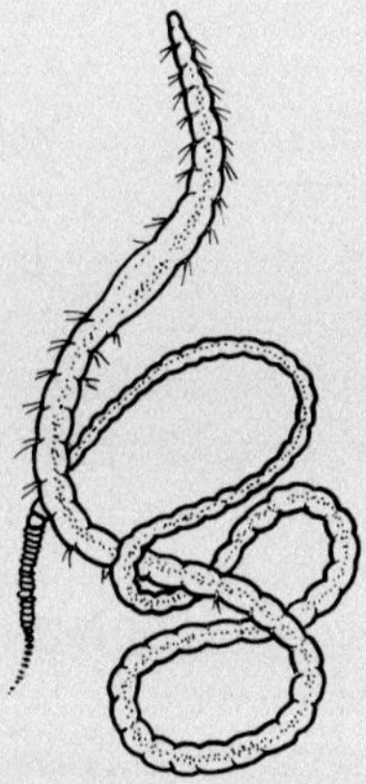

Bachröhrenwürmer (*Tubifex*) sind häufig im Zoofachhandel erhältlich.

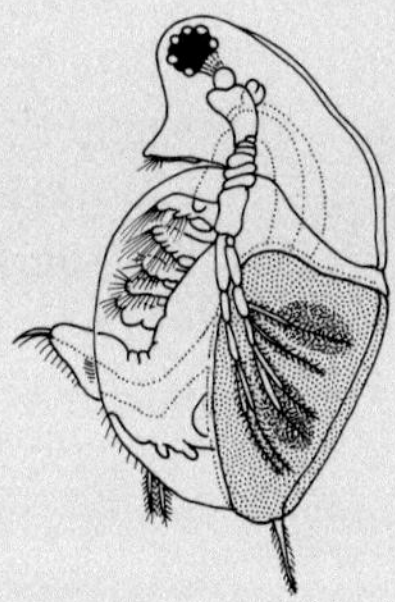

Wasserflöhe sind relativ nährstoffarm, bieten für die Fische aber durch ihre Bewegung einen Anreiz zur Jagd.

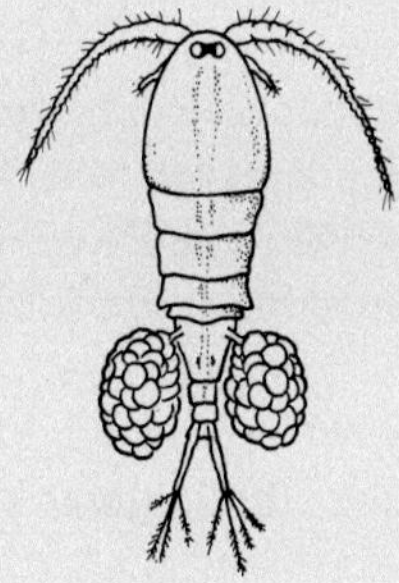

Ruderfußkrebschen der Gattung *Cyclops* sind kleiner und flinker als Wasserflöhe.

rühren. Solche Fische sind dann zwar kaum noch Kandidaten für ein hübsch bepflanztes Gesellschaftsaquarium, finden aber hin und wieder doch Freunde unter Aquarianern, die das Besondere mögen. Für diese Vegetarier unter den Fischen können dann doch durchaus haushaltsübliche Gemüsesorten zum Einsatz kommen. Gurke, geschält und in Stücke geschnitten, eignet sich ebenso wie zerdrückte und selbstverständlich aufgetaute Tiefkühlerbsen – zerdrückt, damit sie untergehen – oder Rosenkohl. Der Möglichkeiten sind da noch viele, aber das probiert man am besten selbst aus.

Bleibt die Frage, **wie oft und wie viel** man füttern muss. In der Natur sind die meisten der aquarientauglichen kleineren Fischarten kaum spezialisierte Dauerfresser, die häufig den ganzen Tag damit zubringen, nach Nahrung zu suchen. Im Aquarium reduziert sich das fast immer auf eine Angelegenheit von wenigen Minuten. Damit zumindest nicht nur eine Riesenportion das Verdauungssystem der Fische belastet, sollte man sich für eine mehrmalige tägliche Futtergabe in kleineren Portionen entscheiden, wenn das möglich ist.

Vielleicht ist ein Futterautomat doch eine hilfreiche Einrichtung, wenn man ihn nicht nur für die Urlaubszeit verwenden will, sondern auch im täglichen Betrieb für eine oder zwei kleinere Fütterungen während der eigenen Abwesenheit einsetzt. Damit verhindert man gleichzeitig eine zu starke Dressur der Fische, die bei Erscheinen eines Menschen vor dem Aquarium sich sonst sehr schnell das Betteln angewöhnen.

Auch für die Ernährung mancher nacht- oder dämmerungsaktiven Fischarten – viele Welse vor allem – kann ein Futterautomat durchaus nützlich sein, denn wer stellt sich schon gerne den Wecker, um mitten in der Nacht aufzustehen und seine Fische zu füttern?

Auch darf immer nur soviel Trocken- oder Frostfutter ins Aquarium gegeben werden, wie nahezu augenblicklich aufgefressen wird. Reste belasten das Wasser völlig überflüssigerweise. Bei Lebendfutter darf es schon einmal länger dauern, bis alles verschwunden ist. Bei schwarzen Mückenlarven sollte man das aber nicht machen, denn in dem warmen Aquarienwasser schlüpfen aus den Larven und später Puppen schneller Stechmücken, als man denkt.

Ein oder zwei **Fastentage** in der Woche sind für ausgewachsene Fische ein Segen, denn Verfettung dürfte immer noch eine der häufigsten Todesursachen von Aquarienfischen sein. Noch im Wachstum begriffene Exemplare oder richtiggehende Jungfische sind davon aber ausgenommen; die müssen permanent gut ernährt werden.

Vermehrung und Aufzucht

Für viele Aquarianer ist erst die erfolgreiche Vermehrung der Fische die Bestätigung für ihre Bemühungen – die Fischzucht als die hohe Schule der Aquarienkunde. Aber so ist das durchaus nicht immer. Manche Fische kann man nur durch die Trennung der Geschlechter an der Fortpflanzung hindern, und bei Guppys funktioniert selbst das nicht.

Bevor wir uns aber ein wenig näher mit der Materie befassen, ein paar Begriffserklärungen, damit wir wissen, was gemeint ist, wenn wir etwa von Larven sprechen. Mit Ausnahme weniger Familien legen Fische **Eier**. Die meisten Salmler oder Barben drängen sich paarweise aneinander. Männchen und Weibchen geben Eier beziehungsweise Spermien ins Wasser ab, wo die Eier sofort befruchtet werden und sich entwickeln. Aus den Eiern schlüpfen nach einer bestimmten Zeit, die abhängig von Fischart und Umgebungsbedingungen bei den meisten Aquarienfischen zwischen 24 Stunden und mehreren Tagen dauert, noch nicht fertig entwickelte, nicht schwimmfähige **Larven**. Sie ernähren sich von einem Dottersack und bilden während der nächsten Tage Flossen, Maul, Augen und innere Organe erst vollständig aus. Die Larven vieler Aquarienfische sind so klein, dass man Mühe hat, sie mit dem bloßen Auge zu entdecken. Manchmal verrät sich so ein winziger Glassplitter durch ein kurzes Zucken oder Zappeln, oft aber fällt der Nachwuchs erst dann auf, wenn er **freischwimmt**. Jetzt handelt es sich um **Jungfische**, die trotz aller Kleinheit bereits alle Merkmale normaler Fische aufweisen, auch wenn sie in Gestalt und Färbung meist noch nicht ihren Eltern gleichen. Sie müssen selbstständig fressen um zu wachsen und sich vor allen Dingen im Verborgenen halten, um nicht von anderen Fischen gefressen zu werden. Gelingt es ihnen, sich durchzuschlagen und eine gewisse Größe zu erreichen, haben sie im Aquarium meistens nichts mehr zu befürchten und können zu **geschlechtsreifen Tieren** heranwachsen.

Die Ausnahme bilden die **Lebengebärenden Zahnkarpfen**, zu denen so beliebte Aquarienfische wie Guppy, Platy und Schwertträger gehören. Es gibt noch andere lebendgebärende Fische, die in der Aquaristik aber keine so große Rolle spielen. Bei den Zahnkarpfen findet eine innere Befruchtung statt. Die Afterflosse der Männchen ist zu einem Begattungsorgan, dem Gonopodium, umgestaltet. Dieses **Gonopodium** führt das Männchen in die Geschlechtsöffnung des Weibchens ein und deponiert seine Spermien. Oft reicht eine einmalige Samenabgabe zur Befruchtung mehrerer aufeinander folgender Würfe, so dass auch alleine gehaltene Weibchen immer wieder Junge bekommen. Die Jungen werden vollständig entwickelt geboren und sind sofort in der Lage, zu schwimmen und zu fressen. Damit haben sie einen großen Vorsprung vor den eierlegenden Arten, der durch die geringere Anzahl der Jungfische allerdings wieder ausgeglichen wird.

Die Vermehrung Lebendgebärender Zahnkarpfen ist im Aquarium deshalb mit besonders wenigen Umständen verbunden. Trächtige Weibchen erkennt man leicht an der Zunahme des Leibesumfanges und dem Trächtigkeitsfleck, einer dunkel durchscheinenden Zone am hinteren Bauchende. Ist ein Aquarium nicht zu stark besetzt, decken Schwimmpflanzen einen Teil der Oberfläche und bieten ebenso Schutz wie Dickichte feinfiedriger Stängelpflanzen, stehen die Chancen gut, dass ein Großteil der Jungfische überlebt, zumal viele Arten ihren Jungen kaum nachstellen. Die Größe der Neugeborenen macht es möglich, dass sie sofort fein zerkrümeltes Flockenfutter oder fertig konfektionierte Futtersorten entsprechender Korngröße fressen können.

Man kann mit einem **Laichkasten** – der eigentlich besser Wurfkasten hieße, denn für eierlegende Arten lässt er sich kaum verwenden – hochträchtige Weibchen separieren und nach dem Werfen wieder zurücksetzen. So sind die Jungen geschützt und können eine Weile darin großgefüttert werden. Allerdings ist das nur eine Notlösung, denn viel Platz bietet ein solches Kästchen nicht.

Aber auch **eierlegende Arten** vermehren sich ohne unser Zutun, wenn nur die richtigen Bedingungen im Aquarium herrschen. Dazu gehört neben den richtigen Wasser- und Futterbedingungen auch der entsprechende Raumbe-

Viele Buntbarsche hüten ihre Jungen zuverlässig. Hier eine Schmetterlingsbuntbarsch-Mutter mit ihren Kindern.

darf beziehungsweise eine nur sparsame Vergesellschaftung. In diesem sogenannten **Daueransatz** müssen kleinräumige Verstecke vorhanden sein, die bei vielen Salmlern und Barben wenigstens einen Teil der Eier vor den Fressgelüsten der anderen Fische und vor allem auch der Eltern verbergen. Denn nachteilig ist für uns, dass die meisten dieser Arten zugleich **Laichräuber** sind, also nach dem Ablaichen nichts besseres zu tun haben, als sich umzudrehen und die eigenen Eier sofort wieder aufzufressen.

Im dichten Javamoos oder im Wurzelgewirr von Javafarn bleibt aber das eine oder andere Ei unentdeckt und kann sich ungestört entwickeln. Natürlich ist die Ausbeute für den Aquarianer dann gering, aber ein paar wenige Jungfische werden sich durchschlagen und heranwachsen. Will man keine großen Fischmengen aufziehen, die man dann manchmal nicht einmal los wird, ist das die optimale Methode, den eigenen Bestand ein bisschen aufzustocken und hin und wieder ein paar Halbwüchsige abgeben zu können.

Wesentlich ergiebiger gestaltet sich das bei **brutpflegenden Arten**. Bei schaumnestbauenden Labyrinthfischen, brutpflegenden Grundeln oder Harnischwelsen, bei denen sich das Männchen alleine zumindest um die Sicherung des Geleges und die Bewachung der noch nicht schwimmfähigen Larven

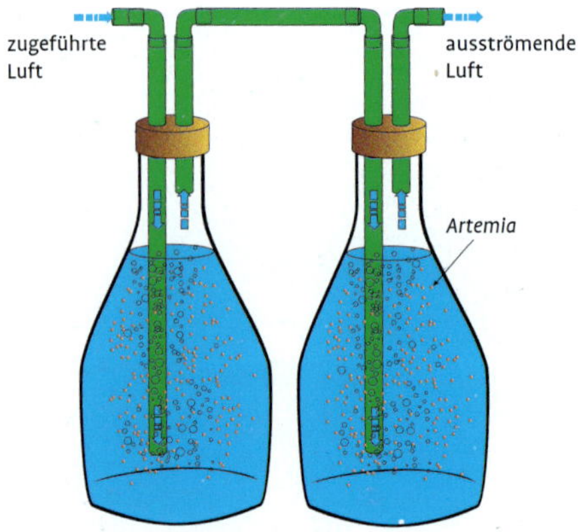

Serienschaltung von zwei Kulturflaschen zum ununterbrochenen *Artemia*-Schlupf.

kümmert, verläuft zumindest die erste Lebensphase der Nachkommen relativ gesichert. Um die immer noch sehr kleinen Jungfische in größerer Zahl zuverlässig aufziehen zu können, empfiehlt es sich aber, ein separates Aquarium nur dafür zu verwenden.

Viele Zwergbuntbarsche schaffen es schon länger, den Schwarm zusammenzuhalten und so einigermaßen effektiv vor anderen Fischen zu schützen. Spätestens wenn die Jungfische auf Nahrungssuche sich aber immer weiter von den bewachenden Eltern entfernen, wird es auch für sie gefährlich, und meist überlebt in einem Gesellschaftsaquarium höchstens ein Bruchteil der ursprünglichen Anzahl.

Einen weiteren Fortschritt in der Entwicklung bedeutet die **Maulbrutpflege**, bei der ein oder beide Elterntiere das Gelege und die Larven ins Maul aufnehmen und darin umhertragen. Oft werden auch die schon freischwimmenden Jungfische über Nacht oder bei Gefahr aufgenommen und in Sicherheit gebracht. Maulbrüter kommen vor allem bei Buntbarschen und Labyrinthfischen vor.

Um Entwicklung und Bedingungen besser kontrollieren zu können, setzt man viele der eierlegenden, nicht brutpflegenden Arten zum Ablaichen in einen gesonderten kleinen Behälter, das **Zuchtaquarium**. Hier schafft man ideale Wasserwerte, verzichtet auf jegliche störende Einrichtung mit Ausnahme einer Gelegenheit zum Ablaichen in Gestalt eines Pflanzenbüschels etwa und sorgt mit einem Laichrost, durch den die Eier fallen, der die erwachsenen Fische aber daran hindert, zu ihnen zu gelangen, dafür, dass ein Großteil der Eier nicht gefressen werden kann. Meistens setzt man am Abend ein Pärchen der Art ein, die man vermehren möchte, und hat oft das Glück, dass die Tiere am nächsten Morgen bereits laichen. Wichtig dabei ist auch die Auswahl der Zuchttiere. Die Weibchen müssen einen Laichansatz haben, und bei vielen Arten dürfen die Männchen nicht zu alt sein.

Nach dem Ablaichen entfernt man die Elterntiere wieder und dunkelt am besten den Bereich, in dem die Eier liegen, ab. Man kontrolliert die Entwicklung ständig und entfernt abgestorbene, bereits von Pilzen befallene Laichkörner mit einer Pipette. Manche Züchter geben vorbeugend ein Mittel zur Pilzbekämpfung in schwacher Dosierung zu. Bis zum Freischwimmen der Jungfische kann man nicht mehr viel tun. Lediglich das passende Futter kann man schon vorbereiten.

Die **Ernährung** der Jungen ist nämlich mit ein bisschen Aufwand verbunden. Leider reagieren gerade die meis-

Jungfischfutter auf Kommando

Das Salinenkrebschen *Artemia salina* kommt in periodisch austrocknenden Salzseen vor. Um die Trockenperioden überstehen zu können, bilden die Krebschen Dauerstadien aus, sogenannte Cysten, die unter Aquarianern fälschlich meist als Eier bezeichnet werden.

Diese Cysten bekommt man in unterschiedlichen Gebindegrößen im Zoohandel. Für die ersten Versuche reicht die kleinste Packung völlig aus. Allerdings sollte sie nicht schon ein Jahr im Regal des Fachhändlers gelagert haben, denn mit der Zeit sinkt die Schlupfrate der Cysten erheblich. Zu Hause bewahrt man sie am besten im gut verschlossenen Gläschen kühl und trocken, also im Kühlschrank, auf.

Um die Cysten zur Entwicklung zu bringen, füllt man eine Wasserflasche nicht ganz mit 20 bis 30 °C warmem Leitungswasser und gibt ein bis zwei Teelöffel billigstes, auf jeden Fall jodfreies Kochsalz zu. Schütteln, damit sich das Salz löst. Jetzt kommen noch ein oder mehr Messerspitzen der *Artemia*-Cysten in die Flasche, dann wird mit einem Luftschlauch, der an eine kleine Membranpumpe angeschlossen ist, durchlüftet. Die Wasserbewegung ist wichtig. Je nach Temperatur – bei 20 °C dauert es mindestens 48, bei 30 °C meist nur 24 Stunden – schlüpfen die Larven des Krebschens, Nauplien genannt, bald aus und können, über feinste Siebe und durch anschließendes Spülen vom Salzwasser befreit, verfüttert werden. Das Salzwasser gießt man zurück in die Flasche.

Um eine ununterbrochene Versorgung der Jungfische gewährleisten zu können, setzt man im Tagesabstand immer wieder neue Flaschen an, so dass mindestens zwei Flaschen in Betrieb sind, wovon eine immer lebende Nauplien liefern sollte. Um diese Prozedur etwas zu vereinfachen, kann man mit verschiedenen Kulturgeräten aus dem Handel arbeiten. Die kleine *Artemia*-Anlage sieht dann so wie auf der Zeichnung aus.

ten Jungfische auf unbewegliches Trockenfutter mit Ignoranz. Sie brauchen den Bewegungsreiz von kleinstem Lebendfutter.

Sind die zu erwartenden Jungfische sehr klein wie bei vielen Salmlern, Barben und Bärblingen, müssen sie mit **Infusorien** ernährt werden, die man aus einem Heu-, Rüben- oder Bananenschalenaufguss gewinnt, weshalb man diese Einzeller im Deutschen auch einfach Aufgusstierchen nennt. Das berühmteste ist wohl das Pantoffeltierchen, aber auch Augen- oder Trompetentierchen gehören dazu. Für einen Aufguss schneidet man am einfachsten aus einer Kohlrübe Stücke in Würfelzuckergröße und lässt sie langsam trocknen. Ein oder zwei davon in einem Glas mit Aquarien- oder Tümpelwasser genügen, um nach frühestens einer Woche Pantoffeltierchen ernten zu können. Genauere Rezepte liefert die Spezialliteratur, etwa „Futtertierzucht“ von Friederich und Volland. Dort finden sich auch Anweisungen zur Zucht noch ganz anderer lebender Futtertiere, die in der Aquaristik nicht unwichtig sind – Enchyträen etwa oder Grindalwürmchen und Essigälchen.

Bei jungen Welsen und anderen Fischen, die fortwährend Bodenkontakt haben, muss man auf peinliche Sauberkeit achten. Auf dem Foto sucht ein kleiner Hexenwels *Hemiloricaria eigenmanni* auf dem Filterschwamm nach Fressbarem.

Die Jungfische der meisten Buntbarsche, von vielen Labyrinthern aber auch anderen Aquarienfischen sind schon etwas größer, wenn sie freischwimmen. Hier kann man sofort *Artemia*-Nauplien verfüttern (siehe Kasten).

Auch wenn man die Elterntiere nicht gesondert zum Ablaichen gesetzt hat, ist es besser, kleinere Jungfische zunächst auch in kleineren Behältern aufzuziehen. Hier ist für den Pfleger der Aufwand für Wasserwechsel und Reinigung nicht so groß, vor allem aber ist die **Futterdichte** ungleich größer als in einem größeren Aquarium, was dem Wachstum der Jungfische sehr zugute kommt. Trotzdem muss mehrmals – mindestens dreimal – täglich gefüttert werden.

Nach Erreichen einer gewissen Größe werden die Jungen in ein geräumigeres Aquarium umgesetzt, aber für ein zügiges Wachstum immer noch mindestens dreimal pro Tag gefüttert, bis sie abgegeben werden können. Das Aquarium muss mit den Fischen mitwachsen, sein Volumen also der Besatzdichte und der Größe der Jungfische angepasst sein. Besser ist es daher oft, weniger Jungfische in schließlich größeren Behältern unter guten Bedingungen aufzuziehen. Dazu gehören dann Bodengrund und Strukturen im Aquarium, die als Verstecke dienen können.

Wichtig ist während der gesamten Aufzucht eine peinlich eingehaltene **Reinlichkeit im Aufzuchtaquarium**, denn Jungfische sind besonders anfällig gegenüber Bakterienbefall. Täglicher Wasserwechsel mit gleichzeitiger Säuberung des Glasbodens ist Pflicht, wenn weder Sand noch Kies vorhanden sind.

Krankheiten

Fischkrankheiten sind ein schwieriges Thema. Schon die sichere Diagnose gelingt zuverlässig nur erfahrenen und gut ausgestatteten Experten. Zu oft sind mikroskopische Untersuchungen notwendig, und zu oft ähneln sich die Symptome stark. Selbst der Tierarzt in seiner Kleintierpraxis ist da oft hilflos und verweist auf die Kollegen mit Spezialausbildung. Deren Adressen findet man in der einschlägigen Literatur sowie im Internet. Daher neben dem Verweis auf die im Literaturverzeichnis angeführten Bücher, von denen man wenigstens ein solides Werk zum Thema im Regal haben sollte, einige allgemeine Regeln und Ratschläge.

Viele Erreger sind im Aquarium bereits vorhanden, ohne dass eine Krankheit zum Ausbruch kommt. Das **Immunsystem** der Fische ist stark genug, sie zu unterdrücken. Geraten die Tiere aber unter **Stress**, leidet auch die Abwehrfähigkeit ihres Immunsystems und die Krankheitserreger können die Barrieren leichter überwinden. Stress wird ausgelöst durch sämtliche Pflegebedingungen, die den Bedürfnissen der Fische nicht gerecht werden, also etwa durch falsche Vergesellschaftung, zu viele Fische im Aquarium, absolut unpassende Wasserwerte und Temperaturen, unzureichende Ernährung, dauernde Beunruhigung von außen und einiges mehr. Die Revierverteidigung, die Balz, das Ablaichen und die Brutpflege gehören zwar zum normalen Lebensablauf, setzen die Fische aber ebenfalls stark unter Stress, so dass fortpflanzungsaktive Tiere leichter erkranken können.

Oft zeigen gerade neu hinzugesetzte Fische Krankheitssymptome, und es heißt dann, man habe sich das Übel mit den **Neuerwerbungen** eingeschleppt. Bedenkt man den Stress, unter dem die Neuen nach dem Herausfangen und dem Transport in einer für sie völlig fremden Umgebung zu leiden haben, sieht die Sache schon anders aus. Sie können den im Aquarium befindlichen Erregern nicht genug entgegensetzen und erkranken deshalb. Die jetzt einsetzende Massenvermehrung der Krankheitskeime führt dann schließlich dazu, dass auch das Immunsystem der alteingesessenen und stabilen Fische von ihnen überrrannt wird und der gesamte Besatz leidet.

Deshalb ist die Empfehlung, neue Fische zunächst in einem **Quarantäneaquarium** zu beobachten und erst nach einer Stabilisierungsphase von mehreren Wochen zu den anderen Fischen im Gesellschaftsaquarium zu setzen, durchaus beherzigenswert. Auch zur Isolierung und Behandlung etwa verletzter Fische ist ein solcher zweiter kleiner Behälter nützlich. Doch leider scheitert das oft an der Wirklichkeit, denn wer besitzt schon gleich ein zweites Aquarium?

Immerhin ist es ratsam, sich für den Fall der Fälle ein zuverlässig gegen *Ichthyophtirius* wirkendes Mittel anzuschaffen, denn diese häufigste Krankheit der Aquarienfische bricht immer sehr schnell aus und muss umgehend behandelt werden.

Einrichtung und Dekoration

Grundsätzliches zur Beschaffenheit und der richtigen Auswahl der unbedingt nötigen oder auch nur verschönernden Einrichtungsgegenstände findet sich im Lexikonteil weiter hinten. Hier können wir uns deshalb auf die Einrichtung selbst und etwas ausführlicher auf den sinnvollen Umgang mit den Materialien beschränken – sinnvoll mit dem Ziel, dass ein möglichst dekoratives Ergebnis dabei herauskommt. Es gibt nämlich durchaus einige Erfahrungswerte, Regeln und Formeln, die wir uns zunutze machen können und die uns dabei helfen, ein gefälligeres Gesamtbild zu erreichen.

Dabei geht es keinesfalls um die Einhaltung starrer Schemata. Wir wollen nicht mit Maßband und Formelsammlung vor dem Aquarium stehen und uns angewidert abwenden, wenn die große Solitärpflanze drei Zentimeter rechts vom goldenen Schnitt steht. Das Aquarium muss uns gefallen, nicht irgendwelchen hypothetischen Heimschaurichtern. Und wenn wir fanatische Anhänger der Symmetrie sind, dann pflanzen wir eben unsere *Echinodorus* links und rechts ein. Basta.

Warum das aber vielleicht doch langweilig aussehen könnte und was man eventuell dagegen unternehmen kann erfahren Sie hier.

Bevor wir uns aber in die Philosophie der Innenarchitektur versenken, schnell noch ein paar Begriffsbestimmungen beziehungsweise deren Gegenteil. Experten und solche Zeitgenossen, die sich dafür halten, diskutieren mit großer Überzeugung und erhobenen Zeigefingern über Biotop- und Landschaftsaquarien, Definitionen von naturnah und artgerecht. Dabei geht es häufig um sehr enge Abgrenzungen gegenüber anderen Meinungen. Hier wollen wir nicht jedes Wort auf die Goldwaage legen, sondern vielmehr versuchen, wie wir mit den Kenntnissen um die Ansprüche der Fische ein Aquarium einrichten, dass auch uns gefällt.

Orientierungen am Vorbild sind nur dann erwünscht, wenn dieses Vorbild auch unseren ästhetischen Vorstellungen von einem Aquarium, das ja schließlich immer noch Dekorationsgegenstand ist, entspricht. Natürlich kann sich dieser Prozess auch umkehren. Dann gefällt uns auf einmal eine kahle Sandfläche mit ein paar leeren Weinbergschneckenhäusern ganz ungeheuer gut, weil wir uns unsterblich in kleine Schneckenbuntbarsche verliebt haben. Wie man es auch dreht und wendet, der eigene Geschmack und die eigenen Vorlieben entscheiden.

Deshalb wird hier auch nichts vorgeschrieben. Sie finden nur die Meinung des Autors. Und danach sind bunter Kies, bizarre Halbedelsteine und Plastikpflanzen ebenso Kitsch wie versunkene Galeonen und blubbernde Schatztruhen. Da aber jeder Mensch seine Portion Kitsch zum Leben braucht und man den Nippes genauso gut im Aquarium wie im Bücherregal unterbringen kann, bleibt es jedem selbst überlassen, was er mit seiner Unterwasserlandschaft anstellt, so lange es den Fischen zumindest gleichgültig ist.

Planung

Ein bisschen Planung muss auf alle Fälle sein, allein schon wegen der einzukaufenden Pflanzenmengen. Es hilft auch sehr, wenn man die Maße des Aquarium schon einmal mit den gewünschten Wurzeln und Steinen in Einklang bringt und nicht ratlos im Geschäft steht und rätselt, ob das wunderbar bizarre Holzstück nicht doch den Vallisnerien hinten links den Platz wegnehmen würde.

Photoshop-Virtuosen oder Beherrscher anderer Bildbearbeitungs- oder Grafikprogramme sind hier klar im Vorteil. Aber nichts spricht gegen die gute altmodische Kombination von Papier und Bleistift. Manche gehen sogar so weit, dass sie ihr Aquarium als kleines Sandkastenmodell planen und darin Steinchen und Holzstückchen verschieben, bis sie mit dem Ergebnis glücklich sind.

Einen Nachteil haben aber alle diese Methoden. Zu exakt gearbeitete Pläne enttäuschen in der Realität einfach deswegen, weil sie nicht eingehalten werden können. Ein paar Grundrissversuche und vielleicht die eine oder andere Skizze, auf der man die Wirkung von Pflanzen und Wurzeln ein bisschen besser einschätzen kann, helfen aber durchaus, auch wenn man das Projekt nachher nicht eins zu eins umsetzen kann.

Ein Grundriss des Aquariums in möglichst großem Maßstab ist nützlich, weil man der Realität näher kommt

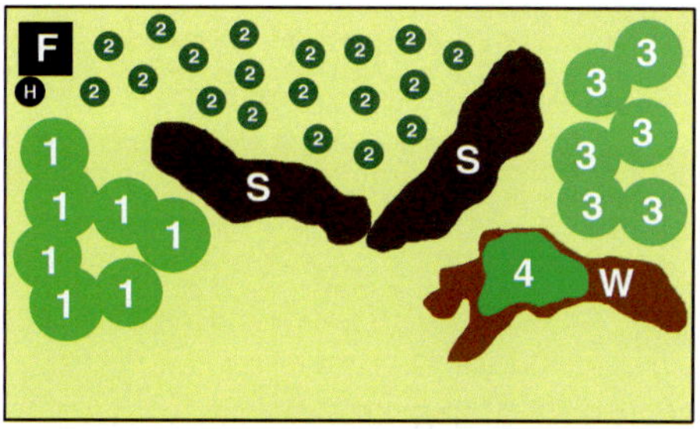

Man muss so etwas nicht am Computer herstellen, mit Papier und Bleistift lässt es sich auch ganz hervorragend planen.

als mit klitzekleinen noch so exakten Zeichnungen. Für ein Becken mit der Grundfläche von 60 mal 30 Zentimeter lässt sich häufig ein passender Bogen Packpapier finden, auf dem man sich sogar in der richtigen Größe, also im Maßstab eins zu eins, austoben kann.

Bleibt man bei dieser Planentwicklung halbwegs realitätsnah, projektiert etwa nicht unbedingt die seltensten Gewächse gleich zu mehreren, lässt sich aus der Zeichnung auch der Einkaufszettel entwickeln. Mit beidem sucht man dann das Zoogeschäft seines Vertrauens auf und wird als erstes zur Kenntnis nehmen müssen, das selbst von den eingeplanten Allerweltspflanzen nicht alle derzeit vorrätig sind. Das macht aber nichts, denn bei der Erstbepflanzung kann man ruhig auf ein paar ähnliche Arten ausweichen. Vielleicht gefallen die nachher mit ihrem üppigem Wachstum so gut, dass sie ein Daueraufenthaltsrecht bekommen.

Stilrichtungen und Vorbilder

Die Moden wechseln immer wieder, auch in der Aquaristik. Waren es vor 20 Jahren noch die holländischen Pflan-

Hier stimmt alles: Attraktives, aber nicht zu aufgedonnertes Design und eine gekonnte Einrichtung.

zenaquarien, sind es heute, allerdings auch schon wieder mit abnehmender Tendenz, die Aquarien nach Takashi Amano, die als Vorbilder für die jeweiligen Strömungen dienen. Über allem hält sich, fast möchte man sagen unbeeindruckt, das „normale" Gesellschaftsaquarium.

Landschaftsaquarien sind ein beliebtes Thema, um Buchseiten damit zu füllen. Da gibt es den amazonischen Schwarzwasserbach, den südostasiatischen Barbenbach und was noch nicht alles. Dabei unterscheiden sich Bäche weltweit in ihrer allgemeinen Erscheinung wenig. Nur die Pflanzenauswahl, die dann allerdings auf das Thema Bach nun wieder mangels Angebot oder auch mangels Kenntnis kaum Rücksicht nimmt, verändert die Geographie anscheinend ausreichend. Sind *Cryprocoryne* drin, ist es Asien, hat man *Cabomba* gepflanzt, handelt es sich um Südamerika. Wenn am Ufer nicht Weiden, Erlen und Birken wachsen würden, ließe sich auch ein Bach aus der Rhön als tropisches Gewässer verkaufen.

Denkt man sich aus den meisten Aquarien einmal Fische und Pflanzen weg, bleibt wenig Charakteristisches übrig. Lediglich Felswände und Geröllhalden führen sofort zur Erkenntnis: Entweder ostafrikanischer Grabensee oder mittelamerikanische Großbuntbarsche – obwohl auch das nicht unbedingt stimmen muss.

Der südamerikanische Harnischwels im Malawiseeaquarium wirkt auf den aquaristischen Fundamentalisten wie die Gams im Wattenmeer – deplatziert. Aber deshalb muss es ihm dort nicht schlecht gehen. Eine große Zahl von Aquarienfischen leidet wahrscheinlich erheblich mehr, obwohl die Besitzer sich enger an geografische Vorgaben halten. Der westafrikanische Zwergbuntbarsch verträgt sich mit einem südamerikanischem Salmler sehr viel besser als mit einem Prachtgrundkärpfling, der zwar vom selben Kontinent, aber aus völlig andersartigen Gewässern stammt. Rümpfen wir also nicht die Nase über multikontinentale Fisch- und Pflanzengesellschaften. Der eigene Geschmack kann uns ein Leitfaden sein, ein Werturteil über andere lässt sich daraus aber nicht herleiten.

Biotopaquarien sind dagegen ein anderes Kapitel. Hier handelt es sich um die möglichst getreue Nachgestaltung eines realen Vorbilds. Das muss nicht schön aussehen, denn eine dicke Fallaubschicht mit einem Wasserstand von drei Zentimetern darüber ist nicht jedermanns Sache, wäre aber für viele kleine Salmler, Welse und Zwergbuntbarsche exakt das Richtige. Mit so etwas würden wir allerdings auch an die Grenzen des Machbaren stoßen, denn die Wasserwerte sind in so einer Zusammenstellung bestimmt nur schwer unter Kontrolle zu halten.

Seltsamerweise finden sich Biotopaquarien in ihrer konsequentesten Umsetzung hauptsächlich bei Freunden ostafrikanischer und – mit Abstrichen – mittelamerikanischer Buntbarsche. Möglicherweise weil hier der Zusammenhang zwischen dem Verhalten der Fische und der entsprechenden Umgebung zwingender ist als bei Arten anderer Herkunft. Auch ein Biotopaquarium, allerdings in extremer Reduzierung auf Wasserwerte und notwendiger Struktur und damit fast schon abstrakt, ist das Zuchtbecken für Diskusbuntbarsche, in dem sich außer dem tönernen Laichkegel nicht viel an Einrichtung findet.

Setzt man eine einzige Fischart in ein Aquarium, hat man damit noch lange kein **Artaquarium**. Vielmehr versteht man darunter das möglichst exakte Einhalten der Anforderungen, die diese eine Fischart stellen. Oft handelt es sich dann um Wasserextremisten, die etwa besonders weiches und saures Wasser benötigen, obendrein äußerst unverträglich sind und nur Lebendfutter fressen. Auch wenn sie maximal die Farbenpracht eines Engerlings erreichen, der Besitzer ist glücklich, wenn er die erste Balz beobachten kann und wird zwar weder reich noch berühmt, ist aber vor Stolz kaum noch zu halten, wenn die Vermehrung der schwimmenden Sorgenkinder gelingt. Dabei lohnt sich eine Alleinhaltung auch mit den meisten anderen Fischarten, selbst mit solchen, von denen man längst schon alles zu wissen glaubt. Ein wenig nähert man sich damit ja schon dem an anderer Stelle besprochenen **Zuchtaquarium**, besser würde hier allerdings das Wort von der **Zucht im Daueransatz** passen. So etwa praktizieren viele Züchter, und bei manchen Fischarten geht es auch gar nicht anders.

Von Anfängern ist das schlicht zu viel verlangt, denn zu stark ist der Jagd- und Sammeltrieb. Fast jeder, der angesichts eines mit zehn Fischarten vollgestopften 60-Liter-Aquariums die Brauen hochzieht, hat selbst einmal so begonnen. Ist die Geduld die Kardinaltugend des Aquarianers, so sind überbesetzte Aquarien die immerwährende Hauptsünde. Wir wollen deshalb versuchen, einen Kompromiss zu finden, der sowohl den Fischen gerecht wird als auch dem Wunsch nach Abwechslung des Betrachters entgegenkommt, und uns gleich als wahre Meister beweisen, denn wir legen uns, was Artenzahl und Fischdichte betrifft, Beschränkungen auf.

Hintergrund

Bevor wir uns jetzt auf alberne Wortspiele á la Hintergründiges einlassen, betrachten wir die Sache lieber einmal nüchterner, als sie gemeinhin beurteilt wird. Ein rückwärtiger optischer Abschluss ist wichtig, sonst würde der Durchblick auf die Wand dahinter stören und den Eindruck von etwas Unfertigem hinterlassen. Richtet man das Aquarium mit Wurzeln und vor allem Pflanzen gut und abwechslungsreich ein, bleibt nur an wenigen Stellen die rückwärtige Scheibe und damit auch die dort angebrachte Hintergrundgestaltung sichtbar.

Die sicherlich eindrucksvoll echt wirkenden Rückwände, die natürliche Stein- und Holzstrukturen zeigen, verlieren dabei viel von ihrer Wirkung. Sie sollte man vor allem dann einsetzen, wenn sich ähnliche Formen und Farben auch in der eigentlichen Aquariendekoration finden, damit kein zu abrupter Wechsel den Blick zu sehr vom Aquarium selbst und dem Geschehen darin ablenkt. Geschmacklich betrachtet kann man bei diesen dreidimensionalen Objekten schon ein wenig ins Zweifeln kommen. Es sind konfektionierte Nachahmungen in Serienproduktion. Damit erfüllen sie zwei Hauptbedingungen für den Begriff Kitsch. Aber wie schon gesagt: Kitsch ist lebensnotwendig. Vielleicht sollte man bei der Auswahl auch darauf achten, nicht allzu auffällige Motive auszuwählen, die man nachher hinter einem üppig ins Kraut schießenden Vallisnerienwald entweder sowieso nicht mehr sieht oder die die eigenen Fähigkeiten bei der Innendekoration im Vergleich in ein eher ungünstiges Licht rücken. Auf einen weiteren Nachteil sei ebenfalls noch hingewiesen: Manche Modelle sind derart ausladend, dass sie dem Aquarium sehr viel von der eigenen Tiefe nehmen. Und gerade diesen Raum nach hinten benötigt man unbedingt für eine wirkungsvolle Gestaltung – einmal ganz abgesehen davon, dass so auch den Fischen einiges an Bewegungsfreiheit verloren geht.

Individueller als solche Massenware ist natürlich die selbstgebaute Rückwand. Als Ausgangsmaterial kommt in erster Linie Styropor in Betracht. Grob mit Messer, Gabel oder anderem Werkzeug vormodelliert, mit Hitze geglättet und mit Kaseinfarben, wie man sie zum Abtönen von Wandfaben verwendet, eingefärbt, kommt man zu ganz ansehnlichen Ergebnissen. Aber auch hier ist weniger oft mehr. Und ob die Bastelprodukte aus der eigenen Werkstatt den Zähnen von Aufwuchsfressern, wie sie viele Harnischwelse oder Malawiseebuntbarsche nun einmal sind, auch wirklich standhalten, bleibt eher fraglich.

Man kann nicht nur im Falle solcher Rückwände dem nicht von der Hand zu weisenden Argument, alles Künstliche gehöre mit seiner undurchschaubaren Chemie als potentielle Gefahrenquelle nicht ins Aquarium, mit der Aufstellung hinter der Rückscheibe begegnen. Diese Methode war früher sogar die geläufigere, und sie lässt eine viel größere Freizügigkeit bei der Materialauswahl und Gestaltung zu. Nur sollte man dann durch eine hermetische Versiegelung einer nie mehr zu beseitigenden Einstaubung von vornherein einen Riegel vorschieben. Auch tote Fliegen wirken durch die Rückscheibe eines Aquariums betrachtet nicht unbedingt schöner.

Der Gestaltung des Hintergrundes mit natürlichen Materialien sind Grenzen gesetzt. Man mag es mit Torfplatten versuchen, doch sind die Wirkungen auf den Wasserchemismus ziemlich kräftig, und auch die Haltbarkeit ist nicht besonders groß. Geschickte Heimwerker können ausladende Wurzeln so zersägen und anbringen, dass sie den Eindruck eines unterspülten Ufers erwecken. Holz lässt sich mit Edelstahlschrauben auf Acrylglasplatten so befestigen, dass man die Platten anschließend mit Silikon oder anderen Haltevorrichtungen so fixieren kann, dass sie auch länger an Ort und Stelle bleiben.

Man kann die Rückscheibe auch mit breiten Stücken der Korkeicherinde verdecken. Das sieht zwar gut aus, bringt aber auch ein paar Probleme mit sich. Einmal ist es kaum möglich, die Rückwand vollständig so abzudecken, dass kein Fisch dahinter gelangen kann. Das macht sich dann störend bemerkbar, wenn man versucht, ein bestimmtes Tier herauszufangen. Möglicherweise muss man dazu dann erst die gesamte Korkkonstruktion herausnehmen. Außerdem beeinflusst Kork das Wasser. Er säuert zu Beginn deutlich an, färbt aber noch wesentlich länger mit einem Gelbstich. Die Haltbarkeit ist begrenzt.

Nach Monaten oder auch Jahren hat sich selbst der Kork vollgesogen, wird schwammig und bröselig. Im Hinblick auf die Beeinträchtigung der Wasserchemie und der Verknappung des ohnehin immer nur als Mangelware vorhandenen Raumes ist eine Dekoration hinter der Rückscheibe sowieso immer die erste Wahl. Zieht man dann noch in Betracht, dass ein Großteil der Rückscheibe von der Inneneinrichtung beziehungsweise -dekoration verdeckt werden wird, kann man auch gleich zu der ebenso minimalistischen wie kostengünstigen Lösung greifen und die Rückwand von hinten mit einer schwarzen Pappe verkleiden.

Auch Folien oder andere Materialien sind möglich; ebenso lässt sich das Glas von außen einfach schwarz lackieren. Das bringt allerdings den Nachteil mit sich, dass man das Aquarium nicht einfach mehr umdrehen kann, wenn die Frontscheibe dermaleinst so zerkratzt sein wird, dass sie keinen schönen Anblick mehr bietet.

Die überall im Fachhandel preiswert zu bekommenden bedruckten Folien, die verschiedene Aquarieneinrichtungen zeigen, mögen zwar auf den ersten Blick eine bestechend elegante Lösung sein, aber für sie gilt das für die dreidimensionalen Gebilde gesagte noch viel stärker. Das ist wirklich Kitsch und zudem noch überflüssig. Eine einfache schwarze Fläche wirkt sehr viel dezenter und drängt sich nie in den Vordergrund. Schwarz gewinnt auch gegenüber anderen Farben durch die Zurückhaltung und Unauffälligkeit. Viele meinen, der Blick ins Wasser müsste einen blauen Hintergrund haben, doch erreicht man damit eher den Eindruck einer öffentlichen Badeanstalt mit allen dazugehörigen Assoziationen.

Bodengrund

Als letzes vor der eigentlichen Inneneinrichtung müssen dem Bodengrund noch ein paar Überlegungen gewidmet werden. Runde Kanten verstehen sich wegen der Verletzungsgefahr der Fische von selbst, ganz gleich welche Korngröße Sand oder Kies haben werden. Grober Kies alleine scheidet aus, weil Mulm, Dreck und jeglicher Abfall sich darin verkrümeln und unseren Blicken und damit auch den Gedanken entzogen sind. Ob es da im Untergrund vor sich hin gärt, lässt sich ohne weiteres nicht feststellen. Das ist bei Sandkorndurchmessern von maximal drei Millimetern nicht möglich. Hier ist die optische Kontrolle jederzeit gegeben. **Feinerer Sand**, dem immer nachgesagt wurde, dass er verbacken würde oder dass in ihm anaerobe Prozesse ablaufen würden, lässt sich verwenden, wenn man auf rundkörniges Material achtet und für eine halbwegs vernünftige Strömung im Aquarium sorgt. Die Bodenschicht unter größeren Dekorationsstücken – Wurzeln oder Steinen – sollte dann auch nicht zu dick sein, damit nicht sauerstofffreie Zonen entstehen.

Allerdings machen sich ein paar Hände voll gröberer Kiesel im feinen Sand ganz ausgezeichnet. Das sieht ausgesprochen natürlich aus und schafft ein bisschen Abwechslung auf einer vielleicht sonst zu eintönigen Fläche.

Genauso alt wie die Ablehnung von feinem Sand ist die Vorliebe für **dunklen Bodengrund**. Das ging so weit, das man die obere Schicht auf chemischem Wege einfärbte und alle möglichen Tricks und Kniffe anwendete, nur um es unten finster zu bekommen. Heute kann man neben allen möglichen quietschbunten Sorten auch rein schwarz gefärbten Kies kaufen. Das Problem ist also behoben. Nur sieht ein damit eingerichtetes Aquarium immer wie eine geflutete Kohlenhalde aus und hat mit irgendwelchen Vorbildern aus der Natur nun gar nichts mehr zu tun.

Gerade der Boden in Schwarzwassergebieten, also der Heimat vieler der farbenprächtigsten Aquarienfische, ist oftmals geradezu blendend hell. Nicht nur aus der Sicht der Wirklichkeitstreue spricht folglich nichts gegen hellen, feinen Sand. Mit dunklem Holz, grünen Pflanzengruppen und Steinen schafft man ohnehin schon reichlich Abwechslung. Wem es dann immer noch zu hell ist, der kann mit Herbstlaub beliebige Verdunklungsgrade erreichen, doch dazu später mehr.

Noch ein alter Rat, der ebenfalls immer wieder abgeschrieben wurde, empfiehlt, den Bodengrund nach hinten ansteigen zu lassen. Probieren Sie das ruhig aus, und schauen Sie nach ein paar Wochen noch einmal genau hin. Selbst ohne gründelnde Fische wird die sanfteste Filterströmung im Verein mit der Schwerkraft ausgereicht haben, Ihren kunstvollen Abhang in eine sehr einheitliche Ebene zu verwandeln.

Aquarianer versuchen deshalb seit alters her mithilfe aller erdenklichen Baustoffe, **Terrassen** zu errichten, damit der Bodengrund nicht langweilig eben bleibt. Mit Steinen ergibt sich oft das Problem, dass die zu breit sind, so dass man wenigstens für Pflanzen kaum noch genug Platz dahinter bekommt. Mit Silikon senkrecht auf die Bodenscheibe geklebte Glasstreifen wirken selbst dann hässlich, wenn sie mit Sand oder Kies beklebt worden sind. Kaum natürlicher sehen manche käuflichen Terrassenmodule aus – es stellt sich immer der Beigeschmack von Opas Vorgarten ein. Am einleuchtendsten gelingt eine Stufe im Bodengrund, wenn man eine eher relmäßig geformte Wurzel, also so etwas wie einen nahezu geraden Ast, als Barriere verwendet, hinter der sich der Sand höher schichten lässt, ohne sofort wieder davonzurieseln.

Steine

Nach dem Bodengrund und noch vor den Wurzelhölzern sind Steine die zweithäufigsten Einrichtungsgegenstände in Aquarien. Man kann sie kaufen, sammeln oder hat sie schon im Garten. Auch hier sollte es aber nicht zu bunt durcheinander gehen. Bizarr geformter Rosenquarz wirkt am besten auf blauem Kies im Verein mit ein paar Plastikpflanzen und einem wackelnden Skelett am Steuerrad eines versunkenen Piratenschiffes. Nicht ganz so aufregend, aber eher nach der Natur wirken runde grobe Kiesel, wie sie in Fluss- oder Bachbetten die Regel sind. Auch schroffere Strukturen kommen immer wieder an Wasserläufen vor, beide zusammen sind aber selten und wirken auch im Aquarium nicht mehr wie zufällig.

Auch wenn man mithilfe von Silikon aus Steinen die kunstvollsten Turmbauten errichten kann, sollte man sich an die Gesetze der Physik halten und keine Gebilde erfinden, die augenscheinlich der Schwerkraft trotzen und ohne Kleber augenblicklich in sich zusammenstürzen würden. Silikon ist ein ausgezeichnetes Hilfsmittel, um etwas zu

Malawisee-Aquarien sind oft eine ausgesprochen steinige Angelegenheit. Hier könnte das Gewicht zum Problem werden.

sichern, das nicht abstürzen darf, aber nicht um etwas zusammenzukleben, das so aussieht, als täte es das gerade.

Wenn flache Platten aufrecht verwendet werden sollen, um etwa einen rückwärtigen Abschluss abzugeben, sollte auch die plane Fläche nicht allzu glatt und ebenmäßig sein, sonst erinnert es zu sehr an hochkant gelagertes Pflastermaterial. Schiefer lässt sich leicht bearbeiten, um etwa für Höhlen geeignete Platten herzustellen. Man sollte dann aber nicht vergessen, zu gerade Kanten mit einer kräftigen Beißzange etwas unregelmäßiger zu brechen.

Holz

Die Auswahl an dekorativen Holzstücken im Handel ist so groß wie nie, und wirklich jeder sollte mit ein bisschen Geduld etwas Passendes für sein Aquarium finden. Bizarre Knorren wirken für sich allein, mit gleichmäßi-

ger geformten Ästen lassen sich Terrassen bauen, und selbst kleinere Bruchstücke kann man zur Belebung einer sonst eintönigen Bodenfläche verwenden. Man kann auch wunderbar „Aufsitzerpflanzen“ selbst herstellen, indem man *Anubias* oder Javafarn mit Nylonschnur bis zum Festwachsen auf dem Holz anbindet. Das funktioniert mit ein bisschen mehr Gefummel auch mit dem Teichlebermoss *Riccia*, eigentlich einer Schwimmpflanze, die sich aber mit einem Haarnetz beispielsweise auf festen Untergründen fixieren lässt.

Nicht zuletzt sind Wurzeln für einige Harnischwelsarten – *Ancistrus*, *Panaque* und *Cochliodon* zum Beispiel – als Zusatznahrung unbedingt erforderlich. Diese Fische brauchen Holzfasern, einige sind sogar als seltene Ausnahme im Tierreich in der Lage, Holz zu verdauen.

Hat man ein Stück gefunden, das sowohl gefällt als auch zu passen scheint,

Wurzeln, hier als dominierende Einrichtungsstücke, sind kein totes Material.

sollte man erst einmal an Ort und Stelle ausprobieren, ob es auch in der Position stehen bleibt, die man sich von ihm wünscht. Meistens ist das nämlich nicht der Fall, und dann muss es gegen eine Seitenscheibe gelehnt oder mit einem Stein unterstützt werden, aber bisweilen ist auch das unmöglich. Auch kann ein Ast so herausspießen, dass wir ihn entfernen möchten. Wenn man dann schon zur Säge greift, dann bitte von hinten nur halb durchsägen und den Rest brechen, sonst gibt es wieder eine unnatürlich gerade Kante.

Eines muss man über Wurzeln aber immer im Hinterkopf behalten: Sie sind organisches Material, das je nach Qualität und Zustand langsamer oder schneller verrottet. Jedes Holz tut das unter Wasser, nur läuft der Prozess oft unmerklich ab. Das Wichtige dabei aber ist der stete Sauerstoffverbrauch. Man darf sich also nicht wundern, dass in einem Aquarium mit besonders vielen, womöglich noch weichen Hölzern der Sauerstoffgehalt dauerhaft niedriger ist als in einem Aquarium ohne jegliche Wurzeldekoration.

Blätter

Herbstlaub von Bäumen kann ein sehr dekoratives Element im Aquarium sein. Außerdem entspricht es den natürlichen Gegebenheiten vieler Heimatgewässer unserer Aquarienfische. Zahlreiche Zwergbuntbarsche, Salmler, kleine Labyrinther, Killifische und Welse, aber auch Unmengen von Garnelen tummeln sich in flachen, kaum fließenden Gewässern oder den ruhigen Randzonen größerer Flüsse in einer manchmal meterdicken Laubschicht. Das lässt sich im Aquarium natürlich nicht eins zu eins umsetzen, denn als abgestorbenes pflanzliches Material zersetzen sich Blätter langsam. Dabei färben sie das Wasser, was aber je nach Vorstellung des Aquarianers ja sogar erwünscht sein kann. Auch der Nitratwert kann bei einer großen Menge Laub ansteigen. Und der pH-Wert wird in die saure Richtung verschoben, wenn auch nicht so deutlich wie von Torf.

Je nach Geschmack und Aquariengröße wirken eine bis einige Hände voll Blattwerk aber Wunder auf dem Aquarienboden. Auch wenn sie sofort untersinken werden sie erst einmal eine etwas höhere Schicht bilden, nach ein paar Tagen wird sich das Bild aber geändert haben. Dann wird aus dem anfänglich hohen und unordentlichen Haufen eine dünne Lage glatter Blätter

Das haltbare, formneutrale heimische Buchenlaub kann eine sehr dekorative Bereicherung der Einrichtung sein.

geworden sein, die zwar immer noch lose, aber direkt auf dem Bodengrund aufliegt. Ganz nebenbei hat man dann noch zumindest streckenweise den dunklen Bodengrund erreicht, ohne zu unnatürlich wirkenden Materialien gegriffen zu haben.

Bambus, Schilf und Kokosnuss

In der über hundertjährigen Geschichte der Aquaristik sind eine ganze Reihe weiterer Materialien mit durchaus wechselndem Erfolg als Dekorationsmaterial ausprobiert worden. Lange Zeit war etwa **Bambus** modern, obwohl er eigentlich nie untergetaucht wächst, sondern in seiner Heimat vielleicht während der Regenzeiten hin und wieder einmal nasse Füße bekommt oder auch ein paar Dezimeter tief im Wasser steht. Aber offensichtlich verbanden sich beim Aquarianer die Vorstellung einer Schilf- oder Röhrichtzone untrennbar mit den toten gelben Bambusstängeln. Abgesehen von der äs-

thetischen Untauglichkeit ist auch hier wieder die abgestorbene Pflanzenmaterie nicht unproblematisch. In den hohen Kammern der Stängel fault das weiche Mark vor sich hin und gibt peu a peu belastende Stoffe ans Aquarienwasser ab. Das härtere verholzte Äußere verfault wesentlich langsamer. Man hat mit verschiedenen Methoden versucht, die Stängel haltbarer zu machen. Zuerst tauchte man die Enden in Wasserglas, heute rührt man sündhaft teure Epoxydharzmischungen zusammen, um die hässlichen Röhren mit einem wasserundurchlässigen Überzug zu versehen. Auch der Auftrieb wurde bekämpft. Entweder steckte man die Stäbe in eine sehr hohe Bodengrundschicht, schnitt sie so lang, dass man sie unter der Deckscheibe oder einer Strebe festklemmen konnte oder schraubte sie von unten auf eine Plexiglasscheibe, die anschließend beschwert wurde – welch ein Aufwand für ein eher mickriges Ergebnis.

Der Klassiker: Nach dem Vorbild des Amphitheaters liegt die Bühne frei in der Mitte. Bepflanzung und Dekoration werden drumherum angeordnet.

Ganz Ähnliches gilt für das einheimische **Schilf**. Auch hier kann man nur tote Pflanzen verwenden, die mit der braungelben Färbung deutlich ihren Zustand verraten. Eine Röhrichtzone ist nun einmal sehr schwierig im Aquarium zu realisieren. Am besten gelingt das wohl in offenen Aquarien, aus denen etwa Cyperngras herauswachsen kann und unter Wasser nur seine Stängel zeigt. In Aquarien mit einheimischen Tieren kann man auch mit entsprechenden Gewächsen experimentieren, allerdings ist das erheblich aufwändiger und komplizierter als ein mit herkömmlichen Gewächsen hübsch bepflanztes Aquarium zum vernünftigen Funktionieren zu bringen. Ein weiterer gewaltiger Nachteil solcher Schilfgürtel im Aquarium sei aber auch nicht verschwiegen. Fangen Sie da mal einen Fisch heraus. Dann wissen Sie, was gemeint ist.

Die **Kokosnuss** ist ein weiteres, nicht auszurottendes Möbelstück im Aquarium. Vielleicht hat ein zu einfaches

Weltbild kolonialer Vergangenheit ihr zu dieser fürchterlichen Beliebtheit verholfen.

Müssen kleinräumige Höhlen unbedingt sein, dann sollte man entweder mit entsprechenden, eher authentischen Baumaterialien arbeiten und muss sich eben ein bisschen mehr Mühe geben, oder man greift direkt zu den maßgetöpferten Höhlen, wie sie heute für Zwergbuntbarsche und Harnischwelse überall im Angebot sind. Die sehen zwar ebenfalls abscheulich aus, geben aber nicht vor, etwas zu sein, was sie nicht sind. In ihrer nackten Funktionalität brauchen sie kein falsches Tropenalibi.

Kokospalmen wachsen aber nun einmal nicht an Gewässerrändern im Regenwald.

Weder die Betonung der Mitte noch die zwei Pflanzen in symmetrischer Anordnung wirken natürlich.

Raumaufteilung

Die Aufgabe, einen langweiligen kleinen Glaskasten mit Sand, Steinen, Pflanzen und vielleicht noch ein paar anderen Gegenständen so zu möblieren, dass ein gefälliger Gesamteindruck entsteht, ist gar nicht so einfach. Es gibt aber ein paar allgemeine Regeln, die hier helfen können.

Aus dem Erfahrungsschatz alter Aquarianer stammt der Einrichtungsplan nach der Idee des Amphitheaters, feinsinnigere Naturen sprechen auch vom „Tanzplatz“. Jedenfalls handelt es sich um eine freie Zone im Vorder- und Mittelgrund des Aquariums, die den Fischen den nötigen Schwimmraum bietet. Bestenfalls flache Bodendecker sind als Gewächse dort erlaubt, und aufragende Steine oder Wurzeln kommen ebenfalls nicht in Betracht, sondern werden an die Seiten oder in den Hintergrund gerückt. Um diese Bühne in der Mitte herum drapieren wir aber nicht regelmäßig Pflänzchen um Pflänzchen, sondern bemühen uns um gehörige Abwechslung.

Hier gilt wie bei jeder Dekoration, die natürlich wirken soll, dass Regelmäßigkeiten wie Wiederholungen und Symmetrien langweilen. Sie wirken zu offensichtlich kalkuliert. Die beiden Abbildungen oben machen das deutlich.

Dagegen gibt es ein paar Zahlenverhältnisse, die gar nicht so schwierig zu beherrschen sind und deren Anwendung verblüffende Ergebnisse zeitigen kann. Am bekanntesten ist vielleicht der goldene Schnitt, dessen Formel lautet: Eine Strecke wird so in zwei Teile geteilt, dass sich der kleine Teil zum großen wie der große zur ganzen Stre-

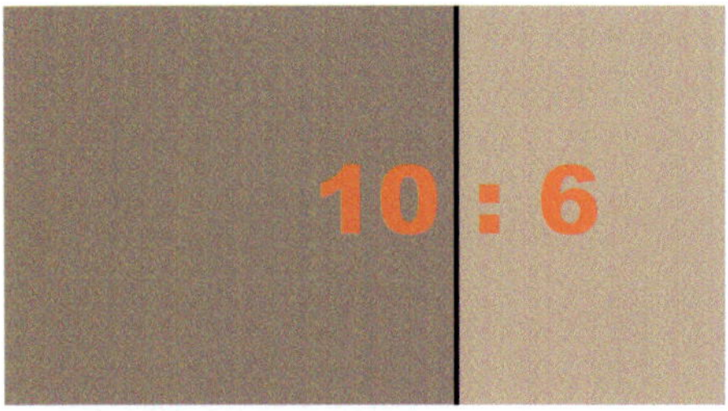

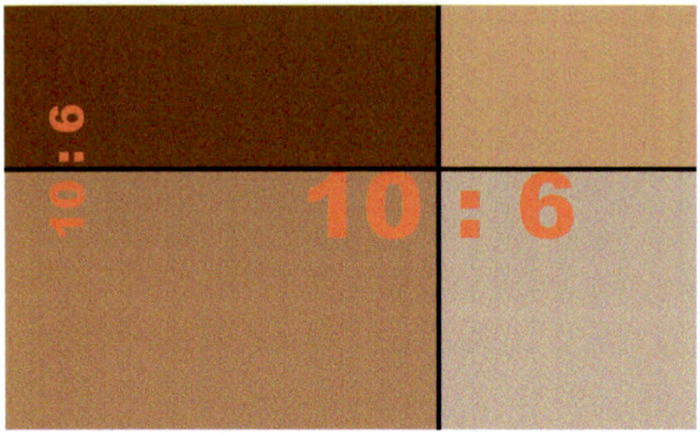

Oben links: Harmonische Teilung mit dem goldenen Schnitt im Annäherungsverhältnis 16:10

Oben rechts: So lassen sich zwei einander diagonal gegenüberliegende starke Punkte nutzen.

Unten links: Einer der insgesamt vier starken Punkte. Die restlichen liegen auf den Kreuzungspunkten der Linien, wenn man von jeder Seite ausgeht.

cke verhält. Klingt kompliziert und ergibt krumme Zahlen, wenn man nicht mit dem Zirkel auf geometrischem Wege zum Ziel kommen will. Einfacher ist der Näherungswert zehn zu sechs, auch acht zu fünf trifft es noch einigermaßen. Man teilt also eine Strecke in 16 gleiche Abschnitte und kann den Finger auf den Punkt legen, wo die Zehn sein müsste.

Am 60-Zentimeter-Aquarium vorexerziert heißt das: (60 : 16) × 10 = 37,5. 37,5 von einer Seitenscheibe entfernt findet sich ein Punkt, dessen Betonung eine besonders harmonische Wirkung verspricht. Für ein 80 Zentimeter langes Becken läge die goldene Teilung – (80 : 16) × 10 = 50 – dann bei einer 50-Zentimeter-Marke.

Von welcher Seite wir dabei messen bleibt sich gleich. Man kann sogar zu Beginn der Planung alle vier Kreuzungspunkte auf der Grundfläche des Aquariums ins Auge fassen, nur darf man nicht alle besetzen. Das würde sofort wieder als Konstrukt zu erkennen sein.

Alle deutlich sichtbaren, auffälligen Einrichtungsgegenstände sind für die starken Punkte geeignet. Wurzeln und Steine also ebenso wie einzeln stehende, große Pflanzen, die deshalb auch als Solitärpflanzen bezeichnet werden.

Wendet man jetzt eine andere Schaufensterdekorateursregel an und richtet sich nach dem Satz „Gegensätze machen das Bild lebendig“, kommt auf dem linken hinteren Punkt vielleicht eine große Pflanze, der „Solitär“, in Betracht, während der vordere rechte mit mehreren kleinen Gewächsen betont wird. Hier wäre auch der Platz für ein paar kleine Steine oder Wurzelstücke.

Es gibt noch eine ganze Reihe anderer Proportionsregeln aus der Kunstgeschichte, die man wenigstens auf dem Papier durchaus einmal ausprobieren kann. Da wäre die **Fibonacci-Rei-**

he, bei der jedes Folgeglied die Summe der beiden vorhergehenden Glieder ist, also 1, 2, 3, 5, 8, 13, 21 und so weiter. Setzt man jeweils zwei benachbarte Zahlen dieser Reihe zur Proportionierung einer Strecke oder eines Raums ein, ergibt das ebenfalls gefällige, harmonische Wirkungen. Und obwohl wir weder gothische Kathedralen noch italienische Renaissance-Paläste nachempfinden wollen, stecken in beiden immer auch ganz einfache Zahlenverhältnisse, die die Maßverhältnisse bestimmen und das Ganze erst harmonisch wirken lassen. Sie können also mit Zirkel, Lineal und Bleistift die abenteuerlichsten Entwürfe realisieren, aber tun Sie das bitte nur auf dem Papier, denn letztlich entscheidet das fertige Aquarium über Gefallen oder Nichtgefallen. Die Reaktion, die Sie auslösen, wenn Sie stolz erklären, dass Ihrem Pflanzplan dieselbe Konzeption wie der Kathedrale von Chartres zugrunde liegt, möchte man sich lieber nicht vorstellen.

Ein wunderbares Vorbild sind übrigens die Parkarchitekturen des 19. Jahrhunderts, als man nicht mehr die kunstvolle Geometrie des Barock sondern eine geplante Natürlichkeit in größtmöglicher Harmonie verwirklichte. So sind Landschaften entstanden, die es von Natur aus nie gegeben hat, es aber so gegeben haben könnte – im Prinzip dieselbe Vorgehensweise, die wir auch auf einen 60 Zentimeter langen Glasbehälter anwenden.

Allerdings gibt es ein paar aquarienspezifische Tricks, die ein bisschen jünger sind. Da wäre die berühmte **Leidener Straße** aus den holländischen Pflanzenaquarien. Dabei handelt es sich um eine schmale, nach hinten verlaufende und zugleich aufsteigende Gruppe von Stängelpflanzen. Am häufigsten wurde wohl *Saururus cernuus* in diese Form gezwungen, aber man kann auch beliebige andere Arten dafür hernehmen. Allerdings ist das ein Fall für fleißige Gärtner, denn um die Hecke in der gewünschten Form zu halten, muss man

Eine Bepflanzung, die trotz weniger Arten abwechslungsreich genug wirkt.

Wunderschön, aber im Aquarium nicht nachzuahmen, denn Keilfleckbuntbarsche hätten die Pflanzen in kürzester Zeit aufgefressen. Auch diese Aufnahme enstand im Rio Tauari, einem kleinen Nebenfluss des unteren Tapajos in Amazonien.

schon jeden Samstag kürzen und neu stecken.

Wichtiger ist vielleicht der Gedanke, der dahinter steckt, nämlich bei der Einrichtung auf die **Blickrichtung** zu achten. Schauen Sie also von Ihrem Lieblingssessel in das leere Aquarium an seinem endültigen Standort und planen Sie die Bepflanzung so, dass die Pflanzengruppen nicht quer zu Ihrer Blickrichtung verlaufen, sondern ihr in etwa zu einem imaginären Fluchtpunkt folgen. So entsteht der Eindruck von größerer räumlicher Tiefe – ein optischer Gewinn, den man bei den immer schmalen Aquarien durchaus mit einkalkulieren sollte. Denn was uns immer fehlt ist die Tiefe. Selbst öffentliche Schauaquarien können nicht überall so großzügig dimensionierte Behälter installieren, dass nicht doch oft der Eindruck eines flachen Schaufensters bleibt.

Natürlich sind die wenigen Pflanzen auf den starken Punkten in unserem Beispiel mit dem goldenen Schnitt zu wenig, für einen etwas größeren botanischen Rahmen müssen wir schon sorgen. Dabei sollte man aber nicht zu viele verschiedene Arten nebeneinander pflanzen, denn in der Natur finden sich auch keine Sammelsurien von zig unterschiedlichen Pflanzen an einem Fleck. So ein Herbarium würde immer wie ein Schrebergarten und nicht wie ein – zugegeben erfundener – Naturausschnitt aussehen.

Für die Erstbepflanzungg wählt man am geschicktesten sowieso hauptsächlich schnellwüchsige Stängelpflanzen, die den Algen kaum eine Chance lassen. Später kann man dann die eine oder andere Art durch ein langsameres Gewächs ersetzen. *Cryptocoryne* sollten zu Beginn wenigstens nicht in großer Menge eingeplant werden. *Echinodorus* zum Beispiel akklimatisieren sich deutlich schneller und legen auch ein deutlich höheres Tempo bei der Blattentwicklung vor, eignen sich somit als Rosettenpflanze für den Anfang wesentlich besser. Unschlagbar sind hier allerdings Vallisnerien, die in kürzester Zeit eine ganze Blattwand entwickeln können. Am schnellsten wachsen aber immer die bewährten Stängelpflanzen.

Unnatürliches wie Heizer, Filter oder Rohre, die manchmal sogar in unerklärlichem Blau angeboten werden, verstecken wir tunlichst hinter Pflanzen. Ebenso vermeiden wir gerade Kanten, die es in der Natur ebenso selten wie rechte Winkel gibt. Und zum Schluss entscheiden wir uns von Fall zu Fall, was reizvoller wirkt: der möglichst große Kontrast oder der unauffälligere Übergang? Also feinfiedrige *Myriophyllum* neben einer Schwertpflanze oder neben einer Gruppe *Cabomba*?

Schauen Sie sich Filme oder Bildbände über die Natur in der Heimat der Fische an. So etwas kann man in jeder anständigen städtischen Bibliothek ausleihen. Noch besser sind natürlich Reiseberichte von Aquarianern in den einschlägigen Fachzeitschriften. Achten Sie dabei auf die Aufnahmen, in denen Gewässer gezeigt werden. Solche Irrtümer wie Bambus im Aquarium erledigen sich dann schon von selbst. Vielmehr wird man einen zuverlässigen Eindruck vom wirklichen Aussehen der Ufer, die uns ja am meisten interessieren, bekommen. Das lässt sich alles nicht einfach aufs Aquarium übertragen, zumal viele der gezeigten Stellen entweder Monotonie ausstrahlen oder schlicht und einfach zu Hause hässlich wirken würden. Trotzdem bleibt die Natur das beste Vorbild.

Einrichtungskalender

1. Tag: Einkauf von Aquarium und Technik, eventuell als Komplett-Set. Außerdem müssen eine Unterlage für das Aquarium, die benötigte Menge Bodengrund und der Nitrit-Test ins Einkaufwägelchen, vielleicht auch noch eine Dekoration für die Rückwand. Pflanzenfreunde erstehen außerdem eine CO_2-Anlage und legen noch einen Depotdünger dazu. Wenn vorgesehen, sollte auch die Wurzeldekoration ausgesucht und gekauft werden. Mit der Planskizze und dem Einkaufszettel in der Hand werden die Pflanzen ausgesucht und eingepackt.

Zu Hause wird das Aquarium auf den vorbereiteten Unterbau gestellt. Vorher wird die Rückscheibe geputzt, von außen kommt man da später nicht mehr so einfach dran. Anschließend kommt als erstes die Rückwand ins Aquarium oder wird von außen auf der Rückscheibe befestigt.

Der Sand wird nötigenfalls gewaschen und ins Aquarium geschichtet. Ein Depotdünger wird natürlich als erste Lage auf der Bodenscheibe ausgebreitet. Wenn die Wurzel nicht zuviel Farbe abgibt, kann sie auch schon an Ort und Stelle, andernfalls wird sie erst gewässert. Auch die Steine werden jetzt solide positioniert.

Filter und Heizer werden angebracht. Die Filtermaterialien hat man gut durchgespült.

Das Aquarium wird etwa zur Hälfte mit temperiertem Wasser gefüllt, die Pflanzen werden vorbereitet und nach

Plan eingesetzt. Thermometer anbringen – am besten an einer Seitenscheibe, damit es an der Frontscheibe nicht stört, aber so, dass man es schnell und bequem kontrollieren kann.

Wasser soweit auffüllen, dass die Kante des Wasserspiegels von der Abdeckung verdeckt wird. Filter anschließen und so justieren, dass der Auslauf zwar die Wasseroberfläche bewegt, es aber nicht plätschert. Den Heizer grob einstellen und anschließen. Abdeckung aufsetzen, Zeitschaltuhr programmieren und mit der Beleuchtung in Betrieb nehmen. Frontscheibe putzen. In den nächsten Stunden die Temperatur kontrollieren und die endgültige Feineinstellung am Heizer vornehmen.

2. Tag: Zuerst Temperaturkontrolle, dann eventuell kleine Korrekturen an der Dekoration. Die Technik läuft zuverlässig, die Beleuchtung brennt während der gesamten gewählten Zeit. Vielleicht ist das Wasser noch ein bisschen trüb, jedenfalls richten sich die Stängelpflanzen bereits langsam nach der Lichtquelle aus. Man kann damit beginnen, alle paar Tage eine Prise Trockenfutter in das Aquarium zu geben – aber wirklich nur eine Prise! Damit füttert man die Bakterien, die sonst von dem Ansturm der Fische mit ihren im Vergleich zum leeren Aquarium gewaltigen Mengen an Stoffwechselprodukten den Filter überfordern würden. Zugleich beginnt man mit den Nitrit-Messungen. In den ersten Tagen wird sich vermutlich nicht viel tun, aber in der zweiten Woche ist der Anstieg wahrscheinlich.

1. Woche: Die Stängelpflanzen werden bereits deutlich wachsen, vielleicht zeigt sich auch schon ein neues Blättchen an den Rosettenpflanzen. Jeden Tag den Nitrit-Wert messen, denn man kann den Zeitpunkt nicht voraussagen.

2. Woche: Der Nitrit-Anstieg wird immer wahrscheinlicher, es kann aber auch noch eine Woche dauern. Inzwischen haben sich auch die Rosettenpflanzen von emerser Gewächshauskultur auf ein untergetauchtes Aquarienleben umgestellt und Unterwasserblätter geschoben.

Der erste Wasserwechsel kann stattfinden. Ein Viertel bis zur Hälfte des Aquarieninhalts wird gegen frisches temperiertes Wasser ausgetauscht. Damit gewöhnt man sich schon einmal an die wöchentliche Fron und hält die Färbung durch die Holzwurzel in Grenzen. Eisen und Spurenelemente sollten auch schon einmal nachdosiert werden.

3. Woche: Die Nitrit-Konzentration müsste gestiegen und wieder gefallen sein. Erst wenn Nitrit mit dem Tröpfchentest nicht mehr nachweisbar ist, die Flüssigkeit also gelb bleibt, kann man die ersten Fische einsetzen. Da man sowieso nicht zu viele Exemplare zusammenquetschen will, kann der gesamte Besatz seinen Einzug halten. Der nächste Wasserwechsel ist fällig, und die ersten Stängelpflanzen müssen gekürzt werden.

täglich: Temperaturkontrolle, Gesundheitskontrolle der Fische, Fische füttern mit einem Fastentag pro Woche.

wöchentlich: Wasserwechsel mit Nachdüngung, Gärtnerarbeiten, Frontscheibe putzen.

ab und zu: Filtersubstrat im abgelassenen Aquarienwasser grob reinigen. Es genügt, wenn man den Filter erst dann reinigt, wenn der Durchfluss nachlässt. Hält man diesen Arbeitsrythmus ein, kann das Aquarium ohne große Veränderungen jahrelang so stehen.

Ferien vom Aquarium

Wenn manche Haustiere auch ein Grund sein mögen, den Ferienaufenthalt in die eigenen vier Wände zu verlegen, muss man bei Aquarien keine Angst um seinen Auslandsurlaub haben. Ein nicht zu stark besetztes Gesellschaftsaquarium kommt drei oder vier Wochen ohne besondere Pflegemaßnahmen aus.

Zwar sind die Pflanzen zwischenzeitlich zum Dschungel geworden, und man muss beim ersten Gärtnern vielleicht ein halbes Stündchen mehr aufwenden, aber die Fische werden kaum wesentlich schlanker als bei der Abreise sein. Sie können nämlich längere Hungerperioden ohne Probleme überstehen, finden im Aquarium auch immer wieder Kleinstlebewesen oder Algen, die sie fressen können.

Das macht auch die so genannten Ferienfutter – in kleineren Abmessungen auch als Wochenendfutter im Handel – eigentlich überflüssig. Sowieso ist hier bei manchen Produkten Vorsicht geboten, weil sie als Bindemittel für den Futtervorrat Substanzen – häufig handelt es sich schlicht um Gips – enthalten, die sich auf die Wasserwerte auswirken können. Auch ist der unkontrollierte längere Kontakt von organischem Material mit Wasser nicht das, was sich der Aquarianer wünscht.

Vor der Abreise sollte man aber alle technischen Geräte etwas gründlicher als sonst auf ihre Funktionstüchtigkeit überprüfen, den Wasserwechsel etwas großzügiger gestalten und vorsichtshalber auch den Filter reinigen, damit der nicht inzwischen so verstopfen kann, dass er kein Wasser mehr fördert.

Nahezu hundertprozentige Sicherheit erreicht man mit einem Futterautomaten, der die Fische selbsttätig am besten mit Granulatfutter versorgen kann. Aber der ist nicht billig und sollte aus Sicherheitsgründen schon vorher einmal über längere Zeit ausprobiert worden sein.

Kommt ein freundlicher Nachbar zweimal die Woche zum Blumengießen und Briefkastenleeren, kann er auch die Fische füttern. Aber Vorsicht, meistens meinen es aquaristisch Ahnungslose viel zu gut und schütten das Trockenfutter in riesigen Portionen ins Aquarium. Es ist deshalb klug, jede Futterportion in einem kleinen Behälter abzumessen und mit einer exakten Beschriftung zu versehen, wann der Inhalt ins Aquarium gegeben werden soll.

Die meisten Urlaubsverluste kommen zustande, weil zuviel gefüttert wird, nicht weil die Fische verhungern würden.

Gefahren und Lästiges

Neben Fischkrankheiten treten manchmal noch andere schlimme Dinge ins Aquarianerleben, die einem den ganzen Spaß an der Sache vergällen können. Beinahe immer muss man die Ursachen dafür aber bei sich selbst suchen. Denn obwohl die Aquaristik weit davon entfernt ist, eine exakte Wissenschaft zu sein, wissen wir inzwischen über die Zusammenhänge im System Aquarium genügend, um für viele Störfälle die Ursachen benennen und abstellen zu können.

Algen

Algen sind in den meisten Fällen die Ursache für die Aufgabe des Hobbys. Besonders Blaualgen können derart widerwärtig sein, dass andere Wohnungsgenossen auf die Abschaffung des überlriechenden Kastens drängen. Dabei gibt es gerade gegen Blaualgen sogar verschiedene wirksame Strategien.

Aber was sind eigentlich Algen? Aquarianer fassen unter Algen ein Sammelsurium von echten Algen, Cyanobakterien und Dinoflagellaten zusammen, manch andere Erscheinung – der eine oder andere Pilz zum Beispiel – wird noch mit dazugeschlagen, und Meerwasseraquarianer kennen noch viel mehr.

Im Aquarium sind Algen immer Konkurrenten der höheren Pflanzen, soweit solche vorhanden sind, und vermehren sich immer dann rapide, wenn die Pflanzen in einen Nachteil geraten. Das kann durch die Lichtverhältnisse ausgelöst werden, die Wasserwerte können daran schuld sein, meistens ist es aber wohl auf eine Mangelerscheinung zurückzuführen. Irgendein Nährstoff oder Spurenelement kann für die Pflanzen in zu geringer Konzentration vorliegen, und schon ist die Stunde der Algen gekommen.

Das genaue Gegenteil ist allerdings auch möglich: Bei zu hohen Konzentrationen einzelner Stoffe und Elemente stockt das Wachstum ebenso. Vielleicht lässt sich das mit den Wirkungsweisen von Spurenelementen und Vitaminen im menschlichen Körper am ehesten veranschaulichen. Zu wenige Vitamine führen zu Krankheiten, zu viele zu wieder anderen Krankheiten.

Manchmal genügt auch eine abrupte Änderung auch nur eines Parameters, um das Pflanzenwachstum zu stören, und die Algen sind unübersehbar da.

Da sind sie eigentlich immer, denn fast alle sind mit Sporen so gut wie überall gegenwärtig. Sie warten nur auf ihre Chance. Allerdings gibt es besonders unter den **Grünalgen** einige Vertreter, die dasselbe Wuchsklima wie die höheren Pflanzen schätzen und mit deren Gegenwart wir uns wohl oder übel abfinden müssen. Zu den regelmäßigen Arbeiten gehört eben das Säubern der Frontscheibe von einem feinen Grünalgenbelag. Und auch **Fadenalgen**, die als watteähnliches Polster unter starkem Licht gedeihen, sollte man gelassen gegenübertreten und die altbewährte Me-

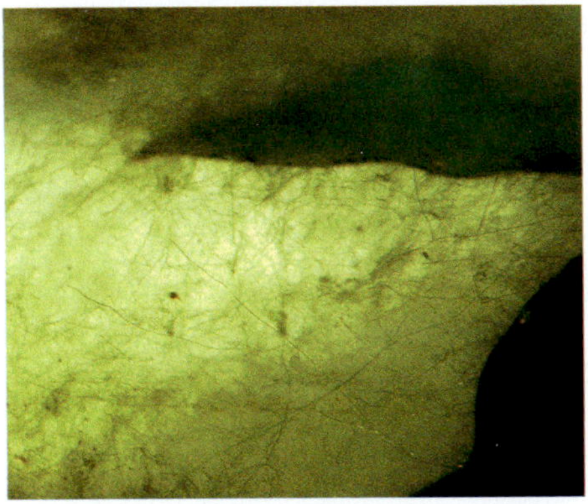

Fadenalgen entfernt man besten auf mechanischem Wege.

Pinselalgen muss man nicht hässlich finden.

Solche Beläge entstehen bei mangelhafter oder falscher Beleuchtung.

thode des Aufwickelns auf ein raues Holzstäbchen anwenden. Eine Reduzierung der Düngergaben könnte die Algen ebenfalls bremsen.

Die **Wasserblüte** ist ebenfalls auf die Massenvermehrung einer Grünalge zurückzuführen. Ein UV-Strahler lässt die Algen verklumpen und im Filter hängenbleiben. Ein starker Wasserflohbesatz frisst die Algen aber auch einfach weg. Ursache ist meistens zu viel Licht bei zu hohem Nährstoffangebot.

Kieselalgen, von Aquarianern als **Braunalgen** bezeichnet, treten vor allem unter ungünstigen Lichtverhältnissen auf, also an dunklen Stellen oder in zu schwach oder falsch beleuchteten Aquarien. Das lässt sich relativ einfach ändern.

Von vielen gehasst, von manchen aber auch geschätzt werden **Pinselalgen**, die sich auf festen Untergründen bilden und feine, dunkle Rasen bilden können. Da sie sich auch auf Blatträndern von Pflanzen entwickeln, sind sie meist nicht willkommen. Als in der Strömung wogende Wiese auf einem Stein oder einer Wurzel können sie aber auch ein attraktives Bild abgeben. Offensichtlich mögen sie Phosphat und Wasserströmung. Wenn man den Phosphatgehalt senkt und vielleicht auch die Strömung abschwächt, verschwinden meistens auch die Pinselalgen. Hohe Phospatwerte handelt man sich mit Flocken- und Frostfutter ein. Aber auch manche pH-Wert-Senker enthalten Phosphorsäure.

Die aquaristische Pest an sich sind die **Blaualgen**, bei denen es sich über-

Alarm! Hier kündigt sich ein massiver Blaualgenansturm an.

Kein schöner Anblick, aber auch nicht besonders schädlich. Hier bilden Staub, Bakterien, aber vor allem Algen eine Schicht auf der Wasseroberfläche.

haupt nicht um Algen, sondern um Bakterienverwandte handelt. Der schmierige, alles überwachsende dunkelgrüne bis schwarzbraune Belag ist nicht nur unschön anzusehen, sondern gibt auch Gifte ab, die empfindliche Fische schädigen. Außerdem durchzieht ein stechender Modergeruch die Wohnung, wenn man an einem Blaualgenaquarium gearbeitet hat. Die Ursachen für ihr Auftreten liegen immer noch im Dunkeln, aber man kann sie zuverlässig loswerden. Die probateste Methode ist die **Dunkelkur**, bei der das Aquarium rundherum mit einer Decke oder starkem Karton so eingepackt wird, dass es innen auch wirklich stockdunkel bleibt. Vorher hat man alle Blaualgen, die man erwischen konnte, abgesaugt und natürlich den Lampenstecker gezogen. Die Dauer der Kur kann variieren, aber man muss auf jeden Fall so lange verdunkeln, bis die Algen wirklich restlos verschwunden sind. Manchmal genügen drei Tage, dann wieder dauert es zwei Wochen oder sogar noch länger. In Kauf nehmen muss man dabei den Verlust der einen oder anderen Pflanze; die meisten werden die Dunkelzeit, wenn auch sehr blass, überstehen. Flankierende Maßnahmen können auch eine Erhöhung der Sauerstoffwerte und nach der Kur eine Aufstockung des Bestandes mit schnellwüchsigen Pflanzen sein. Wo viel Hornkraut ist, gibt es meistens keine Blaualgen.

Bei allen Algenattacken muss man versuchen, nicht nur die Symptome zu unterdrücken, sondern die Ursachen abzustellen. Fast immer ist es im Normalfall „bepflanztes Gesellschaftsaquarium" eine Störung des Pflanzenwuchses, die sich unmerklich eingeschlichen hat oder aber auch durch eine abrupte Änderung hervorgerufen sein kann. Tut man also den Pflanzen etwas Gutes und lässt weder Wasserwechsel noch Pflanzenpflege schleifen, kann eigentlich nicht allzu viel passieren. Eine Methode, die man ruhig auch einmal ausprobieren sollte, ist die Dunkelpause am Tag, während der für einen bestimmten Zeitraum das Licht abgeschaltet wird. Mehr oder weniger läuft das darauf hinaus, dass höhere Pflanzen nur eine bestimmte Stundenzahl pro Tag assimilieren können, Algen aber auch die länger brennende Beleuchtung noch nutzen und sich so einen Vorteil verschaffen. Eine Verkürzung der täglichen Beleuchtungsdauer käme also ebenso in Betracht.

Auf keinen Fall sollte man bei einer Algeninvasion sofort zu einem der zahlreichen Antialgenmittel greifen. Damit bekämpft man nicht die Ursache, sondern doktert an den Symptomen herum. Außerdem wirken sie auch auf die Pflanzen, die nach der Behandlung nicht mehr zu ihrer ursprünglichen Kondition zurückfinden können. Drittens reagieren auch verschiedene empfindliche Fische allergisch auf manche Mittel. Und viertens kosten sie mehr Geld, als wenn man für zwei Wochen das Licht ausknipst.

Kahmhaut

In erster Linie offene Aquarien sind durch den Staub aus der umgebenden Wohnung gefährdet, aber auch bei ganz normalen Becken mit Abdeckleuchte kommt sie vor, die Kahmhaut. Das ist eine Schicht, die wie ein grauer Film auf der Wasseroberfläche liegt, aber nicht nur aus Staub besteht. Bakterien spielen oft auch noch eine Rolle. Manchmal wirkt sie grün, dann besteht sie hauptsächlich aus Algen. Meistens verschwindet die Kahmhaut nach einer Weile von selbst wieder. Oft hilft es, wenn der Auslauf des Filters so ausgerichtet wird, dass das ausströmende Wasser die Oberfläche stärker bewegt. Auch eine Durchlüftung zerstört die Kahmhaut zuverlässig, bringt aber wieder andere Nachteile – die CO_2-Austreibung etwa – mit sich. Man kann ihr auch mit einem **Oberflächenabsauger** zu Leibe rücken oder sie mit Küchenpapier abheben, ähnlich wie man eine Sauce entfettet.

Schnecken

Schnecken sind wie Algen: Immer da, aber erst dann lästig, wenn sie überhand nehmen. Obwohl das hübsch klingt, stimmt es so nicht immer. Manche Schneckenarten sind auch in größerer Zahl willkommen. **Turmdeckelschnecken** genießen Ruf und Wertschätzung des aquaristischen Regenwurms. Sie lockern den Bodengrund und verwerten allzu viel Organisches im Untergrund. Bei Tag sieht man sie sowieso nicht, es sei denn, es würde etwas nicht stimmen da unten. Daher kann man sie auch als Indikator für einen funktionierenden Boden betrachten. Oft pflegt man im selben Aquarium aber schon ihre natürlichen Feinde, ohne es zu wissen. So sind viele Buntbarsche und auch einige Welse durchaus an Schnecken interessiert. In einem Aquarium mit *Hypancistrus*-Arten etwa wird es kaum Schnecken geben. Kugelfische finden Schnecken sowieso zum Anbeißen, allerdings beißen viele auch in jeden Fisch und scheiden damit als biologische Waffen gegen Schnecken eher aus.

Auch die **Posthornschnecken** sind eigentlich gern gesehene Aquarienbewohner, obwohl sie in der Überzahl auch an zarteren Pflanzen fressen. Da sie tagsüber unterwegs sind, kann man sie bei der wöchentlichen Gärtnerarbeit absammeln.

Einen schlechteren Ruf genießt die **Schlammspitzschnecke**, allerdings nur, weil sie ehrlicherweise sofort die Pflanzen frisst. Sind es zuviele, sammelt man sie ab. Oder man setzt eine pfiffige Schneckenfalle ein. Vorsichtig ist geboten, wenn etwa Schmerlen oder andere neugierige Bodenbewohner versuchen, an den Köder in der Falle zu gelangen und dabei steckenbleiben.

Von der chemischen Keule sollte man hier ebenso wie bei den Algenmittelchen die Finger lassen, denn hier sind oft Gifte im Spiel, die auch Garnelen und Krebsen den Garaus machen und sogar Welsen gefährlich werden können.

Sommerhitze

Hohe Temperaturen im Sommer erhitzen manchmal auch das Aquarienwasser weit über das hinaus, was wir für zuträglich halten. Allerdings müssen wir bei 30 °C Wassertemperatur noch in keine Panik verfallen, die meisten tropischen Fische halten das ohne Schwierigkeiten durch, viele leben erst richtig auf. Hilfreich ist ein Oxydator oder eine zusätzliche Belüftung mittels Diffusor oder Membranpumpe, die den Sauerstoffgehalt so hoch wie möglich hält.

Wird es noch wärmer, sollte man zunächst alle möglichen Wärmequellen abschalten. Die wichtigste ist die Aquarienbeleuchtung, die vor allem als Leuchstoffröhrenmodell mit konventionellen Vorschaltgeräten eine enorme Hitze entwickelt. Ein paar Tage Dunkelheit bekommen dem Aquarium allemal besser als fortwährende 35 °C. Findige Aquarianer bauen in die Abdeckung Kühlventilatoren ein, wie sie auch im PC Verwendung finden. Für reiche Aquarianer gibt es Kühlaggregate, die etwa so viel kosten wie zehn ihrer Aquarien zusammen.

Aquarien-
technik von A–Z

A

Abdeckscheiben: Glas eignet sich besser als transparenter Kunststoff (Plexiglas), der sich unter Wärme- und Feuchtigkeitseinfluss biegen und unter Umständen sogar milchig trüb werden kann. Beim Kauf oder der Bestellung sollte man darauf achten, dass Ausschnitte für die Zuführungsleitungen der technischen Geräte (Filter-, CO_2-Schlauch, Netzkabel des Heizers) und eine leicht zu öffnende Futterluke vorhanden sein müssen. Dass man die Scheiben von Verunreinigungen (Kalk, Veralgung) frei halten muss, da sonst das Licht stark abgeschwächt wird, versteht sich von selbst.

Abdeckung: Im Handel wird eine Vielzahl verschiedener Fabrikate in unzähligen Dekor- und Qualitätsvarianten angeboten. Es gibt sie in allen Abmessungen für Standardaquarien als Serienprodukt, und sie gehören fast immer als Plastikbauteil zu den →Komplett-Sets.

Sie zeichnen sich durch unterschiedliche Stabilität aus. Am besten lässt man sie sich im Geschäft zeigen und öffnet selbst einige Male die für Fütterung und weitergehende Arbeiten vorgesehenen Klappen. Dabei kann man auch nachsehen, ob Wasserablaufkanten als innerer Abschluss vorhanden sind, die verhindern, dass Kondenswasser außen an der Scheibe herunterlaufen kann.

Kunststoff hat den Vorteil, Wasser gegenüber völlig unempfindlich zu sein. Das ist bei Abdeckungen aus Pressspan oder Ähnlichem, wie sie manchmal Bestandteil von Kombinationen aus Unterschrank, Aquarium und Abdeckung sind, nicht immer der Fall. Bei ungenügender Versiegelung dringt die Feuchtigkeit in das Material und bringt es zum Quellen. Man muss hier besonders auf die Verarbeitung achten.

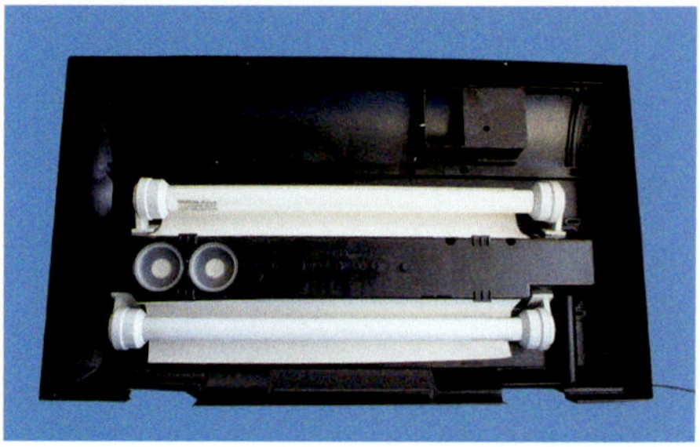

Bei der Auswahl ist auch die eingebaute Lampentechnik wichtig. So ist die Zahl der vorgesehen oder bereits enthaltenen Leuchstoffröhren für den Pflanzenwuchs von Bedeutung und man kann sich schon bei kleineren Maßen zwischen einer und zwei Röhren entscheiden. Außerdem sollte man auf den Leuchstoffröhrentyp achten und wenn möglich die neueren T5-Röhren vorziehen (→Leuchtstoffröhre).

Je nach Bauart und Größe des Aquariums sind oft auch Sonderanfertigungen möglich.

Ablaichkasten: Als Notbehelf sind Ablaichkästen in verschiedenen Situationen nützlich, für den ihrem Namen entsprechenden Zweck sind sie nicht geeignet.

Steht kein zweites →Aquarium zur Verfügung, können hochträchtige Weibchen von Lebendgebärenden Zahnkarpfen darin separiert werden, bis sie ihre Jungen geboren haben, um die Jungfische vor den Nachstellungen

der anderen Fische zu sichern. Die Jungen fallen durch einen Rost in ein separates Abteil und sind so vor der Mutter geschützt. Auch lassen sich einige wenige Jungfische notfalls (!) darin aufziehen, bis sie eine Größe erreicht haben, in der sie von den anderen Fischen im Aquarium nicht mehr gefressen werden können.

Auch um kleinere Fische – im Falle einer Verletzung etwa – vorübergehend zu separieren eignen sich diese Kästen, wobei darauf geachtet werden sollte, dass sie nur kurze Zeiten in dem beengten Behältnis verbringen und ein möglichst großer Kasten zum Einsatz kommt.

Kästen mit Schlitzen an den Seiten sind besser geeignet als solche ohne, da sie einen besseren Wasserdurchfluss gewährleisten. Um den Wasseraustausch zu fördern, sollte der Kasten mehrmals täglich leicht angehoben werden. Die Bauweise als Rahmen mit Netzstoff ist als kurzfristige Unterbringunsmöglichkeit für einzelne Fische ebenfalls gut geeignet.

Abschäumer: Ein unerlässliches Hilfsmittel in der Meerwasseraquaristik, mittlerweile aber auch für Süßwasser erhältlich. Entfernt durch Anlagerung von Eiweißen aus Futterrückständen oder Ausscheidungen an feinste Luftbläschen Wasserbelastungen, bevor sie von den Filterbakterien umgebaut werden müssten. Im Grunde aber nur für sehr große, am besten unbepflanzte Aquarien oder Teiche von Bedeutung. Entfernt neben Ammonium auch alle anderen größeren Moleküle, so dass Farbstoffe, Pflanzendünger, Medikamente und eventuelle andere Zusätze ihre Wirkung überhaupt nicht entfalten können. Es handelt sich um kostspielige und auch größere Geräte, die mit einer starken →Kreiselpumpe betrieben werden müssen.

Aktivkohle: Kein eigentliches Filtersubstrat, sondern ein hervorragendes Medium, das vorübergehend eingesetzt wird, vor allem um nach einer Behandlung mit Medikamenten alle Reste des Präparates zuverlässig zu entfernen, nachdem man bereits mehrere Male großzügige Wasserwechsel vorgenommen hat. Größere Moleküle werden bis zu einem bestimmten Sättigungsgrad an die Kohle angelagert. Daher werden auch andere, eventuell erwünschte Stoffe – Pflanzendünger etwa – entfernt.

Die Kohle ist nach kurzer Zeit erschöpft und kann von Laien nicht regeneriert werden, muss also entsorgt werden. Ist die Kapazität der Aktivkohle überschritten, gibt sie die vorher aufgenommenen Substanzen wieder ab. Zur Entfernung von Medikamentenresten oder anderen unerwünschten Stoffen (Ausfärbungen von Wurzelholz) kann die Kohle eine Woche verwendet werden, danach wird sie entfernt. Aktivkohle ist keinesfalls als Dauerfiltersubstrat geeignet.

Am einfachsten lässt sich Filterkohle in Netzbeuteln einsetzen, die für die entsprechende Zeit im →Außenfilter untergebracht werden. Aktivkohle muss vor dem Einsatz gründlich gespült werden, um feinste Stäube zu entfernen. Auch für die meisten →Innenfilter gibt es kohlegetränkte Schwämme, die zu den genannten Zwecken eingesetzt werden können, allerdings weniger effektiv sind als die gleiche Menge Aktivkohle.

Ansaughilfe: Eine Ansaughilfe ist beim Wasserwechsel und der Inbetriebnahme neuer oder gereinigter →Außenfilter nützlich. Vor allem für den Wasserwechsel an kleineren Aquarien ist es allerdings einfacher, das Ansaugen mit dem Mund und das rechtzeitige Verschließen der Schlauchöffnung mit dem Daumen zu üben.

Als Bestandteil vieler neuerer Außenfilter ist eine Ansaughilfe bereits im Gerät enthalten. Ballhandpumpen oder spezielle Rohrfittings für solche Zwecke sind ebenfalls im Handel und können das Arbeiten mit Außenfiltern erheblich erleichtern, besonders wenn Zu- und Ablauf eher an unzugänglichen Stellen untergebracht sind. Eine Wasserstrahlpumpe erfüllt dieselbe Aufgabe, kommt allerdings wegen der Verschwendung

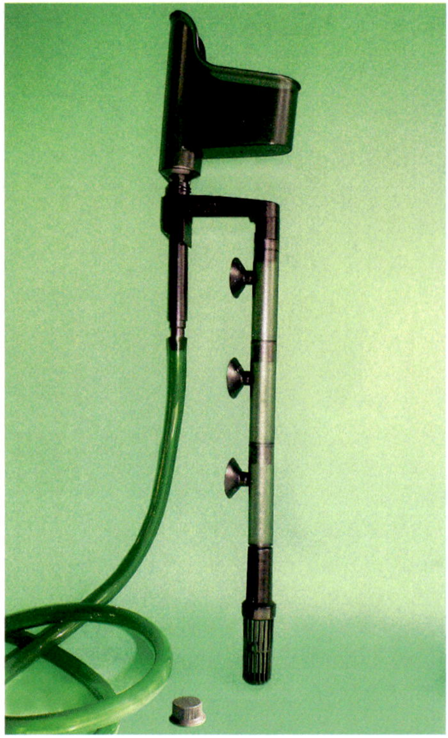

von Trinkwasser für normale aquaristische Zwecke eher nicht in Frage.

Aquarienabdeckung: →Abdeckscheiben, →Abdeckung.

Aquarienkombination: Neben den →Komplett-Sets, die außer dem →Aquarium nur die →Abdeckung, →Filter – meist einen →Innenfilter – und →Regelheizer enthalten, führt der Handel Aquarienkombinationen, die zusätzlich noch einen passenden →Unterschrank enthalten. Das Angebot ist derart vielfältig, das für nahezu jeden Geschmack und Geldbeutel passende Modelle zu bekommen sind.

Unterscheiden muss man hier lediglich die so genannten Basismodelle, die

außer der Abdeckung mit der eingebauten Beleuchtung ohne technische Geräte geliefert werden, und die Komplettausstattungen mit Heizer und Filter. →Abdeckung, →Beleuchtung, →Unterschrank.

Aquarium: Glasaquarien werden in vielen unterschiedlichen Größen und Formen angeboten. Das herkömmliche Rechteckbecken gibt es zumeist in den üblichen Standardmaßen (→Tabelle), aber Sondermaße sind ohne weiteres möglich und auch nicht unerschwinglich.

Das überwiegend verwendete Floatglas zeigt vor allem bei größeren Glasstärken einen leichten Blaustich, ist aber härter und damit unempfindlicher gegenüber Kratzern als teureres, tatsächlich farbloses Glas.

Die Glasstärke ist von der Größe, vor allem von der Höhe des Behälters abhängig. Die Mindeststärken sind festgelegt und werden von den handelsüblichen Aquarien eingehalten. Die Bodenscheibe sollte immer zwischen den anderen Scheiben eingebettet sein, die anderen also nicht auf ihr lasten. Die Belastung der Bodenscheibe ist so geringer, das Aquarium somit sicherer.

Es werden zwei verschiedene Verklebungsarten angewendet: Stoß- und Wulstverklebung.

Bei kleineren Aquarien spielt die Art der Verklebung keine Rolle, bei größeren wird immer mehr auch die Stoß- gegenüber der früher favorisierten Wulstverklebung angewendet. Die Belastbarkeit beider Ausführungen ist aber bei sorgfältiger Verarbeitung immer ausreichend.

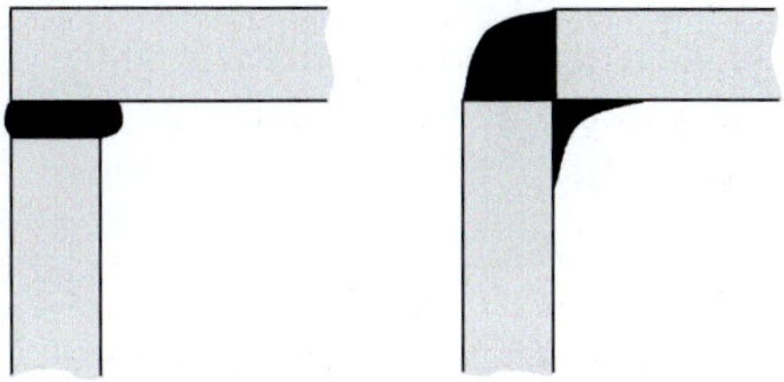

Von größerer Bedeutung ist die Farbe des verwendeten →Silikons. Transparenter Silikonkleber ist lichtdurchlässig und bietet so unter Umständen Algen die Möglichkeit, die Klebenaht zu unterwandern. Sicherer ist schwarzes Silikon, das meistens nicht teurer ist.

Längere Aquarien – manchmal schon ab 60 Zentimeter Länge – müssen mit Quer- oder Längsstreben verstärkt sein, um ein Durchbiegen der langen Glasscheiben zu unterbinden. Die Streben

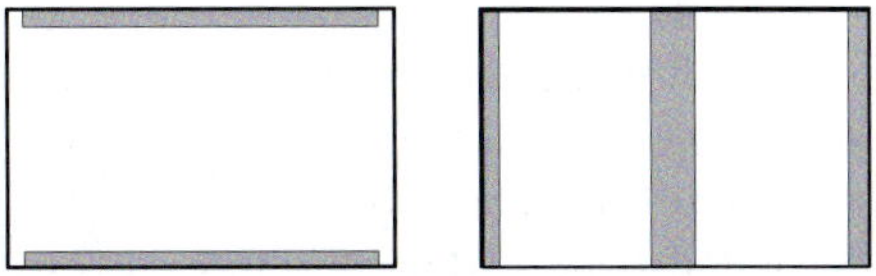

Häufige Standardaquarienmaße in Zentimeter, L = Länge, T = Tiefe, H = Höhe; I = Inhalt (Standardmaße sind bis zu Längen von 250 Zentimeter üblich).

Länge (cm)	Tiefe (cm)	Höhe (cm)	Inhalt (Liter)
30	20	20	12
40	25	25	25
50	30	30	45
60	30	30	54
60	30	35	63
80	35	40	112
100	40	40	160
100	40	50	200
100	50	50	250
120	40	50	240
120	50	50	300
150	50	50	375

sollen aber auch so angebracht sein, dass ein leichtes Durchführen der Zuleitungen für die Geräte im Aquarium möglich ist. Vor dem Kauf sollte man Glas, Qualität der Kanten und der Verklebung genau überprüfen. Aquarien mit Lufteinschlüssen im Glas, scharfen Kanten, an denen man sich verletzen kann, und unsauber ausgeführten Verklebungen sollte man nicht kaufen.

Der Selbstbau von Glasaquarien lohnt in den seltensten Fällen, da sogar ausgefallene Sondermaße oder -formen als spezielle Anfertigungen meist günstiger zu bekommen sind als allein das erforderliche Glas.

Der Inhalt eines Aquariums wird nach der Formel
(Länge × Breite × Höhe in Zentimeter) : 1000 = Inhalt in Liter
berechnet. Ein Aquarium mit den Maßen 60 Zentimeter Länge, 30 Zentimeter Breite und 40 Zentimeter Höhe fasst also 72 Liter. Statt Breite wird in der Aquaristik meistens der Begriff Tiefe verwendet.

Aquarien aus **Acrylglas** sind noch nicht weit verbreitet, sei es wegen des gegenüber Glasbecken erheblich höheren Preises oder wegen der immer noch verbreiteten Annahme, dass sie schneller verkratzen. Reinigt man die Scheiben aber ebenfalls mit einer geraden Kante aus Acrylglas können Kratzer nicht entstehen. Durch Sand oder Steine verursachte Kratzer lassen sich zwar mit einiger Mühe, aber zuverlässig auspolieren. Vorteile solcher Aquarien sind die Möglichkeiten auch stark gebogener oder geschwungener Scheiben ohne optische Verzerrungen, die absolute Farblosigkeit des Materials und das geringe Gewicht. Der Preis ist allerdings ein großer Nachteil.

Kleine Becken aus **Plexiglas** können als Behandlungs- oder Aufzuchtbecken dienen. Allerdings sind sie nicht sehr stabil, zerkratzen sehr schnell und lassen sich nicht so zuverlässig reinigen wie kleine Glasbehälter, die kaum teurer sind. Als Notlösung sind sie immerhin brauchbar.

Aquarien aus **Holz** oder **Beton** kommen eigentlich nur für besondere Zwecke in Frage. Erforderlich sind eine zuverlässige Anleitung und das nötige handwerkliche Geschick.

Artemia-Kulturgerät: Umständliche Bezeichnung für Pfropfen, durch die jeweils zwei Schläuche geführt werden. Der luftdichte Flaschenverschluss erlaubt das Betreiben von mehreren, hintereinandergeschalteten Flaschen mit jeweils einer *Artemia*-Kultur, um keine Unterbrechung in der Versorgung von kleinen Fischen aufkommen zu lassen.

Im Handel existiert auch ein Kulturgerät, das ins Aquarium gehängt werden kann und aus dem die geschlüpften Nauplien in das Aquarium gelangen. Statt durch einzelne Fütterungen werden die Fische so kontinuierlich mit feinstem Lebendfutter versorgt.

Außenfilter: Meist als Topffilter im Handel. Auf einem runden oder eckigen Behälter, der die →Filtersubstrate aufnimmt, sitzt der Filterkopf mit der →Pumpe und den Anschlüssen. Außenfilter werden mit geeigneten →Schläuchen und →Fittings, die fast immer im Lieferumfang enthalten sind, mit dem Aquarium verbunden. Sie müssen unterhalb des Wasserspiegels, am besten sogar unterhalb der Bodenscheibe im Aquarium platziert werden.

Bei der Reinigung des Filters müssen Gummidichtungen hin und wieder eingefettet werden, dazu eignet sich Vaseline oder ein spezieller Pflegespray.

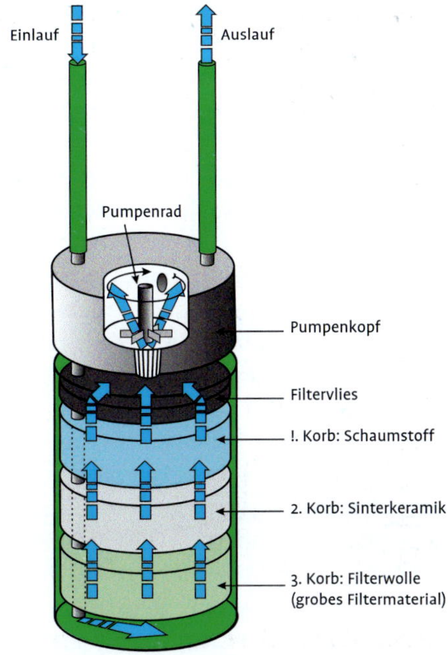

Die meisten Modelle sind so aufgebaut, dass das vom Aquarium kommende Wasser von unten nach oben aufsteigt, dabei die Filtermaterialien passiert, und schließlich von der Pumpe wieder ins Aquarium zurückgedrückt wird. Topffilter sind in vielen Größen und Pumpenstärken erhältlich, so dass für nahezu alle aquaristische Zwecke Fabrikate erhältlich sind. Die meisten neueren Modelle sind mit →Ansaughilfen und mehreren Filterkörben ausgestattet. Wesentliche Vorteile gegenüber den gebräuchlichen →Innenfiltern sind das erheblich größere Filtervolumen, die Möglichkeit der individuellen Bestückung sowie die erheblich längere Standzeit, also die Intervalle zwischen den Reinigungen. Außerdem stören sie die Optik im Aquarium nicht so sehr wie die oft nicht unauffällig unterzubringenden Innenfilter.

Der Einsatz bestimmter Filtermaterialien richtet sich nach dem jeweiligen Aquarium, als erste Stufe sollte aber immer ein grobes Material eingesetzt werden, dass in der Lage ist, mechanisch grobe Partikel und Pflanzenreste zurückzuhalten. Danach werden →Filtersubstrate verwendet, die für die Besiedlung mit Bakterien besonders geeignet sind. Als letzte Stufe verhindert ein mechanisch feines Sieb (Vlies oder Filterwatte), dass eventuell abgespülte Partikel aus den unteren Schichten wieder ins Aquarium gelangen.

Zusätzlich zu den normalerweise verwendeten Materialien bieten Außenfilter die Möglichkeit, vorübergehend oder unter Beachtung der jeweiligen Standzeiten weitere Substrate zur Veränderung der Wasserwerte, etwa →Torf zum Enthärten und Ansäuern oder kalkhaltiges Material zum Aufhärten oder →Aktivkohle einzusetzen.

Der Selbstbau oder die Sonderanfertigung von Außenfiltern in Form von Glasbehältern mit einer oder mehreren Kammern, die neben oder unter dem Aquarium stehen und mittels eines Schachtes und fester Leitungen mit dem Aquarium verbunden sind, lohnt sich nur bei großen bis sehr großen Behältern. Dort kommen neben den üblichen →Filtersubstraten vor allem auch großvolumige Schaumstoffmatten zum Einsatz. Die Pumpe befindet sich immer in der letzten Kammer, der Klarwasserkammer. Die Unterbringung eines solchen Filters, der erheblichen Umfang erreichen kann, erfordert einen geräumigen →Unterschrank.

Auch hierfür finden sich Anregungen und exakte Anleitungen in der entsprechenden Literatur sowie im Internet.

Ausströmer: Ausströmer zur Einleitung mehr oder weniger feinperliger Luft oder seltener →CO_2 sind in den unterschiedlichsten Ausführungen aus Lindenholz, Kunststoff oder Keramik im Handel. Wichtig ist die Möglichkeit, auch sehr kleine Blasengrößen zu erreichen, um bei der Durchlüftung mit einer →Membranpumpe eine möglichst große Sauerstoffabgabe an das Wasser zu ermöglichen. Kunststoffausströmer haben sich als langlebig bewährt. Für die Einleitung von CO_2 eignen sich nur Keramik- und Holzausströmer, da sonst die Blasen zu groß sind. Verstopfte Ausströmer lassen sich einige Male durch Abschleifen wieder runderneuern.

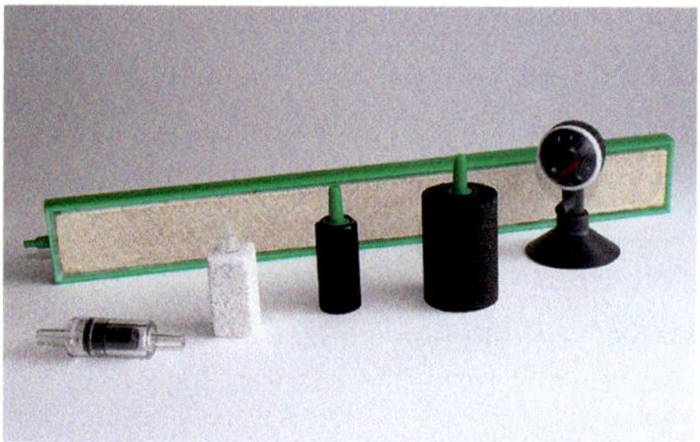

Austauscherharze: Austauscherharze sind feinkugelige Kunstharze, die in der Lage sind, bestimmte Ionen aus dem passierenden Medium zurückzuhalten und durch andere zu ersetzen. In der Aquaristik werden sie zur Teil- und Vollentsalzung sowie zur Entfernung etwa von Nitrat verwendet. Meist handelt es sich dabei um mit dem entsprechenden Harz gefüllte Säulen, die das Wasser durchfließen muss. Hat sich das Harz erschöpft, kann es regenriert werden. Im Fall von Teil- und getrennten Vollentsalzern kann das in Eigenarbeit geschehen, doch muss man beim

Umgang mit den entsprechenden Säuren und Laugen große Vorsicht walten lassen und auch die entsprechenden Umweltschutzvorschriften einhalten. Mischbettaustauscher lassen sich nicht so einfach regenerieren, da die Harzmischung erst aufwändig durch Flotation getrennt werden muss, um danach sortenspezifisch weiterbehandelt werden zu können. Für den Betrieb kleinerer Aquarien rentiert sich der Einsatz von Ionenaustauschern meist nicht.

B

Beleuchtung: →Aquarien-Abdeckung, →HQI, →HQL, →Leuchtstoffröhre, →Reflektor.

Belüftung: →Ausströmer, →Diffusor, →Membranumpe, →Oxydator, →Sauerstofftabletten.

Blasenzähler: →CO_2-Systeme

Biobälle: →Filtersubstrat.

Bodengrund: Im Fachhandel wird eine breite Pallette unterschiedlicher Korn- und Gebindegrößen angeboten: Feiner Sand von 0,05 mm Durchmesser bis grober Kies von 8 mm Durchmesser in Beuteln oder Eimern zu 2,5, 4, 7,5, 10 und 25 kg. Auch wenn auf der Verpackung angegeben ist, dass der Sand oder Kies bereits gewaschen ist, sollte man auf jeden Fall eine Bodenprobe in einem kleineren Gefäß mit Wasser umrühren. In den meisten Fällen wird man feststellen, dass erhebliche Trübungen auftreten und man um das Auswaschen nicht herumkommt. Bodengrund aus anderen Quellen ist nicht immer aquarientauglich. So enthält so genannter Spielsand häufig Ton- beziehungsweise Lehmzusätze, die dem Sand mehr Halt geben sollen. Oft sind auch kalkhaltige Substanzen enthalten. Darauf sollte man allerdings auch die Materialien aus dem Zoohandel überprüfen, bevor man sie kauft. Muschelschalenstücke oder Glimmer haben im Aquarium nichts verloren. Quarzsand aus dem Baustoffhandel ist für feinkörnigen Bodengrund bei größerem Bedarf aber durchaus eine Möglichkeit. Scharkantiges Material scheidet auf jeden Fall aus, da sich die Fische daran verletzen können. Eingefärbtes Material unterliegt dem persönlichen Geschmack, deshalb unterbleibt hier eine Wertung. Man muss sich aber immer davon überzeugen, dass der Kies giftfrei ist.

Eine Überprüfung auf kalkhaltige Bestandteile empfiehlt sich allerdings immer (→Dekoration).

Möchte man ein bepflanztes Gesellschaftsaquarium einrichten, also den aquaristischen Normalfall herstellen, benötigt man für ein 60-Zentimeter-Aquarium 10 bis 15 kg, für ein 80-Zentimeter-Aquarium mindestens 25 kg Bodengrund.

Bodengrundzusätze: Um den Pflanzen möglichst gute Voraussetzungen zu bieten kann man bei der Neueinrichtung als unterste Bodengrundschicht ein mineralhaltiges Substrat einbringen. Es gibt im Handel eine Reihe verschiedener Fabrikate, die alle als bis zu 2 cm dicke Schicht direkt auf dem Glasboden verteilt werden. Bei Verwendung einer →Bodenheizung bedeckt der Depotdünger das Kabel. Darüber wird der gut gewaschene Sand oder Kies bis zur gewünschten Höhe geschichtet. Für eine Bepflanzung sollte der Boden eine Gesamtstärke von mindestens 4 cm aufweisen, für große Gewächse muss er entsprechend tiefer sein. Vorsicht bei der Verwendung von torfhaltigem Material, das die Wasserwerte beeinflusst und außerdem im Lauf der Zeit mit unerwünschten Nebenwirkungen verrotten kann.

Bodenheizung: Für viele im Boden wurzelnde Pflanzen ist eine langsame Durchströmung des Bodens mit sauerstoff- und nährstoffhaltigem Wasser günstig. Das bewirkt eine Bodenheizung, die mit schwacher Wärmeleistung weniger das Aquarium beheizt als durch die entstehende Konvektionsströmung, das heißt durch die von der Wärme verursachte Wasserbewegung, für eine ständigen Wasseraustausch im Boden sorgt. Es gibt zwar auch Heiz-

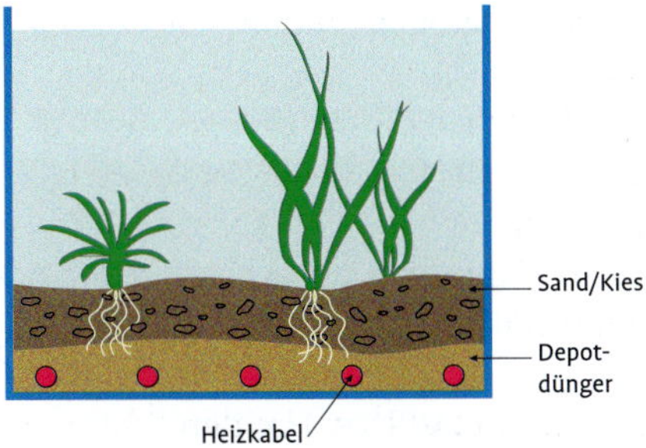

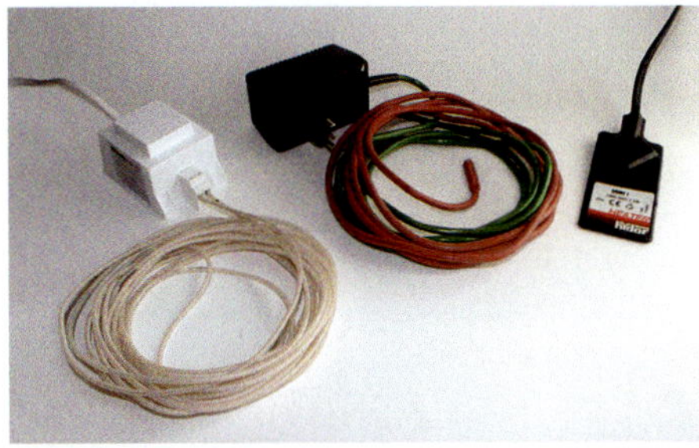

matten, die unter das Aquarium gelegt werden, doch ist der Stromverbrauch sehr hoch, da sowohl die Unterlage beheizt wird als auch ein großer Wärmeverlust durch die isolierende Bodenscheibe entsteht. Besser und auch verbreiteter sind silikonummantelte Bodenheizkabel, die mit Niedrigspannung bis zu 24 Volt arbeiten. Die langen Kabel werden auf dem sauberen Glasboden am besten im Zickzack verlegt und mit entsprechenden Saugern fixiert. Ist ein Kabel zu störrisch, schaltet man es für kurze Zeit ein. Die Erwärmung macht es schnell geschmeidiger.

Für besseren Pflanzenwuchs empfiehlt sich ein Kabel mit schwacher Leistung, für kleinere Aquarien also etwa 4 bis 10 Watt bei einer Länge von mindestens 2 Meter; für große Behälter erreichen die Maße bis zu 10 Meter Länge bei 100 Watt Leistung. Das Wasser muss immer zusätzlich durch einen →Regelheizer erwärmt werden. Empfehlenswert ist die Steuerung eines Bodenheizers durch ein entsprechendes Steuergerät oder durch eine →Zeitschaltuhr, da eine zu starke Umwälzung und Erwärmung im Boden keinen positiven Effekt auf die Pflanzen hat.

Bei alleiniger Beheizung durch ein Kabel muss die Leistung entsprechend höher sein, mindestens 50 Watt für ein 60-Zentimeter-Aquarium. Allerdings wird der Bodengrund sehr viel stärker erwärmt, als das nötig wäre.

Nachteil aller Fabrikate ist die Unmöglichkeit, ein defektes Kabel im eingerichteten Aquarium zu ersetzen. Allerdings ist die Störanfälligkeit bei sachgemäßer Verlegung außerordentlich gering.

Bodenreiniger: Auch als Bodengrundreiniger oder Mulmglocke im Handel. Dient zur Entfernung von Schmutz und Mulm aus dem Aquarium. Das breite Rohr, das über den Boden geführt oder sogar wenige Zentimeter in den Boden getaucht wird, fördert nur die aufgewirbelten leichteren Bestandteile in den Schlauch. Während Sand und Kies wieder zurückfallen, wird der Mulm durch den Schlauch abgesaugt.

Im Handel sind eine Vielzahl solcher Geräte, die sich in einigen Punkten voneinander unterscheiden. Bei den rein mechanisch arbeitenden muss das Wasser zu Beginn der Arbeiten mit dem Mund oder einer Ballpumpe angesaugt werden, bis es den Höhenunterschied überwunden hat und von selbst in den Eimer oder durch einen langen Schlauch bis in den Abfluss gelangt. Als sinnvoll hat es sich erwiesen, den Schlauch mit einer Halterung, ei-

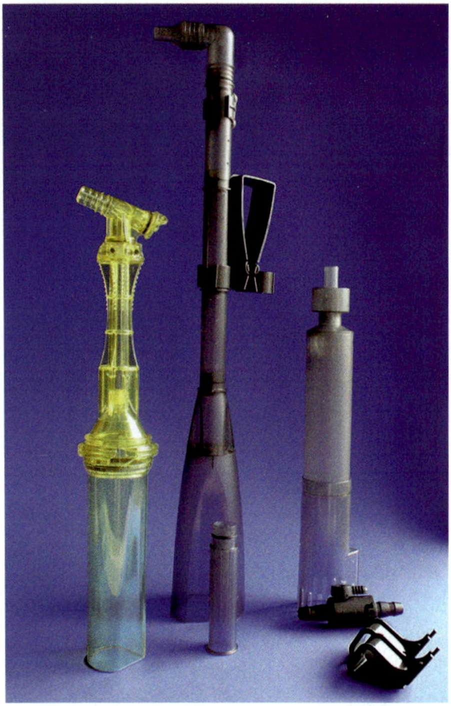

nem Schlauchclip, am Eimer zu befestigen. Dadurch erhält man seine Bewegungsfreiheit und verhindert ungewollte Überschwemmungen infolge eigenwilliger Schlauchbewegungen.

Selbstansaugend bedeutet, dass ein einfaches Ventil eingesetzt ist, dass bei Auf- und Abbewegungen des Reinigers im Wasser ein Zurückfließen verhindert, bis der Wasserstand im Gerät hoch genug ist, um selbstständig weiterzufließen. Bei allen mechanischen Mulmglocken liegen Schläuche in der Verpackung bei, teilweise auch Halteklammern für den Schlauch.

Bei motorbetriebenen Geräten fördert eine kleine batteriebetriebene Kreiselpumpe das Wasser. Luftbetriebene Bodenreiniger müssen über einen Schlauch mit einer →Membranpumpe verbunden werden. Bei einigen Modellen wird das Wasser über Watte oder einen Schwamm geleitet, wo der Schmutz gefangen bleibt, und fließt gesäubert wieder zurück ins Aquarium.

Breitstrahlrohr: Rücklaufrohr vom Filter ins Aquarium, das mit seiner flachen Öffnung eine stärkere Oberfächenbewegung, dafür keine sehr gerichtete Strömung erzeugt.

C

Carbonator: →CO_2-Systeme

CO_2-Reaktor: →CO_2-Systeme

CO_2-Systeme: Zur Förderung des Pflanzenwachstums kann man das Aquarienwasser mit Kohlendioxid (CO_2) anreichern. Es gibt zwei Versorgungsvarianten: die Gärmethode und die Verwendung handelsüblicher Gasflaschen.

Die **Gärmethode** nutzt die alkoholische Gärung, bei der Hefe Zucker in Alkohol umwandelt und gleichzeitig CO_2 freisetzt. Die im Handel angebotenen Gärgeräte bestehen aus einem dicht verschließbaren Behälter, den erforderlichen Inhaltsstoffen (Zucker, Hefe und eventuell Gelatine zur Stabilisierung des Vorgangs), dem **CO_2-Zugabegerät**, das eine möglichst lange Kontaktzeit von Gas und Aquarienwasser gewährleistet (siehe unten), und Zubehör wie Schlauch und Saugern.

Die Ingredienzen werden mit lauwarmem Wasser in den Behälter gefüllt, dieser in der Nähe des Aquariums platziert. Mit dem Schlauch verbindet man den Behälter und das im Aquarium

möglichst senkrecht angebrachte **CO_2-Zugabegerät**. Je nach Temperatur und Fabrikat beginnen nach einigen Stunden die ersten Blasen darin aufzusteigen. Eine Behälterfüllung reicht meist für mehrere Wochen.

Nachteile der Methode sind die Eignung nur für kleinere Aquarien, die Abhängigkeit der Gärungsgeschwindigkeit von der Außentemperatur und der stetige Nachkauf der verhältnismäßig teuren Substanzen. Man sollte auf isolierte Behälter achten oder die Gärflasche unmittelbar neben dem warmen Aquarium aufstellen, da bei zu niedrigen Temperaturen unterhalb von 20 °C nur wenig bis gar kein CO_2 produziert wird.

Bei der Verwendung von **Druckgasflaschen** kommen zwei Möglichkeiten in Betracht: Bei der ersten werden **Einwegflaschen** eingesetzt, deren Nachkauf auf Dauer gerechnet sehr teuer ist.

Werden **wiederbefüllbare Gasflaschen** verwendet, wie man sie aus der Getränkebranche kennt, entstehen nur Kosten für das erneute Befüllen mit CO_2. Solche Flaschen gibt es in ausreichend verschiedenen Größen, um allen aquaristischen Anforderungen damit gerecht werden zu können. Immer auf das TÜV-Siegel achten!

Die Gasflaschen werden senkrecht und in einem Ständer oder Cage-Schutz aufgestellt. Der geschlossene **Druckminderer** wird sorgfältig – am besten mit einem Schraubenschlüssel – auf das Flaschengewinde geschraubt. Eine Flüssigkeit, die das ganze System auf Leckagen überprüft, ist im Handel erhältlich, bei korrektem Vorgehen und intakten Dichtungen aber nicht nötig. Der Druckminderer besitzt ein oder zwei Manometer, wobei eines den Flaschendruck und das andere den Arbeits- beziehungsweise Abgabedruck anzeigt. Zwei Manometer sind günstiger als lediglich eines, da sich der gewünschte Druck gezielt so einstellen lässt, dass die im Druckminderer sitzende Membran möglichst entlastet wird. Wird der Enddruck mit einem **Präzisionsnadelventil** eingestellt, muss man vorsichtig hantieren, da das Ventil eine akkurat gedrehte Kegelform besitzt, die durch unsachgemäße Behandlung schnell beschädigt werden kann.

Wichtiges und nützliches Zubehör ist eine **Rücklaufsicherung.** Sie schützt alle dahinter liegenden Armaturen vor eindringendem Wasser, das zur Korrosion, damit Beschädigung von Flasche und Armaturen führen kann und letztlich die Sicherheit des Systems herabsetzt. Wasser läuft in nahezu vollständig leere Gasflaschen zurück, da sich ein Sogeffekt einstellt. Deshalb sollten CO_2-Flaschen besser nicht bis zur vollständigen Entleerung betrieben wer-

den; eine kleine Restmenge bietet größere Sicherheit.

Der **Schlauch** sollte unbedingt CO_2-beständig sein, da normaler Luftschlauch leicht oxydieren und vor allem platzen kann.

Mit einem **Blasenzähler** kann die benötigte CO_2-Menge exakt eingestellt werden. Dabei handelt es sich um ein durchsichtiges geschlossenes Behältnis, das mit Wasser gefüllt so angebracht wird, das eine Blickkontrolle jederzeit möglich ist. Das Wasser im Blasenzähler muss in Abständen aufgefüllt oder erneuert werden, da es langsam verdunstet.

CO_2-Zugabegeräte gibt es in den unterschiedlichsten Formen und den verschiedensten Bezeichnungen im Handel: Reaktor, Diffusor, Flipper und Wendel sind die gebräuchlichsten. Sie alle dienen dazu, das CO_2 dem Wasser weitgehend verlustfrei zuzugeben, so dass möglichst wenig Gas ungenutzt entweicht. Die mehr oder weniger komplizierten Apparate, die vom einfachen Holzausströmer bis zur skulpturähnlichen Plastikfigur reichen, sind meistens bereits Bestandteil fertiger CO_2-Systeme. Ein Zu- oder Nachkauf sollte sich neben dem Anschaffungspreis auch nach der Wirtschaftlichkeit, also der Effektivität der verschiedenen Modelle bezüglich der zu versorgenden Wassermenge richten. Für Aquarien bis etwa 100 Liter ist eine Wendel oder ein Holz- oder Keramikausströmer ausreichend, für größere Behälter kommen Wendel oder ein Reaktor mit Filteranschluss in Frage.

Um eine CO_2-Übersättigung während der Nacht zu verhindern, kann ein **Magnetventil** zwischengeschaltet werden. Die Steuerung des Ventiles kann zwar von Hand geschehen, zuverlässiger ist aber wenigstens eine Zeitschaltuhr. Die beste Regelung bietet ein **Steuergerät**, das über eine →Elektrode den pH-Wert im Wasser ermittelt und entsprechend die CO_2-Zufuhr schaltet. Ein solches Steuergerät hält natürlich auch untertags den pH-Wert und damit die CO_2-Konzentration möflichst exakt im gewünschten Bereich. Ist kein solches Steuergerät angeschlossen, sollte unbedingt ein →**pH- Dauertest** im Aquarium angebracht werden.

Nach der fertigen Montage der gesamten Anlage kann das Ventil der Flasche langsam geöffnet werden. Das langsame Öffnen verhindert eine Überlastung der Membrane im Druckminderer.

Zwei weitere Möglichkeiten der CO_2-Zufuhr werden ebenfalls angeboten:

Bei der **Elektrolyse-Methode** wird mittels einer Kohlenplatte in einer Metallzwinge und unter Zufuhr schwachen elektrischen Stromes CO_2 direkt aus dem Aquarienwasser gewonnen. Über einen regelbaren Transformator kann die Stärke eingestellt werden. Die Kohleplatte sollte in den Filterstrom gehängt werden, so dass sich das CO_2 gleichmäßig im Aquarium verteilen kann. Bei sehr weichem Wasser ist Vorsicht geboten, da die Karbonathärte durch das Gerät reduziert wird.

Der **Carbonator** löst CO_2 mittels harmloser Säure unter Mitwirkung eines Katalysators aus einer Carbonatlösung. Das kleine, pilzähnliche Gerät lässt sich im Aquarium verstecken, muss aber etwa alle vier Wochen neu befüllt werden. Es ist auch lediglich für kleinere Aquarien ausreichend.

D

Dekoration: Als Dekoration wird in der Aquaristik nicht grundsätzlich technisch erforderliches Material bezeichnet, das aber neben dem Zweck der ästhetischen Verschönerung trotzdem für die Fische eine große Bedeutung, etwa als Laichsubstrat oder Versteckplatz hat.

Steine sollten wie **Sand** und **Kies** keine metallischen Einschlüsse beziehungsweise Beimengungen enthalten, da viele Metalle auf Tiere und Pflanzen im Aquarium schädlich wirken. Auch wenn die Giftigkeit im Einzelfall schwer nachgewiesen werden kann, sollten solche Materialien vorsichtshalber nicht verwendet werden. Eine Überprüfung auf Substanzen, die die Wasserhärte unkontrolliert ansteigen lassen würden, ist dagegen leicht möglich: Aufgetropfte Essigessenz oder Salzsäure lässt kalkhaltiges Material deutlich schäumen und knistern. Kalk- und Sandsteine, aber auch bestimmte Schiefer sind nur manchmal für ein Aquarium geeignet. Einfarbige Urgesteine – beispielsweise Granit oder Basalt – bergen keine Risiken.

Sehr schwere Steine sollten direkt auf die Bodenscheibe und nicht auf den Bodengrund gelegt werden, damit sie nicht nachrutschen können und so eventuell Schaden anrichten. Aufbauten aus Steinen stehen sicherer, wenn sie in trockenem Zustand mit →Silikon verklebt werden und nicht durch unachtsames Hantieren zum Einsturz gebracht werden können. Unter sehr schweren Turmbauten bietet eine Unterlage – etwas aus Styropor – zusätzliche Sicherheit.

Holz in Form von **Wurzeln** oder **Ästen** gibt es im Fachhandel in verschiedenen „Ausführungen". Das früher sehr beliebte **Moorkienholz** wird heute meistens aus dem Raubbau osteuropäischer Moore gewonnen und importiert. Moorkienholz aus dem heimischen Torfabbau hat fast immer lange unter landwirtschaftlichen Nutzflächen gelagert und kann dementsprechend nitratbelastet sein. Auch längeres Wässern hilft hier nicht immer.

Mooreiche ist heute kaum noch und wenn, dann für exorbitante Summen zu bekommen, da solches Holz für viele andere Zwecke sehr wertvoll ist.

So genanntes **Mangrovenholz** stammt glücklicherweise nie aus etwaigen Zerstörungen von Mangrovengebieten, sondern – leider – aus meist nicht überwachtem Holzeinschlag in südostasiatischen Regenwäldern. Hierbei handelt es sich ursprünglich um lebendes Holz, das aber aufgrund seiner Beschaffenheit nach einer Wässerung, die vor allem überschüssige Farbstoffe ausschwemmen soll, bedenkenlos verwendet werden kann.

Savannen- oder Mopani-Holz – die Bezeichnungen werden unterschiedlich und nicht immer gleichbedeutend verwendet – stammt aus Afrika, häufig aus Namibia. Es handelt sich um totes Holz, das gut geeignet ist und auch ohne Umweltbeeinträchtigung gesammelt wird.

Das Wässern von Wurzeln dient vor allem der Entfernung von Farbstoffen und der Verminderung des Auftriebs. Auskochen kann diesen Prozess verkürzen, günstig ist auch eine monatelange Wässerung etwa in einem Gartenteich. Trotzdem werden die meisten Wurzelhölzer noch sehr lange Farbstoffe ans Wasser abgeben, weshalb solche Aquarien immer mindestens einen Gelbton zeigen. Holz kann wie Torf oder Blätter den pH-Wert senken, weshalb man besonders zu Beginn häufiger messen und Wasser wechseln sollte.

Lebendes Holz von frisch gerodeten Bäumen oder Astwerk aus Windbruch sollte nicht verwendet werden, da es schnell zu Fäulnisbildungen und damit zu erheblichen Wasserbelastungen kommen kann.

Kokosnussschalen werden häufig halbiert und als Höhlen verwendet. Man muss darauf achten, dass nur die äußere harte Schale ohne anhaftende Reste ins Aquarium gelangt.

Bambus wird im Gartenmarkt stangenweise als Totholz angeboten und eignet sich eigentlich nicht gut für das Aquarium, da er nach eniger Zeit zu verrotten beginnt. Die früher häufig empfohlene Haltbarmachung mit Wasserglas ist nicht unbedenklich. Kunstharz für denselben Zweck ist teuer und umständlich in der Handhabung.

Blätter einheimischer Laubbäume sind hervorragend für eine Einrichtung von Regenwaldaquarien geeignet. Am empfehlenswertesten sind Blätter der Rotbuche, die sich nicht so schnell zersetzen wie etwa Eichen- oder Kastanienblätter. Man sammelt das Laub im Herbst und kann es trocken lange aufbewahren. Die für das Aquarium benötigte Portion wird mit heißem oder kochendem Wasser überbrüht, damit der Auftrieb verloren geht. Trockene Blätter würden tagelang an der Oberfläche schwimmen. Nach einigen Wochen oder Monaten beginnen sich die Blätter zu zersetzen und müssen gegen frische ausgetauscht werden. Auch Laub färbt das Wasser und kann den pH-Wert senken. Deshalb ist bei großen Mengen der pH-Wert zu beobachten und der Wasserwechsel möglicherweise häufiger als sonst vorzunehmen.

Keramik beziehungsweise **gebrannter Ton** kommt als Dekorationsgegenstand ebenfalls häufiger vor. Laichhöhlen für Harnischwelse oder Zwergbuntbarsche sind meistens aus diesem Material gefertigt. Auch Blumentöpfe werden für solche Zwecke verwendet. Sie sind vielleicht nicht schön, aber unbedenklich.

Plastik taucht in verschiedenen Gestalten im Aquarium auf, etwa als Schatztruhe oder Pflanzenimitation. Solange es keine Giftstoffe ans Wasser abgibt und der Farbauftrag weder abblättert noch von Aufwuchsfressern abgenagt werden kann, bestehen keine Bedenken dagegen, außer eventuellen geschmacklichen Einwänden.

Diffusor: Ein Zusatzgerät, das die Kraft des aus dem Filter oder der Pumpe strömendenden Wassers nutzt, um Luft anzusaugen, die mitgerissen und mit der Wasserströmung im Aquarium verteilt wird. Ene kostensparende Variante zur Belüftung mit →Membranpumpen. Allerdings entsteht auch hier immer ein gewisser Geräuschpegel, und das Bild ständig wirbelnder Luftbläschen trübt die Optik.

Doppelkolbenpumpe: Solche Pumpen wurden früher häufig für den Betrieb von Filtern und zur Belüftung größerer Aquarienanlagen eingesetzt. Heute verwendet man besser entweder große →Membranpumpen, Kompressoren oder Seitenkanalgebläse.

Druckschlauch: In der Aquaristik vor allem bei →Umkehrosmoseanlagen zu finden. Dort muss der Schlauch dem Druck der Haushaltsleitung (meist etwa 4 bar) standhalten. Der für →CO_2-Systeme verwendete Schlauch ist kein spezieller Druckschlauch, sondern aus CO_2-beständigem Material gefertigt.

E

Eiweißabschäumer: →Abschäumer.

Elektrode: Elektroden zum kurzzeitigen oder langfristigen Einsatz finden sich häufig als Gel-Elektroden in Mess- und

Steuergeräten. Wichtig für exaktes Arbeiten ist die sorgfältige Behandlung, etwa die Aufbewahrung nicht dauernd benötigter Elektroden in 3-molarer Kaliumlösung, und die regelmäßige Kalibrierung mit stets frischer Kalibrierlösung. Trotzdem altern Elektroden und müssen nach einer gewissen Zeit ausgetauscht werden. Dabei richtet man sich nach den Herstellerangaben und dem Herstellungsdatum, denn Elektroden altern auch bei Nichtgebrauch.

Energiesparlampe: Aufgrund ihres geringen Energieverbrauchs werden Energiesparlampen immer häufiger in der Aquaristik eingesetzt. Vor allem muss man hier auf ein günstiges Spektrum achten, da es sonst schnell zu Veralgung kommen kann. Haushaltsübliche Lampen sind eher ungünstig. Ausgesprochene Aquarienbeleuchtungen sind aber von vornherein mit geeigneten Lampen bestückt. Zur Beleuchtung kleiner Aquarien sind die kleinen Bauformen gut geeignet.

F

Fangglocke: Pfeifenähnliches Gebilde aus Glas oder aus Kunststoff zum schonenden Herausfangen von Tieren aus dem Aquarium. Beim Fang wird das obere Ende mit dem Daumen verschlossen und die Glocke möglichst nah unter den Fisch geführt. Der durch die entweichende Luft entstehende Sog zieht den Fisch in die Glocke, die man jetzt rasch aus dem Wasser hebt. Mit der Fangglocke lassen sich Fische wesentlich schonender fangen als mit den üblichen Keschern, da die Schleimhaut des Fisches nicht berührt wird, er im Wasser bleibt und sich auch nicht im Netzstoff verhaken kann. Allerdings braucht man etwas Übung dazu. Auch das Umsetzen von Jungfischen ist mit der Glocke für die Tiere wesentlich stressärmer.

Fangnetz: →Netz.

Feinfilter: Bestandteil von →Umkehrosmoseanlagen. Außerdem als mechanischer Filter im Handel, der feinste Partikel zurückhält und so für klarstes Wasser sorgt.

Filter: Luft- oder motorbetriebenes Gerät, das Aquarienwasser durch ein oder mehrere →Filtersubstrate oder -medien pumpt, um mechanische Trübungen zu entfernen. Durch die in den Substraten siedelnden Bakterien werden Wasserbelastungen in weniger schädliche Stoffe umgewandelt, die letztendlich durch Wasserwechsel entfernt beziehungsweise verdünnt werden. In zwei Bauformen in der Aquaristik verwendet: →Außenfilter und →Innenfilter, beide können entweder luft- oder motorbetrieben sein. →Feinfilter, →Filtersubstrat, →Intervallfilter, →Mattenfilter, →Rieselfilter, →Unterbodenfilter.

Filtersubstrat: Material, das Schmutzpartikel zurückhält und Bakterien eine Besiedlungsfläche bietet.

Filterwatte: Kunststoffgespinst, das in verschiedenen Stärken und Qualitäten angeboten wird. **Grobe Filterwatte**, auch als Filterwolle bezeichnet, soll hauptsächlich Schmutzpartikel festhalten und am besten als erstes vom Was-

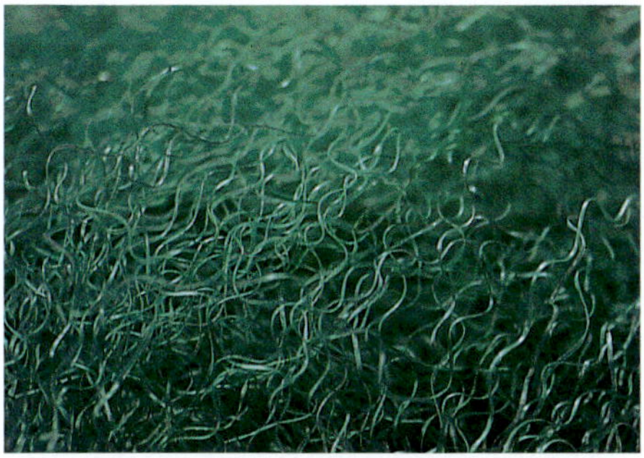

ser zu passierendes Substrat, also gewissermaßen als →Vorfilter, im →Filter eingesetzt werden, damit die zur biologischen Klärung dienenden Materialien nicht zu schnell verschmutzen. Aufgrund der groben, flächigen Struktur als Besiedlungssubstrat für Bakterien weniger geeignet als feiner strukturierte Materialien.

Feine Filterwatte dient sowohl der mechanischen Filterung als auch als Besiedlungsmedium für Bakterien. Als Vorfilter verdichtet sie sich und verschmutzt recht schnell, als abschließende Schicht verhindert sie aber, dass Partikel aus dem Filter, vor allem Flocken abgestorbener Bakterien, ins Aquarium gelangen. Feine Filterwatte wird auch gepresst als **Vlies** angeboten, einmal als Formstücke, die in bestimmte Filtermodelle als Schlussschicht eingelegt werden können, und als Meterware in verschiedenen Feinheitsgraden zur besonders wirksamen mechanischen Filterung, die auch kleinste Partikel zurückhält. Bezüglich der Größe der besiedelbaren Oberfläche ist auch feine Filterwatte anderen Materialien wie Sinterglas oder Schaumstoff unterlegen.

Sinterglas oder -keramik ist ein hochporöses Material, das die größtmögliche Siedlungsfläche für die Bakterien

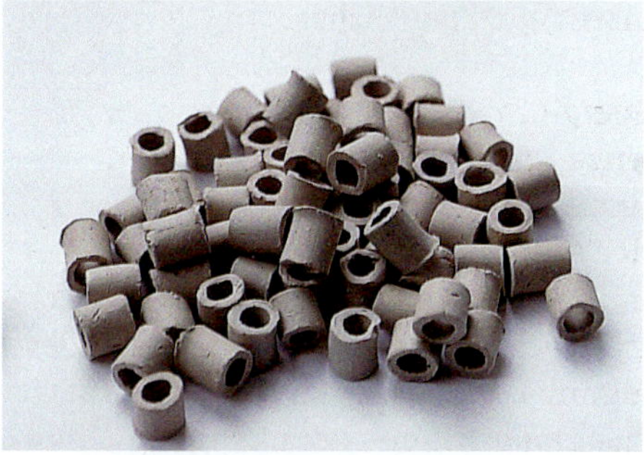

bietet. Der hohe Preis ist durch die Eigenschaften des Materials vollauf gerechtfertigt, an das ähnlich aussehende, billigere Produkte bei weitem nicht heranreichen.

Keramikringe oder -röhrchen sind in der Vorfilterstufe angebracht, um gröbere Partikel festzuhalten.

Kunststoffkörper gibt es in Kugel-, Igel- oder Ringform mit unterschiedlichen Strukturen, die sehr gut durchströmt werden und kaum verstopfen oder verschlammen können. Kunststoffkörper werden meist als Tropfkörper im →Rieselfilter eingesetzt, eignen sich aber auch gut als Vorfiltermaterial. Aufgrund ihrer glatten Oberfläche bieten sie Bakterien weniger Platz als das gleiche Volumen feinporiger Materialien.

Muschelgrus lässt sich bei Malawi- oder Tanganjikasee-Aquarien im Filter

einsetzen, um den pH-Wert besser abzupuffern.

Schaumstoff ist aufgrund seiner vielseitigen Verwend- und guten Handhabbarkeit, der großen, von Bakterien besiedelbaren Oberfläche sowie des nicht sehr hohen Preises das gängigste Filtermaterial. Er wird in großen Platten hergestellt und in verschiedene Formen geschnitten. In →Innenfiltern werden fertig konfektionierte Patronen eingesetzt, in geschlossenen →Außenfiltern passgenau zugeschnittene Mattenstücke. Offene Außenfilter werden häufig mit großen, starken Schaumstoffmatten bestückt, und der →Hamburger Mattenfilter besteht lediglich aus einer Matte und einer Pumpe. Auch gewürfelt kommt Schaumstoff zum Einsatz.

Die Besiedlungsfläche ist hinreichend groß, sie wird durch die Porenzahl bestimmt. Es wird in grob-, mittel- und feinporig, mit 10, 20 und 30 ppi (pores per inch) unterschieden. Feine Schaumstoffmatten verschlammen häufiger, was einen erhöten Reinigungsaufwand zur Folge hat. Es empfiehlt sich daher, einen →Vorfilter oder als erste Stufe eine grobporige Matte zu verwenden, die sich auch leichter reinigen lässt.

Lavabruch ist ein preisgünstiges poröses Material, das aber eine kleinere Oberfläche als Sinterglas aufweist.

Materialien wie →Aktivkohle, →Torf oder →Zeolith sind keine Filtermedien im eigentlichen Sinne, da sie die Eigenschaften des Wassers verändern.

FI-Schalter: Ein Schutzschalter, der wie eine Sicherung den Stromfluss sofort unterbricht, wenn Fehlerströme auftreten. Gerade bei defekten Geräten im und am Aquarium kann er schmerzliche bis tödliche Ausgänge verhindern. Das einwandfreie Funktionieren des Schalters wird mit einem monatlich durchzuführenden Test überprüft.

Generell sind bei Arbeiten im und am Aquarium sämtliche stromführenden Geräte vom Netz zu trennen.

Fischfalle: Ein Behälter aus transparentem Kunststoff, der mit einer Klappe verschlossen werden kann, die vom Aquarianer mittels einer Schnur bedient wird, wenn der Fisch durch einen Köder angelockt in die Falle geschwommen ist. Nützlich um versteckt lebende Fische zu fangen, ohne das gesamte Aquarium ausräumen zu müssen, allerdings oft mit einer erheblichen Geduldsprobe und etlichen Fehlversuchen verbunden.

Fließbettfilter: Filter, dessen Substrat durch eine Strömung in ständiger Bewegung gehalten wird. Dadurch können die Oberflächen des Substrates – meist Sand oder Kunststoffkörper – optimal von Bakterien besiedelt werden, was zu einer besonders effektiven

Verarbeitung der Abfallprodukte aus dem Aquarium führt. Die Variante mit Kunststoffkörpern findet ihren Einsatz bisher nur im Teich, das aber überzeugend. →Sandbettfilter.

Futterautomat: Ein mit Netzkabel versehenes oder batteriebetriebenes Gerät, das zu einstellbaren Zeiten eine vorher festgelegte Menge Futter in das Aquarium fallen lässt. Ein nützliches Hilfsmittel, um während längerer Abwesenheit die Fische zu versorgen, Jungfische mehrmals täglich zu füttern oder nachtaktiven Fischen zusätzlich Futter zukommen zu lassen.

Die meisten im Handel angebotenen Futterautomaten besitzen eine Trommel, die sich mit der Öffnung nach unten dreht und so eine regulierbare Futtermenge freigibt. Problematisch ist die Verwendung von Flockenfutter, das durch eintretende Feuchtigkeit verklumpen kann, auch wenn inzwischen sogar Automaten mit beheizbarer Futtertrommel angeboten werden. Trotzdem ist der Einsatz von Granulaten risikoloser.

Eine andere Bauform ähnelt einem Teller, der in kleine Schütten unterteilt ist, in die die jeweilige Futterportion eingefüllt wird. Im Zentrum des Tellers sitzt eine Zeitschaltuhr, die den Ablauf steuert. Vorteilhaft ist die Möglichkeit, die Schütten individuell bestücken zu können.

Empfehlenswert ist bei allen Modellen ein mindestens mehrtägiger Probelauf vor der eigentlichen Inbetriebnahme.

Futterring: Schwimmender oder mit einem Sauger fixierter Plastikring, der die Ausbreitung von Flockenfutter über die gesamte Wasseroberfläche verhindert. So kann es auch nicht zwischen Schwimmpflanzen oder an unerreichbare Stellen geraten, wo es fault und das Wasser belastet. Die Konzentration bedeutet aber auch, dass kleinere oder schwächere Fische erst später an das Futter gelangen. Gibt man pro Fütterung nur soviel, wie in wenigen Minuten aufgefressen ist, kann man meistens auf einen Futterring verzichten.

Nützlich ist ein Futterring mit eingesetztem Wurmsieb bei der Verfütterung von *Tubifex*, da sich die Würmer erst durch die Sieblöcher winden müssen, bevor sie herunterfallen und sich im Bodengrund verbergen können.

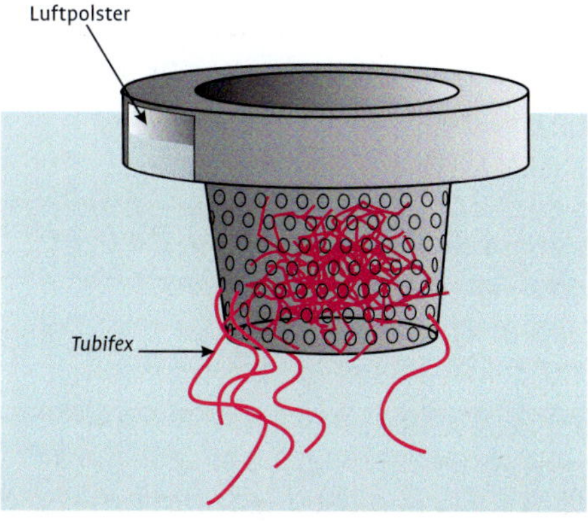

G

Glühbirne: Ungünstig wegen des für Pflanzen wenig geeigneten Spektrums und des hohen Stromverbrauchs. Einsetzbar, um besondere Lichteffekte zu erzielen.

Großmembranpumpe: Von den gebräuchlichen kleineren Membranpumpen unterscheiden sich Großmembranpumpen durch ihre Baugröße und die Größe und Leistungsfähigkeit ihrer Membranen. Sie produzieren eine deutlich größere Luftmenge bei wesentlich höherem Druck. Das Einsatzgebiet entspricht dem der kleineren Membranpumpen, nur lassen sich erheblich mehr Aquarien mit Luft versorgen. →Membranpumpe.

H

Halogenlampe: Halogenlampen konnten sich in der Aquaristik nicht durchsetzen. Als alleinige Beleuchtung nicht gut geeignet, da das Spektrum weniger für Pflanzen geeignet ist. Allerdings lassen sich hübsche Effekte erzielen, wenn man Halogenlampen zusätzlich verwendet, um einzelne Bereiche gesondert aufzuhellen.

Hamburger Mattenfilter: Ein einfaches, aber wirkungsvolles Filterprinzip, bei dem durch eine im Aquarium selbst platzierte Schaumstoffmatte das Wasser in eine kleine Klarwasserkammer gesogen und von dort wieder ins Aquarium zurückgepumpt wird. Als Antrieb lässt sich sowohl ein →Luftheber als auch eine →Kreiselpumpe einsetzen. In einfacher Bauweise kann die Matte dabei als gerade Platte einen kleinen Teil des Aquarium abtrennen. Ein wenig komplizierter, aber optisch wesentlich befriedigender, da man den Filter in einer hinteren Ecke nahezu unsichtbar anbringen kann, ist der Einbau einer gewölbten Matte. Leider ist der angebotene Schaumstoff fast immer in einem störenden Blau gefärbt; Schwarz wäre wesentlich unauffälliger, kommt aber leider nur selten in den Handel. Besonders bewährt hat sich das einfa-

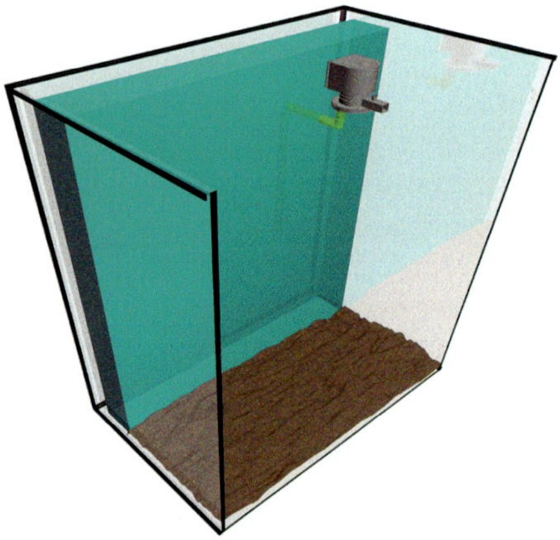

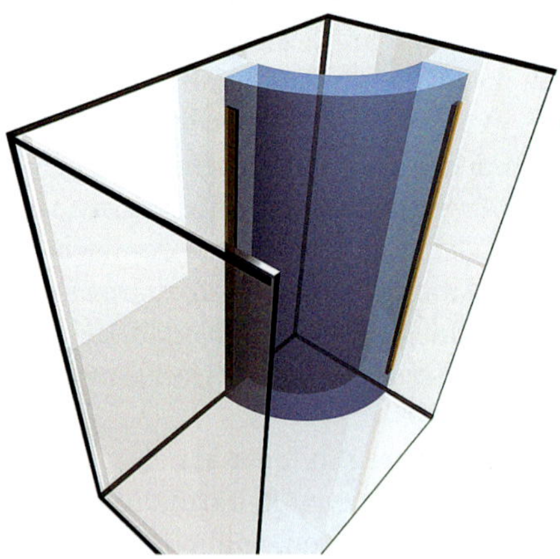

che Modell bei der Aufzucht von Jungfischen. Bei sehr weichem, gering gepuffertem Wasser muss man den pH-Wert regelmäßig und in kürzeren Abständen als sonst überprüfen, da bei stärkerem Fischbesatz ein pH-Sturz nicht unwahrscheinlich ist.

Heizer: →Bodenheizung, →Regelheizer.

Heizkabel: →Bodenheizung.

HQI: Handelsbezeichnung und zugleich Abkürzung für Halogen-Metalldampflampen. Gegenüber →HQL-Lampen höhere Lichtausbeute und ein erheblich verbessertes Spektrum, dadurch eine natürlichere Farbwiedergabe und größere Pflanzeneignung. Nachteile: hoher Anschaffungspreis und im Vergleich zu →Leuchtstoffröhren ebenfalls hoher Stromverbrauch.

Vorteile: natürliche Licht- und Schattenwirkung wie bei allen punktförmigen Lichtquellen, langsames Aufleuchten innerhalb von 3–5 Minuten, erhältlich in großen Wattstärken, mit denen auch hohe Aquarien bis zum Boden pflanzengerecht beleuchtet werden können. Verfügbar in den Stärken 70-, 150- und 250-Watt und darüber, wobei für das Süßwasseraquarium hauptächlich die ersten beiden geeignet sind. Angeboten in verschiedenen Farbtemperaturen (Kelvin), von denen für das Süßwasseraquarium in erster Linie 6500 K in Frage kommen. 10 000 K können bereits zu vermehrtem Algenwachstum führen.

Altern etwas schneller als Leuchtstoff- und HQL-Lampen. Um die volle Leistung zu erhalten, sollte bei 12 Stunden täglichem Betrieb nach etwa 9 Monaten der Brenner ausgewechselt werden.

HQI-Brenner müssen mit UV-Schutzglas betrieben werden, das zugleich als Spritzschutz fungiert, denn Kontakt mit Wasser würde die sehr heißen Brenner sofort zum Platzen bringen.

HQL: Quecksilberdampf-Hochdrucklampen. Vorläufer der →HQI-Lampen. Gegenüber HQI deutlich schlechteres Spektrum (Gelbstich) und geringere Lichtausbeute, allerdings etwas höhere Lebensdauer. Ebenfalls in unterschiedlichen Stärken zu bekommen. Verhalten sonst wie →HQI.

I

Inkubator: →*Artemia*-Kulturgerät.

Innenfilter: In 2 verschiedenen Bauformen: luft- oder motorbetrieben. **Luftbetriebene Innenfilter** arbeiten nach dem Luftheberprinzip. Dabei wird ein Luftstrom – etwa aus einer →Membranpumpe – duch einen Schlauch in ein Rohr geleitet. Die Luft steigt im Rohr nach oben und reißt das Wasser mit, das durch das →Filtersubstrat nachdringt. Im Handel sind verschiedene Bauformen erhältlich. Bei den meisten Modellen wird das Wasser durch eine Schaumstoffpatrone gesogen, die auf ein Plastikrohr aufgesteckt ist. Als Gerät zur Filterung kleiner und kleinster Aquarien mit geringem Tierbesatz, etwa Zucht- oder Aufzuchtaquarien mit sehr kleinen Jungfischen, gut geeignet, da gleichzeitg eine →Belüftung des Wassers stattfindet. Für Gesellschafts-

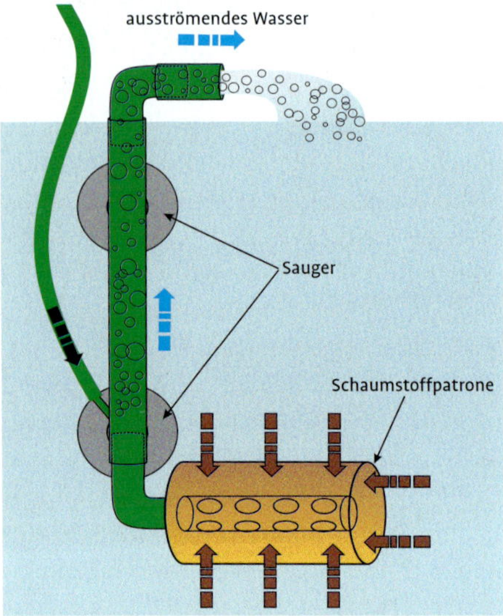

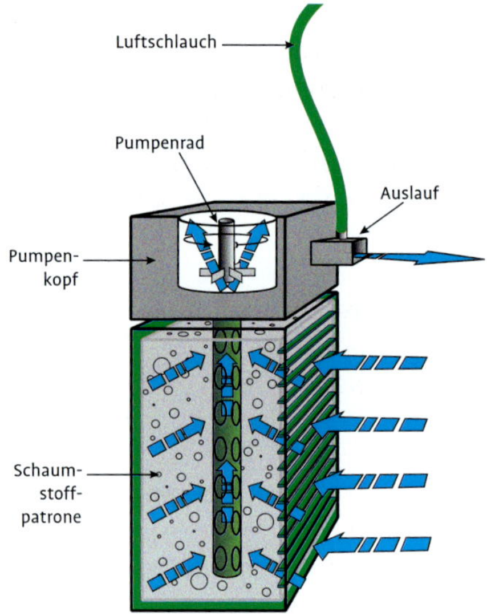

aquarien aufgrund des kleinen Filtervolumens weniger geeignet.

Eine andere Variante saugt das Wasser durch ein auf eine perforierte Röhre gewickeltes Wattevlies. Dieses Modell kann durch zusätzliche Röhren erweitert werden und eignet sich auch für größere Aquarien. Bei einer weiteren Bauform wird ein auf dem Boden stehendes oder auf den Luftheber aufgestecktes Behältnis mit Filterwatte oder einem anderen Filtersubstrat gefüllt.

Bei allen luftbetriebenen Innenfiltern ist auf eine ausreichend dimensionierte →Membranpumpe und auf die Regelbarkeit des Luftstroms zu achten.

Motorbetriebene Innenfilter sind meist zylinder- oder kastenähnliche Kunststoffgebilde. Sie nutzen als Antrieb eine eingebaute →Kreiselpumpe, die das Wasser transportiert. Oft als Komponente in →Komplett-Sets enthalten. Allerdings sind diese Filter für den vorgesehenen Zweck fast immer zu klein dimensioniert, es sei denn, es werden nur sehr wenige Tiere eingesetzt. Für kleine Behälter aber hervorragend geeignet. Fast alle Modelle sind mittlerweile regelbar und besitzen einen Anschluss für einen Luftschlauch oder einen besonderen Ansaugstutzen, über den selbsttätig Luft angesaugt und dem ins Aquarium zurückströmenden Wasser beigemischt wird, was eine zusätzliche Belüftung überflüssig macht.

Größere Ausführungen, die auch mehrere Kammern beinhalten, sind trotz des höheren Platzbedarfs im Aquarium empfehlenswert. Solche Mehrkammerfilter, gelegentlich auch als Bio-Innenfilter bezeichnet, können gleichzeitig verschiedene Substrate aufnehmen. Der Schritt zum kleinen →Außenfilter ist allerdings dann nicht mehr groß.

Vorteile aller Innenfilter: Geringe Störanfälligkeit, keine Schlauchverbindungen außerhalb des Aquariums. Nachteile: Bei der Entnahme zur Reinigung fällt bei vielen Modellen ein Teil des angesaugten Schmutzes wieder ins Aquarium zurück und muss nachträglich gesondert entfernt werden. Größere Filter verbrauchen Platz und wirken auch ästhetisch nicht immer unbedingt befriedigend, wenn sie nicht versteckt genug installiert werden können.

Intervallfilter: Besondere Bauweise eines →Außenfilters. Der Filter wird leergepumpt, Luft kommt in Kontakt mit den →Filtersubstraten, danach läuft Wasser in den Filter und füllt ihn wieder auf. Nach kurzer Verweildauer wird das Wasser wieder ins Aquarium gepumpt. Dieser Vorgang wird durch einen Schwimmer in Form eines Styroporkörpers geschaltet und wiederholt sich in kurzen Zeitabständen. Die Funktion ähnelt der eines →Rieselfilters mit den entsprechenden Vor- und Nachteilen. Dazu kommt eine permanente Geräuschkulisse durch den Schaltvorgang und eine erhöhte Störanfälligkeit.

Ionentauscher: →Austauscherharze.

K

Kabelheizer: →Bodenheizung.

Kescher: →Netz.

Komplett-Set: Angebot, das eine Zusammenstellung aus →Aquarium, →Aquarien-Abdeckung, →Innenfilter, →Regelheizer. Eventuell finden sich noch weitere Utensilien wie →Netz, →Unterlage, →Rückwandfolie, Fischfutter. Die einzelnen Sets verschiedener Hersteller variieren in der Zusammenstellung.

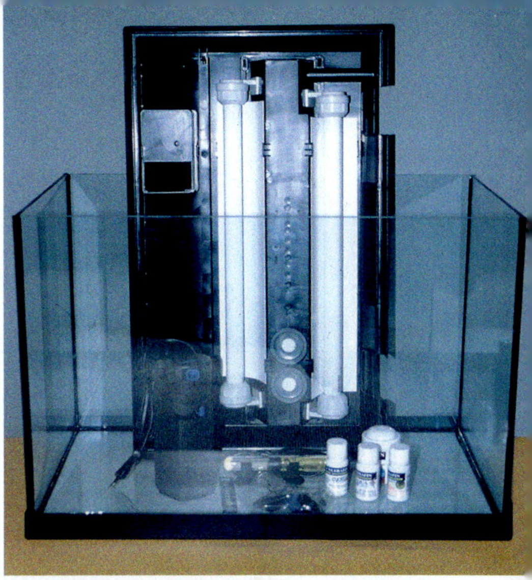

Vorsicht ist geboten bei besonders verlockenden Angeboten in fachfremden Geschäften, die keine weitergehende Beratung und auch keine eigene Zooabteilung bieten können. Man sollte sich vergewissern, dass die Komponenten auch von sonst gängigen Marken stammen, sonst kann es bei Reparaturen oder Garantiefällen problematisch werden.

Qualitätsvolle Sets können durchaus einen erheblichen Preisvorteil mit sich bringen und einen Einstieg in die Aquaristik mit allem Notwendigen einfacher machen.

Kreiselpumpe: In der Aquaristik vor allem Magnetkreiselpumpe, bei der ein Permanentmagnet mit seiner Magnetkraft ein Pumpenrad antreibt, das von ihm wasserdicht getrennt eingebaut ist. Als Antriebseinheit in Innen- und Außenfiltern, außerdem als Strömungspumpe und zum Betrieb selbst konstruierter Filter einsetzbar. Kompakte Modelle, die zur Unterwassermontage im Aquarium geeignet sind, werden auch

unter der Bezeichnung →Powerhead geführt. Das Leistungs- wie das Preisspektrum der Angebote im Handel ist außerordentlich groß. Vorsicht ist geraten bei sehr preiswerten Kopien europäischer Qualitätsfabrikate, die aus Fernost eingeführt werden und nicht immer die Sicherheitsstandards einhalten.

Beim Anlaufen des Motors kann sich innerhalb weniger Sekunden die Drehrichtung ändern. Durch dieses ungerichtete Anlaufen entstehen nicht nur sehr laut Geräusche, es werden dabei auch enorme Kräfte freigesetzt, weshalb eine gute Lagerung der Radachse unbedingt erforderlich ist.

Keramikwellen in Kunststofflagern haben sich als besonders dauerhaft erwiesen. Allerdings müssen keramische Radachsen bei der Reinigung besonders vorsichtig behandelt werden, da sie dabei leicht brechen. Die Vorratshaltung einiger Ersatzachsen empfiehlt sich sehr.

Wichtige Leistungsparameter einer Pumpe sind Förderhöhe (in Meter Wassersäule) und Fördermenge (in Liter pro Minute oder Stunde). Beides wird neben der Leistungsaufnahme (Watt pro Stunde) von der Konstruktion des Flügelrades, der Anzahl, Größe und Form seiner Schaufeln bestimmt. Bei der Anschaffung ist also darauf zu achten, ob die Pumpe lediglich Strömung erzeugen soll, ohne einen Höhenunterschied überwinden zu müssen, oder ob sie Wasser aus einem tiefer stehenden Filterbecken etwa ins Aquarium pumpen muss.

Tauchkreiselpumpen weichen in ihrer Konstruktion davon ab und dürfen nicht vollständig untergetaucht werden. Allerdings sind sie in der Süßwasseraquaristik kaum gebräuchlich.

Ein bisher nicht vollständig gelöstes Problem ist die dauerhafte Anbringung nicht nur von Pumpen an einer vertikalen Aquarienscheibe. Schraubklemmen übertragen häufig Vibrationen der Pumpe auf Aquarium und Umgebung, und Sauger lassen nach einiger Zeit in ihrer Kraft nach, so dass die Pumpe sich löst.

Um eventuelle Schäden zu vermeiden, dürfen alle Pumpen nur am Ausgang gedrosselt werden. Das trifft auch auf motorbetriebene →Außenfilter zu. Auch ein Trockenlaufen kann zur Beschädigung oder Zerstörung der Pumpe führen. Betreiben Sie nur Pumpen, die in einwandfreiem Zustand sind. Defekte Kabel und Motoren können Ihnen und Ihrem Aquarium Schaden zufügen.

L

Leuchtstoffröhre: Bewährtes und wirtschaftlichstes Mittel zur Aquarienbeleuchtung. Leuchtstoffröhren werden mit Starter und Vorschaltgerät betrieben und in spezielle Fassungen eingesetzt. Sie werden in genormten Längen und Wattstärken hergestellt und meist in vorgefertigte Leuchtbalken eingebaut, die ihrerseits Bestandteil der meisten →Aquarienabdeckungen oder Hängeleuchten sind.

Zum Stromverbrauch der Röhren selbst muss der Verlust durch das Vorschaltgerät addiert werden, der etwa bei 25 Prozent der Lampenleistung bei herkömmlichen Vorschaltgeräten liegt, während elektronische Vorschaltgeräte wesentlich weniger Energie verbrauchen und zudem ein flackerfreies Licht garantieren. Außerdem ermöglichen elektronische Vorschaltgeräte auch das Dimmen der Röhren, das sonst nicht möglich ist, und entwickeln im Gegensatz zu den herkömmlichen Geräten keine allzu große Wärme.

Das Angebot an unterschiedlichen Spektrenzusammensetzungen ist groß, dehalb empfiehlt es sich, die Angebote der einzelnen Anbieter genauer zu studieren und zu vergleichen, um für die eigenen Ansprüche die am besten geeigneten Röhren zu finden. Grundsätzlich fördert die blaue Lichtfarbe das Breitenwachstum der Pflanzen, während Rot das Längenwachstum unterstützt. Einseitig überbetonte Spektren begünstigen in der Regel das Algenwachstum.

Mittlerweile ist es möglich, ein sonnenlichtähnliches Spektrum zu erreichen, das sowohl den Bedürfnissen der Pflanzen am nächsten kommt als auch die für das Auge des Betrachters natürlichste Farbwiedergabe erzielt.

Die seit einigen Jahren erhältlichen T5-Röhren weisen gegenüber den bisher und immer noch häufig gebräuchlichen T8-Röhren einige Vorteile auf. Sie sind mit 16 Millimeter Durchmesser dünner als T8-Röhren mit 26 Millimeter, wodurch mehrere Röhren einfacher nebeneinander zu platzieren sind und der Reflektor einen größeren Wirkungsgrad erreicht, da die Abschattung durch die Röhre selbst kleiner ist. Die Lebensdauer bei gleicher Leistung oder nur geringem Leistungsabfall ist erheblich länger.

Vor allem aber ist es möglich, entweder die Lichtmenge zu steigern oder Energie zu sparen, denn T5-Röhren gibt es in zwei Ausführungen. Mit der T5-HO-Röhre sind bei gleichem Stromverbrauch bis zu 50 Prozent mehr Lichtleistung möglich, die T5-HE-Bauform erlaubt eine deutliche Energieeinsparung gegenüber einer T8-Röhre gleicher Lichtleistung.

Eine Umrüstung von T8 auf T5 ist allerdings ohne Umbau mit besonderen Nachrüstsets nicht ohne weiteres möglich, denn neben den anderen Fassungen sind auch spezielle elektronische Vorschaltgeräte erforderlich.

Beim Betrieb ohne Deckscheibe zwischen Lampe und Wasseroberfläche sind unbedingt Feuchtraumfassungen zu verwenden, bei Hängeleuchten darf die Distanz zwischen Lampe und Aquarienoberkante nicht zu groß sein.

Auch Leuchstoffröhren altern, die Lichtleistung nimmt ab, und das Spektrum verändert sich. Deshalb sollten sie nach einer bestimmten Brenndauer ausgewechselt werden. Allerdings sollte man bei einer Beleuchtung mit mehreren Röhren nicht alle zugleich austauschen, sondern einen 14-Tage-Rhythmus einhalten, um einen zu abrupten Wechsel zu vermeiden, der das Pflanzenwachstum stocken ließe und den Algen eine zusätzliche Chance böte. Rechnet man mit einer Brenndauer von zwölf Stunden täglich, verliert eine herkömmliche Röhre etwa acht Prozent ihrer Stärke in einem Jahr, T5-Röhren sind langlebiger und müssen deshalb weniger häufig ausgetauscht werden.

Luftbetriebene Filter: Mit einem Luftheber lassen sich nicht nur Innen-, sondern ebenso gut Außenfilter mit erheblich größerem Volumen betreiben. Allerdings werden solche Geräte nicht fertig im Handel angeboten, sondern müssen selbst geplant und gebaut werden. In den meisten Fällen wird es sich um Sonderformen des →Hamburger Mattenfilters handeln, bei denen die Matten außerhalb des eigentlichen Aquariums in einem separaten Becken untergebracht werden. Eine andere Bauform wäre ein Mehrkammerfilter, der mit unterschiedlichen Substraten arbeiten kann.

M

Mattenfilter: →Hamburger Mattenfilter.

Membranpumpe: In einer Membranpumpe wird ein Schwinganker, an dessen beweglichem Ende zwei Permanentmagnete sitzen, durch einen Elektromagneten in der Frequenz der Netzspannung (50 Hertz) zum Schwingen gebracht. Die Bewegung überträgt sich auf eine Gummimembran, die durch ein Ventil Luft ansaugt, sie verdichtet, wieder abgibt und so einen gleichmäßigen Luftstrom erzeugt.

Da strömende Luft auch als Kraft eingesetzt werden kann, eignen sich Membranpumpen neben ihrer eigentlichen Zweckbestimmung, der Luftzufuhr, auch für die Erzeugung von Strömung oder den Betrieb von Filtern. Die Leistung wird in Liter pro Stunde oder Minute angegeben und ist auch auf den Verpackungen und meist auch den Geräten selbst aufgedruckt. Sehr leistungsstarke Pumpen in Industriequalität – so genannte →Großmembranpumpen – sind in der Lage, die Filterung und Belüftung ganzer Zuchtanlagen zu gewährleisten.

Membranpumpen sind in vielen verschiedenen Größen und Leistungsstufen erhältlich. Ein Problem, dem sich die Hersteller mit wechselndem, aber wachsendem Erfolg angenommen haben, ist die Geräuschentwicklung. Mehr als ein sanftes Brummen sollte auch in der Nähe der Pumpe nicht zu hören sein. Besonders ältere Modelle neigen aber dazu, nach einiger Zeit erheblich lästigere Pegel zu erreichen. Man soll-

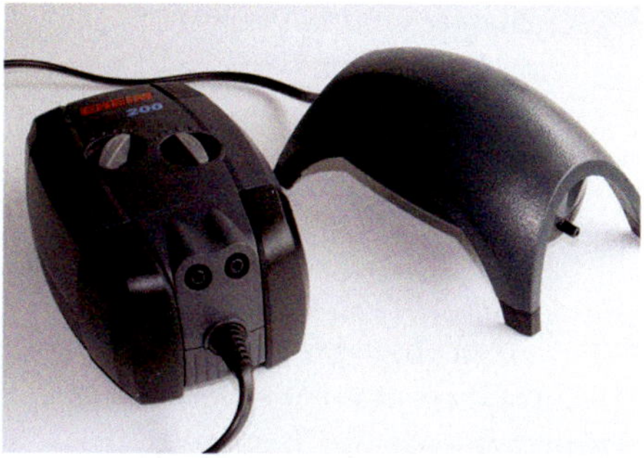

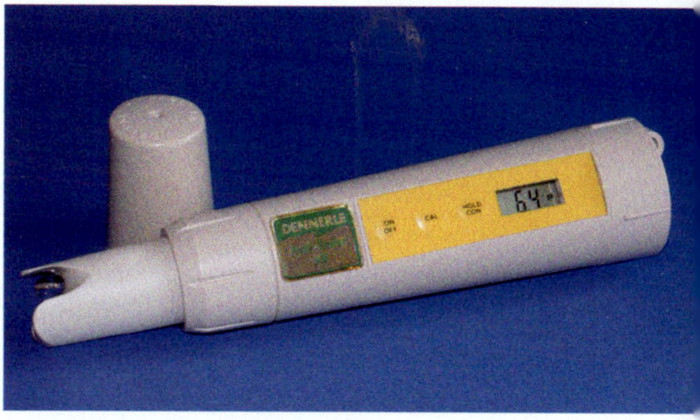

te sich also über die zu erwartende Geräuschentwicklung vor dem Kauf informieren.

Die Membranen selbst sind Verschleißteile, die nach vielen Betriebsstunden ermüden oder reißen und deshalb bisweilen ausgetauscht werden müssen. Die entsprechenden Ersatzmembranen sind im Fachhandel erhältlich.

Membranpumpen können aufgestellt oder aufgehängt werden. Sollte eine Membranpumpe unterhalb des Wasserspiegels platziert sein, muss unbedingt ein →Rückschlagventil in den Luftschlauch eingesetzt werden. Es verhindert nach dem Ausschalten oder Ausfall der Pumpe, dass Wasser in die Pumpe eindringt, was nicht nur die Pumpe schädigen, sondern auch zum Leerlaufen des Aquariums und zu Kurzschluss oder sogar gefährlichem Stromschlag führen kann.

Messgeräte: Für aquaristische Zwecke gibt es eine Reihe von Messgeräten, die auf elektrischer und elektronischer Basis arbeiten und einzelne Wasserwerte oft zuverlässiger ermitteln können, als das mit anderen Methoden möglich ist. Allerdings sind solche Geräte fast immer teuer in der Anschaffung. Mögliche messbare Parameter sind Temperatur, pH-Wert, Leitwert, Sauerstoffgehalt, Redox-Potential.

Während die Temperatur über einen verschleißfreien Fühler gemessen wird, sind →Elektroden für die Messung anderer Werte Verbrauch und Alterung unterworfen und müssen nicht nur regelmäßig nachjustiert, also kalibriert, sondern nach Ablauf einer gewissen Zeit ersetzt werden.

Der Einsatz von Messgeräten lohnt sich meist erst beim Betrieb mehrerer Aquarien, da der Anschaffungspreis im Vergleich zum Nachkauf der ebenfalls genau genug arbeitenden Tröpfchentests doch sehr hoch liegt. Als erstes Gerät kommt meistens ein pH-Meter in Betracht, das in ausreichender Zuverlässigkeit als Handmessgerät angeboten wird.

Beim Einsatz eines →CO_2-Systems ist der pH-Wert am besten in Dauermessung zu überwachen. Dafür eignen sich zwar auch pH-Dauertests, die im Aquarium angebracht werden und über die jeweilige Farbe den pH-Wert anzeigen, doch kann eine Elektrode auch die CO_2-Zufuhr steuern, was einen erheblichen Zugewinn an Zuverlässigkeit und Genauigkeit bedeutet.

Mulmglocke: →Bodenreiniger.

N

Nährstoffbodengrund: Bodengrundzusätze.

Netz: Fangnetz, Kescher. Feinmaschiges Gewebe auf einem Bügel mit Haltegriff. Man bekommt Kescher in unterschiedlichen Größen und Ausführungen. Bei der Auswahl sollte man nicht nur die Länge der Fische bedenken, sondern ebenso die Größe und Geräumigkeit des Aquariums berücksichtigen. Für empfindliche Fische sollte man ein sehr feinmaschiges Netz wählen, da es die Schleimhaut nicht schädigt. Harnischwelse und andere Fische mit Haken, Stacheln oder Borsten lassen sich am ehesten mit einem so genannten Welsnetz mit glattem Gewebe fangen, da sich die Fische nicht allzusehr darin verhaken können. Trotzdem wird es vorkommen, dass ein Fisch einmal hängenbleibt. Dann darf man nicht versuchen, das Opfer mit den Fingern herauszulösen, sondern lässt den Kescher am besten ruhig im Wasser liegen; der Fisch wird sich nach einiger Zeit aus eigener Kraft befreien. Wendigere Fische fängt man am besten mit zwei Netzen, indem man mit dem einen das Objekt in das als Falle ruhig gehaltene zweite treibt. Noch schonender fängt man Fische mit der →Fangglocke.

Nitratfilter: Ein mit →Austauscherharz gefüllter zylindrischer Behälter, durch den das Aquarienwasser fließt. Das Harz muss nach Erschöpfung mit einer Kochsalzlösung regeneriert werden. Solche Geräte werden nicht nur in der Aquaristik zur Nitratbindung eingesetzt, sondern sind in wesentlich größeren Dimensionen auch in der Trinkwasseraufbereitung zu finden.

O

Oberflächenabsauger: Gerät, das Oberflächenwasser dem Filter zuführt. Eine Kahmhaut kann damit entfernt werden beziehungsweise gar nicht entstehen. Im Handel sind fast ausschließlich Oberflächenabsauger für den Einsatz an Außenfiltern erhältlich. Der Oberflächenabsauger wird an der Saugseite des Filters im Aquarium angeschlossen und saugt zu einem Teil das Oberflächenwasser an, während zusätzlich auch bodennahes Wasser einströmt. Durch einen Drehmechanismus kann die jeweilige Wasserzufuhr reguliert werden. Andere Ausführungen können sich dem Wasserstand anpassen.

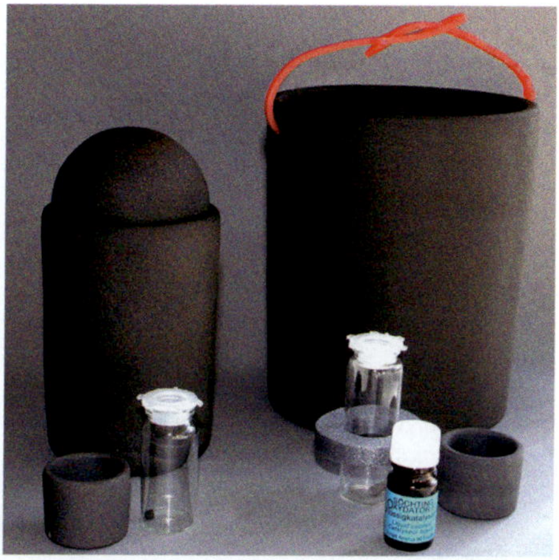

Oxydator: Oxydatoren setzen auf chemischem Weg Sauerstoff frei. Eine Wasserstoffperoxydlösung in vorgeschriebener Konzentration gibt mit Hilfe eines kleinen Katalysators Sauerstoff ins umgebende Wasser ab. Die Lösung wird zusammen mit dem Katalysator in einen Plastikbehälter gefüllt, dieser in einen Mantel, der ebenfalls aus einer Spezialkeramik besteht, gesetzt und das Ganze mit einem Verschluss gesichert. Der Oxydator wird im Aquarium untergebracht und arbeitet vollkommen selbsttätig.

Vorteile: Vollkommen lautlose Sauerstoffanreicherung des Aquarienwassers, kein elektrischer Strom, nur selten Bläschenbildung, direkte Oxidation bestimmter Schadstoffe und Abtötung von Keimen durch den aggressiven freien Sauerstoff. Nachteile: Folgekosten durch den Nachkauf der Lösung, wenig schöner Anblick bei ungenügender Versteckmöglichkeit, Oxidation auch von bestimmten Pflanzennährstoffen. Ebenso muss bei der Verabreichung von Medikamenten der Oxydator herausgenommen werden.

Am ehesten lohnt sich der Einsatz in stark besetzten, pflanzenfreien Behältern, zum Beispiel in Aquarien mit größeren Buntbarschen aus Mittelamerika oder Ostafrika oder bei der Aufzucht von Jungfischen.

Ozonisator: Ozon ist ein labiles Molekül aus drei Sauerstoffatomen und besitzt besonders stark oxidierende Wirkung. In der Meerwasseraquaristik gehört die Ozonisierung des Wassers zu den Standardverfahren. Im Süßwasseraquarium wird Ozon bisher kaum angewendet, obwohl sich auch hier größerer Nutzen daraus ziehen ließe, etwa bei der Entfernung belastender Stoffwechselprodukte oder von Schadstoffen sowie der Bekämpfung von Krankheitskeimen. Für den Einsatz im Süßwasseraquarium reicht ein Ozonreaktor aus, der ein angesaugtes Luft-Ozon-Gemisch optimal verwerten kann, das mittels einer Membranpumpe in das Gerät gedrückt wird.

P

Pflanzenbesteck: Werkzeuge für gärtnerische Arbeiten im Aquarium, beson-

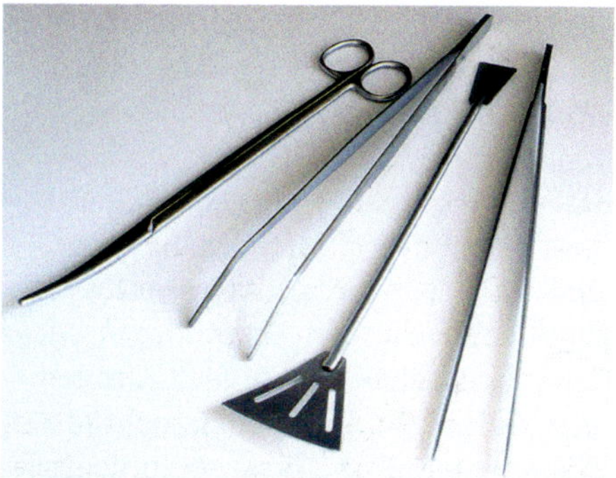

ders in höheren Behältern oder für unzugänglichere Stellen nützlich. Pflanzenschere, -zange oder –pinzette sowie Spatel in großer Ausführung sind einzeln oder als Set erhältlich.

pH-Dauertest: Ein kleiner Behälter, der mit Aquarienwasser und einer Indikatorflüssigkeit gefüllt wird und über die Farbe den jeweils im Aquarium herrschenden pH-Wert anzeigt, wobei die Reaktionszeit durchschnittlich etwa eine halbe Stunde beträgt. Wesentlich preiswerteres, aber auch ungenaueres Verfahren zur CO_2-Kontrolle als die Elektrodenmessung und -steuerung. Bei Ausführungen, die mit einer Membrane ausgestattet sind, kommt es zu Verschleißerscheinungen. Die Membrane sollte auch ständig mit dem Aquarienwasser in Kontakt sein, da sie sonst nicht mehr richtig funktionieren kann. Der Inhalt des Dauertest sollte nach jedem größeren Wasserwechsel ausgetauscht werden. →CO_2-System.

pH-Meter: →Messgeräte.

Powerhead: Kompakte →Kreiselpumpen, die zur Strömungserzeugung oder mit →Diffusor zur Sauerstoffanreicherung eingesetzt werden können und mit denen sich Schnellfilter betreiben lassen, indem ein Filtersubstrat vorgeschaltet wird. Dazu eignen sich Schaumstoffblöcke, in die zuvor ein passgerechtes Loch geschnitten wurde, oder eine perforierte, unten abgeschlossene Rolle, um die ein Filtervlies gewickelt wird. Beim Einsatz als Strömungspumpe muss der Ansaugkorb gegen das Eindringen von Fremdkörpern geschützt werden.

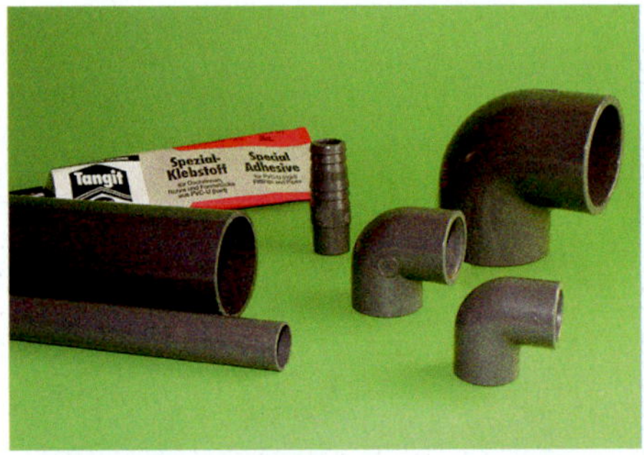

PVC: In der Aquaristik wird PVC meist in Form von Rohren und anderen Fittings eingesetzt, um etwa offene Außenfilter und Aquarien miteinander zu verbinden. PVC ist stabil und alterungsbeständig; es lässt sich durch Klebung – eigentlich besser Kaltverschweißung – dauerhaft miteinander verbinden.

R

Reflektor: Um auch das nach oben abgestrahle Licht einer Lampe zu nutzen, setzt man einen Reflektor ein, der dieses Licht wie ein Spiegel umlenkt und wieder ins Aquarium wirft. Den höchsten Wirkungsgard erzielen spiegelähnliche Oberflächen. Matt gewordene Reflektoren muss man gegen blanke austauschen, ebenso sind Verschmutzungen etwa durch Spritzwasser sorgfältig zu entfernen, um die Wirkung nicht zu beeinträchtigen.

Regelheizer: Reagenzglasähnliches Gerät, meist aus Glas, ein →Stabheizer mit integriertem →Thermostat. Gebräuchlichster Aquarienheizer. Im Inneren sitzt der Heizdraht oder ein anderes elektrisches Heizelement, darüber der Thermostat, dessen Regelschraube

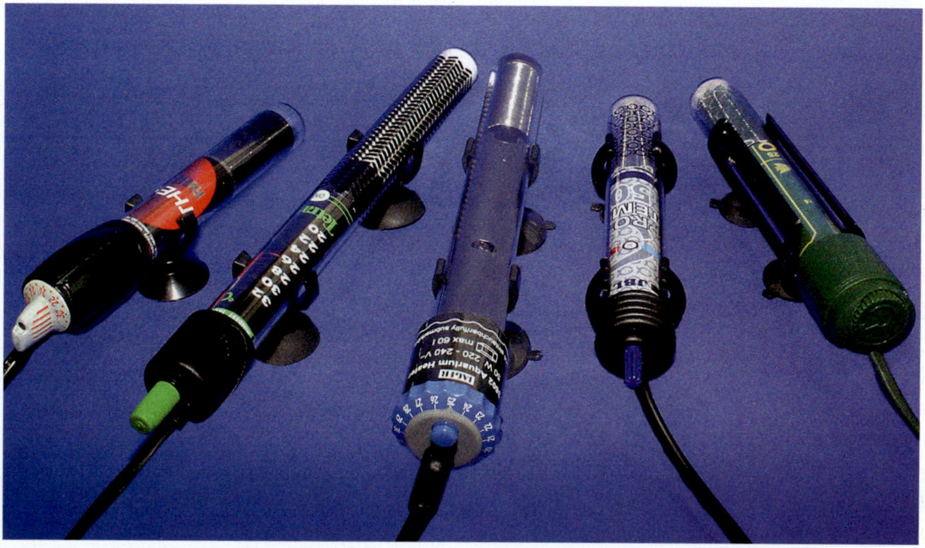

beziehungsweise Einstellknopf durch den wasserdichten Abschluss nach oben führt. Daran wird die gewünschte Temperatur gewählt. Eine Kontrolle mit einem →Thermometer und eine manchmal häufige Nachjustierung sind unerlässlich, da auch bei angegebenen Gradzahlen nur ein ungefährer Wert eingestellt werden kann. Ist der Heizer einmal reguliert, hält er die Temperatur im Aquarium zuverlässig. Vor dem Einbau ins Aquarium muss man sich vergewissern, ob der Heizer untergetaucht verwendet werden kann oder sich mit dem oberen Ende über dem Wasserspiegel befinden muss, und sich unbedingt danach richten. Nicht alle Regelheizer haben eine Hülle aus bruchsicherem Glas und schalten sich bei Trockenlauf beziehungsweise Überhitzung automatisch ab. Deshalb gilt immer: Vor Arbeiten im Aquarium ist grundsätzlich der Netzstecker zu ziehen! Außerdem sollte ein heißer Regelheizer vorsichtshalber nicht aus dem Wasser gehoben oder heineingetaucht werden, ohne vorher abgekühlt zu sein.

Angeboten werden Regelheizer in unterschiedlichen Stärken. Gängige Leistungsstufen sind 25, 50, 100, 150 und 300 Watt. Als Faustregel für die benötigte Wattzahl kann man für geheizte Räume ein halbes Watt pro Liter Fassungsvermögen rechnen, für ungeheizte ein Watt. Für ein 60-Zentimeter-Aquarium in der Wohnung ist ein 50-Watt-Regelheizer also völlig ausreichend. Um eine möglichst gute Wärmeverteilung zu gewährleisten, sollte der Heizer an einer gut durchströmten Stelle im Aquarium platziert werden, am besten in der Nähe des Filterauslaufs.

Bei der Pflege von großen Fischen oder Schildkröten hat sich ein Schutz um den Heizer bewährt, wenn man nicht sogar zu den →Stabheizern aus Titan greifen möchte.

Rieselfilter: Ein →Außenfilter, bei dem das Aquarienwasser über ein →Filter-

substrat rieselt oder gesprüht wird, das in ständigem Luftkontakt steht. Die gute Sauerstoffversorgung des Filtermediums gewährleistet eine optimale Bakterienkultur mit starker Abbauleistung. Ähnliche Funktionsweise wie ein →Intervallfilter. Nachteilig sind die permanente CO_2-Austreibung und die Oxidation auch erwünschter Stoffe (Medikamente, Pflanzennährstoffe). Rieselfilter sind für größere Aquarien mit starkem Fischbesatz empfehlenswert, aber nur als Sonderanfertigung oder im Eigenbau zu realisieren; eine Serienfertigung gibt es nicht.

Rückschlagventil: Kleiner, kostengünstiger Apparat, der einfach in einen Luft- oder CO_2-Schlauch eingesetzt wird, um ein unerwünschtes Eindringen von Wasser in die Pumpe oder die Gasflasche zu verhindern. Beim Einbau ist auf die richtige Flussrichtung zu achten, die auf dem Ventil mit einem Pfeil vermerkt ist. →CO_2-System, →Membranpumpe.

Rückwand: Begriff in der Aquaristik, der die Dekoration der hinteren Aquarienscheibe meint.

So genannte **Fotorückwände** sind mit Aquarienmotiven bedruckte Folien, die von außen hinter die Rückscheibe gehängt oder geklebt werden. Im Zoohandel oft als Meterware erhältlich und ebenso leicht anzubringen wie zu entfernen.

Als Strukturrückwand werden PU-Platten bezeichnet, die braun oder schwarz gefärbt sind und ein baumrindenähnliches Muster aufweisen oder in helleren Farben Steinoberflächen imitieren. Die Platten lassen sich mit einem scharfen Messer zurechtschneiden und mit →Silikon fugenlos auf der hinteren Scheibe verkleben.

Regelrecht plastisch sind **3-D-Rückwände**, die allerdings in Qualität und Preis stark variieren. Die Spanne reicht vom naiv modelliert wirkenden Steinsammelsurium bis zum naturgetreuen Abguss realer Vorbilder. Manche Modelle nehmen viel Platz weg und sind daher für kleinere Becken weniger geeignet. Die Wände werden passend gekauft, da ein Zurechtschneiden aufgrund der Härte des Materials sehr aufwändig sein kann, und in das leere Aquarium fugenlos vor der Rückwand mit Silikon eingeklebt.

S

Sandbettfilter: Eine platzsparende und leistungsfähige Alternative zum →Rieselfilter. In einer Säule wird feinkörniger Quarzkies durch das von unten einströmende Wasser permanent verwirbelt, umgeschichtet und in der Schwebe gehalten wird. Die auf dem Sand siedelnden Bakterien werden so immer von sauerstoffreichem Wasser umspült und können besonders effektiv arbeiten. Für kleinere Aquarien zu aufwändig, bei größeren Anlagen besser geeignet als andere Modelle, da CO_2 nicht ausgetrieben wird und keine übermäßige Oxidation stattfindet.

Sauerstofftabletten: Auch als Pulver im Handel. Höchstens für die kurzzeitige Versorgung – etwa während des Transports – geeignet, allerdings kann es auch dabei Probleme geben. Einige Fabrikate enthalten Härtebildner, worauf beim Einsatz zu achten ist. Im Aquarium ist eine Durchlüftung mit →Membranpumpe oder Sauerstoffanreicherung durch einen →Oxydator erheblich effektiver und vor allem auch kostengünstiger.

Schaumstoff: →Filtersubstrat.

Scheibenreiniger: Verschiedene Bauweisen werden angeboten. **Klingenreiniger**, bei denen ein rasierklingenähnliches und manchmal ebenso scharfes Metallblatt in einem Halter an einem – je nach Modell – kürzeren oder längeren Stiel sitzt. Statt einer Klinge kann auch eine abgeschrägte Plastikkante vorhanden sein, die allerdings bei weitem nicht so effektiv ist. Oft lassen sich aber schon mit der aufgesteckten Schutzkappe nicht sehr fest sitzende Verschmutzungen entfernen. Kinder sollte man mit Klingenreinigern nicht alleine hantieren lassen.

Magnetreiniger existieren wiederum in zwei Varianten. Auf beide Magnete kann ein Gewebe aufgeklebt sein, wobei das glattere und weichere – meistens dünner Filz – außen geführt wird,

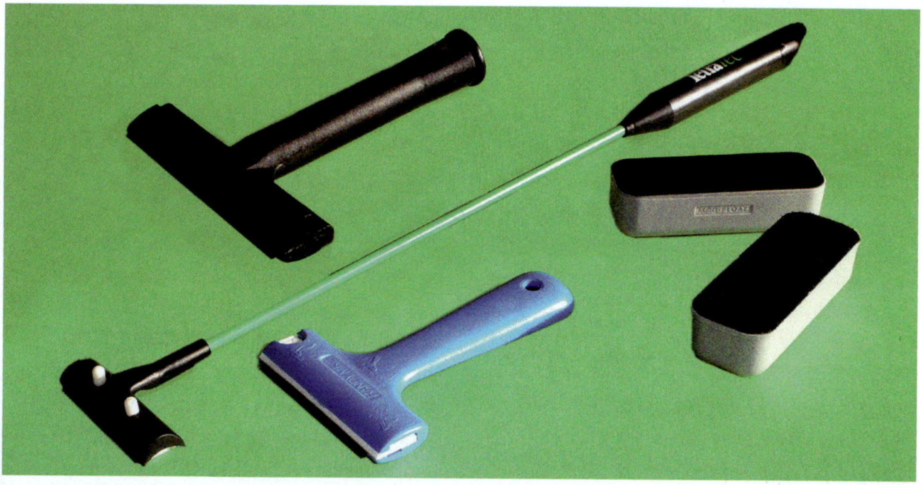

während die rauhe Seite innen die Scheibe säubert. In anderen Modellen sitzt wiederum eine Klinge auf dem innen zu verwendenden Teil. Nützlich ist es, wenn der im Aquarium geführte Magnet in einer schwimmfähigen Hülle sitzt. Verliert er den Kontakt zum Außenmagneten, fällt er nicht auf den Bodengrund, sondern treibt an der Oberfläche.

Bei Klingenreinigern ist darauf zu achten, dass langsam und gleichmäßig gearbeitet wird, da es ansonsten zu unschönen Kratzern in der Scheibe kommen kann. Die Klingen sollten regelmäßig ausgetauscht werden, denn beschädigte Klingen können ebenfalls Kratzer verursachen.

Bei den Ausführungen mit Gewebe ist darauf zu achten, das sich kein Sandkorn festsetzt, was auch sehr schnell zu Kratzern führt.

Der **Pflegehandschuh** kann ebenfalls gut für die Reinigung eingesetzt werden. Zwar muss man in das Aquarium greifen, aber gerade bei der Säuberung der Scheibe hat man so eine bessere Kontrolle.

Außerdem kann man auch Wasserpflanzen und Dekorationsobjekte reinigen, die man mit einem herkömmlichen Scheibenreiniger nicht säubern kann.

Schlammsauger: →Bodenreiniger.

Schlauch: Wird in größerem Durchmesser benötigt für Wasserwechsel, Verbindung zum Außenfilter oder anderen Geräten, dünner Schlauch dient als Luftschlauch oder als Spezialschlauch für das CO_2-System. In den unterschiedlichsten Stärken, Materialien und Farben zu bekommen. Für den Wasserwechsel empfiehlt sich transparenter Schlauch, da eventuell eingesaugte Fremdkörper, die sich festgesetzt haben und den Durchfluss behindern, geortet und wieder herausmassiert werden können. Für die Filterinstallation eignet sich grüner Schlauch am besten, da er nicht so schnell veralgt. Wasserschläuche müssen ohne Knicke verlegt werden. Lässt sich das nicht einwwandfrei bewerkstelligen, sollte man in den Bögen stabilisierende Schalen aus dem Fachhandel verwenden oder die Bögen durch Winkel aus →PVC ersetzen.

Zum Reinigen gibt es **Schlauchbürsten**, die sich auch gut für das Säubern von Pumpen und anderen Filterteilen eignen. Mit speziellen Fittings lassen sich Durchmesser reduzieren oder erweitern oder Sperrhähne einfügen.

Claus Schaefer / Christel Kasselmann / Andreas Raschke

Das Aquarium von A–Z

Tiere - Pflanzen - Technik

560 Farbfotos
22 Zeichnungen

Ulmer

Inhalt

Fische und Wirbellose

Vorwort zu den Aquarientieren 5
Der Fisch an sich 6
Die Namen der Fische 8
Fischfamilien und -gruppen 9
Auswahl, Kauf, Transport und Eingewöhnung 16
Aquarienfische und Wirbellose von A–Z (255 Arten für das Aquarium) 19
Literatur 190
Vereine und Verbände 190

Aquarienpflanzen

Vorwort zu den Aquarienpflanzen 193
Einführung 194
Hinweise zu den Symbolen 195
Die Aquarienpflanzen von A–Z (200 Arten für das Aquarium) 196

Aquarienpraxis

Vorwort zur Aquarienpraxis 308
Ein schwerwiegender Anfang 309
- Wohin mit dem Aquarium? 309
- Was kostet das? 310
- Der Glaskasten und seine Unterlage 312
- Komplettset – ja oder nein? 313

Technik 314
- Heizung 314
- Beleuchtung 316
- UV-Licht 321
- CO_2-Systeme 322
- Filter 324

Was man misst, was man messen sollte 327
- Ammonium, Nitrit und Nitrat 327
- Härte 328
- Phosphat 329
- Leitfähigkeit 329
- Eisen 330
- Kupfer 330
- Sauerstoff 330
- CO_2 331
- pH-Wert 331

Die Pflanzen 336
- Über und unter Wasser 336
- Die Bedürfnisse der Pflanzen 337
- Die Erstbepflanzung 339

Die Fische 342
- Auswahl und Vergesellschaftung 343
- Futter und Fütterung 347
- Vermehrung und Aufzucht 351
- Krankheiten 356

Einrichtung und Dekoration 358
- Planung 359
- Stilrichtungen und Vorbilder 359
- Hintergrund 362
- Bodengrund 364
- Steine 365
- Holz 365
- Blätter 367
- Bambus, Schilf und Kokosnuss 367
- Raumaufteilung 369

Einrichtungskalender 373
Ferien vom Aquarium 375
Gefahren und Lästiges 376
- Algen 376
- Kahmhaut 379
- Schnecken 379
- Sommerhitze 380

Aquarientechnik von A–Z 381
Informationen 425
- Bücher und Zeitschriften 425
- Vereine und Arbeitsgemeinschaften 426

Register 427
Bildquellen 439
Impressum 440

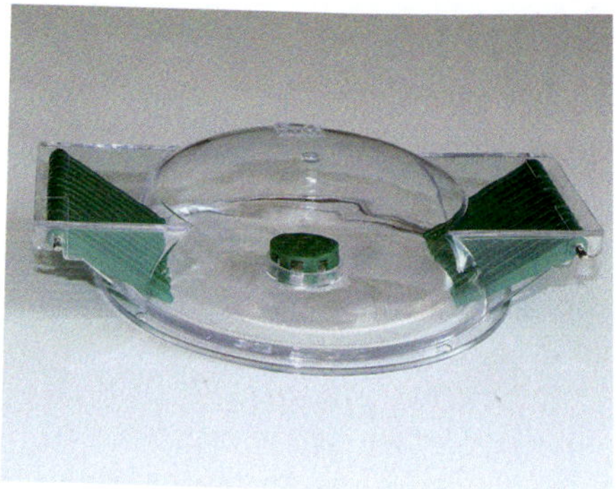

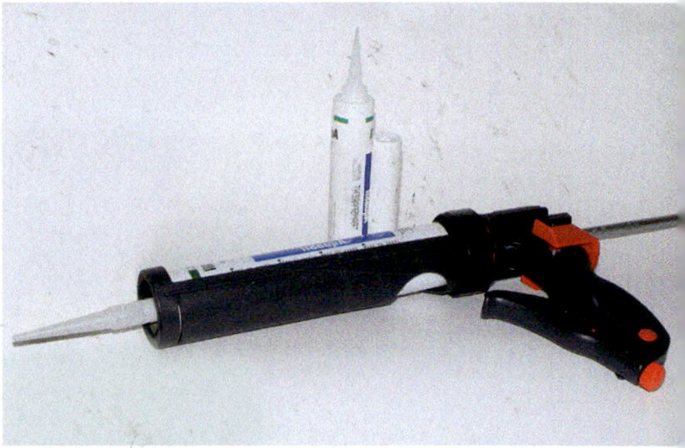

Schneckenfalle: Kleiner Apparat, der mit einem Köder, einer Futtertablette etwa, versehen wird und über Nacht ins Aquarium gestellt wird. Die Schnecken können zwar hineingelangen, der Rückweg wird durch ein Gitter versperrt. Vorsicht ist geboten, wenn kleine bodenlebende Fische – Grundeln, Schmerlen, kleine Welse – im selben Aquarium gepflegt werden. Sie können sich darin verklemmen und umkommen.

Schnellfilter: Bezeichnung für einen rein mechanisch wirkenden Filter ohne besondere biologische Wirkungsweise. Oft eine leistungsstarke Pumpe – →Powerhead- oder →Kreiselpumpe – mit einer angesetzten Schaumstoff-, Watte- oder Vliespatrone als →Filtersubstrat. Freischwebende Partikel lassen sich damit in kürzester Zeit aus dem Aquarium entfernen. →Filter, →Kreiselpumpen.

Silikon: Universeller Aquarienklebstoff. Wird immer zur Verklebung der Glasscheiben verwendet. Man kann damit aber auch Stein und verschiedene Kunststoffe verbinden, um beispielsweise Steinaufbauten zu fixieren und sie so gegen Einsturz zu sichern oder um Rückwände dicht einzubauen. →PVC lässt sich nicht dauerhaft damit kleben. Schwarzer Silikon hat bei der Verklebung des →Aquariums den Vorteil, dass er nicht von Algen unterwandert werden kann.

Bei größeren Arbeiten empfiehlt sich die Verwendung von Kartuschen in entsprechenden Druckpistolen, kleinere Verklebungen lassen sich auch mit einer Tube gut ausführen. Soll die Verklebung wasserdicht und zugbeständig sein, müssen die Klebestellen vorher mit Aceton entfettet werden. Die Aushärtezeiten sind bei der Aquarienklebung unbedingt einzuhalten. Wird Silkon kühl gelagert, ist es zäher und einfacher zu verarbeiten.

Für aquaristische Zwecke darf ausschließlich aquarientauglicher Silikonkleber auf Essigsäurebasis verwendet werden. Sanitärsilikone sind oft zusätzlich mit Fungiziden ausgerüstet und würden Tiere und Pflanzen im Aquarium schädigen.

Sinter: →Filtersubstrat.

Stabheizer: Im Unterschied zum →Regelheizer ohne eingebauten →Thermostat. Früher häufig zusammen mit ei-

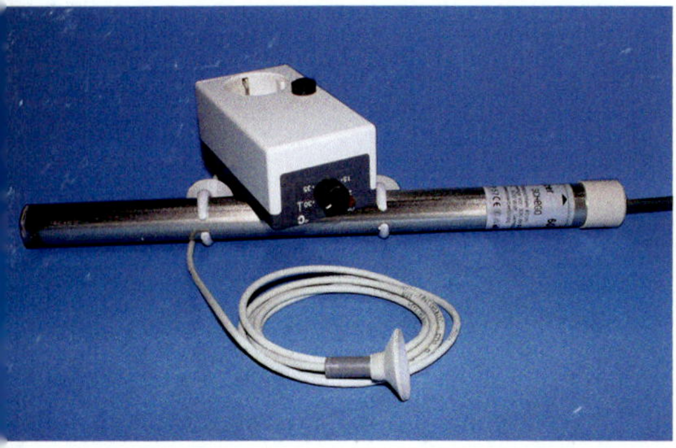

nem Temperaturregler verwendet, heute meistens mit Titangehäuse nur noch für größere Aquarien oder Gartenteiche in Verbindung mit einer elektronischen Temperaturregelung. Titanheizer sind absolut bruchsicher und daher auch für Behälter mit Schildkröten oder großen, kräftigen Fischen geeignet.

Starter: →Leuchtstoffröhren, die nicht mit elektronischen Vorschaltgeräten arbeiten, müssen von einem Starter gezündet werden. Sie sollten beim Röhrenwechsel ebenfalls ausgetauscht werden, um Störungen durch überalterte Starter zu vermeiden.

Steine: →Dekoration.

Strömungspumpe: →Kreiselpumpe.

T

T5: →Leuchtstoffröhre.

Teilentsalzung: Selektiver Ionenaustausch. Es werden entweder nur Kationen oder ausschließlich Anionen zurückgehalten. Früher häufiger gebräuchlich, heute wegen der leichten Handhabbarkeit von →Umkehrosmose-Anlagen kaum noch.

Thermometer: Für Aquarien sind nur die dafür vorgesehenen Thermometer geeignet. Verschiedene Ausführungen: Schwimmfähige oder untersinkende **Flüssigkeitsthermometer**, die im Aquarium so positioniert werden, dass sie sich jederzeit und einfach von außen ablesen lassen. Am besten werden sie mit einem geeigneten Sauger fixiert. Die Genauigkeit überprüft man vor dem Einsatz gegebenenfalls mit einem geeichten Thermometer, denn Abweichungen von bis zu zwei Grad sind durchaus möglich. Mittlerweile sind aber auch exaktere Thermometer im Handel, die auch über eine feinere Skala verfügen. Sollte ein Glasthermometer zerbrechen, darf möglichst wenig von den Bestandteilen in das Aquarium gelangen. Sie könnten zu Vergiftungen oder Verletzungen der Fische führen.

Digitalthermometer bestehen aus wärmeempfindlichen Kristallen aus einer selbstklebenden Folie, die von außen aufgeklebt wird. Besonders bei starken Temperaturunterschieden zwi-

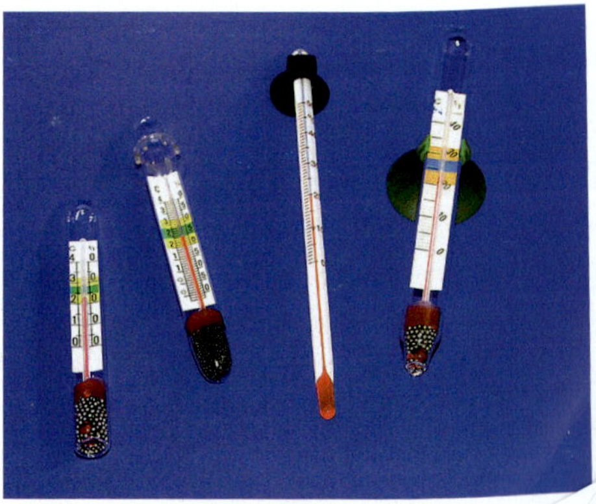

schen Aquarienwasser und Raumtemperatur nicht zuverlässig, für einen groben Anhalt aber brauchbar. Einmal aufgeklebt, lassen sie sich nicht ohne Beschädigung wieder entfernen.

Elektronische Thermometer messen am genauesten, sind aber auch erheblich teurer als die anderen Bauweisen. Ein Messfühler wird im Aquarium befestigt, die Temperatur lässt sich auf einem Display außerhalb ablesen. In Verbindung mit einer Schaltfunktion handelt es sich um einen →Thermostaten.

Thermostat: Zur Messung der Temperatur mit gleichzeitiger Steuerung der Heizung. Früher oft als Bimetallregler, heute meist elektronisch. Bimetalle sind störanfällig, da sie altern und nach einiger Zeit auch miteinander verkleben können. Heute gebräuchliche Thermostaten arbeiten sehr viel zuverlässiger und unterliegen kaum einem Verschleiß. Allerdings muss man auf die zulässige Höchstbelastung achten. →Stabheizer.

Torf: Mit Torf lässt sich Aquarienwasser schonend ansäuern und mit Einschränkungen auch enthärten, da er wie ein milder Ionentauscher arbeiten kann. Im Wasser gibt er über einen bestimmten Zeitraum Gerbstoffe und Huminsäuren ab, bis er ausgelaugt ist und gegen frisches Material ausgetauscht werden muss. Genaue Dosierungsanleitungen lassen sich nicht geben, man muss es ausprobieren. Am besten geeignet ist weißer Hochmoortorf, den man mit salzarmem Wasser abstehen lässt und das so gewonnene Konzentrat dem Aquarienwasser beimischt. Ebenfalls möglich ist das Einhängen eines mit Torf gefüllten Netzbeutels in den Außenfilter oder im Aquarium in die Filterströmung. Am wirksamsten ist Torfgranulat, Fasertorf muss in entsprechend größerer Menge verwendet werden. Gedüngter Torf ist unbrauchbar, aber selbst düngerfreier Torf aus der Gartenabteilung kann mit Nitraten belastet sein und sollte deshalb zumindest erst überprüft werden.

Torf ist für verschiedene Fische auch als →Bodengrund und Laichsubstrat notwendig. Als Dauerlösung kann er jedoch nicht im Aquarium bleiben, da er nach einer gewissen Zeit verrottet.

Topffilter: Geschlossene Bauform des →Außenfilters.

U

Umkehrosmose: Beim Umkehrosmose-Verfahren (**Revers-Osmose**) wird Wasser unter Druck an einer halbdurchlässigen (semipermeablen) Membran vorbeigeführt. Kleine Moleküle diffundieren durch die Membran, größere können sie nicht passieren. Unter klein ist hier etwa das Wassermolekül H_2O

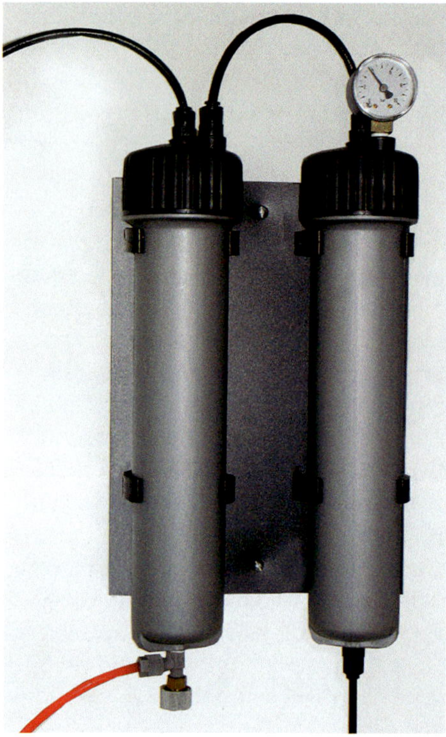

zu verstehen, unter größer bereits Nitrat, Phosphat, Schädlingsbekämpfungsmittel, Bakterien, Viren. Resultat ist ein weitgehend entsalztes und keimfreies Wasser mit einer Leitfähigkeit von wenigen Mikrosiemens. Es entspricht hochwertigem destilliertem Wasser. Dieses Reinwasser wird als **Permeat** bezeichnet, während das abfließende Wasser mit den größeren Molekülen und Körpern **Konzentrat** genannt wird. Mit Rohwasser verschnitten oder durch Mineralmischungen zum gewünschten Leitwert aufgesalzen ist es für Fische mit entsprechenden Bedürfnissen das ideale Aquarienwasser.

Umkehrosmose-Anlagen für die aquaristische Praxis arbeiten mit dem vorhandenen Druck der Hauswasserleitung (3–4 Bar) und liefern je nach Modell 30 bis etwa 150 Liter Reinwasser pro Tag. Die dabei anfallenden drei- bis vierfach so großen Abwassermengen sollten nicht unbedingt einfach verworfen werden, sondern sind durchaus noch von genügend hoher Qualität, um als Brauch- oder Gießwasser verwendet werden zu können. Bei größerem Bedarf empfiehlt sich die Anschaffung einer Anlage, die mit einer zusätzlichen Booster-Pumpe den Druck stark erhöht und damit erheblich mehr Reinwasser liefert.

Um die Membran nicht unnötig zu belasten, sie also zu schnell unbrauchbar zu machen, wird bei Umkehrosmose-Anlagen ein Feinfilter vorgeschaltet, der bereits den Hauptteil der größeren Bestandteile zurückhält. Ein Aktivkohlefilter ist nur dann nötig, wenn im Leitungswasser Chlor enthalten ist, dass die Membran angreifen würde. Beide Filter sollten den Empfehlungen der Hersteller entsprechend nach einiger Zeit ausgewechselt werden.

Die Geräte dürfen nicht zu lange ohne Durchfluss ruhen, da die empfindliche Membran durch Bakterienfraß zerstört werden kann. Auch bei Nichtgebrauch sollte eine solche Anlage mindestens einmal pro Woche für einige Minuten gespült werden. Auch während des Einsatzes empfiehlt sich wöchentliches Spülen, um die Membran möglichst störungsfrei arbeiten zu lassen. Genaue Anweisungen dazu finden sich aber in den Betriebsanleitungen der Hersteller.

Unterlage: Eine Schicht aus einem elastischen Material, die das Aquarium gegen Bruch der Bodenscheibe durch winzige Bestandteile wie Sandkörner sichert, kleinste Unebenheiten des Unterbaus ausgleicht und es gegen unnötigen Wärmeverlust nach unten isoliert. Eine größere Auswahl an Unterlegmatten ist im Handel erhältlich.

Unterschrank: Stabiles Möbel, das das Gewicht von Aquarien zuverlässig trägt; große Angebotsvielfalt im Handel. Neben Glas, Metallen und Kunststoffen ist die Mehrzahl der Modelle aus Holz gefertigt. Dabei kommen vor allem lackierte, beschichtete oder furnierte Span- oder Tischlerplatten zum Einsatz. Neben den serienmäßig gefertigten Stücken sind Sonderanfertigungen fast immer möglich. Wichtig ist eine saubere Verarbeitung mit wasserdichten Kantenabschlüssen, da sonst das Material aufquellen kann. Die meisten Modelle werden zerlegt geliefert, die Montage ist aber einfacher als beispielsweise die vieler skandinavischer Möbel.

Eine weitere Möglichkeit ist die Aufstellung auf einem Metallrahmen, der zusätzlich verkleidet werden kann. Solche Rahmen sind in Steckbauweise aus einzelnen Bestandteilen selbst relativ einfach herzustellen. Die einzelnen Bauteile werden im Fachhandel angeboten.

UV: In der Aquaristik wird UV-C-Licht eingesetzt, um Algenplagen vorzubeugen oder sie zu bekämpfen und um die Konzentration von Bakterien und Viren zu reduzieren. Das Wasser passiert in einer UV-dichten Röhre einen eingesetzten UV-Brenner, dessen Strahlen die Zellkerne der vorbeitreibenden Organismen so verändert, dass sie sich

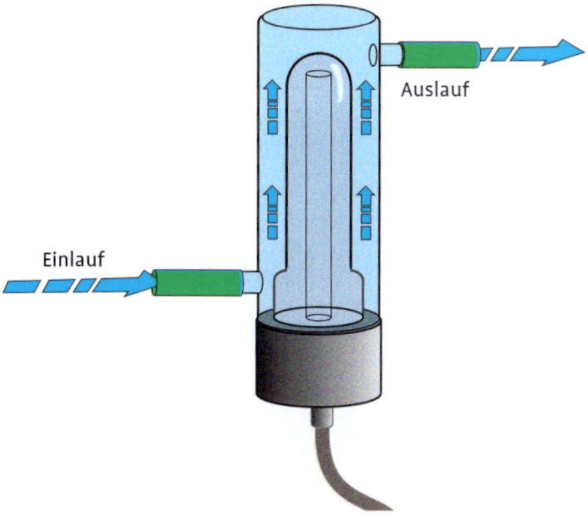

nicht weiter vermehren können und ihre Pathogenität verlieren.

UV-Strahler müssen in einem Wasserkreislauf zwischengeschaltet, etwa in einem Bypass des Außenfilters, oder mit einer zusätzlichen Pumpe gesondert versorgt werden. Es darf nur klares Wasser durch das Gerät strömen, da jede Trübung den Wirkungsgrad erheblich herabsetzt. Ebenso darf der Brenner nicht verschmutzen; eine Reinigung in gewissen Abständen empfiehlt sich.

Der Brenner selbst altert und muss nach einer Betriebsdauer von ungefähr 8000 Stunden ausgetauscht werden.

Für Aquarien kommen Brennerleistungen ab 5 Watt in Betracht. Bei der Auswahl der Wattstärke muss die Durchflussgeschwindigkeit ebenso berücksichtigt werden wie der Inhalt des Aquariums. Außerdem ist für eine Algenprophylaxe eine geringere Leistung nötig als für eine wirkungsvolle Senkung der Keimzahl.

Beim Umgang mit UV-Licht ist Vorsicht geboten, da es die menschlichen Augen schädigt. Niemals direkt in den freiliegenden eingeschalteten Brenner sehen!

V

Ventil: →CO_2-System, →Rückschlagventil.

Vollentsalzung: Verschiedene Verfahren, mit dem alle Salze, also auch die Härtebildner aus dem Wasser entfernt werden. →Austauscherharze, →Umkehrosmose.

Vorfilter: Nützlicher Vorsatz vor dem Filtereinlauf beziehungsweise Ansaugstutzen im Aquarium, der verhindert, dass grober Schmutz zu schnell den eigentlichen Filter belastet. Ein Vorfilter muss zwar häufiger gereinigt werden, dafür erhöht sich die Standzeit des Hauptfilters um ein Vielfaches. Möglich ist eine Schaumstoffpatrone über dem Ansaugstutzen oder ein eigener kleiner gullyähnlicher Apparat, der das Wasser durch einen Schaumstoffschwamm ansaugt und über ein Rohr dem Filter zuleitet.

Vorschaltgerät: →Leuchtstoffröhre, →Starter.

W

Wärmedämmung: Um die Energiekosten zu senken beziehungsweise niedrig zu halten, empfiehlt sich eine möglichst weitgehende Isolierung des Aquariums gegen zu starken Wärmeverlust. Schon eine →Unterlage spart Heizkosten. Zusätzliche Styroporplatten an der Rückwand und gegebenenfalls an den Seitenscheiben senken ebenfalls die Kosten. Offene Aquarien verlieren mehr Energie als solche mit Deckscheiben oder einer →Abdeckung.

Wasseraufbereiter: Wasseraufbereiter werden von vielen Herstellern angeboten. Sie binden Chlor und giftige Metalle. Chlor wird heutzutage nur noch selten zur Desinfektion der Leitungen eingesetzt; man kann es am Geruch erkennen. Giftige Metalle finden sich häufig bei der Neuinstallation von Hausleitungen (Kupfer). In einem solchem Fall sollte ein Wasseraufbereiter bei jedem Wasserwechsel zugegeben werden, bis sich kein Kupfer mehr im Leitungswasser nachweisen lässt.

Wasserklärer: →UV.

Wassertest: Zur Feststellung verschiedener Wasserwerte gibt es unterschiedliche Verfahren. **Teststäbchen oder -streifen** gibt es für jeweils einen oder als Kombination mehrerer Tests auf einem Stäbchen oder Streifen. Ein oder mehrere Messfelder auf einem Plastikträger zeigen nach Eintauchen und einer gewissen Wartezeit durch Farbänderung den vorliegenden Wert an. Die auftretende Farbe muss mit einer Skala verglichen werden. Die Streifen sind zwar preiswert, aber nicht sehr genau. Sie altern sehr schnell und sind nach dem angegebenen Hatbarkeitsdatum meist schon nicht mehr brauchbar. Aufbewahrung am besten kühl und trocken, im Kühlschrank etwa.

Flüssigkeits-oder Tropfentests sind schon etwas genauer und besser abzulesen. Karbonat- und Gesamthärte werden aber nicht an der Farbe, sondern an der Anzahl der bis zum Farbumschlag nötigen Tropfen gemessen. Zur

Feststellung bestimmter Werte – beispielsweise Nitrat – muss dem Wasser neben den flüssigen oft auch eine pulvrige Chemikalie beigegeben werden. Für aquaristische Zwecke ist diese Art der Messung meist völlig ausreichend, zumal einige Messbereiche gut an der Praxis orientiert sind. Die Tests sind mit einer Küvette, den benötigten Reagenzien und, wenn erforderlich, einer farbigen Skala ausgestattet, auf der man den ermittelten Wert ablesen kann.

Tropfentests können einzeln oder als Set in unterschiedlicher Ausführlichkeit zusammen in einem Koffer erworben werden, wobei die Ersparnis beim Komplettkauf eventuell den Mehrpreis der gar nicht benötigten Tests ausgleicht. Nach dem Verfallsdatum sollten auch Tropfentests nicht mehr verwendet werden.

Dauertests funktionieren ähnlich, sie werden allerdings nur als →**pH-Dauertest** in der Aquaristik eingesetzt.

Am genauesten und zuverlässigsten – regelmäßige Pflege und Kalibrierung vorausgesetzt – arbeiten **elektrische und elektronische** →**Messgeräte**, deren Anschaffung allerdings erst bei wirklich häufigem Einsatz lohnt.

Wasserzusätze: Im Handel existiert ein unüberschaubares Angebot an Flüssigkeiten und Pulvern, die zur Beeinflussung bestimmter Wasserwerte oder zur Entfernung von Schadstoffen eingesetzt werden können. Vitamine und Spurenelemente gibt es als Zusätze zum Aquarienwasser ebenso wie Präparate gegen Algen und Fischmedikamente.

Im Einzelnen lassen sich folgende Parameter ändern: Nitrit, Nitrat, Phosphat, Karbonathärte, pH-Wert. Eine Vorstellung der einzelnen Produkte fällt mindestens so schwer wie eine Bewertung, da sich die unterschiedlichsten Wirkungsweisen und Rezepturen finden. Als Rat lässt sich einzig mitteilen, dass bei allen Veränderungen, die ein Eingreifen mit solchen Mitteln nötig erscheinen lassen, die Ursachen und die Auswirkungen bekannt sein müssen. Ein Herumdoktern an Symptomen beseitigt die Ursachen nicht. Und ein dauerndes Verändern schadet dem System Aquarium mehr, als es nutzt.

Wurzeln: →Dekoration.

Z

Zeitschaltuhr: Unverzichtbar zur zuverlässigen Steuerung der Aquarienbeleuchtung. Da sich die Pflanzen und auch die Fische einem gleichmäßigen Hell-Dunkel-Rhythmus anpassen, ist eine stets gleichbleibende Ein- und Ausschaltzeit von nicht zu unterschätzender Wichtigkeit.

Die mechanischen Uhren sind ausreichend genau und zuverlässig, allerdings manchmal nicht völlig geräuschlos. Elektronische Zeitschaltuhren sind etwas teurer und aufwändig zu programmieren, arbeiten aber immer vollkommen lautlos.

Zeolith: Ein natürliches Gestein, das in Kiesformat gebrochen wird und mit seiner Ionentauscherkapazität in der Lage ist, Abbauprodukte wie Ammonium aus dem Aquarienwasser zu binden. Allerdings wirkt es auch auf Pflanzennährstoffe und sollte deshalb nur in stark besetzten Aquarien mit starkem Stoffwechselaufkommen angewendet werden. Auch bei längeren Fischtransporten kann es eingesetzt werden, um die Qualität des Transportwassers über die gesamte Zeit zu erhalten. Zeolith lässt sich mit einem im Handel erhältlichen Produkt so regenieren, dass es erneut Phosphat binden kann.

Zubehör: Zahllose Kleinteile und nützliche Dinge, die nicht unbedingt notwendig sind, das Aquarianerleben aber ungemein erleichtern können, wie etwa ein → **Pflanzbesteck** oder ein gewöhnliches Teesieb. Außerdem sollten **Schlauchklemmen** und **T-Stücke** sowie die wichtigsten Ersatzteile für Pumpen und Ähnliches immer im Hause sein.

Informationen

Bücher

AMANO, T.: Das große Buch der Naturaquarien. Ruhmannsfelden, 1998.

ANDREWS, C., EXELL, A. und CARRINGTON, N.: Fischkrankheiten – vorbeugen, erkennen, behandeln. Stuttgart, 2005.

DRESCHER, M. und GREGER, B.: Fantastische Süßwasseraquarien. Bornheim, 2001.

FRIEDERICH, U. und VOLLAND, W.: Futtertierzucht. 3., überarbeitete Auflage. Stuttgart, 1998.

HORST, K.: Pflanzen im Aquarium, 2. Auflage. Stuttgart, 1992.

KASSELMANN, C.: Aquarienpflanzen, 2. Auflage. Stuttgart, 1999.

KASSELMANN, C.: Pflanzenaquarien gestalten. Stuttgart, 2001.

KNOP, D.: Aquarienbeleuchtung. Ettlingen, 1999.

KRAUSE, H.-J.: Aquarientechnik, 4. Auflage. Ruhmannsfelden, 2004.

KRAUSE, H.-J.: Handbuch Aquarienwasser, 5. Auflage. Ruhmannsfelden, 1998.

PINTER, H.: Handbuch der Aquarienfischzucht, 5. Auflage. Stuttgart, 1998.

REICHENBACH-KLINKE, H.-H. und KÖRTING, W.: Krankheiten der Aquarienfische. 4. Auflage, Stuttgart, 1993.

SANDER, M.: Aquarientechnik im Süß- und Seewasser. Stuttgart, 1998.

SAUER, K., STECK, B., SCHUCHARDT, H. und HORN, H.-G.: Vivarienbeleuchtung – Das richtige Licht in Aquarium und Terrarium. Frankfurt a. M., 2004.

SCHAEFER, C.: Grundkurs Aquaristik, 2. Auflage. Stuttgart, 2003.

SCHAEFER, C. und SCHRÖER, T. (Hg.): Das große Lexikon der Aquaristik. 2 Bände. Stuttgart, 2004.

SCHÖPFEL, H.: Schöne Aquarien – aber wie? Leipzig, Jena, Berlin, 1984.

SPRUNG, J.: Algen – Probleme und Lösungen. Ettlingen, 2005.

STALLKNECHT, H.: Hundert Tips für Aquarianer. Leipzig, Jena, Berlin, 1978.

STAWIKOWSKI, R.: Fische im Biotopaquarium. Stuttgart, 1990.

TER HÖFTE, B. B. und AREND, P.: Gesund wie der Fisch im Wasser? 13. Auflage, Bissendorf, 2001.

TITZ, T.: Grundkurs Aquarienpflanzen. Stuttgart, 2002.

UNTERGASSER, D.: Krankheiten der Aquarienfische – Diagnose und Behandlung. Stuttgart, 1989.

UNTERGASSER, D.: Gesunde Diskus und andere Cichliden. 2 Bände. Ruhmannsfedlen, 1998.

VAN DEN NIEUWENHUIZEN, A.: Das Wunder im Wohnzimmer. Stuttgart, 1982.

Zeitschriften

Aquarien-Praxis. Verlag Eugen Ulmer, Stuttgart. Erscheinungsweise monatlich. www.aquarienpraxis-online.de

Aquaristik-Fachmagazin. Tetra Verlag, Berlin-Velten. Erscheinungsweise 6 × jährlich. www.tetra-verlag.de

Aquaristik aktuell. Dähne Verlag, Ettlingen. Erscheinungsweise 6 × jährlich. www.aquaristikaktuell.de

Das Aquarium. Birgit Schmettkamp Verlag, Bornheim. Erscheinungsweise monatlich. www.schmettkamp.de

Die Aquarien- und Terrarienzeitschrift (Datz). Verlag Eugen Ulmer, Stuttgart. Erscheinungsweise monatlich. www.datz.de

Vereine und Verbände

Arbeitskreis Barben, Salmler, Schmerlen, Welse (BSSW). Geschäftsführer: Uwe Wolf, Lindenwiese 5, 98544 Zella-Mehlis. www.bssw-online.de

Arbeitskreis Fischkrankheiten. Kontaktadresse: Karl Wilfried Hamel, Darmstädter Straße 179, 64625 Bensheim-Auerbach.

Arbeitskreis Kaltwasserfische und Fische der Subtropen (AKFS). Geschäftsführer: Hans-Joachim Scheffel, Diemelweg 25, 28205 Bremen. www.akfs-online.de

Arbeitskreis Wasserpflanzen im VDA. Kontaktadresse: Roland Strößner, Flurstr. 45, 95119 Naila. www.arbeitskreis.wasserpflanzen.info

Arbeitsgemeinschaft Wirbellose in Binnengewässern. Geschäftsführer: Bernd Poßeckert, Am Krahnap 5, 40229 Düsseldorf. www.wirbellose.de

Deutsche Cichliden-Gesellschaft (DCG). Geschäftsführer: Winfried Poesdorf, Parkstraße 21a, 33719 Bielefeld. www.dcg-online.de

Deutsche Gesellschaft für Lebendgebärende Zahnkarpfen e.V. (DGLZ). Dompfaffweg 53, 42659 Solingen. www.dglz.de

Deutsche Killifisch Gemeinschaft (DKG). Geschäftsführer: Gerd Rosch, Europaring 24, 26289 Wilhelmshaven. http://dkg.killi.org

Internationale Gemeinschaft für Labyrinthfische (IGL). Geschäftsführer: Bernd Bussler, Max-Zelck-Strasse 15, 22459 Hamburg. www.igl-home.de

Verband Deutscher Vereine für Aquarien- und Terrarienkunde (VDA). Geschäftsführer: Hans Stiller, Luxemburger Straße 16, 44789 Bochum. www.vda-online.de

Register

3-D-Rückwand 414
3-molare Kaliumlösung 398

A
Aalstrichschmerle 188
Abdeckscheiben 382
Abdeckung 313, 374, 382, 422
Ablaichkasten 382
Abschäumer 383
Acanthaceae 263–269
Acanthocobitis urophthalmus 20
Aceton 417
Acrylglas 363, 386
„Aequidens" coeruleopunctatus 20
Aequidens sp. „Jenaro Herrera" 22
Afrikanischer Dreistreifensalmler 132
Afrikanischer Großschuppensalmler 36
Afrikanischer Mondsalmler 146
Afrikanischer Schmetterlingsbuntbarsch 26
Afrikanische Süßwassernadel 78
Agamyxis pectinifrons 22
Aggressionen 346
Aggressionsbereitschaft 347
Aktivkohle 330, 383, 384
Algen 309, 320, 339, 376, 385
Algenball 215
Algengarnele 50
Algenprophylaxe 321
Algenwuchs 334
Alismataceae 227–298
Allergiker 348
Alternanthera 197, 198
  reineckii 197, 198
    'Lila' 197
    'Pink' 197
Alternanthera reineckii
    'Purple' 197
    'Rosa' 197
    'Rot' 198
Altolamprologus calvus 22
Amano 360
Amanogarnele 50
Amaranthaceae 197, 198
Amaryllidaceae 216, 217
Amazonas 315
Amazonien 372
Ameca splendens 24
Ameca-Kärpfling 24
Amerikanische Bachburgel 227
Amerikanischer Eidechsenschwanz 300
Amerikanischer Wassernabel 263
Amerikanische Wasserschraube 302
Ammannia 198, 199
  gracilis 198
  senegalensis 199
Ammoniak 324, 327
Ammonium 324, 327, 338, 383
Ancistrus 24, 366
  dolichopterus 24
  sp. 24
Anfängerfisch 342
Anomalochromis thomasi 26
Anostomus anostomus 26
ansäuern 332
Ansäuerungsmittel 329
Ansaughilfe 384
Antennenwels 24
  Blauer 24
  Weißsaum 24
Antialgenmittel 379
Anubias 199, 200, 201, 366
  barteri 199, 200, 201
    var. *angustifolia* 200
Anubias
  barteri
    var. *barteri* 199, 200
      „coffeefolia" 200
    var. *nana* 201
      'Bonsai' 201
      'Petite' 201
  lanceolata 200
Apfelschnecke 152
Aphyocharax 26
  anisitsi 26
Aphyosemion 28, 30
  (Kathetys) elberti 28
  australe 28
  calliurum 28
  exigoideum 30
  primigenium 30
Apiaceae 262, 263, 271
Apistogramma 30, 32, 34
  agassizii 30
  borellii 32
  cacatuoides 32
  nijsseni 32
  spilauchen 34
  viejita 34
Aplocheilichthys 34
Aplocheilus panchax 34
Aponogeton 202, 203, 204, 206
  boivinianus 202
  crispus 202, 203
    'Kompakt' 202
    „rotbraun" 203
  longiplumulosus 203
  madagascariensis 204
  rigidifolius 204
  ulvaceus 206
  undulatus 206
Aponogeton-blättriger Wasserkelch 218
Aponogetonaceae 202, 203, 204, 206
Apteronotus albifrons 36
Aquarienabdeckung 384
Aquarienkombination 310, 313, 384
Aquarienmindestgröße 195
Aquarium 385
Äquator 315, 317, 320
Araceae 199–201, 217–226, 270, 271, 293
Argentische Wasserpest 252
Armaturen 323
Arnoldichthys spilopterus 36
Aromatischer Wasserfreund 264
Aronstabgewächse 199–201, 217–226, 270, 271, 293
Arowana 136
Artaquarium 361
Artemia 348, 349, 354, 355
Artemia-Kulturgerät 387
Artenzahl 346
Aspidoras 36, 38
  pauciradiatus 36
  poecilus 38
Asselkugelfisch 60
Asteraceae 257, 300, 301
Astronotus ocellatus 38
Atya sp. 38
Atyopsis moluccenis 40
Auberts Fadenkraut 209
Aufguss 355
Aufsitzerpflanzen 366
Aufstellung 309, 312
Aufwuchsfresser 362
Aufzuchtaquarium 328, 356
Augenfleckbuntbarsch 94
Augenfleckschmerle 20
Augensinn 317
Augentierchen 355
Aulonocara hansbaenschi 40
Außenfilter 316, 324, 326, 333, 384, 387, 388, 408, 413
Ausströmer 388
Austauscherharz 388, 410

Australisches Zungenblatt 256
Axelrods Panzerwels 62

B
Bachburgel, Amerikanische 227
Bachröhrenwürmer 350
Bacopa 207, 208
australis 207
caroliniana 207
monnieri 208
Badis badis 40
Bakterien 322, 324, 325–327, 378, 383, 400, 420
Balantiocheilos melanopterus 42
Ballhandpumpe 384, 391
Balzverhalten 345
Bambus 367, 368, 397
Bananenschalenaufguss 355
Banderolenkärpfling 184
Barboides gracilis 42
Barbus jae 42
Barclaya 208
Langblättrige 208
longifolia 208
Bärenklaugewächse 263–269
Barben 351, 353, 355
Bärblinge 355
Barteln 6
Barters Speerblatt 199
Barths Schwertpflanze 228
Baryancistrus sp. (L 18) 44
Bastardludwigie 278, 279
Breitblättrige 278
Schmalblättrige 279
Bates Prachtbuntbarsch 44
Becketts Wasserkelch 219
Befruchtung 352
Behaarter Wasserfreund 264
Beleuchtung 316, 317, 319, 339, 389, 402
Beleuchtungsdauer 320
Beleuchtungspause 320
Belüftung 389
Benitochromis 44
batesii 44
nigrodorsalis 44
Bergwassergarnele 40
Besatzdichte 342, 346
Betta splendens 46
Beuteverhalten 349
Bewegungsreiz 349
Bibliothek 373
Biobälle 389
Bioreaktor 324
Biotopaquarium 358, 361
Bitterlingsbarbe 164
Black Molly 150
Blasenzähler 389, 394
Blätter 367, 397
Blaualgen 377, 378
Blauauge, Gepunktetes 156
Blauaugen-Tanganjikasee-Buntbarsch 130
Blaubarsch 40
Blauer Antennenwels 24
Blauer Fadenfisch 178
Blauer Florida Lobster 154
Blauer Kongocichlide 124
Blaue Riesenfächergarnele 38
Blaulicht 317
Blaupunkt-Grundelbuntbarsch 168
Blaupunktbuntbarsch 20
Blauroter Kolumbiensalmler 98
Blaustreifen-Bachling 168
Blehers Schwertpflanze 229
Blei 340
Bleiband 339
Blickrichtung 372
Blumentöpfe 397
Blyxa 194, 209
aubertii 209
japonica 209
Bodenbewohner 346
Bodendecker 369
Bodengrund 318, 337, 340, 364, 367, 373, 379, 389, 390, 391, 419
Bodengrundreiniger 391
Bodengrundzusätze 390
Bodenheizung 314, 338, 390
Bodenreiniger 391
Bodenscheibe 385, 420
Boesemanns Regenbogenfisch 116
Bolbitis heudelotii 210
Bolivianische Schwertpflanze 230
Bonsai-Zwergspeerblatt 201
Brachsenkraut, Verschleiertes 270
Brachsenkräuter 270
Brachygobius doriae 46
Brasilianischer Wassernabel 262
Brasilianisches Tausendblatt 285
Brassicaceae 212
Bratpfannenwels, Zweifarbiger 48
Braunalgen 377
Breitbandsalmler 130
Breitblättriger Riesenwasserfreund 263
Breitblättrige Bastardludwigie 278
Breitstrahlrohr 392
Brenndauer 408
Brenner 319
Brillantsalmler 120
Brochis splendens 46
Brokatbarbe 164
Brutpflege 345, 353
Brutrevier 345
Buchenlaub 367
Buckelkärpfling 108
Buckelkopfbuntbarsch 170
Bujurquina apoparuana 48
Bunocephalus coracoideus 48
Buntbarsche 342–349, 353–356, 361

C
„*Cichlasoma*" *salvini* 56
Cabomba 210, 211, 212, 360, 373
aquatica 210
caroliniana 211
'Silbergrüne' 211
furcata 211
palaeformis 212
Cabombaceae 210, 211, 212
Callitriche-ähnliches Perlenkraut 258
Cambarellus patzcuarensis 48
Caracidium rachovii 52
Carbonator 392, 395
Cardamine lyrata 212
Caridina japonica 50
Carinotetraodon 50
lorteti 50
travancoricus 50
Carnegiella strigata 52
Celebes-Sonnenstrahlfisch 112
Ceratophyllaceae 213, 214
Ceratophyllum 213, 214
demersum 213, 214
'Mexiko' 213
„rotstängelig" 213
submersum 214
Ceratopteris 214, 215
cornuta 214, 215
thalictroides 215
Cherax 52, 54
destructor 52
quadricarinatus 54
sp. aff. *papuanus* 54
Chitala ornata 54
Chladophorophyceae 215
Chromaphyosemion bitaeniatum 56
Chromobotia macracanthus 56
Cladophora 215
Cleithracara maroni 58
CO_2 319, 322, 328, 331, 332, 335, 338, 379, 388
CO_2-Austreibung 414
CO_2-Gehalt 322
CO_2-Reaktor 392
CO_2-Schlauch 394
CO_2-System 392, 409, 412, 414
CO_2-Zugabegerät 392, 394
Cochliodon 366
Cognacpflanze 198, 199
Große 198
Kleine 199
Colisa 58
chuna 58
lalia 58, 342

Colomesus asellus 60
Copadichromis borleyi 60
Copella arnoldi 60
Corydoras 62–68
adolfoi 62
aeneus 62
axelrodi 62
caudimaculatus 64
gossei 64
melini 64
napoensis 66
paleatus 66
panda 66
pygmaeus 68
sterbai 68
Crenicichla 68, 70
johanna 68
regani 70
Crenuchus spilurus 70
Crinum 216, 217
calamistratum 216
natans 216
thaianum 217
Crossocheilus siamensis 70
Cryptocoryne 217–226, 339, 360, 372
affinis 217
albida 218
aponogetifolia 218
beckettii 219
blassii 219
cordata 219, 220
'Rosanervig' 220
costata 218
crispatula 220
var. *balansae* 220
hudoroi 221
legroi 223
lutea 223
parva 221
petchii 219
pontederiifolia 222
siamensis 219
undulata 222
usteriana 223
walkeri 223
wendtii 224
'Mi Oya' 224
× *willisii* 226
Cryptoheros nigrofasciatus 72
Crystal Red 126
Cyanobakterien 376
Cyclops 348, 350
Cyperaceae 226, 254
Cyperngras 368
Cyperus helferi 226
Cyphotilapia gibberosa 72
Cyprichromis pavo 72
Cyrtocara moorii 74
Cysten 355

D

Danio 74
albolineatus 74
rerio 74
Dario dario 76
Daueransatz 353, 361
Dauer-pH-Meter 338
Dauertest 423
Dauerwellen-Hakenlilie 216
Deckscheibe 368, 408
Deltaflügel-Schmetterlingswels 88
Depotdünger 337, 390
destilliertes Wasser 329, 420
deutsche Gesamthärte 328
Diamantregenbogenfisch 116
Dichtblättrige *Rotala* 296
Dickstängelige *Nesaea* *288*
Dickstielige Wasserhyazinthe 253
Dicrossus filamentosus 76
Didiplis diandra 227
Diffusor 397
Digitalthermometer 418
Dimidiochromis compressiceps 76
Dimmen 407
Dinoflagellaten 376
Diskusbuntbarsch 172, 343, 361
Dja-Barbe 42
Doldengewächse 262, 263, 271
Domino-*Neolebias* 132
Doppelkolbenpumpe 397
Dornauge, Geflecktes 140
Dottersack 351
Douano-Prachtkärpfling 30
Dreibindenziersalmler 122
Dreistreifenregenbogenfisch 116
Dreistreifensalmler 132
Afrikanischer 132
Dressureffekt 317
Druckgasanlage 331
Druckgasflasche 393
Druckminderer 393
Druckpistole 417
Druckschlauch 397
Dünger 330, 338, 340,383
Dunkelkur 378
Dunkelpause 378
Dünnstielige Eichhornie 253
Durchfluss 326

E

Echinodorus 227–252, 319, 339, 358, 372
angustifolius 227
aschersonianus 236
'Apart' 228
× *barthii* 228, 237, 241, 246
berteroi 229
bleherae 229, 242
bolivianus 227, 230, 243
cordifolius 230, 232, 240, 248
'Tropica Marble Queen' 232
cordifolius-ähnlich 252
decumbens 232
„doppelt rot" 228
'Dschungelstar' Nr. 1 233
'Dschungelstar' Nr. 2 237
'Dschungelstar' Nr. 3 243
'Dschungelstar' Nr. 5 235
'Dschungelstar' Nr. 16 233
'Rote Mamba' 233
'Green Flame' 234
grisebachii 229, 242, 243
'Großer Bär' 235, 245, 247, 249
Echinodorus
horemanii 228, 233, 236, 237, 245, 246
„rot" 228, 233, 236, 237, 245, 246
horizontalis 235, 246
'Hot Pepper' 236
'Indian Red' 236
'Kleiner Bär' 236, 237, 249
latifolius 243
'Leopard' 248
macrophyllus 237
magdalenensis 243
major 239
martii 239
opacus 228
'Oriental' 239
osiris 240
ovalis 240
'Ozelot' 234, 241, 244, 245, 247
palaefolius 241
paniculatus 229
parviflorus 237, 242
'Tropica' 242
'Phyton' 243
portoalegrensis 228
quadricostatus 230, 243
'Rainers Kitty' 244
'Red Flame' 234, 236
'Red Rubin' 246
'Red Special' 244
'Regine Hildebrandt' 245
'Reni' 245
„rigidifolius" 241
'Rosé' 239, 246
'Rubin' 246, 247
„schmalblättrig" 247
'Sankt Elmsfeuer' 247
schlueteri 241, 248
'Leopard' 241
'Spidernet' 249
subalatus 249
'Tanzende Feuerfeder' 250
tenellus 250
'Tricolor' 251
uruguayensis 228, 233, 236, 237, 245, 246, 251
xinguensis 243
'Yellow Sun' 252

Edelstahlschrauben 363
Egeria densa 252
Eichenblatt 300, 301
Mexikanisches 300
Weiß-grünes Mexikanisches 301
Eichenrindenextrakt 333, 335
Eichhornia 253, 254
azurea 253
crassipes 253
diversifolia 254
Eichhornie 253, 254
Dünnstielige 253
Verschiedenblättrige 254
Eidechsenschwanz, Amerikanischer 300
Eidechsenschwanzgewächse 300
Eier 351, 353, 354
Eigenmannia sp. 78
Eilandbarbe 162
Einfleckkärpfling 146
Einlaufzeit 325
Einwegflasche 393
Einzeller 355
Eisen 330, 338
Eiweißabschäumer 397
Eiweiße 383
Elektrode 397, 409
Elektrolyse-Methode 395
elektronisches Vorschaltgerät 408
elektronische Thermometer 419
Eleocharis 254, 256
acicularis 254
vivipara 256
Enchyträen 355
Endlers Guppy 150
Energiesparlampe 398
Engelsantennenwels 148
Enneacampus ansorgii 78
enthärten 328
Epalzeorhynchos 78, 80
bicolor 78
kalopterus 80
Epiplatys dageti monroviae 80
Epoxydharz 368
Erbsen 350
Erethistes pusillus 80
Eriocaulaceae 301
Erlenzäpfchen 333, 335
Erreger 356
Erstbepflanzung 339, 372
Essigälchen 355
Essigsäure 417
Euphorbiaceae 292
Eusteralis stellata 293
Exportstation 342

F

Fachzeitschrift 373
Fadenalgen 376
Fadenfisch 178
Blauer 178
Gepunkteter 178
Fadenkraut 209
Auberts 209
Japanisches 209
Fadenkreuz-Schnabelwels 82
Fähnchen-Messerfisch 136
Indischer 136
Falllaub 361, 367, 397
Falscher Wasserfreund 257
Fangglocke 398, 410
Fangnetz 398, 410
Farbtemperatur 319
Farbwiedergabe 403
Farlowella platorynchus 82
Fasertorf 419
Fastentag 351, 374
Feindfisch 347
feine Filterwatte 309
Feinfilter 398
Ferien 375
Ferienfutter 348
Fettblatt 207, 208
Großblättriges 207
Kleines 208
Südliches 207
Fettflosse 6
Feuchtraumfassung 408
Feuer-Stachelaal 112
Feuermaulbuntbarsch 178
Feuerschwanz-Fransenlipper 78
Fibonacci-Reihe 370
Fiederbartwels 172
Kuckucks- 172
Schmuckflossen- 172
Filter 324, 326, 327, 373, 398
Filterkorb 387
Filtermaterial 373, 388
Filterschwamm 384
Filtersubstrat 326, 374, 398
Filterwatte 398
Filterwolle 398
Filigran-Regenbogenfisch 102
FI-Schalter 400
Fischdichte 321
Fischfalle 400
Fischfang 342
Fischfleisch 349
Fischkrankheiten 356, 376
Fischtransport 424
Fischzucht 351
Flaggenbuntbarsch 118
Fließbettfilter 400
Floatglas 385
Flockenfutter 347, 348, 352, 401
Floridakärpfling 104
Flossen 6
Flügelfarngewächse 214, 215
Flügelrad 406
Flüssigindikator 332, 334
Flüssigkeitsthermometer 418
Flüssigtest 334, 422
Fluss-Mooskraut 281
Flussfarn 210
Flutende Hakenlilie 216
Folie 363
Förderhöhe 406
Fördermenge 406
Fossorochromis rostratus 82
Fotorückwand 414
Freischwimmen 352, 354
Fressfeind 347
Fressverhalten 345
Froschbiss 272
Südamerikanischer 272
Froschbissgewächse 209, 252, 261, 272, 292, 302–304
Froschlöffelgewächse 227–252, 298
Frostbrand 348
Frostfutter 343, 348, 351
Fuchsschwanzgewächse 197, 198
Fungizide 417
Futter 347
Futterautomat 351, 401
Futterdichte 356
Futterluke 382
Futterring 401
Futtertabletten 348
Futtertiere 355
Fütterung 347

G

Gabelbeilbauchfisch 52
Gambusia holbrooki 82
Gärmethode 392
Garnelen 330, 367
Gartentorf 333
Gasflasche 393
Gastromyzon ctenocephalus 84
Gays Laichkraut 294
Gebogenblättrige Ludwigie 276, 277
Gedrehtblättrige Wasserschraube 304
Geflecktes Dornauge 140
Gefleckte Kleinblütige Seerose 291
Geflügelte Schwertpflanze 249
Gegabelte Haarnixe 211
Gehörnter Hornfarn 214
Gehörsteine 6
Gelege 332, 353, 354
gemäßigte Breiten 315, 317, 319
Gemalter Schwielenwels 114
Gemeiner Hechtling 34
Gemeines Hornblatt 213
Gemüse 350
Genoppte Wasserähre 202
Geophagus altifrons 84
Gepunkteter Fadenfisch 178
Gepunktetes Blauauge 156
Gerbsäuren 333
Gerbstoffe 419
Gesäumter Schillersalmler 174

Gesamthärte 328, 344
Gesellschaftsaquarium 318, 328, 335, 344, 350, 354, 357, 360, 390
Gestielte *Nesaea* 289
Gewebekultur 337
Gewelltblättrige Schwertpflanze 239
Gewellter Wasserkelch 222
Gewellte Wasserähre 206
Gewicht 310, 421
Gewöhnliche Wasserschraube 303
Gitterpflanze 204
Glänzender Zwergbuntbarsch 120
Glanz-Prachtkärpfling 56
Glas 312, 382, 385
Glasaquarien 385
Glasgarnele 110
Glaswels, Indischer 104
Glasstärke 385
Glossolepis incisus 84
Glossostigma 256, 258
  elatinoides 256
Glühbirne 402
Glühlichtsalmler 92
Glyptoperichthys gibbiceps 86
goldener Schnitt 358, 369
Goldringelgrundel 46
Goldsaumbuntbarsch 20
Gonopodium 352
Grasartige Schwertpflanze 250
Grasblättriger Wasserkelch 220
Grasblättriges Trugkölbchen 305
Graspflanze, Mauritius- 271
Granulate 348
Granulatfutter 375
Grindalwürmchen 355
Grobe Filterwatte 398
Großblättriges Fettblatt 207
Großblättrige Schwertpflanze 237
Große Cognacpflanze 198
Großhandel 344
Großmembranpumpe 402, 408
Großschuppensalmler, Afrikanischer 36
Grünalgen 376
Grundnessel 261
Grundeln 315, 328, 353
Grundriss 339, 359
Grüner Kugelfisch 176
Grüner Messerfisch 78
Grüner Tigerlotus 290
Grüne Schmerle 186
Grünflossenbuntbarsch 72
Guppy 150, 342, 344, 351, 352
Gurke 350
Guyanischer Wasserfreund 268
Gymnocoronis spilanthoides 257
Gymnocorymbus ternetzi 86
Gymnogeophagus meridionalis 86
Gyrinocheilus aymonieri 88

H

Haarnetz 366
Haarnixe 210–212
  Gegabelte 211
  Karolina- 211
  Mexikanische 212
  Riesen- 210
Haarnixengewächse 210, 211, 212
Haibarbe 42
Hakenlilie 216, 217
  Dauerwellen- 216
  Flutende 216
  Thailändische 217
Halbedelsteine 358
Halogenlampe 402
Halogen-Metalldampflampe 403
Haloragaceae 285, 286, 294
Halteklammer 392
Hamburger Mattenfilter 402
Handmessgerät 334
Hara jerdoni 88
Harnischwelse 342, 349, 353, 360, 362, 366, 369, 397
Härte 329, 396
Härtebildner 333, 422
Hasemania nana 88
Hausstaubmilben 348
Hedyotis salzmanii 257
Heizer 373, 403, 413
Heizkabel 403
Heizmatte 390
Heizung 316
Helfers Zypergras 226
Helostoma temminckii 90
Hemianthus 258, 281
  callitrichoides 258
  micranthemoides 258, 281
Hemichromis letourneuxi 90
Hemigrammus 90, 92
  bleheri 90
  erythrozonus 92
  pulcher 92
Hemiloricaria 92, 94
  eigenmanni 92, 356
  lanceolata 94
Heros efasciatus 94
Herotilapia multispinosa 94
Herzblättriger Wasserkelch 219
Herzblättrige Schwertpflanze 230
Heterandria formosa 96
Heteranthera 254, 260
  zosterifolia 260
Heuaufguss 355
Hexenwels 94, 356
  Schokoladenbrauner 94
Hintergrund 362, 363
Hitze 380
Hochmoortorf 419
Hochrückiger Schabemundbuntbarsch 106
Höhlen 369
Holz 365, 366, 396
Homaloptera orthogoniata 96
Honigfadenfisch 58
Honiggurami 58
Horizontale Schwertpflanze 235
Hornblatt, Gemeines 213
Hornblattgewächse 213, 214
Hornfarn, Gehörnter 214
Hornkraut, Zartes 214
Hottonia 260
  inflata 260
  palustris 260
HQI 320, 321, 403
HQL 321, 403
Hudoros Wasserkelch 221
Huminsäuren 419
Hummelwels 118
Hydrilla verticillata 261
Hydrocharitaceae 209, 252, 261, 272, 292, 302–304
Hydrocleys nymphoides 261
Hydrocotyle 262, 263
  leucocephala 262
  sibthorpioides 262
  verticillata 263
  vulgaris 263
Hygrophila 263–269
  corymbosa 263–265
    „Aroma“ 264
    „Kompakt“ 264
    „siamensis“ 265
    „Thailand“ 265
    var. „glabra“ 263
  difformis 266
    'Weiß-Grün' 266
  guianensis 268
  polysperma 268, 269
    'Marmor' 269
    'Rosanervig' 269
    „Sri Lanka“ 269
    'Sunset' 269
  salicifolia 264
  siamensis 265
  stricta 263, 265
Hypancistrus 379
Hyphessobrycon 96, 98, 100, 102
  anisitsi 96
  columbianus 98
  eques 98
  flammeus 98
  herbertaxelrodi 100
  rosaceus 100
  socolofi 100
  sweglesi 102
Hypnaceae 305

I

Ichthyophthirius 357
Immunsystem 321, 357

Indischer Fähnchen-Messerfisch 136
Indischer Glaswels 104
Indischer Sumpffreund 274
Indischer Wasserfreund 268
Indischer Wasserwedel 266
Infusorien 355
Inhaltsberechnung 386
Inkubator 403
Innenfilter 324, 325, 326, 384, 403
Inpaichthys kerri 102
Insektenlarven 348
Intervallfilter 405
Ionenaustauscher 328, 329, 333, 405, 418
Iriatherina werneri 102
Isoetaceae 270
Isoetes velata 270

J
Jahreszeiten 314, 317
Japanisches Fadenkraut 209
Japanisches Schaumkraut 212
Japanische Teichmummel 289
Javafarn 282, 353, 366
Javamoos 305, 353
Jordanella floridae 104
Julidochromis regani 104
Jungfische 315, 324, 328, 330, 351–356, 382, 383, 411
Juwelenregenbogenfisch 116

K
Kabelheizer 405
Kaffeeblättriges Speerblatt 200
Kahmhaut 379, 410
Kaisersalmler 124
Kakadu-Zwergbuntbarsch 32
Kalibrierung 334
Kalium 344
Kaliumlösung 398
Kammblatt 294
Kammdornwels 22
Kampffisch, Siamesischer 46
Kap Lopez 28
Karbonathärte 328, 332, 335, 338, 423
Kardinalfisch 174
Kardinalslobelie 274
Karolina-Haarnixe 211
Kartusche 417
Kaudi 146
Keilfleckbarbe 180
Keilfleckbuntbarsch 182, 372
Keimdichte 322
Keime 336, 357, 411
Keimzahl 321, 332
Kelvin 319
Keramik 397
Keramikringe 309
Keramikwelle 406
Keramkröhrchen 309
Kescher 405, 410
Kiefer 6
Kiemen 6
Kiemendeckel 6
Kies 312, 337, 364, 365, 389, 390, 395
Kiesel 365
Kieselalgen 377
Killifische 318, 367
Kirschflecksalmler 100
Socolofs 100
Kitsch 358, 363
Kleefarngewächse 280
Kleinblättriger Wassernabel 262
Kleine Cognacpflanze 199
Kleiner Raubsalmler 70
Kleiner Wasserkelch 221
Kleines Fettblatt 208
Kleines Pfeilkraut 298
Kleinkrebse 348
Knurrender Gurami 180
Klimaprofil 316
Klingenreiniger 415, 416
Koboldkärpfling 82
Kochsalz 335
Koffer-Kugelfisch 176
Kohlendioxid 322, 323, 331
Kohlensäure 328
Kokosnuss 367, 368, 396
Kolumbiensalmler 98
Blauroter 98
Kompakter Riesenwasserfreund 264
Komplett-Set 311, 313, 319, 325, 326, 382, 405
Kongo-Wasserfarn 210
Kongocichlide, Blauer 124
Kongosalmler 148
Königssalmler 102
Konzentrat 420
Kopfbinden-Panzerwels 64
Korallenplaty 186
Korbblütengewächse 257, 300, 301
Korkeichenrinde 363
Korngröße 364
Körnung 338
Kosten 310, 311, 313
Krankheiten 349, 356
Kratzer 312, 385
Krause Wasserähre 202, 203
Kreiselpumpe 383, 402, 405, 412
Kreuzblütler 212
Kreuzungen 337
Kriechende Ludwigie 278
Kryptopterus minor 104
Kuckucks-Fiederbartwels 172
Kugelfisch 176
Grüner 176
Koffer- 176
Kühlaggregat 380
Kühlkette 348
Kühlventilator 380
Kunststoffkörper 309
Kupfer 330
Kupfersalmler 88
Küssender Gurami 90

L
Labeotropheus fuelleborni 106
Labidochromis „Yellow“ 106
Labyrinther 328, 342, 345, 353, 354, 356
Lachsroter Regenbogenfisch 84
Laetacara curviceps 106
Lagenandra 270, 271
meeboldii 270
Meebolds' 270
Lagenandra
Thwaites' 271
thwaitesii 271
Laichansatz 354
Laichkasten 352
Laichkörner 354
Laichkraut, Gays 294
Laichräuber 353
Laichrost 354
Laichsubstrat 419
Lamiaceae 293
Lampenreflektor 412
Lamprologus speciosus 108
Landschaftsaquarium 358, 360
Langblättrige *Barclaya* 208
Längsbandsalmler 120
Längsstreben 385
Larven 328, 351, 353, 354
Lästiger Schwimmfarn 299
Laubschicht 367
Lauge 331
Lavabruch 400
LDA 67 138
Lebende Steine 295
Lebendfutter 343, 349, 351, 361, 387
Lebendgebärende Zahnkarpfen 317, 342, 344, 352, 382
Leidener Straße 371
Leistungsaufnahme 406
Leitfähigkeit 329, 330
Leitungswasser 330, 338, 344
Leitwert 329, 330, 331, 334, 409
Leopard-Schmerlenpanzerwels 38
Leuchtstoffröhren 319, 339, 382, 407, 418
Licht 316, 319, 323, 333
Lichtstärke 319
Lilaeopsis mauritiana 271
Limia nigrofasciata 108
Limnobium laevigatum 272
Limnocharitaceae 261
Limnophila 272, 273, 274
aquatica 272

Limnophila
aromaticoides 273
heterophylla 273
indica 274
Liniendornwels 148
Lippen 6
Lippenblütler 293
Lobelia cardinalis 274
Lobeliaceae 274
Lobeliengewächse 274
Lomariopsidaceae 210, 282–284
Ludwigia 276, 277, 278, 279
arcuata 276
glandulosa 276
inclinata 277
var. *verticillata* 277
palustris × *L. repens* 278, 279
repens 278, 279
„Rubin“ 279
repens × *L. arcuata* 279
sp. „Rubin“ 279
sp. „weinrot“ 279
Ludwigie 276, 277, 278
Gebogenblättrige 276, 277
Kriechende 278
Quirlblättrige 277
Luftbetriebene Filter 408
luftbetriebener Innenfilter 403
Lunik-Panzerwels 64
Lux 319
Lysimachia nummularia 280
Lythraceae 198, 199, 227, 288, 289, 296, 297, 298
L 134 142
L 18 44
L 52 188

M
Macrobrachium 108, 110
assamensis 108
lar 110
Macrognathus aral 110
Macropodus 110, 112
opercularis 110
spechti 112
Magnetkreiselpumpe 405
Magnetreiniger 415
Magnetventil 394
Makropode 110, 112
Schwarzer 112
Malawisee 14, 316, 328, 347, 360
Malawisee-Aquarium 309
Malawisee-Beulenkopfmaulbrüter 74
Malawisee-Buntbarsche 362
Mamorpanzerwels 66
Mangrovenholz 396
Marmorkrebs 154
Maronibuntbarsch 58
Marosatherina ladigesi 112
Marsilea 280
exarata 280
hirsuta 280
sp. 280
Marsileaceae 280
Maßstab 359
Maßverhältnisse 371
Mastacembelus erythrotaenia 112
Mato-Grosso-Tausendblatt 286
Mattenfilter 402, 408
Maulbrutpflege 354
Mauritius-Graspflanze 271
Mausschmerle 188
Mayaca 281, 297
fluviatilis 281
sellowiana 297
Mayacaceae 281
Maylandia estherae 114
Medikamente 330, 383, 411, 414
Meebolds' Lagenandra 270
Meersalatähnliche Wasserähre 206
Meersalatblättrige Ottelie 292
Megalechis personata 114
Mehrkammerfilter 408
Melanochromis auratus 114
Melanotaenia 116
boesemani 116
praecox 116
trifasciata 116
Membran 409, 420
Membranpumpe 408, 414
Mesonauta sp. „Amazonas“ 118
Messerbuntbarsch 76
Messerfisch, Grüner 78
Messgeräte 334, 409, 423
Messingbarbe 164
Messkoffer 334
Metalle 395
Metallpanzerwels 62
Mexikanisches Eichenblatt 300
Mexikanische Haarnixe 212
Micranthemum umbrosum 281
Microglanis iheringi 118
Microsorum 282, 283, 284
„narrow“ 283
pteropus 282, 283, 284
„Philippine“ 282
„schmalblättrig“ 283
'Tropica' 283
„undulata“ 284
'Windeløv' 284
Mikrogeophagus ramirezi 118, 342
Mikrosiemens 420
Millionenfisch 150
Mineralien 337
Mischbettaustauscher 389
Mittelamerika 14
Mittelgrund 369
Moenkhausia pittieri 120
Mondsalmler, Afrikanischer 146
Mondschein 317
Monosoleniaceae 285
Monosolenium tenerum 285
Monstera 324
Mooreiche 396
Mooskraut 281
Fluss- 281
Mooskrautgewächse 281
Mopani-Holz 396
Mosaikfadenfisch 178
motorbetriebener Innenfilter 404
Mückenlarven 348, 349
Mulm 337, 364, 391
Mulmglocke 391, 392, 409
Muschelblume 293
Muschelfleisch 349
Muschelgrus 309
Mutation 266
Myriophyllum 285, 286, 373
aquaticum 285
hippuroides 286
mattogrossense 286
tuberculatum 286

N
Nachtabschaltung 323
Nachtkerzengewächse 276, 277, 278, 279
Nackenfleckkärpfling 34
Nadelsimse 254
Nadelventil 393
Nährstoffbodengrund 410
Nährstoffe 319, 323, 337, 376
Nahrungsansprüche 343
Nahrungsrevier 345
Najadaceae 288
Najas 194, 288
conferta 288
Nannacara anomala 120
Nannostomus 120, 122
beckfordi 120
eques 122
marginatus 122
trifasciatus 122
Nanochromis 124
parilus 124
transvestitus 124
Napo-Panzerwels 66
Narzissengewächse 216, 217
Natriumhydrogencarbonat 328
Natron 328
Naturschutzgesetze 349
Nematobrycon palmeri 124
Neocaridina sp. 126
Neolamprologus 126, 128, 130
brevis 126
buescheri 128
caudopunctatus 128

Neolamprologus
cylindricus 128
leleupi 130
marunguensis 130
Neolebias 130, 132
ansorgii 130
powelli 132
trilineatus 132
Neongrundel 170
Neonregenbogenfisch 116
Neonsalmler, Roter 142
Neritina natalensis 132
Nesaea 288, 289
crassicaulis 288
Dickstängelige 288
Gestielte 289
pedicellata 289
Netz 410
Netzbeutel 333, 419
Nichols Maulbrüter 156
Niederliegende Schwertpflanze 232
Nimbochromis polystigma 134
Nitrat 324, 326–328, 333, 336, 338, 344, 388, 420, 423
Nitratabbau 326
Nitratfilter 410
Nitratwert 329, 367
Nitrit 324–327, 374, 423
Nitritpeak 326
Nitrittest 325, 326, 327, 373
Nitritvergiftung 325
Nixkraut 288
Nixkrautgewächse 288
Nomorhamphus liemi 134
Nordamerika 316
Nothobranchius rachovii 134
Notopterus notopterus 136
Nuphar japonica 289
var. *rubrotincta* 289
Nymphaea 290, 291
glandulifera 290
lotus 290, 291
'Grün' 290
'Rot' 291
var. *rubra* 291
var. *viridis* 290
micrantha 291
„gefleckt“ 291
Nymphaea-ähnlicher Wasserschlüssel 261
Nymphaeaceae 208, 289–291

O
Oberflächenabsauger 379, 410
Oberflächenbewegung 392
Onagraceae 276–279
Ophthalmotilapia nasuta 136
Orangefleck-Panzerwels 62
Orangeflossen-Panzerwels 68
Orangesaumwels 44
Osiris' Schwertpflanze 240
Osteoglossum bicirrhosum 136
Otocinclus hoppei 138
Ottelia ulvifolia 292
Ottelie 292
Meersalatblättrige 292
Oxydator 380, 411
Ozonisator 411

P
„*Peckoltia*“ sp. 142
Pachypanchax playfairii 138
Panaqolus sp. 138
Panaque nigrolineatus 140, 366
Panchax 34
Panda-Panzerwels 66
Panda-Zwergbuntbarsch 32
Pangio kuhlii 140
Pantodon buchholzi 140
Pantoffeltierchen 355
Panzerwelse 316
Papageienblatt 197, 198
Papageienplaty 186
Pappe 363
Paracheirodon axelrodi 142
Paradiesfisch 110
Pareutropius buffei 142
Pastellgrundel 174
Peckoltia pulcher 188
Peckoltia sp. „Butterfly“ 188
Pellia 285
Pelvicachromis 144
pulcher 144
subocellatus 144
taeniatus 144
Perlenkraut 258, 281
Callitriche-ähnliches 258
Rundblättriges 281
Zierliches 258
Perlhuhncichlide 22
Permeat 420
Petrotilapia „Yellow Chin“ 146
Pfauen-*Cyprichromis* 72
Pfauenaugen-Stechrochen 152
Pfauenaugenbuntbarsch 38
Pfeilkraut, Kleines 298
Pfennigkraut 280
Pflanzbesteck 424
Pflanzen 314, 319, 320, 324, 330, 336
Pflanzenaquarium 360
Pflanzenbesteck 411
Pflegehandschuh 416
Pflegespray 387
pH-Dauertest 331, 338, 412, 423
pH-Elektrode 334
pH-Meter 409, 412
Phosphat 329, 333, 334, 377, 420, 423, 424
Phosphorsäure 329, 335, 377
Photosynthese 339
pH-Wert 195, 323, 328, 331, 332, 335, 338, 344, 367, 394, 400, 409, 412, 423
Phalloceros caudimaculatus 146
Phenacogrammus 146, 148
(*Bathyaethiops*) *caudomaculatus* 146
interruptus 148
Phyllanthus fluitans 292
Pilz 376
Pilzbekämpfung 354
Pimelodus pictus 148
Pinselalgen 329, 377
Piranha, Roter 164
Piratenschiff 365
Pistia stratiotes 293
Plastik 397
Plastikpflanzen 358, 365
Plastiktopf 339
Plastiktüte 339, 342
Platy 342, 352
Platydoras costatus 148
Platzbedarf 346
Plexiglas 382, 386
Poecilia 150, 152
reticulata 150
sphenops 150
velifera 152
Pogostemon stellatus 277, 293
Polarzonen 317
Pomacea bridgesi 152
Pontederia-blättriger Wasserkelch 222
Pontederiaceae 253, 254, 305
Pontederiagewächse 253, 254, 305
Porenzahl 400
Posthornschnecken 379
Potamogeton 194, 294
gayi 294
Potamotrygon motoro 152
Powerhead 406, 412
Pracht-Flossensauger 96
Prachtbarbe 162
Prachtkopfsteher 26
Prachtschmerle 56
Präzisionsnadelventil 393
Pressspan 382
Priapella intermedia 154
Primelgewächse 280, 299
Primulaceae 260, 280, 299
Problemfische 318, 332
Procambarus 154
alleni 154
sp. 154
Proportionsregeln 370
Proserpinaca palustris 294
Protomelas taeniolatus 156
Pseudocrenilabrus nicholsi 156
Pseudomugil gertrudae 156
Pseudomystus siamensis 158

Pseudosphromenus dayi 158
Pseudotropheus 158, 160
lombardoi 158
socolofi 160
Pteridaceae 214, 215
Pterophyllum 160
altum 160
scalare 160
Puffer 332, 400
Pufferung 328
Puntius 162, 164
conchonius 162
oligolepis 162
semifasciolatus 164
titteya 164
Purpurprachtbarsch 144
PVC 412
Pygocentrus nattereri 164

Q
Quarantäneaquarium 357
Quarzkies 415
Quarzsand 389
Quecksilberdampf-Hochdrucklampe 403
Querbandhechtling 80
Querbinden-Flossensauger 84
Querstreben 385
Quirlblättrige Ludwigie 277

R
Rachenblütler 207, 208, 256–260, 272–274, 281
Rachows Bodensalmler 52
Rachows Prachtgrundkärpfling 134
Rasbora 166
kalochroma 166
pauciperforata 166
Raubsalmler, Kleiner 70
Rautenflecksalmler 96
Red Claw 54
Redox-Potential 409
Reflektor 412
Regelheizer 314, 412
Regenbogenbuntbarsch 94
Regenbogenfische 317, 328
Regenschirmsimse 256
Rennschnecken 132
Revers-Osmose 419
Revieranspruch 345
Rhinogobius sp. 166
Riccia 295, 366
fluitans 295
„Dwarf“ 295
Ricciaceae 295
Rieselfilter 413
Riesenfächergarnele 38
Blaue 38
Riesen-Haarnixe 210
Riesenwasserfreund 263, 264
Breitblättriger 263
Kompakter 264
Rinderherz 349
Ringelhandgarnele 108
Rivulus xiphidius 168
Rohrfitting 384
Röhrichtzone 368
Rosanerviger Wasserfreund 269
Rosenkohl 350
Rosenquarz 365
Rosettenpflanze 339, 340, 341, 373
Rotala 296, 297, 298
Dichtblättrige 296
macrandra 296
rotundifolia 296, 297
Rundblättrige 296
sp. „Grün“ 297
sp. „Nanjenshan“ 297
Taiwan- 297
wallichii 298
Wallichs 298
Rotaugen-Kammkugelfisch 50
Rotbrustbuntbarsch 178
rote Mückenlarven 350
Roter Cichlide 90
Roter Neonsalmler 142, 342
Roter Phantomsalmler 102
Roter Piranha 164
Roter Tigerlotus 291
Roter von Rio 98
Roter Zebrabuntbarsch 114
Roter Ziersalmler 120
Rotes Tausendblatt 286
Rotflossensalmler 26
Rotkopfsalmler 90
Rotsaumprachtkärpfling 28
Rotschulter-Kaiserbuntbarsch 40
Rotstreifen-Prachtkärpfling 28
Rotstreifenbärbling 166
Rübenaufguss 355
Rückenstrichgarnele 126
Rücklaufsicherung 393
Rückscheibe 362, 373
Rückschlagventil 414
Rückwand 362, 373, 414
Ruderfußkrebschen 350
Rundblättriges Perlenkraut 281
Rundblättrige *Rotala* 296
Rüsselbarbe, Siamesische 70

S
Sagittaria subulata 298
Salvinia 299
auriculata 299
molesta 299
Salviniaceae 299
Salzbunge 299
Salze 329
Salzgehalt 328, 330
Salzkonzentration 329
Salzsäure 335
Samolus valerandi 299
Sand 312, 337, 364, 373, 389, 390, 395
Sandbettfilter 415
Satanoperca jurupari 168
Sauerstoff 323, 326, 330, 336, 411
Sauerstoffgehalt 409
Sauerstofftabletten 415
Sauerstoffverbrauch 367
Sauerstoffzehrung 327
Sauger 406
Saugschmerle, Siamesische 88
Säure 331, 332, 333, 335
Saururaceae 300
Saururus cernuus 300, 371
Savannenholz 396
Scarlet-Zwergblaubarsch 76
Schabemundbuntbarsch 106
Hochrückiger 106
Schachbrett-Zwergbuntbarsch 76
Schachbrettschmerle 188
Schadstoffe 423
Schaumkraut, Japanisches 212
Schaumstoff 388, 400, 402, 415
Scheibenreiniger 415
Schiefer 365
Schilf 367, 368
Schilfgürtel 368
Schillerbärbling 74
Schillersalmler, Gesäumter 174
Schimmelpilze 348
Schlafmoosgewächse 305
Schlammsauger 416
Schlammspitzschnecke 379
Schlauch 416
Schlauchbürste 416
Schlauchclip 392
Schlauchklemme 424
Schleimhaut 6
Schlundknochen 6
Schlüsselblumengewächse 260
Schlüssellochbuntbarsch 58
Schlüters Leopard-Schwertpflanze 248
Schlüters Schwertpflanze 248
Schmalblättrige Bastardludwigie 279
Schmalblättriger Indischer Wasserfreund 269
Schmalblättrige Schwertpflanze 227
Schmalblättriges Speerblatt 200
Schmalblättrige Vallisnerie 303
Schmerlen 342, 349, 380
Schmetterlings-*Xenotilapia* 184

Schmetterlingsbuntbarsch 26, 118, 342, 353
Afrikanischer 26
Schmetterlingsfisch 140
Schmetterlingsgrundel 174
Schmetterlingskärpfling 24
Schmetterlingswels 80
Schmuckflossen-Fiederbartwels 172
Schmucksalmler 100
Schnecken 330, 379
Schneckenbuntbarsch 358
Schneckenfalle 380, 417
Schnellfilter 417
Schokoladenbrauner Hexenwels 94
Schönflossenbärbling 166
Schrägschwimmer 176
Schraubklemmen 406
Schuppen 6
Schutzschalter 400
Schwalbenschwanz-Glaswels 142
Schwanzfleck-Ohrgittersaugwels 138
Schwanzfleckbuntbarsch 182
Schwarm 345, 354
Schwarmfisch 345
Schwarzbandkärpfling 108
schwarze Mückenlarven 350, 351
Schwarzer Makropode 112
Schwarze Schwertpflanze 242
Schwarzlinien-Harnischwels 140
Schwarzwasser 318, 344, 360, 364
Schwertpflanze 227–251, 373
Barths 228
Blehers 229
Bolivianische 230
Geflügelte 249
Gewelltblättrige 239
Grasartige 250
Großblättrige 237
Schwertpflanze
Herzblättrige 230
Horizontale 235
kleinste 250
Niederliegende 232
Osiris' 240
Schlüters 248
Schlüters Leopard- 248
Schmalblättrige 227
Schwarze 242
Uruguay- 251
Schwertträger 184, 352
Schwielenwels, Gemalter 114
Schwimmblase 6
Schwimmende Wolfsmilch 292
Schwimmfarn 299
Lästiger 299
Schwimmfarngewächse 299
Schwimmpflanzen 352
Schwimmraum 369
Scrophulariaceae 207, 208, 256–260, 272–274, 281
Seeball 215
Seebeerengewächse 285, 286, 294
Seegrasblättriges Trugkölbchen 260
Seekuh-Messerfisch 36
Seerose, Gefleckte Kleinblütige 291
Seerosengewächse 208, 289–291
Segelflossen-Störwels 170
Segelflosser 160
Segelkärpfling 152
Seitenlinie 6
Selbstbau 312
Shinnersia rivularis 300, 301
'Weiß-Grün' 301
Siamesischer Kampffisch 46
Siamesische Rüsselbarbe 70
Siamesische Saugschmerle 88
Sichtweite 318
Silikon 364, 365, 385, 417
Sinter 417
Sinterglas 309
Sinterkeramik 309
Skalar 160
Skelett 365
Smaragdpanzerwels 46
Socolofs Kirschflecksalmler 100
Solitär 370
Sommerhitze 380
Sonderanfertigung 313
Sondermaße 386
Sonnenbarsch 316
Spathodus erythrodon 168
Speerblatt 199, 200
Barters 199
Kaffeeblättriges 200
Schmalblättriges 200
Spektrum 319, 403, 408
Spermien 351, 352
Spiegelkärpfling, Veränderlicher 186
Spindelbuntbarsch 128
Spitzmaul-Ziersalmler 122
Spot 321
Spritzsalmler 60
Spurenelemente 319, 323, 338, 344, 376, 423
Stabheizer 412, 417
Standardaquarien 386
Standardmaße 385, 386
Stängelpflanze 339, 340, 37, 371, 372, 373, 374
starker Punkt 370, 372
Starter 407, 418
Starterbakterien 325
Statiker 310
Staub 378, 379
Steatocranus casuarius 170
Steckling 340
Steifblättrige Wasserähre 204
Steine 364, 365, 373, 395, 418
Steingarnele 40
Steinwolle 339, 340
Stellplatz 309
Sterndornwels 22
Sternlebermoosgewächse 295
Sternpflanze 293
Steuergerät 394
Sticks 348
Stickstoff 326
Stickstoffkreislauf 324
Stiphodon sp. 170
Störfälle 376
Stoßverklebung 385
Streben 385
Streifen-Stachelaal 110
Stress 347, 357
Streifenprachtbarsch 144
Strom 400
Strompreis 311
Strömung 314, 412
Strömungspumpe 418
Stromverbrauch 391, 402, 407
Strukturrückwand 414
Sturisoma festivum 170
Styropor 313, 362, 422
Styroporkiste 342
Substratvolumen 326
Subtropen 315, 317, 319
Südamerika 14, 316, 344
Südamerikanischer Froschbiss 272
Südchina 315
Südliches Fettblatt 207
Sumatrabarbe 162
Sumatrafarn 215
Sumpffreund 272, 273, 274
Indischer 274
Verschiedenblättriger 273
Wasser- 272
Sumpfliebgewächse 261
Sumpfpflanzen 336
Sunset-Moorii 182
Süßwassernadel, Afrikanische 78
Symmetrie 358, 369
Symphysodon aequifasciatus 172
Synnema triflorum 266
Synodontis eupterus 172
Synonym 8

T

T5 382, 407, 408, 419
T8 407
Tageslänge 314, 317
Tagesrhythmik 315
Taiwan-*Rotala* 297
Takashi Amano 360

Tanganjikasee 14, 328, 344
Tanganjikasee-Aquarium 309
Tanganjikasee-Beulenkopf 72
Tanganjikasee-Goldcichlide 130
Tanganjikasee-Nasenbuntbarsch 136
Tanichthys albonubes 174
Tateurndina occelicauda 174
Tauchkreiselpumpe 406
Tausendblatt 285, 286
  Brasilianisches 285
  Mato-Grosso- 286
  Rotes 286
Tausenddollarfisch 54
Teesieb 424
Teichlebermoos 295, 366
  Zwerg- 295
Teichmummel, Japanische 289
Teichrose 289
Teilentsalzung 418
Temperatur 195, 314, 315, 317, 319, 380, 409, 413, 419
Temperaturkontrolle 374
Temperatursenkung 331
Temperaturunterschiede 315
Terrasse 364, 366
Terrassenmodule 365
Teststäbchen 334, 422
Tetragonopterus argenteus 174
Tetraodon 176
  miurus 176
  nigroviridis 176
Teufelsangel 168
Thailändische Hakenlilie 217
Thailändischer Wasserfreund 265
Thayeria boehlkei 176
Thermometer 374, 413, 418
Thermostat 412, 419
Thorichthys meeki 178
Thwaites' *Lagenandra* 271
Tierarzt 356
Tigerlotus 290, 291
  Grüner 290
  Roter 291
Tonina fluviatilis 301
Topffilter 387, 419
Torf 318, 333, 335, 419
Torfgranulat 333
Torfplatten 363
Trächtigkeitsfleck 352
Transport 415, 424
Trauermantelsalmler 86
Trichogaster 178
  leerii 178
  trichopterus 178
Trichopsis vittata 180
Trigonostigma heteromorpha 180
Trockenfutter 325, 349, 351, 354, 374
Trockenlauf 407
Trompetentierchen 355
Tropen 317, 319, 320
Tröpfchentest 334
Tropfkörper 309
Tropheops „Chilumba" 180
Tropheus moorii 182, 346
Trugkölbchen 260, 305
  Grasblättriges 305
  Seegrasblättriges 260
T-Stück 424
Tubifex 350, 401
Tümpeln 349
Tüpfelbuntbarsch 106
Tüpfelhechtling 138
Türkisgoldbuntbarsch 114
Turmdeckelschnecken 379

U

Uaru amphiacanthoides 182
Umkehrosmose 328, 329, 330, 419
Unterbau 309, 312, 373
Unterlage 313, 420
Unterschrank 313, 384, 421
Urlaub 375
Uruguay-Schwertpflanze 251
Usteris Wasserkelch 223
Utricularia stellaris 302
Utriculariaceae 302
UV 421
UV-Brenner 322
UV-C 321
UV-Schutzglas 403
UV-Strahler 377

V

Vallisneria 302, 303, 304
  americana 302
  asiatica 302
  gigantea 302
  nana 303
  neotropicalis 302
  spiralis 303, 304
    „Tiger" 304
    „tortifolia" 304
Vallisnerie 303, 336, 339
  Schmalblättrige 303
  Zwerg- 303
Vaseline 387
Vegetarier 350
Ventil 422
Verdauungssystem 351
Verfettung 351
Vergesellschaftung 343
Verklebung 417
Verschiedenblättriger Sumpffreund 273
Verschiedenblättrige Eichhornie 254
Verschleiertes Brachsenkraut 270
Vesicularia dubyana 305
Vieja maculicauda 182
Vielgefleckter Maulbrüter 134
Vierstreifen-Schlankcichlide 104
Virus 232, 420
Virusinfektion 266
Vitamine 347, 423
Vollentsalzung 388, 422
Vordergrund 369
Vorfilter 326, 400, 422
Vorschaltgerät 311, 380, 407, 422

W

Wabenschilderwels 86
Walkers Wasserkelch 223
Wallichs *Rotala* 298
Wärmedämmung 422
Wärmeverlust 391
Waschflasche 323
Wasserähre 202–206
  Genoppte 202
  Gewellte 206
  Krause 202, 203
  Meersalatähnliche 206
  Steifblättrige 204
Wasserährengewächse 202–206
Wasseraufbereiter 330, 422
Wasserbelastung 324
Wasserblüte 377
Wasserchemie 327
Wasserflöhe 349, 350
Wasserfreund 257, 264–269
  Aromatischer 264
  Behaarter 264
  Falscher 257
  Guyanischer 268
  Indischer 268, 269
    Schmalblättriger 269
  Rosanerviger 269
  Thailändischer 265
Wasserglas 368
Wasserhärte 328
Wasserhärte 396, 188
Wasserhyazinthe, Dickstielige 253
Wasserkelch 218–226
  Aponogeton-blättriger 218
  Becketts 219
  Gewellter 222
  Grasblättriger 220
  Herzblättriger 219
  Hudoros 221
  Kleiner 221
  Pontederia-blättriger 222
  Usteris 223
  Walkers 223
  Weißlicher 218
  Wendts 224
  Willis 226
Wassernabel 262, 263
  Amerikanischer 263
  Brasilianischer 262
  Kleinblättriger 262
Wasseroberfläche 374, 379
Wasserpest 252
  Argentische 252
Wasserprimel 260

Wasserschlauch 302
Wasserschlauchgewächse 302
Wasserschlüssel 261
Nymphaea-ähnlicher 261
Wasserschraube 302, 303, 304
Amerikanische 302
Gedrehtblättrige 304
Gewöhnliche 303
Wasserstand 314
Wasserstoff 331
Wasserstoffperoxyd 411
Wasserstrahlpumpe 384
Wasser-Sumpffreund 272
Wassertest 422
Wasserwechsel 316, 324, 326, 327, 330, 333, 335, 356, 374, 375, 384
Wasserwedel 266
Indischer 266
Weiß-grüner 266
Wasserwerte 343
Wasserzusätze 423
Weibchenüberhang 347
Weichwasserfisch 344
Weiderichgewächse 198, 199, 227, 288, 289, 296–298
weiße Mückenlarven 350
Weiß-grüner Wasserwedel 266
Weiß-grünes Mexikanisches Eichenblatt 301
Weißlicher Wasserkelch 218
Weißsaum-Antennenwels 24
Weißstirn-Messerfisch 36
Weißwangengrundel 166
Welse 317, 330, 367
Wendts Wasserkelch 224
Wildfänge 342
Willis Wasserkelch 226
Wolfsmilch, Schwimmende 292
Wolfsmilchgewächse 292
Wollstängelfamilie 301
Wuchsgeschwindigkeit 195
Wuchshöhe 195
Wulstverklebung 385
Wurfkasten 352
Wurzeldekoration 373
Wurzeln 340, 363, 364, 366, 396, 423

X

Xenotilapia papilio 184
Xenotoca eiseni 184
Xiphophorus 184, 186
helleri 184
maculatus 186
variatus 186

Y

Yabby 52
Yasuhikotakia 186, 188
modesta 186
morleti 188
sidthimunki 188

Z

Zahlenverhältnisse 371
Zartes Hornkraut 214
Zebrabärbling 74
Zebrabuntbarsch 72, 114
Roter 114
Zebraschwanzkrebs 54
Zeitschaltuhr 391, 423
Zellophanpflanze 229
Zeolith 423
Zierliches Perlenkraut 258
Zimmerboden 310
Zonancistrus sp. 188
Zosterella dubia 305
Zubehör 424
Zuchtaquarium 335, 354, 361
Zuchtbetriebe 342
Zugabegerät 323
Zungenblatt, Australisches 256
Zweifarbiger Bratpfannenwels 48
Zweistreifen-Prachtkärpfling 56
Zwerg-Schmerlenpanzerwels 36
Zwerg-Teichlebermoos 295
Zwerg-Vallisnerie 303
Zwergfadenfisch 58
Zwergkärpfling 96
Zwergkleefarn 280
Zwergkugelfisch 50
Zwergschmerle 188
Zwergschwertpflanze 243
Zwergspeerblatt, Bonsai- 201
Zwergziersalmler 122
Zyperaceae 256
Zypergras, Helfers 226
Zypergrasgewächse 226, 254, 256

Bildquellen

Bork, D.: 51 M.
Büscher, H. H.: 23 u, 73 M, 73 u, 105 M, 109 o, 127 u, 129 o, 129 M, 129 u, 131 o, 131 M, 137 M, 169 u, 183 o, 185 o.
Eigelshofen, W.: 135 u.
Falk, A.: 10 r, 13 r, 17, 21 o, 33 o, 33 M, 33 u, 35 o, 39 u, 47 o, 51 o, 59 u, 61 u, 79 u, 109 u, 113 M, 119 u, 121 M, 127 o, 133 u, 135 M, 141 M, 153 M, 163 o, 167 u, 171 M, 173 o, 175 M, 179 u, 183 M, 316, 320, 321, 323 l, 325, 329, 330, 332, 335, 345, 348 r, 349, 352, 356, 367, 368, 369 o, 369 u, 370 r, 371, 377 ol, 377 ul, 377 r, 378 o, 378 u, 381, 382, 383, 384 r, 388, 390, 391 r, 392, 394, 395, 401 l, 406, 409 l, 409 r, 410, 411 l, 411 r, 412, 413, 414, 415, 417 l, 417 r, 418 l, 418 r, 420.
Freyhof, J.: 91 M, 125 o.
Gehring, O.: 6, 7, 350, 354, 387, 391 l, 401 r, 402, 404 l, 404 r, 421, Piktogramme.
Herder, F.: 9 r, 10 l, 13 l, 41 u, 47 M, 57 M, 71 u, 75 M, 75 u, 77 o, 81 o, 85 o, 89 o, 91 o, 103 u, 111 u, 113 o, 159 M, 163 M, 163 u, 165 o, 165 M, 167 o, 167 M, 181 o, 187 u, 189 o, 189 M.
Hoffmann, M.: 9 l, 27 M, 27 u, 53 o, 53 M, 71 M, 87 M, 89 u, 91 u, 93 o, 93 M, 97 u, 99 o, 99 M, 99 u, 101 o, 101 M, 101 u, 103 o, 103 M, 121 o, 121 u, 123 o, 123 M, 123 u, 25 u, 143 o, 175 u, 177 u.
Ilg, W.: 49 u, 53 u, 55 M.
Kasselmann, C.: 3, 191–305.
Mayland, H.-J.: 117 M, 117 u, 125 M, 157 u.
Merino, J. C.: 4, 12 r, 25 o, 83 o, 97 o, 109 M, 147 M, 151 o, 151 M, 151 u, 153 o, 155 o, 185 M, 185 u, 187 o, 187 M.
Migge, B.: 85 u.
Schaefer, C.: 11 o, 14, 18, 21 u, 23 o, 39 M, 43 o, 49 o, 69 u, 95 M, 117 o, 119 o, 161 M, 165 u, 169 M, 183 u, 310, 313, 315, 318, 322, 323 r, 326, 333, 338, 340 o, 340 u, 343, 344, 346, 350 l, 359, 360, 365, 366, 370 lo, 370 lu, 384 l, 385 l, 385 ro, 385 ru, 389, 393, 395, 400, 405, 416, 419.
Schäfer, F.: 15 l, 37 o, 51 u, 55 u, 61 o, 79 o, 79 M, 111 M, 113 u, 137 o, 137 u, 141 u, 153 u, 177 o, 177 M.
Schmida, G.: 19.
Seidel, I.: 11 u, 23 M, 25 M, 25 u, 37 u, 39 o, 45 o, 47 u, 49 M, 63 o, 63 M, 63 u, 65 o, 65 M, 65 u, 67 o, 67 M, 67 u, 69 o, 69 M, 81 u, 83 o, 87 o, 89 M, 93 u, 95 o, 97 M, 105 u, 115 M, 119 M, 139 o, 139 u, 141 o, 143 M, 143 u, 149 M, 149 u, 159 o, 171 u, 173 M, 173 u, 189 u.
Sonnenberg, R.: 8, 12 l, 27 o, 29 o, 29 M, 29 u, 31 o, 31 M, 35 M, 35 u, 37 M, 43 M, 44 u, 45 M, 45 u, 57 o, 81 M, 105 o, 131 u, 133 o, 133 M, 139 M, 145 o, 145 M, 147 u, 157 M, 169 o, 171 o, 175 o.
Spreinat, A.: 41 M, 61 M, 75 o, 77 u, 83 M, 107 o, 107 M, 115 o, 115 u, 135 o, 147 o, 157 o, 159 u, 161 o, 181 u.
Stawikowski, R.: 4, 21 M, 31 u, 57 u, 59 o, 71 o, 73 u, 77 M, 85 M, 87 u, 95 u, 107 u, 145 u, 149 o, 161 u, 179 o, 181 M, 337, 372.
Teigler, F.: 179 M.
Van den Nieuwenhuizen, A.: 59 M.
Werner, U.: 15 r, 41 o, 55 o, 111 o, 127 M, 155 M, 155 u.

Bibliografische Information der Deutschen Bibliothek
Die Deutsche Bibliothek verzeichnet diese Publikation in der Deutschen Nationalbibliografie; detaillierte bibliografische Daten sind im Internet über http://dnb.ddb.de abrufbar.

Wollgrasweg 41, 70599 Stuttgart (Hohenheim)
E-Mail: info@ulmer.de
Internet: www.ulmer.de
Umschlaggestaltung: Atelier Reichert mit einem Foto von Jürgen Glaser (*Hemichromis cristatus*)
Lektorat: Claus Schaefer, Bonn; Michael Kokoscha (Aquarienpflanzen)
DTP: Michael Kokoscha, Oberhausen
Druck und Bindung: EGEDSA S.A., Sabadell (Barcelona)
Printed in Spain

ISBN 13: 978-3-8001-5165-3
ISBN 10: 3-8001-5165-0